청개구리와 멍청이
– 어느 바보의 이야기 –

청개구리와 멍청이
– 어느 바보의 이야기 –

오경승 지음

다 산 출 판 사

목 차

살아온 길

늦둥이 4대 독자, 그리고 병약했던 성장과정 / 29
병약했던 어린 시절 29
국민(초등)학교 시절, 그 아득한 이야기 / 34
감수성 예민한 중학교 시절 42
철이 들던 고교 시절 46

폐결핵의 시작과 가난의 이중고 - 멍청이의 고달픈 고생길 / 50
무지와 빈곤! 51
제일제당 취업과 첫 번째 패착 - 치료의 기회를 놓치다! 59
최악의 두 번째 패착 - 병마와 과욕이 빚은 좌절과 시련 65
아, 한 많은 종근당 시절 74
영등포 개봉상사 시절, 그리고 박재훈 사장님 79

오랜 빚을 갚다 83
　　고려원양 입사 – 마침내 세브란스병원을 찾다 87

아버지 별세! / 88

행운의 시작 / 100
　　첫 번째 행운 – 마침내 폐병을 고치다! 100
　　두 번째 행운, 연애 – 모처럼 찾아온 행복감 104
　　세 번째 행운 – 고려무역 입사, 그러나 마음은 무겁기만 114
　　세 번째 패착 – 새집과 과다 융자, 그리고 누이 115
　　보도 듣도 못한 병, 기흉 – 54일간의 입원 125
　　퇴원 후 업무로 눈코 뜰 새 없이 바빴던 이야기 134

아! 감당할 수 없는 슬픔, 어머니 별세 / 137
　　삶이란 무엇이며 대체 인연이란 무엇인가? 138
　　비통하고 참담한 심정 145
　　어머니께 드리는 편지 152

인생의 전환점 / 163
　　결혼, 그리고 새 출발! 163
　　첫딸 민정이의 출생 – 그리고 집사람의 알뜰함 169

사업의 길 – 창업

이리(익산) 귀금속보석수출공업단지 무역사무소 개설과 부임 / 177
   영찬, 민혜를 얻다 179
   네 번째 행운 – 인생은 새옹지마! 하나님의 섭리 182

새옹지마, 원망이 축복으로 / 183

떠밀려 시작한 사업 – 결단! / 188
   전화위복 – 불황이 가져온 기회 / 191

사업은 내가 하는 것이 아니다 – 오묘하신 하나님 / 194
   큐빅 가공 사업의 철수와 사업 전환 206

새로운 개념의 신세대 예물 주얼리 탄생과 신시장 개척 / 208
   신시장의 개척 208

국제 기준의 다이아몬드 감정연구소 설립과

한국 최초 커플링 개발 / 213
   네 번째 패착 – 백화점 입점과 브랜드 마케팅 218

프랑스 유명 보석 브랜드, 모브쌩 한국 면세점 유치 / 226

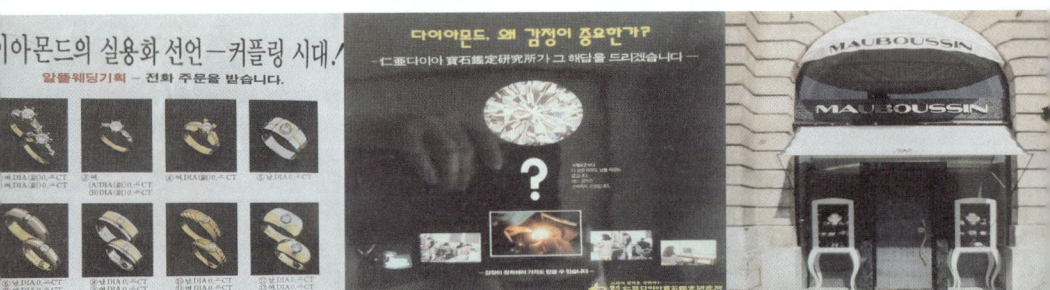

파인 주얼리 – Fine Jewelry 산업의 특성과 기업화의 난점 / 231
    곰팡이 덩어리 – Fungus Ball 234
사업의 위기 / 236
    백화점 입점 사업의 실패, 그 황당함 236
    IMF 외환 위기와 환율의 급상승 – 사활을 건 탈출 242
    다섯 번째 패착, 선물 거래와 손실 – 엎친 데 덮친 절체절명의 위기! 244
    선물 거래의 의의와 특성, 그리고 위험(내 경험을 토대로) 247
건강의 위험 신호 – 부정맥의 발병과 치유 / 254

믿음의 길 – 1. 위기의 극복

먹고 사느냐의 문제 – 믿음의 실체 / 261

기도와 말씀 훈련, 그리고 기적의 실마리 / 263

신세대 아이템, 소형 귀걸이 개발과 품목 전환 / 267

다섯 번째 행운 – 베트남 공장 투자와 본격적인 수출 시장 진출 / 274
    인재의 중요성, 큰 도움이 된 아들과 딸들 284

내수 부문의 분리와 독립 경영 / 290

2008년 금융 위기와 환율 헤징 / 295

사업의 발전 – 드디어 성공이 눈앞에 / 298

다섯 손주의 할아버지, 그리고 당부 / 305
    자식들에 대한 당부 306

고희 감사 예배 / 309

지각진퇴 진퇴유절(知覺進退 進退有節) / 314

인상 깊은 뉴질랜드 여행 / 316

노년에 찾아온 반갑지 않은 손님 / 318
    호사다마, 각혈! – 폐 수술 318
    전립선암 발병과 수술 326

믿음의 길 – 2. 선교와 구제 사역 이야기

베트남 동나이 지역, 베토(Betho) 고아원 이야기 / 334

불우 환자 돕기와 사회봉사 / 340

사내 SOS 클럽 운영 / 342

선교에 실패한 이야기 / 343

    베트남 Y 사역자 - 돌보는 아이들보다 자신의 이해관계가…? 344
    베트남, 어린이 사역자 영국인 이야기 - 구제도 쉽지 않다 349
    YR선교회, 가짜 목사 이야기 - 북한 선교에 속다 353

(사)네오미션의 출범, 그리고 스리랑카 선교 이야기 / 356

    스리랑카 교회당 건축 361

동남아 교회당 건축 후원 / 362

베트남 벧엘 교회(2005~2019년 5월) -

    호치민에서 하노이까지? / 366

    출장 중 섬기던 교민 교회 이야기, 그 14년간의 여정 366
    벧엘 교회의 아프리카 케냐 선교와 동참 380
    벧엘 공항 교회 폐쇄와 베트남 선교의 허구 - 역시 나는 멍청이였나? 385
    나는 하나님 바보? 395

선교와 구제의 통로, CTS 7000미러클 / 400

    국내 전도와 금천 시각 장애인 교회(개명 : 복받는 교회) 이야기 401

믿음의 길 - 3. 교회 개혁에 목숨 건, 어느 바보의 이야기

교회란 무엇인가? 하나님 바보와 교회 운 / 409

교회들 이야기 - 내가 겪은 한국 교회들 / 418

  숭신교회(1969~1994년) - 처음 나간 믿음 좋은 교회 418

  익산(이리) 남중교회(1977~1985년) - 건축하다 파산한 교회 431

  세습으로 얼룩진 강남의 K교회(1994~2000년) -

    원수는 외나무다리에서 435

    교회 세습의 부당성과 반대 운동 444

    교회 세습의 폐단과 목회자의 길 456

  H교회 이야기(2000년 가을~2018년 9월) - 소위, 건강한 교회! 459

    과대 평가와 자화 자찬 461

    증개축을 둘러싼 욕심과 부채 - 재정 건전성의 상실 463

    구 부지 매각의 실패와 독수리학교에 대한 특혜 시도, 그리고 집착 473

    독수리학교의 계약 불이행과 매각 실패 488

    구 부지 대책위 구성과 매각 보류 결정 489

    또 한 번의 실망 - 위약금 반환과 교회의 정체성 497

    교회란 무엇인가? 503

    세상은 교회를 통해 하나님 나라를 본다 511

건강한 교회를 향한 열심과 교회 정관 개정 작업에 얽힌 이야기 514
    정관 개정의 의의와 개선점 검토 522
담임 목사의 은퇴와 원로 목사 제도 534
H교회의 새 담임 목사의 취임과 기대, 그리고 또 한차례의 실망 542
교회를 옮기다 – 그리고 인근 교회들의 실태에 놀라다 551
    집에서 가장 가까운 교회 – 수지 선민교회 등록 552
    장로직을 사양하다 558

에필로그

소회 / 570

추천사

우리의 삶은 마치 한 권의 책을 쓰는 것과 같습니다.

이 책 각 페이지마다에는 우리가 겪은 수많은 사건들과 함께 만난 여러 사람들에 대한 이야기가 기록되어 있습니다.

지금도 이 책은 계속해서 기록되고 있고 여러 이야기들로 채워져 가고 있습니다. 여러 사건을 접하면서 우리는 삶의 이야기를 만들어 가고 있습니다. 그 속에 보이지 않지만 주님의 섭리가 계시네요. 삶의 피맺힌 진솔한 이야기들, 가난한 학창시절, 투병 가운데 임하신 구원의 손길, 가정을 이루시는 하나님의 섭리, 창업과 회사운영, 어머니를 그리는 애절한 마음, 그리고 아내와 자녀손들에 대한 배려가 가슴에 맺혀 기도로 승화함은 효와 사랑이 메마른 이 세대의 젊은이들에게 도전의 말씀입니다.

남에게 받은 도움과 사랑을 기억하고 되갚는 정신은 배움의 한 수입니다. 실업인으로 성공가도를 달리기까지 솔직 담백하게 예수 가슴으로부터 우러나오는 말들이 성경 욥기의 말씀을 생각나게 합니다.

"내가 가는 길을 그가 아시나니 그가 나를 단련하신 후에는 내가 순금같이 되어 나오리라."(욥기 23장 10절)

큰집에는 금, 은, 나무, 질그릇이 있어 용도대로 쓰임같이, 바른 교회 건강한 교회로서 한국 교회의 정체성 확립을 위한 가치관을 가지고 하나님 나라를 위해 애쓰셨던 흔적과 경험담은 가슴에 와닿는 개혁자 세례 요한의 빈 들판의 소리같은 느낌이 듭니다. 사도 바울이 교회를 세우고 해산의 수고처럼 염려하는 마음을 닮은 교회에 대한 애착과 사랑은 남달리 주신 특별한 은사같음을 느낍니다.

직분의 명예보다 하나님의 의를 먼저 구하며 나아가 해외에 교회당을 건축하는 등 구제와 선교를 향한 열정은 세상에 대하여 바보라야 갈 수 있는 길이고 그 길을 걷게 하신 하나님을 찬양합니다. 참회록이며 자서전의 주옥같은 글에 감사드립니다.

제 생애 선교 사역에 사랑의 빚진 자로 더욱 다가옵니다.

2023년 10월
박민환 목사 한국외항선교회

추천사

친구가 회고록을 준비한다고 말했을 때 정말 기쁜 마음으로 기대하였네.

이제 그 결실을 보게 됨을 축하하네. 친구가 회고록을 쓰는 것이 곧 나의 회고록을 쓰는 것과 같은 마음이었네.

중학생 시절과 고교 시절을 같이하면서 나는 자네의 출중(出衆)함을 일찍이 알았네. 방과 후 교실에서 몇몇 친구들과 공부를 하면서 판서(板書)할 경우에는 자네의 필체가 훌륭한 것도 부러워했었네.

나중에 모교 학생회장 선거에서 내가 소속되었던 문예신문반 선배들의 승낙을 얻어 자네는 회장 후보, 나는 부회장 후보로 러닝메이트한 것도 자네를 오랫동안 보아왔기에 가능했었네.

자네로부터 회고록 초안 검토를 의뢰 받고서 그동안 여러 인사들의 자서전과 회고록을 접했으나 자네와 같이 솔직한 마음으로 쓴 글은 별로 경험하지 못했네. 우리 학창 시절 "착안원대(着眼遠大) 착수비근(着手卑近)하라."고 강조하신 교장 선생님이 계셨지. 바로 자네가 실천한 훈화(訓話)셨네.

가난과 건강의 어려움을 겪으면서 목표를 향하여 정진한 자네였네.

나는 오랜 친구 오경승(吳俓承)의 금번 회고록을 통해 동병상련(同病相憐)의 심정으로 나의 학창 시절을 되돌아보며 요즘 젊은이들의 귀감이 되고 특히 모교 후배들에게 긍지와 자부심을 심어주는 계기가 되었으면 하는 바람을 가지고 추천의 말씀을 줄이네.

2023년 10월
오랜 친구 청돌 남정택

추천사

덕수상업고등학교를 동문수학한 후 오랜 세월 동안 吳俓承의 복된 삶을 옆에서 지켜보아 온 친구로서, 이번에 출간(出刊)하는 회고록(回顧錄)「청개구리와 멍청이」에 과분(過分)하게 추천사를 올리게 되어 기쁨과 영광이 새롭습니다.

다른 이의 삶을 들을 때면 즐겁지만 자신의 삶을 드러내는 것은 쑥스럽고 꺼려지기도 한데, 俓承형이 회고록을 출간하는 용기를 낸 것은 지금까지 형의 삶이 충실하고 떳떳하고 보람된 덕분입니다.

충일(充溢)한 자신의 삶을 물 흐르듯 주옥(珠玉)같이 펼쳐낸 회고록에 겸손함의 극치(極致)로 표제(標題)를 그리 붙였지만, 우리 모두는 俓承형의 인생 발자취를 더듬어 볼 수 있을 뿐만 아니라 삶의 귀감으로 삼기에도 충족하며, 더욱 친밀한 교감(交感)을 나눌 수 있는 계기가 되리라 생각합니다.

어느 누구의 삶인들 순탄하기만 하랴마는, 그 시절 상고를 다닌 우리 친구들은 가난을 끼고 살거나 편부모(偏父母) 슬하의 가정이 많았습니다. 그러나 생활은 궁핍했을지 몰라도 부모자식 사이의 정과 사랑은 넘쳐났고, 비록 일찍부터 직업전선에 뛰어들었어도 청운의 꿈은 잃지 않고 자기계발과 산업역군의 길을 열심히 병행했습니다.

가난 속에서도 주눅 들지 않도록 4대 독자 외아들의 기(氣)를 살리기 위해 애쓰신 부모님의 노고(勞苦), 그 당시 흔한 병인 폐결핵을 고쳐주시려고 백방으로 뛰어다니신 어머님의 자애(慈愛), 첫 직장에 취업했다고 천하를 다 얻은 것처럼 자랑스러워하신 기쁨 등 부모님에 대한 사랑과 그리움이 절절히 묻어나는 회고(懷古)에 담긴 俓承형의 애끓는 효심(孝心)에, 동병상련(同病相憐)의 마음으로 경의(敬意)를 보냅니다.

사람의 인생은 태어나서 죽을 때까지의 선택이 결정화(結晶化)된 것이라고 합니다. 그러기에 "인생(life)은 B(birth)와 D(death) 사이의 C(choice)다."라고 말하는 것이겠지요. 하지만 좋은 기회는 알아차리기도 어렵고, 좋은 기회가 왔다고 해서 누구나 그 기회를 자기 것으로 삼을 수 있는 것도 아닙니다. 준비된 자만이 기회를 잡기도, 만들기도 합니다.

俓承형이 몇 번의 힘든 전직(轉職) 과정에서는 물론, 새로운 사업의 부침(浮沈) 속에서도 여러 번의 선택을 통해 성공한 기업인으로 우뚝 설 수 있었음은, 미래를 예견(豫見)하고 구상(構想)할 수 있는 지혜와 식견이 탁월했기 때문입니다. 특히 주력제품을 인조(人造) 다이아몬드 가공에서 금세공 주얼리 제조로 아이템을 바꿔 새로운 시장개척에 성공한 것이라든지, 남보다 일찍이 베트남으로 진출해 내수보다는 수출에 진력한 선택은, 미래 세계경제의 흐름에 대한 혜안(慧眼)이 돋보이는 俓承형의 뛰어난 경영자질이 드러난 사례로 생각합니다.

"좋은 아내는 남편이 탄 배의 돛이 되어 그 남편을 항해시킨다."는 영국 속담이 있습니다. 俓承형이 부인 김경자 여사를 아내로 맞이한 것은 본인의 말대로 '하나님의 축복'입니다. 기술 없고 자본이 부족한 창업에서 중견기업으로 성장한 배후에는 俓承형의 경영능력 외에 아내의 합심과 내조가 있었습니다. 더욱이 자녀들을 아버지의 훌륭한 사업파트너로 길러낸 공로는 아내 몫이라 생각합니다. 지금도 잉꼬부부로, 화목한 가정으로, 친구들에게 부러움을 사는 것도 俓承형의 처복(妻福) 덕분입니다.

"종교인은 되기 쉬워도 참 신앙인은 되기 어렵다."는 말이 있습니다. 올바른 믿음으로, 진실한 크리스천으로, 시종일관 변함없이 신앙생활을 유지하고 선교와 구제를 위해 솔선수범(率先垂範)의 섬기는 자세를 잃지 않음은 俓承형의 본 마음이 주님 닮은 삶을 지향(指向)하기 때문일 겁니다.

"남이 알아주지 않아도 노여워하지 않는다면, 그는 군자가 아니겠는가?(人不知而不慍, 不亦君子乎)" 논어 첫 장에 나오는 공자 말씀입니다. 세상이 어떻게 변하든, 거짓 목자들이 무슨 짓을 하든, 오직 주님을 향한 외골수, 俓承형의 [십자가사랑]은 하나님의 상급(賞給)을 받기에 충분합니다. 정진(精進)하시기를 바랍니다.

俓承형의 삶은 회고록에 상관없이 지금도 현재진행형입니다. 어려서부터 지병으로 괴로움을 겪었지만 굴하지 않는 자세로 칠십 중반을 넘어서기까지 건재하고 있음도, 친손자 세 명을 두어 독자(獨子)시대를 마감한 것도, 알찬 강소기업(强小企業)으로 성장시켜 사회에 공헌하는 것도, 고교시절 학생회장 때부터 리더로서 친구들 사이에 중심 역할을 하고 있는 것도, 모두가 은혜요 축복입니다. 하나님의 사랑이 俓承형과 그 가정 및 사업에 늘 함께하기를 기도합니다.

얼굴도 잘생기고, 말도 잘하고, 키도 훤칠한 俓承형이 오래오래 친구들과 동고동락(同苦同樂)하면서 남은 인생을 함께 즐겁게 동행(同行)하기를 소망합니다.

2023 癸卯年 10월

큰돌 이종현 獻呈

헌 사

"라떼는 말이야….".

흔히 어르신이나 직장 선배들이 하는 말인데, 나도 40대 중반을 넘어가니 종종 모르게 나오는 말이 되어 버렸다.

"나 때는 말이야…." 하시면서 아버지께서는 어릴 적 어려웠던 시절, 회사의 위기와 극복, 할머니와의 기억 등을 우리 남매에게 종종 들려주시곤 하셨다.

나를 포함한 대부분의 자식들은 부모님, 특히 아버지에게서 이런 얘기를 들으며, '그러셨나 보다. 어려웠구나….' 그리곤 결국 '같은 얘기 또 하시네.' 하면서 그냥 지나치리라 생각한다. 나도 그랬으니….

내가 가정을 이루고, 세 아이들이 태어나 어느덧 아버지라는 타이틀을 얻었다. 문득 문득, 내가 아버지로서, 그리고 사업을 해 나가는 대표로서, 잘 하고 있는 건지 이렇게 하는 게 맞는 건지 의문을 갖게 된다. 그러면서 이에 대한 답을 구하기 위해 내 아버지를 생각해 보게 된다.

잠시라도 인터넷이 안 되면 모든 것이 정지된 것 같은 세상에서 사는 나에게, 6·25 전쟁으로 폐허가 된 대한민국에서 할아버지, 할머니, 그리고 내 아버지가 살아오셨는데, 상상이 되지 않는다.

회고록이 완성되어 출판사에 넘기시면서, 동시에 나에게 보내오셨다. 몇 해 전부터 아버지께서 회고록을 집필하신다 하여, 자식의 한 사람으로서 늘 말씀하시던 어린 시절, 그리고 친할머니와의 일화 등, 그동안의 아버지 발자취를 조금이나마 느껴볼 수 있지 않을까 하는 생각에 한 줄 한 줄 읽어 내려가 본다.

청개구리와 멍청이를 찾아서….

출생부터 시작하여, 불우했던 어린 시절, 하지만 누구보다 열심히 사셨던 아버지, 학창시절 찾아온 병마와 절박했던 경제 상황. '그때는 그랬지.'라고 하기엔 모든 것이 너무 참담하기만 하다.

꽤 성공한 MC 중 한 명이 성공담에서 "인생은 롤러코스터 같다."라는 말을 한 기억이 난다. 올라가면 내려오고, 하지만 다시 올라가고…. Never give up.

그게 말이 쉽지 내가 하기 쉬운가. 보통 다 좌절하고 원망하고, 누군가를 탓하며 내려놓게 되는데. 내 아버지는 포기를 안 하셨다.

아버지와 내가 함께한 시간이 40년이 넘는다. 글을 읽으며 새삼 하나의 기억이 떠오른다. 강남의 신사역에서 살던 우리가 경기도 용인시 수지구로 이사를 오던 날, 내 어머니는 바닥에 주저앉아 펑펑 우시며 기도를 하셨다. 감사하다고 너무 감사하다고.

보통 자신의 삶을 스스로 개척하며 자수성가하신, 특히 아버지 같이 본인의 의지가 강한 분들은 하나님을 믿는다는 것이 어색하게 보일 수도 있다. 그런 분이 일생의 반을 교회와 선교에 힘쓰셨다는 것은 어떻게 보면 좀 아이러니하기도 하지만 교회 세습에 반대해 예배당에서 쫓겨나시고, 목사의 독단적인 행보에 일절 이해관계도 없는 분이 나서서 개혁을 외치시고…. 흔히 우리가 지켜봐 온 현대 교회들의 부조리한 부분에 굽힘이 없으셨다.

회고록의 대부분을 선교와 교회에 할애하시면서 그동안의 경험을 기도로 정리하셨고 교회의 역할과 나아가야 할 방향까지 저술하셨다. 우리 집안의 신앙 유산으로 남겨야겠다.

아들로서 나는, 청개구리 그리고 멍청이나 같았다고 후회하시는 아버지의 모습과 쓰신 글을 읽으며, 나는, 그리고 우리는 지금 후회 없는 삶을 살고 있는지 되돌아보게 된다.

언제나 내게, 아버지는 더 뭔가를 남겨주고 싶어 하셨다.

말씀을 통하여, 이제는 회고록을 통하여 아버지가 말씀하신다.

청개구리나 멍청이가 되고 있지는 않은지 자신을 보라고.

감사합니다. 존경합니다. 사랑합니다.

아들로서 부끄럽지만, 오늘 전화 한 통 드려야겠다.

5대 독자 아들 영찬이,
베트남에서

살아온 길

살아온 길

2020년 1월 2일 새해 시무를 알리는 첫날 아침 8시, 분당 서울대병원 흉부외과 수술실. 푸른 가운에 비닐 캡을 쓴 의료진들이 분주히 수술을 준비하는 동안 겁먹은 듯 긴장했던 몸은 서서히 풀리고 내 머릿속은 텅 빈 채 아무 생각이 없다. 수술실로 내려오기 전 이미 마음의 준비를 했기에 담담히 내 운명을 그분께 맡기고 또 한 번의 고비를 맞이한다. 늑막이 들러붙어 출혈 없이 제거하는 것이 결코 간단치 않다는 폐 수술을 앞두고, 나는 만일에 대비해 밀봉한 유언장을 아들에게 맡겼다. 칠십 나이에 죽음은 두렵지 않았지만 내 유고 시 처리해야 할 일들을 꼼꼼히 적었다.

지난 한 해 동안 세 차례나 입퇴원을 반복하며 기관지 혈관색전술을 받았지만 폐출혈이 그치지를 않았는데, 원인은 왼쪽 폐 상부에 기생해 온 커다란 곰팡이 덩어리(fungus ball) 때문이었다. 이를 제거하지 않으면 죽을 수도 있다는 주치의의 경고를 받고서야 왼쪽 폐 절반을 수술키로 한 것이다.

젊어 폐결핵을 오래 앓은 탓에 폐 양쪽 상부에 커다란 동공들이 생겼고 그중 왼쪽 두 곳엔 커다란 곰팡이 덩어리가 벌써 30년간이나 기생하고 있었다. 그동안도 간간히 출혈을 일으켜 속을 썩이기는 했지만 다행히 큰 말썽 없이 지냈다. 그러나 이번엔 나이 탓인지 심상치가 않았고 마침내 몇 달 간격으로 대량 출혈을 일으켜, 끝내는 오늘 왼쪽 폐 절반을 절제하는 대수술을 받게 된 것이다.

누워 마취를 기다리는 동안, 문득 45년 전에 돌아가신 어머니가 떠올랐다. 이 얼마나 좋은 시설 이 얼마나 훌륭한 의료진인가. 어느새 눈물이 눈가를 적신다. 아프신 어머니를 단 한 번도 대학병원에 모시지 못했던 불효자가 더할 수 없는 대우를 받으며 이렇게 좋은 병원에서 수술을 받다니… 죽는다 해도 어머니를 뵐 면목이 없다.

열여섯 살 겨우 철이 들어가던 해, 반갑지 않게 찾아온 폐결핵은 그 후 12년간이나 나를 괴롭힌 악마의 다른 모습이었다. 제대로 된 치료는커녕 가계가 빈곤해 열아홉 살엔 늙으신 부모님을 대신해 생계를 책임져야 했고, 깊어 가는 병마와 가난의 이중고 속에 한창이어야 할 내 청춘은 사지에 갇혀 절망하며 좌절했다. 그 와중에 아버지, 그리고 어머니와도 가슴 아픈 이별을 하고 천고의 불효자가 되어 평생을 죄책감 속에 살았으니 그 비통하고 안타까운 마음을 무엇으로 표현할 수 있으랴.

인생의 동토대, 그 황량한 광야에서 마치 징검다리를 건너듯 아슬아슬한 삶을 살면서 결코 쉽지 않았던 고비와 위기들을 넘기고 어떻게 지금까지 달려올 수 있었는지…?

늦둥이 4대 독자, 그리고 병약했던 성장과정

병약했던 어린 시절

자식은 일찍 낳고 볼 일이다.

요즘은 눈부신 경제 발전 덕분에 그 옛날 열악했던 시절을 상상하기 어렵겠지만, 6·25로 나라가 온통 폐허로 변한 가운데 서민들이 겪어야 했을 그 당시의 비참함을 무슨 말로 설명할 수 있겠는가. 노동력이 있어도 일자리가 없어 끼니마저 걱정해야 하는 절대 가난 속에서 특히 늦게 자식을 본 나 같은 경우엔 늘그

막에 부모 자신은 물론 자식도 함께 고생할 수밖에 없었다.

나는 아버지 45세 어머니 42세이던 1949년 1월(음)에 4대 독자 늦둥이 외아들로 서울에서 태어났다. 우리나라가 일제로부터 해방된 지 3년 반 후이고 6·25 동란이 터지기로는 1년 3개월 전이다. 내가 태어난 곳은 서울특별시 성동구 상왕십리동 730번지 33호이다. 막다른 골목 작고 허름한 집. 위로 열세 살이나 위인 누이가 한 분 있지만 늦둥이 4대 독자가 되어 한 집안의 대를 이은 것이다. 본적은 서울 종로구 행촌동 180번지로서 대대로 서울 토박이다.

돌사진

두 분의 기쁨이 어떠했을까는 여러 말이 필요 없을 것이다. 집안 경제는 기울고 있었으나 왜정 말기만 해도 곧잘 사는 것으로 동네에 소문난 집안이었다는데… 아버지가 솜 공장을 하셔서 경제적으로 여유가 있었다고 들었다. 그래서 어머니는 무엇을 하시든지 남에게 지는 것이 싫어 늘 앞장서셨고 성격도 화끈하신 편이었다. 해방 후, 6·25 전쟁이 발발한 것은 생후 13개월로 겨우 두 살 되던 해였으니 기쁨이 채 가시기도 전에 겪은 전쟁의 혹독함은 말할 것도 없고 사실상 모든 것을 원점으로 돌린 것이었다. 기억은 잘 나지 않지만 그 당시 상황은 보지 않아도 알 것 같다. 기억 나는 것은 1·4 후퇴 때로 추정되는데, 엄마 등에 업혀 강을 건너려다 군인 아저씨가 못 가게 막아 어느 건물로 들어가 있던 생각이 난다. 또한 왕십리 집 마루 밑 좁고 어두운 흙벽 지하실에 숨어 있던 것도. 젖엄마가 있었던 것으로 기억하는데 어머니가 나를 늦게 본 까닭에 젖이 부족해 젖엄마를 따로 두었었던 것으로 알고 있다. 이것이 내가 어렸을 적 유난히 병을 많이 앓았던 원인이었을지도 모른다.

어머니에 따르면 내 몸이 허약해 무당집에 드나든 것이 적지 않았다고 한다. 서너 살 때인가 엄마가 "새 눈 캄캄 내 눈 반짝, 새 눈 캄캄 내 눈 반짝."하며 반복해 들려주시던 생각도 나는데, 갑자기 눈을 못 봐 그랬다는 것이고, 아마도 영양실조로 일시적 시력 감퇴가 있지 않았었나 보여진다. 또 언젠가는 갑자기 일어서지를 못하더라는 것이다. 병원은 엄두도 못 낼 때라 소아마비가 아닌가 해 큰 소동이 났었고 어쩌다 다행히 나았다는데 그래서인지 나는 지금까지도 약간 팔자걸음을 걷는다. 달리기를 하

학교에 입학하기 전

면 키가 커 당연히 잘해야 하는데도 국민학교(지금의 초등학교) 시절 운동회를 할 때면 매번 꼴등으로 들어왔다. 엄마가 달아준 리본 덕에 내가 아주 잘 보였을 텐데 말이다. 신발은 뒤가 닳는 것이 정상인데 난 반대로 앞 엄지발가락 쪽에 구멍이 뚫어져 남들보다 신발을 자주 갈아 신어야 했고 돌뿌리에 걸려 잘 넘어지기도 했다. 이유는 걸을 때 발 앞꿈치가 먼저 나가고 뒤꿈치는 약간 들려 나가니까 돌뿌리에 걸려 자주 넘어진 것이다. 그러다보니 내 딴엔 남들보다 빨리 걷는다고 걸어도 20% 정도는 속도가 늦다. 보폭이 적어 그런 것이다. 그러나 겉으로 보기엔 멀쩡하여 일반 사람들은 걸음걸이가 그러려니 한다.

같은 이유로, 나는 화장실에서 큰일을 볼 때 쪼그리고 앉지를 못했다. 그래서 볼일을 다 보고 나면 다리가 후들거려 어떤 때는 일어나기가 힘들었다. 그래도 젊은 시절엔 견딜 만했는데 요즘은 정말 단 1분도 쪼그리고 앉지를 못할 정도로 아프고 힘들다. 그러나 나는 정말 행운아다. 바로 좌변기의 등장이다. 어려서는 견딜 만했지만 그렇게 힘든 큰일을 좌변기 없이 어떻게 평생을 감당했을까 생각하면 정말 아찔하다. 요즘은 허리도 잘 안 구부러지는데 비데까지 등장했으니 금상첨화다. 좋은 세상이 되었다. 그동안은 일에 몰두하다 보니 별 생각 없이 보냈다. 그러다 50대 후반쯤 정확한 이유를 알고 싶어 대학병원을 찾아 소견을 들었는데 원인은 남들보다 인대가 조금 짧아 뒤꿈치가 약간 들려 그런 것이었다. 수술을 한다면 의학적으로는 의미가 있겠으나, 임상적으론 별 의미가 없겠다는 소견으로 신발의 뒷굽을 조금만 보강하면 된다고 해 완전 회복은 포기하였다. 지금까지도 별 지장 없이 잘 살아왔기에…. 오히려 이 팔자걸음 때문에 팔자에 없는 출세(?)를 할 뻔했다. 20대 초반 때인데 길거리 점쟁이가 나를 불러 세우는 것이다. 내 걸음걸이가 백 년에 한 번 나올까 말까 하는 물 수(水)자라며 아주 크게 될 것이라고 치켜세우는 것이었다. 주머니에 있던 몇 푼을 쥐어 주었고 어쨌든 기분은 좋았다. 조금 커 국민학교에 들어가기 전인 듯싶은데 언젠가는 갑자기 귀가 안 들리는 것이었다. 그때는 엄마가 이비인후과로 데려가 치료를 받았다.

그러나 진짜 병치레는 고등학교 1학년에 올라가면서 시작되었다.

국민(초등)학교 시절, 그 아득한 이야기

학교 얘기가 나왔으니 거슬러 국민학교 때부터 쓰는 것이 좋겠다. 국민학교 1학년 입학은 어머니의 손을 잡고서였다. 가슴에 하얀 손수건을 달고 운동장에서 나란히 줄을 서 있던 기억이 지금도 선명하다. 일학년 담임 선생님은 약간 나이가 들어 보이시는 곱상한 여선생님이셨다. 누구나 그렇지만 다 자기 자식은 수재인 줄 안다. 나도 예외는 아니었고 1학년 성적은 맨날 백점이었다. 어느 날 소풍을 갔는데 시조를 외우는 경품 행사가 있었

그리운 어머니와 함께

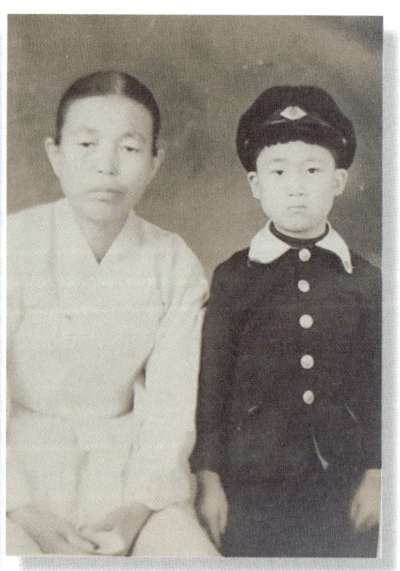
국민학교 입학할 때

다. 그때 걸린 시제가 알고 보니 우리나라 최초의 한글 시조인 우탁의 '탄로가'로 지금까지도 외우고 있다.

> 한 손에 막대 잡고 또 한 손에 가시 쥐고
> 늙는 길 가시로 막고 오는 백발 막대로 치렸더니
> 백발이 제 먼저 알고 지름길로 오더라.

먼저 외운 사람은 손들고 나와 보라는 것이다. 몇 아이들이 손을 번쩍 들며 나가 외우는데 틀리고 잘 외우지도 못한다. 답답하다는 생각이 들었다. 속으로 벌써 다 외웠지만 숫기가 없던 나로서는 차마 용기가 없어 나가지를 못했다. 후에 어머니께 이야기했다. 나도 다 외웠었다고…. 남에게 지기 싫어하셨던 어머니는 왜 나가지 그랬냐고 나무라셨다. 하지만 나는 어릴 적엔 수줍음이 많았다.

2학년이 되었다. 지금도 기억하지만 내 짝꿍은 여자아이로 차KS란 이름이었다. 생김새도 내 타입이 아니었는데 성격 또한 나빠 잠시도 가만 놔두지를 않았다. 연필을 빼앗고 공책을 찢고 옆구리와 다리를 꼬집고… 정말 괴롭고 아팠다. 그때만 해도 나는 수줍음을 잘 타 공부시간에 아는 것도 손들어 말도 못하던 때라 아프지만 참고 지냈다. 하루 이틀도 아니고 갖가지로 괴롭히는데 정말 학교를 갈 수가 없었다. 그래서 학교를 간다고 하고서는 괜히 먼 거리를 이리저리 다니며 시간을 때우다 집에 가곤 했다. 할 수 없이 어머니에게 얘기를 꺼냈다. 그러던 어느 날, 그 날도 학교를 가기 싫어 방황하다가 좀 늦게 갔는데, 담임이 노기가 충천해 계셨다. 노영수 선생님이란 젊은 분으로 슬림하며 좀 날카로운 인상에 약간은 내성적인 분으로 기억한다. 어머니가 오셔서 담임 선생님을 꽤 몰아붙이시는 바람에 아이들 앞에서 공개 망신을 당하시고 흥분해 계셨던 것이다. 물론 그 후에 나는 앉는 자리를 바꿨다. 모처럼 맛본 해방감이었다. 그러고 보니 그 여학생은 지금 어찌 사는지 궁금하다.

3학년이 되었다. 담임은 주인환 선생님이시다. 국민학교 6년을 통틀어 가장 인상 깊었던 분이다. 나를 사심 없이 알아주신 분은 그 분이셨기에. 국민학교 시절 중 가장 행복했고 공부를 잘했던 시기였다. 3학년에서 공부를 잘했다고 해도 사실 국민학교 때야 다들 잘하니까 하고 별거 아니라고 할 수도 있을 것이다. 어느 날 일제고사를 치렀는데 내가 400점 만점으로 반에서 일등을 하였고 반장이던 이JH 군이 몇 개를 틀려 그만 내게 지고 말았다. 400점 만점은 나 하나였다. 반에는 당시 남학생들의 관심을 끌던 예쁜 여학생이 두 명 있었는데 다 집안이 유복한 애들이었다. 사실 반장 이JH 군을 비롯해 이 세 아이들은 다 한몫하던 애들로 어머니들 극성 또한 대단하였다. 그때 치맛바람도 만만치 않았다. 이 와중에 나는 7분단장이었는데 담임 선생님 덕분이었다.

그때 반장이던 이JH 군이 여자 애들 앞에서 내가 자기 것을 보고 써, 말하자면 컨닝을 해 일등을 한 것이라고 하였다. 말도 안 되는 이야기였는데 그건 자리가 몇 석 떨어져 있었기에 애초부터 불가능한 일이었다. 내가 보고 썼다면 어떻게 내가 만점을 받을 수가 있었겠는가. 도대체 논리적으로도 말이 안 되는 억지 주장이었다. 여자 아이들 앞에서 지기 싫어 변명을 하는 것으로 느껴졌다. 난 아무 말도 하지 않았고 그 여자 애들도 웃기만 하고 있었는데 아마도 반장으로서 자존심이 무척 상했던 것 같다. 그렇게 잘 나가던 반장 이JH 군, 그 후 약 20년이 지난 어느 날, 내가 고려무역에 근무하던 때 회사 근처 종로 길을 지나다 우연히 만나게 되었다. 다소 초라한 행색에 기가 죽은 모습이었다. 얘기를 들어보니 자기는 운수업을 하던 아버지의 사업이 망해 진학도 못하고 종로 어디 인쇄소에서 일을 하고 있다고 한다. 세상에 이런 일도 다 있구나 생각하며 그 친구가 몹시 안돼 보였다. 당시 운수(運輸)업이란 것이 그랬다. 요즘엔 흔한 것이 보험이지만 그때는 없었으니 사고가 나면 그대로 망하는 수밖에 없었다. 운수(運數) 바로 그 자체였다. 내가 종합무역상사인 고려무역에 근무한다니까 그렇게 부러워하는 것이었다. 그때 나는 그 친구를 보면서 내가 상업학교라도 나와 번듯한 회사에 취업을 할 수 있었던 것이 얼마나 행운이었는지 알게 되었다.

그때 그 친구는 내가 묻지도 않았는데, 같은 반의 그 여학생 얘기를 내게 들려주었다. 이름은 이EH로 우리 동네 근처에 잿배기라 불리는 언덕이 있었는데 그 왼쪽 위 크고 예쁜 일본식 2층집에 그 여자 애가 살고 있었다. 당시로는 정말 부러운 집이었다. 그런데 유감스럽게도 그 애는 4학년에 올라오면서 이사를 해 다른 학교로 전학을 가버려 매우 섭섭했다. 그런데 오랜만에 만난 그가 언젠가 그 애가 이대 배지를 달고 어머니와 함께 자기 집엘 왔었다면서 아마도 그 옛날 우리 모두 함께 놀며 경쟁하던 추억이 생각나 그랬는지… 지금은 어디에 사는지 연락이 안 된다고 했다. 하여간 내게는 그 3학년 시절이 좋았다. 치맛바람이라곤 전혀 모르던 내가 담임 선생님으로부터 인정을 받으며 공부도 잘했고 예쁘고 집안도 좋고 제법 똑똑하던 여학생들을 놀리며 어울리던 어린 시절. 그래서인지 당시 학교에 가는 것은 즐거움이었다.

아쉬움을 남긴 채, 4학년에 올라오니 남녀가 분리돼 남학생과 여학생은 반을 달리하게 되었고, 교실 분위기는 어쩐지 썰렁했다. 담임은 황성우 선생님이셨는데 3학년 담임 선생님과 달리 좀 차가워 보이는 성격으로 처음부터 친근감을 느끼지 못했다.

자연히 거리가 생겼다. 5학년은 잘 생각이 나지 않는데 비슷했었던 것으로 기억한다. 어느새 6학년이 되었고 중학교 입학시험이라는 과제가 코앞에 있었으나, 난 아직도 입시라는 것을 깨닫지 못하고 있었던 듯하다. 형편이 어려웠던 내게 과외 공부는 아예 생각 밖이었다. 그런데 그런 내가 안돼 보였던지 어느 날 어머니가 과외 공부를 해 보라신다. 우리 형편에 괴외비는 무리였으나 어머니가 어디서 얘기를 들으시곤 몇 명이 같이할 수 있는 과외 선생님을 만나게 해 주셨고 거기서 고 또래 몇명이 같이 서너달 과외를 하게 되었다.

마침내 입학원서를 내는 때가 되었다. 내 차례가 되어 어머니가 담임 선생님을 만나 상담을 하게 되었는데 우리 집 형편을 아셨음인지 인문학교보다는 차라리 상업학교로 보내는 것이 어떻겠냐고 원양희 담임 선생님께서 말씀하셨다고 한다. 인문학교는 아무리 일류학교라도 대학을 못 가면 아무 소용이 없다고 하시면서. 어머니의 표정은 다소 낙담하신 모습이었다. 아마 학업 성적도 그리 탁월하지 않은 위에 집안 형편이 어려워 보였던 것이 이유였으리라. 어머니가 그러면 왜정시대부터 알려진 선린상업이 어떠냐 했더니 선생님이 요즘은 덕수상업이 더 낫다고 하시며 집에서도 가까워 걸어 다닐 수 있는 덕수중학을 가라고 해서 결국 나는 덕수중학에 원서를 내게 되었다. 그때만 해도 은행이

고급 직장이란 점 때문에 고등학교만 나오고도 은행 취업이 가능한 상업학교가 사범학교와 더불어 가정이 어려운 아이들에게 인기가 있었다. 특히 지방의 어려운 학생들 중에서는 덕수에 가는 것이 꿈이었다고도 하니…. 이렇게 해서 난 아예 인문학교는 포기하게 되었다. 그러나 그 당시 어머니들의 치맛바람 덕에 실력이 안 되는 애들이 일류학교에 원서를 냈다가 낙방한 경우도 있었다. 안JH 같은 친구는 내가 보기엔 성적이 못 미치는 데도 경기에 입학원서를 써 줘 보기 좋게 떨어졌고, 그 외에도 또 그런 애가 몇몇 더 있었을 것으로 짐작된다. 장래가 걸린 일이지 않는가? 숫기 없던 내가 속으로 가진 불만이었을까 아니면 오해였을까.

그런데 특기할 것은, 당시 입학시험 제도는 지금의 수능시험처럼 전국 공동 출제형식으로 다 같이 같은 날 같은 문제지를 가지고 시험을 치렀으나, 지금의 수능시험과 다른 것은 학교를 먼저 선택해 지원한 후 시험만 공동으로 치르는 것으로, 시험 성적의 고하에 불구하고 지원 학교를 변경할 수는 없는 제도였다. 지금 생각해 보면 이해하기 어려운, 많은 아쉬움이 남는 제도다.

지원서 마감 결과 덕수중학이 4:1로 가장 치열한 경쟁률을 보였고 우리 반에선 나 외에 몇 명이 같이 지원서를 냈다. 아마도 비슷한 형편의 학생들이 같은 생각으로 지방에서 몰린 탓이었으리라. 그때는 경제가 매우 어려운 때였고 대학 가기 어려운 가정들에서 상업학교를 나오면 은행에 취직할 수 있다는 희망이 있었기에 중학교임에도 너도나도 모여든 까닭이다.

 마침 이웃에 경동을 지원한 같은 반 친구가 있었는데 이름은 조HW였다. 시험을 치른 후 이웃 선생님의 지도 아래 같이 답안을 맞추어 보았는데, 시험 운이 좋았던지 내 성적이 월등하였다. 모두 여덟 과목에 나는 8개를 틀렸고 그 친구는 훨씬 많이 틀렸다. 결과는 그 친구의 경동 합격과 더불어 나의 덕수 합격이었다. 결과적으로 매우 억울한 측면이 있었다. 함께 덕수를 지원했던 같은 반 친구는 떨어져 후기에 성동 중학에 입학했다가 3년 후 덕수상고로 다시 들어오기도 하였다. 말하자면 인문학교로 갔다가 상고로 다시 올 수도 있는 일이었다. 그때는 정말 많이 손해 본 것 같았다. 5대 공립에 시험이라도 볼 수 있었으면 좋았을 텐데… 담임 선생님이 무책임하게 느껴졌다. 왜냐하면 나보다 훨씬 못한 성적으로도 경동에 들어간 친구도 있는데 말이다. 전술했지만 아쉬운 시험 제도로 인해 제 실력대로 찾아가지 못한 학생들이 꽤 있었을 것이다. 기회는 아쉽게 사라지고 어쩔 수 없이 입학 후 나는 4반에 배정이 되었고 담임 선생님은 박영욱 선생님이셨다. 입학 첫날 나를 부르시더니 뜬금없이 반장을 하란다. 그러고는 교무실로 가서 서울시 장학생 선발 신청을 하겠냐는 것이다. 입학 성적이 전체 4등이라 4반에 배정된 것이라면서….

감수성 예민한 중학교 시절

중학교 1학년 생활은 이렇게 시작되었으나 순탄치 못했다. 공부할 맛도 나지 않았지만 다른 이유도 겹쳐 학교를 빠지며 방황하는 경우가 자주 발생하였다. 성적은 그야말로 중위권에도 못 미쳤다. 영어 선생님을 비롯한 여러 선생님들로부터 오경승이가 왜 그러냐는 걱정도 들었다. 하여간 좌절의 시간은 그렇게 계속되었고 자주 학교를 빠지다 보니 급기야 어머니가 이 사실을 알고 담임 선생님을 만나 뵙게 되었다.

그날 나는 겁도 나고 마음도 잡지 못해 세상을 하직하고 절에 들어가고픈 생각이 들어 북한산 암자를 찾아 나섰다. 잘 기억나진 않지만 지금의 서울 북쪽 어디인지 버스를 내려 북한산 냇길을 타고 천천히 올라가는데 그날따라 부슬부슬 내리는 가을비로 구름이 자욱한 산자락에는 음산한 기운마저 돌고… 춥고 배고픈 내 모습이 너무 쓸쓸하고 참담하게 느껴졌다. 어느새 마음은 산산히 흩어져 의욕을 잃고 중도에 하산하고 말았다. 스님 팔자는 아니었나 보다. 이리저리 방황하다가 밤 늦게서야 겨우 집에 들어갔는데 그날 어머니에게 정말 혼쭐이 났다. 나에 대한 이 모든 것을 이해해 주셨던 박영욱 담임 선생님의 특별한 배려로 나는 무사히 이 질곡에서 벗어나 1학년을 마칠 수 있었다.

이제 2학년에 올라가게 되었고 그래도 5반 반장이 되었다. 담임 선생님은 총각이신 유한열 선생님이시다. 이제는 정신을 차려야겠다는 생각에 마음을 잡고 열심히 공부하게 되었다. 갑작스런 나의 진보에 여러 선생님들이 놀라셨는지 칭찬이 자자하였다. 그도 그럴 것이 갑자기 1, 2등을 다투며 우등생이 되었으니 말이다. 유감스럽게도 나를 아껴 주시던 유한열 담임 선생님이 여름방학 기간에 뚝섬 근처 한강에서 그만 익사하시는 사고가 발생하였다. 방학 중 긴급 연락을 받고 총무인 배종선 군과 같이 뚝섬 현장으로 갔는데 마침 시신을 인양하고 있었다. 이미 며칠이 지난 탓에 잘 알아보기 힘들었다. 하지만 나는 망설이지 않고 다른 선생님과 함께 물에 젖은 시신을 수건으로 닦아 드리며 마지막 길을 전송했다. 처음 목격한 죽음이었고 또 처음 본 시신이었으며 이는 내 평생에 단 한 번 시신을 닦아 본 경험이었다. 총각으로 결혼도 못하시고 그렇게 세상을 떠나신 고 유 선생님은 나를 반장으로 추천하며 인정해 주셨던 분이기도 하고 매우 차분하신 분으로 지금도 그 인상이 뚜렷하게 기억에 남아 있다. 2학년 성적은 만족스럽지는 못했지만 대체적으로 성공적이었다.

故 유한열 선생님과

중학생 때

그렇게 2학년을 마치고 3학년에 진급하였는데, 1반이 되었고 담임 선생님은 조익현 선생님으로 눈매가 특히 날카롭고 카리스마가 넘치는 분으로 아이들이 다 무서워하였다. 특별히 수학에 상당한 실력이 있는 선생님이셨는데 나는 깜짝 놀랄 사실을 하나 발견하였다. 이상하게도 3학년 1반 분위기가 그동안의 1, 2학년 분위기와는 완전히 달랐고, 고등학교 입학시험 준비 분위기로 충만하였다. 2학년 시절만 해도 전혀 생각지 못한 분위기였는데, 담임 선생님은 동계 상업학교에 진학할 학생들은 아예 염두에도 없으신 것 같았다. 그때 한SS란 친구가 있었는데, 그 애는 평소 잘 알려지지 않았던 친구였고 공부 잘한다고 듣던 아이들

중에서는 생소하였다. 알고 보니 애는 모의고사 위주로 일찌감치 고교 진학 입시를 준비해 온 듯 보였으며, 담임 선생님은 이미 이 친구를 잘 알고 있었고 상당한 기대를 갖고 계신 듯 보였다.

나는 잘 몰랐지만 그때 반에 몇몇 그룹이 있었는데 다들 인문계로 진학하려는 아이들로서 이상하게 1반은 그런 아이들이 유독 많게 느껴졌으며 그 아이들은 한SS 군을 이미 잘 알고 있었다. 그런 까닭에 반장 선거를 할 때 한 군을 추천하는 아이들이 꽤 있었으나 담임 선생님이 애는 진학 공부에 전념해야 하니 안 된다고 아예 추천에서 제외시켜 버리는 바람에 내가 쉽게(?) 반장이 되었다. 말하자면 나는 1반의 그 분위기에서 이미 겉도는 처지가 된 것이다. '상업학교 = 취직'이라는 등식이 이미 등에 걸려 있었기에. 어차피 두 번째 기회도 내 것은 아니었고 인문계 진학 준비가 전혀 없었던 나는 동계 학교 진학이야 특별히 공부할 것도 없어 별 신경을 쓰지 않았다. 결과적으로 그런 담임 선생님의 노력 덕분인지 한 군은 서울고에 무난히 합격하였고 나중에 들으니 서울상대에도 진학하였다고 한다. 한 군은 본인도 열심히 공부했지만 담임 선생님의 특별한 배려에 힘입은 바 크다. 결국 1반에서 여러 친구들이 유명 공사립학교로 진학했었던 것으로 보아 당초 인문계로 가야 할 학생들이 잘못 알고 들어온 후 다시 인문계 고교로 진학하는 분위기가 유독 1반에 많았던 것은 아마 담임 선생님의 영향력이 컸던 것이 아닌가 싶다.

그러나 덕수중의 대세는 역시 동계 상업학교 진학이다. 많은 학생들이 그대로 진학하였고 취업 전선의 1막은 그렇게 열리게 되었다.

철이 들던 고교 시절

1학년 3반에 배속되었고, 나는 다시 반장이 되었다.

담임 선생님은 서울고에서 오신 지 얼마 안 되는 최경일 선생님이신데 '똥자루'로 통했다. 키가 작으시고 몸이 통통하신 까닭에 붙여진 별명이었다.

1학년 들어 첫 번째로 치른 중간고사를 나는 잊을 수 없다. 화학 문제에 얽힌 이야기다. 전문진 선생님의 화학시간, 늘 논리정연하게 문제를 풀어가며 가르치시던 선생님께 매료되었던지 나는 화학에 흥미를 느꼈고, 덕분에 잊을 수 없는 일화가 있다. 꽤 두꺼웠던 화학 교과서 그리고 어느 페이지인지 기억할 순 없지만 꽤나 어려워 특별히 선생님이 이 문제를 푸는 학생이 있는지 보겠다던⋯ 소위 3번 문제. 힌트도 없이 그간 배운 실력만으로 풀어야 하는 특별 숙제를 앞에 두고 나는 도전하기로 마음먹었다. 그래서 토요일 오후 방과 후에 교실에 남아 몇몇 친구들과 이 문제를 스터디하였는데, 결국 내가 풀어냈다.

다음 주 화학시간이 은근히 기대가 되었다. 설명도 해야 했으므로 긴장이 되었다. 칠판을 반쯤 채우면서 수식을 열거하며 문제를 풀어 설명하고 답을 내었다. 결과는 합격이었다. 선생님께서 맞았다며 크게 동그라미를 쳐 주시던 모습, 정말 자랑스러웠다. 나중에 들었는데 같은 학년에서 이 문제를 푼 사람이 나를 포함해 둘뿐이란다. 상업학교에서 화학이란 좀 안 어울리는 과목이지만 내겐 매우 재미있었다. 그러다 보니 화학엔 도사(?)가 되었다. 그런데 문제는 첫 중간고사에서 생겼다. 화학시험 문제지를 받아 보니 총 4문 밖에 안 되었는데, 뭐 볼 것도 없이 답을 써서 한번 더 확인한 다음 일찌감치 답지를 제출하고 교실을 나왔다. 물론 백점 만점이라 확신하며…. 그런데 다음 시간에 문제풀이를 하면서 나는 두 개 문항의 답이 틀렸다는 사실을 알게 되었는데, 다름 아니라 분수로 답을 써야 하는 것을 소수로 중간 수식을 풀어 결국 답이 소수점 차이만큼 틀린 것이었다. 화학은 답이 정확해야 하는데 중간 수식에서부터 소수로 답을 내고 이어 이를 다음 수식에 사용함으로 인해 식은 맞고 답은 틀린 그런 경우로, 사실 억울한 점이 있었다.

난감하였다. 1학년 올라와 처음 본 중간고사 8과목의 평균점

수 기대치는 96점이었는데 이렇게 되면 화학이 100점이 아니라 50점이 되는 것이니 이로 인해 평균에서 무려 6점이나 손해를 봐야 하는 것이었다. 고민이 되었다. 전교 1등 자리를 내놓아야 하는 처지가 되었으니… 화학 선생님을 만나 수식이 맞았고 평소 실력을 보아서라도 반은 구제해 줘야 하는 것 아니냐고 말씀드리고 싶은 마음이 굴뚝 같았다. 그러나 꾹 참았다. 자존심도 그렇지만 말 안해도 내게만큼은 배려를 해 주어야 하는 것 아닌가 하는 오기도 있었다. 그러나… 결과는 그대로 50점으로 나왔고 나는 평균 점수가 90점밖에 안 되어 반에서도 1등 자리를 고도환 군에게 내 주고 2등을 차지하게 되었다. 그 후 나는 화학은 쳐다보기도 싫었고 선생님도 보기 싫었다. 영원히 잊을 수 없는 뼈아픈 실수였기에 지금도 몹시 언짢았던 그때의 기억이 아프다.

그러나 우리의 삶이 늘 그렇듯이, 실수로 인한 나쁜 기억이

고등학생 때

더 큰 실수를 막는 면역제가 되었다면 어찌 감사할 일이 아니겠는가? 만일 그때 선생님이 반이라도 구제해 주었다면 당시는 좋았겠지만 기억에 남지도 않았을 것이고 그로 인해 정작 중요한 것을 놓칠 수도 있었을 것이다.

고2에 올라와서는 5반에서 부반장이 되었고(중고교 시절을 통틀어 반장을 내 준 건 이때가 유일하였다), 대신 그해 덕수중상고 총학생회장에 출마해 당선되었으니 만회치고는 대단한 성공이었다. 중고등학교를 통틀어 비교적 학내 조직력이 탄탄한 문예신문반 소속의 덕망 있는 남정택 군을 부회장 러닝메이트로 한 것이 주효하였다. 학생회 집행부를 구성하게 되었는데 약속대로라면 문예신문반 출신이 너무 많은 것이 문제였다. 문예신문반의 이종현, 이대용 군이 요직인 총무 부장과 차장을 맡는 것은 당연하였지만 학예부장에 내정되었던 손원진 군을 내가 부득이 취소하는 바람에 곤욕(?)도 치렀었다(이민을 갔다고 들었는데 소식이 묘연한 그 친구에겐 미안한 마음을 지금도 지울 수 없다)…. 사실이는 어쩔 수 없는 선택이기도 했다. 손 군의 불운이라고나 할까. 선거에서 도움은 받았지만 문예신문반 출신의 비중을 줄여야 하는 불가피한 내 입장이 있었다. 그들은 모두 탁월한 인재들인 데다 그 동아리는 얼마나 끈끈하고 질긴지(?) 지금까지도 그들만의 긴밀한 교제를 줄기차게 이어 오고 있고, 모두가 하나같

학생회 임원들 - 일부는 미참

연설 모습

이 돌들인데 판돌, 흰돌, 큰돌, 푸른돌, 삼돌… 등이 그들만의 아호다. 최근에는 칠순회고록까지 공동 집필하는 등 지성과 결속이 아주 남달라 당시 내 입장에선 견제(?)가 필요할 터였다.

이제 3학년이다. 반에서는 반장으로 학교에서는 총학생회장으로, 또 한편으론 모의고사 등 취업 준비도 해야 해서 은근히 바쁜 생활이 시작되었다.

폐결핵의 시작과 가난의 이중고 - 멍청이의 고달픈 고생길

그러나 간과한 것이 있었으니… 내 청춘에 끈질기게 달라붙어 찐득이처럼 나를 괴롭힌 그 악마! 폐결핵이었다. 내가 폐결핵 진단을 받은 것은 고등학교 1학년 올라오자마자 실시한 신체검사에서였다. 그때는 몰랐지만 이것은 내 청춘을 송두리째 앗아간 좌절과 시련의 시작이었다. 무지와 빈곤이 가져온 내 인생 최대의 불운이었다.

무지와 빈곤!

고1이던 어느 날 담임 선생님이 날 부르시더니 엑스레이 간접촬영에서 폐결핵이 의심되니 직접촬영을 해야 한다고 보건소로 가보라는 것이었다. 결과는 폐결핵 초기, 즉 경증이었고 즉시 보건소에서 약을 타 먹게 되었다. 아이나란 약 한 가지를 처방받은 것으로 기억하는데 공짜였다. 집에 와 어머니에게 얘기를 하니 표정이 어두우셨다. 폐병은 이제 약만 잘 먹으면 고칠 수 있는 병이라며 걱정 말라고 나를 위로하시던 어머니. 나는 당시 1학년 3반 반장이었는데 매 수업시간마다 큰 소리로 차렷 경례를 불렀다. 그런데 담임 선생님이 조심스러운 표정으로 당분간 이를 부반장에 맡기는 것이 좋겠다고 하셨고, 1년 이상 그렇게 약을 먹었는데 다시 사진을 찍어 보니 오히려 더 나빠졌단다. 중등증으로 가는 단계라고… 어머니께 말씀드리니 동네 약국에 가셔서 약사와 상의하시곤 파스라는 약을 사가지고 오셨다. 먹고살기도 힘든 형편에 이제는 약도 사먹게 되었으니 참으로 딱하게 되었다. 그때부터 아이나(INH), 파스 두 가지 약을 먹게 되었는데, 파스는 한 움큼씩 하루 세 번을 먹어야 했고 그 양이 정말 많았다. 약값을 절약하기 위해 멀리 종로 5가까지 어머니와 같이 약 사러 갔던 기억이 난다.

어느 날인가 가까운 친구인 강덕환 군이 나를 찾아 자기도 엑스레이에서 폐결핵 진단을 받았다고 선험자인 내게 자문을 구하는 것이었다. 그 몇 달 후 양호선생님으로부터 호출을 받는데 친절하고 깔끔한 여선생님이셨다. 어떻게 치료를 하고 있느냐 무슨 약을 먹느냐며 자상하게 물으시고 결핵약은 시간을 지켜 한 번도 거르지 말고 제때 꼬박꼬박 먹어야지 아니면 큰일난다며, 거기에 스트렙토마이신이 좋으니 사가지고 매주 두 번 자기를 찾아오라는 것이다. 자기가 주사를 놔 주시겠다면서. 말이 쉽지. 그때는 건강보험도 없을 때라 약값은 꼬박 본인 부담이었고, 나는 어머니에게 매번 스트렙토마이신 주사약 값까지 달래기가 미안하였다. 그래도 선생님이 워낙 겁을 주셔서 어머니에게 돈을 타 약을 사가지고 양호실로 찾아가곤 하였다. 몇 달 후에 강 군한테 들으니 양호선생님이 오경승이는 안 되겠다고 하더라는 것이다. 자기를 찾아와 주사를 제때 맞지 않는다며. 그러다가는 못 고친다면서 한걱정을 하셨다는 것이다. 사실 그랬다. 매주 두 번씩 주사약을 사가지고 갔어야 했는데 그러지를 못했다. 이유는 돈이었다. 집안 형편을 뻔히 아는 내가 먹는 약값도 버거운데 매번 주사약 값을 달라고 어머니에게 얘기하는 것이 어려웠던 것이다. 그래도 처음에는 자주 양호실을 찾았지만 갈수로 횟수가 줄었고 급기야 그런 걱정을 듣게 된 것이다.

한번은 이런 일도 있었다. 어머니에게 주사약 값을 타 가지고 학교로 가는 길이었는데 도중에 있던 호떡집의 호떡이 그렇게 맛있어 보이는 것이었다. 전에는 다른 친구들이 거기서 사 먹는 것을 봤어도 아무렇지도 않았는데… 그날은 너무 먹고 싶었다. 그래서 어머니가 주신 그 약값을 가지고 그만 호떡을 사 먹고 말았다. 얼마나 맛있게 먹었는지… 지금도 기억이 생생하다. 그러면서 생각하기를 그동안 규칙적으로 맞지도 않아 효과도 없는 것 같은데 주사대신 차라리 호떡이라도 배불리 먹으면 병에 도움이 될 것이라고… 왜? 결핵은 영양 섭취도 중요하다 하지 않던가. 처음엔 그래도 열심히 맞았지만 사실 주사약 값 때문에 자주 맞지를 못했고 다만 약은 정성스럽게 열심히 잘 먹었다. 그런데 이상하게 병은 낫지를 않고 점점 더 나빠져 갔다. 고3이 되던 해 찍은 엑스레이는 정말 실망스러운 것이었다. 이미 중등증에 들어섰다는 것이다. 왼쪽 폐 위쪽 부분이 허옇게 변해 있었고 오른쪽 폐 위쪽으로도 번져 있었다. 약을 먹어도 듣지 않고 악화만 된다. 이를 어찌하지? 그때는 잘 몰랐는데… 운 나쁘게도 먹고 있던 약에 이미 내성이 생겨 잘 듣지를 않은 것이었다. 나중에 안 것이지만 내 몸에 감염된 균은 파스라는 약엔 이미 저항이 생긴 균이었다. 그래서 낫지를 않고 점점 더 악화되어 중등증에 이른 것이다. 당시 보건소나 약국이 얼마나 무책임했는지. 약 내성 검사도 없이 약만 주면 그만이었고 그나마 아이나란 약만 주었고 파스는 개인 부담이었다. 그때는 다 그랬다.

다행인지 불행인지… 거의 증상이 없었고 그 정도면 남들의 경우엔 각혈을 한다는데, 나는 혈담은 조금씩 여러 차례 나왔지만 심하게 각혈을 한 적은 없었다. 차라리 심한 각혈이라도 했더라면 열 일을 제쳐 놓고 큰 병원에라도 찾아 갔을 터인데 결과적으로 병을 더 키우게 되었다. 그러나 이는 지금에서나 하는 얘기이지 그때 그것은 분명히 내겐 다행스런 것이었다. 당시 만일 각혈이 심했더라면 나는 벌써 이 세상 사람이 아니었을 것이다. 그나마 취직도 못해 전혀 방법이 없었을 테니…. 당시 폐결핵을 앓던 한 친구는 갑작스런 각혈에 놀라 치료에 집중한 끝에 운 좋게 병을 고쳤다고 한다. 다행히 그는 나와는 달리 자기 병만 다스리면 될, 그래도 나은 환경을 갖고 있었기 때문에 쉬면서 치료에 전념할 수 있었다. 다행인지 불행인지 내 경우는 병이 오래 진행되면서도 핏줄은 건드리지 않아 심한 각혈은 없었지만 폐가 많이 망가져 평생 제한적 삶을 살아야 하는 더 나쁜 결과를 가져왔다. 원래 허약한 체질인 데다 영양 부족이 겹쳐 폐결핵을 불러왔고 그 악순환은 고리를 끊지 못한 채 오랫동안 고생하게 된 것이다.

고교시절 가슴 아픈 이야기는 이것만이 아니다. 지금의 집사람을 만나는 데 결정적 계기가 된 박덕상이란 친구가 있는데 같은 웅변반 소속이었다. 어느 날 식사를 같이하게 되었다. 그 친구는 점심을 거의 거르는 편이었는데 좀 안돼 보여 내가 싸온 도시락을 내놓으며 같이 먹자고 권하였다. 그때는 말을 안 해 몰랐지만, 먼 훗날 그에게 들은 이야기는 내가 내놓은 도시락이 깡보리밥이었다는 것이다. 그래서 그랬는지 그 친구는 그때 내 도시락을 사양하고 먹지 않았던 것으로 기억하는데, 비록 형편은 어려웠어도 결코 깡보리밥을 싸 주실 어머니가 아닌데… 아마도 그날따라 보리가 많이 섞여 친구가 그렇게 본 것일지 모른다.

또 하나 지울 수 없는 서글픈 생각은 수학여행이었다. 나는 당시 총학생회장이어서 가야 했지만 미리 단념할 수밖에 없었다. 난 이를 당연한 것으로 생각했고… 어머니께 수학여행비를 달래기가 어려웠기 때문이다. 어떤 친구는 학생회장이 그만한 경비도 못 쓰냐고 했지만 사실 주변머리가 없었던 나는 그때만 해도 그런 것을 상상하지도 못했다. 다들 어렵다는 상업학교, 그렇지만 대다수 졸업반 학생들이 다 가고 오직 몇몇만 가지 못했던 그 수학여행에 나는 아예 생각조차 먹지 않았고 어머니께 말도 꺼내지 못했다. 형편을 뻔히 알기에… 그날 당일의 섭섭함과 허전함은 지금도 가시지 않는다.

학생회장에 당선이 되고 도와준 친구들과 후배들에게 갈비탕 한 그릇씩을 내게 되었는데… 학교 근처 식당 아주머니의 양해를 얻어 겨우 외상으로 먹고… 몇 달을 갚지 못하며 여러 차례 독촉을 받던 끝에 하루는 학생과장이던 최 모 선생님이 나를 부르더니 식당 아주머니가 학생과로 찾아왔다며 빨리 갚지 않으면 징계를 받을 수 있다는 것이었다. 어쩔 수 없이 어머니께 말씀드려 겨우 그 돈을 갚았던… 이것이 당시 내 형편이었다. 그도 그럴 것이 이미 아버지는 사실상 경제적 능력을 잃으시고 하루 벌어 하루를 사는 절박한 상황이었다. 물론 학생회장이었던 나도 그 돈 하나 해결 못할 만큼 주변머리도 없었다.

사실 나중에 알았고 또 지금도 후회하는 일이지만, 졸업을 얼마 남겨 놓지 않은 어간에 그 학생과장 최 선생님이 나를 찾아와 학생회 남은 예산을 써야 하는데 내 도장이 필요하다는 것이었다. 몇 번은 그때마다 도장을 찍어 드렸지만, 어느 날 매우 계면쩍은 표정으로 매번 나를 찾기가 번거로운데 도장을 맡겨주면 안 되겠냐고 은근히 그러기를 바라는 눈치였다. 거절할 수도 없어 그 도장을 맡기고 말았다. 순진하다고 할까 아니면 어리석다고 할까. 그런 와중에도 돈 한푼 만져 보지 못했으니… 그 선생님이 바로 식당 아주머니 돈을 빨리 갚으라며 나를 압박하던 그 선생님이다. 나를 어지간히 바보로 보았던 모양이다. 한번은 당시 학생회 총무이던 이종현 군이 재학생에 대한 졸업 기념 버클 대금 독촉을 이젠 그만하자는 것이었다. 더 걷어다 줘야 그 선생들 주머니만 불리는 것이라며… 명석한 친구라 역시 다르다. 돌아가신 분에게는 안 된 얘기지만, 버클 구입을 담당하던 선생님이 계셨는데 그 선생님은 졸업하면 양복 한 벌씩 해 주겠다는 말도 했지만 결과는 가물치 콧구멍이었다. 물론 그래서 열심히 걷어다 드린 것은 아니었다. 하지만 유감스럽게도 평소 존경하던 선생님들의 이면을 조금이나마 엿볼 수 있는 대목이다.

이제 얼마 안 있으면 졸업이다. 취직을 해서 늙으신 부모님을 부양하고 병도 고쳐야 한다. 그러기 위해 상업학교에 온 것 아닌가. 드디어 고3 중반 1966년 7월경, 은행 취직 시험 전에, 우수 학생을 먼저 선발하기 위해 당시 가장 인기가 높았던 OB맥주 회사로부터 일찌감치 추천 의뢰가 왔단다. 주간 3학년 취직반 중 각 반에서 일등한 학생 한 명씩이 추천 대상이었다. 1학기 말 성적이 추천 기준이었지만 우리 반에는 나와 동점 일등인 박SY 군이 있었다. 그것도 공교롭게 평균 점수만이 아닌 총점까지도 동일한… 처음에 담임 선생님께서는 나를 당연 추천하였다. 이유는 내가 학교에 끼친 공로를 고려해서였다. 학생회장에 반장을 겸하고 있었고 모의고사 성적도 그보다 우수했기 때문이었는데, 문제는 그 후 낙천한 그 친구 형님이 담임 선생님을 찾아와 만난 모양이었다. 그 형님도 우리 학교를 나와 서울상대를 졸업하고 한창 잘 나가고 있던 분이었다. 그래서인지 담임 선생님께서 나를 부르시더니 기준이 기말고사 성적인데 둘이 동점이라 곤란하다며 너는 모의고사 성적도 좋아 은행 취업도 문제가 없을 것인데 양보할 수 없겠느냐고… 아니면 추첨을 하는 수밖에 달리 방법이 없다는 것이었다.

기분이 아주 안 좋았다. 일단 결정을 했으면 그만이지 이제 와 무슨 말인가. 그리고 왜 내게 양보를 하라 하는가. 내가 포기할 수 없다고 버티자 종국엔 둘이서 제비뽑기를 하게 되었고(사실 그때 나는 담임 선생님을 오해하게 되었는데 졸업 후에도 이 사건 때문에 한동안 담임 선생님을 멀리하게 되었다) 운명이었을까? 불행(?)하게도 두 장의 ○× 제비뽑기에서 그만 내가 낙첨 된 것이다. 정말 실망이 컸다. 정말 좋은 기회였는데… 전례로 보아 더 나은 회사의 추천 의뢰도 없을 것 같고, 이젠 은행밖엔 없겠구나 하는 생각에 너무 실망스러웠다.

그 친구는 길길이 기뻐하며 교무실을 나갔고, 나는 힘없이 발걸음을 돌려야 했다. 얼마나 서운했었는지 담임 선생님이 정말 미웠다. 충분히 할 말이 있었을 텐데… 학교장 추천에서 내 자격요건은 성적 플러스 알파가 충분했기 때문에 맘만 있었으면 가능했으리란 생각 때문에.

학생회 활동과 반장 일로 바쁜 중에 이룬 성적이었고 그 친구도 얘기했지만 자기보다 모의고사 성적은 내가 좋았고, 변명 같지만 사실 1학기 성적을 조금 더 올릴 수도 있었기에… 나는 그때 학생정화운동 위원장을 겸해 4대 상업학교(덕수, 선린, 도상, 서울여상) 통합대회 추진 등 남들에 비해 공부할 틈이 부족했던 것도 사실이었다.

제일제당 취업과 첫 번째 패착 – 치료의 기회를 놓치다!

그런데 운명이었을까, 9월이 되자 여러 회사에서 추천 의뢰가 또 왔는데 과거 여러 해 동안 전혀 없었던 삼성그룹의 제일제당에서 한 명을 추천해 달라는 것이었다. 새옹지마랄까… 이젠 내가 1순위였다. 며칠 후 삼성물산에서도 한 명 추천 의뢰가 더 와 순서적으로 나는 제일제당에 또 한 친구는 삼성물산에 각각 추천이 되었고, 나와 그 친구는 같은 날 을지로 입구 삼성 본사 빌딩에서 양사가 함께 통합 실시한 면접만으로 시험을 보았는데, 당시 제일제당 사장이시던 박도언 사장님께서 내게 부모님께 효도하고 있느냐고 질문하셨다. 내가 답하기를 아무리 효도를 하려 한다 해도 부모님 입장에서는 부족하지 않을까 해 늘 맘이 아프다고 했다.

며칠 후 소식이 왔다. 합격! 나중에 안 것이지만 그것도 일등으로…. 1966년 10월의 일이었고 정말 기뻤으며 그동안 나를 위해 고생하신 어머니 아버지께 큰 선물을 안겨 드릴 수 있었다. 얼마나 좋았던지 소식을 듣자마자 한 걸음에 달려가 어머니께 이 사실을 전해 드리니 어머니 또한 무척 좋아하시며 눈물을 글썽거리시던 모습이 지금도 눈에 선하다. 가슴 아프지만, 그것이 내 인생을 통틀어 어머니를 가장 기쁘게 해 드린 일이었지 않았나 생각된다.

그러나 이 합격 과정엔 지금까지 말할 수 없었던 일화가 있다.

첫 번째는, 면접시험을 보러 가는 날 친구의 바지를 빌려 입은 것이었다.

여기서 잠시 그때의 집안 형편을 살펴보면, 이미 환갑을 넘으신 아버지는 6·25로 하시던 솜공장을 접으신 지 오래이고 그 후 가내공업으로 솜틀 하나를 집에 놓으시고 솜을 짜 파시기도 했으나 얼마 못 가 이도 그만두시고 근근히 생계를 꾸리기 위해 온갖 고생을 다하시던 분, 왜정시대 땐 그래도 곧잘 나가던 집안에서 큰소리로 동네를 휘어잡으셨다는 어머니도 이젠 기력이 쇠잔하신 노인이었기에 생계 자체가 매우 어려운 형편으로 마침내 동사무소(동주민센터)에서 생활구호자로서 공납금을 면제받고 고등학교를 다녔던… 내가 학생복 바지를 사 입는다는 것은 사치나 다름없었다. 어머니가 시장에서 천을 사다 직접 재봉틀로 만들어 주신 다리통 넓은 통바지(정말 그때는 입기 싫었고 창피하다는 생각을 늘 가졌었다. 다들 어렵다는 상업학교지만 그래도 교복은 다 사 입는데 나만 유독 그러하였으니 그런 생각도 어쩌면 당연하였다)를 벗어 던지고, 가까운 친구인 강덕환 군의 바지를 빌려 입은 날렵(?)한 모습으로 시험을 보러 간 것이었다. 딱 맞는 바지를 차려 입은 내 모습이 너무 좋았다.

두 번째는, 면접시험을 보고 신체검사를 받게 되었는데, 결과가 문제였다.

폐 사진에 이상이 있으니 다시 찍어 확진을 받아야 한다는 것 아닌가. 내가 얼마나 멍청했는지는 이 대목에서도 잘 나타나 있다. 면접시험을 볼 때까지만 해도 내가 폐결핵 환자란 사실을 까맣게 잊고 있었으니 말이다….

아니 생각하기 싫었겠지. 드디어 올 것이 왔다. 고민이 되었다. 양호실 선생님을 찾아가 상의하였는데 마침 보건소 소장님이 자기가 잘 아는 분인데 그분이 발이 넓으니 한번 찾아가 보라는 말씀이었다. 그래서 보건소를 찾아 그분을 만나게 되었는데 한눈에 봐도 좋으신 체격에 후덕해 보이는 여자분이셨다. 아쉽게도 그분 성함을 지금은 기억 못한다. 그분이 써준 편지 한 장을 들고 당시 신체검사 병원의 담당의를 만나 뵈었는데, 그분이 소개서와 내 딱한 사정을 들으시곤 회사 측에 소견서를 잘 써 준 덕분에 무사히 취업을 할 수 있게 되었다(후에 들으니 치료하면 완치할 수 있다고 써 주신 것으로 짐작되는데… 약을 계속 잘 먹으라고 하신 것으로 기억한다). 지금 생각해 보면 무척 아쉬운 것이 그때 그분이 내 병에 대해 왜 겁을 주시지 않았는지… 약 내성 검사를 비롯 치료를 맡아 주셨으면 좋았을 텐데, 왜 적극적으로 말씀해 주지는 않았는지 매우 아쉽게 생각한다. 왜냐하면 내게는 그것이 큰 병원 의사를 만난 유일한 기회였었기에….

나중에 인사과 선배로부터 들으니, 천만다행인 것이 당시 면접시험 결과 내가 양사 응시자 중에 일등으로 합격한 덕분에, 아깝다며 처음 엑스레이 결과에도 불구하고 한 번 더 확진을 받도록 하라는 회사 고위층의 지시가 있어 특별히 재진을 받게 되었다는 것이다. 지금 생각해 보면 아찔한 순간이었다. 그때는 폐결핵이 유행하여 젊은 사람들 중 오분의 일이 환자일 만큼 흔한 병이었고 과거와는 달리 좋은 약이 있어 치료하면 나을 수 있는 병이라는 인식도 있었다.

   정말 감사한 일이었다. 그리고 일찌감치 상업학교를 선택한 것은 결과적으로 국민학교 6학년 담임이셨던 원양희 선생님 덕분이었다고나 할까…? 그러나 그 선생님이 내 장래를 걱정해 그랬다고는 지금도 생각되지 않는다. 그때 어린 마음엔 많이 섭섭했지만 어머니가 그분의 권유를 듣고 덕수중학에 입학시킨 것이 결과적으로 내겐 잘된 일이었다. 또한 고3 담임 선생님과도 그 후 오해를 풀고 교류하게 되었으며 칠순 잔치 때는 제자를 대표해 내가 축사를 하기도 했고 명절 때는 선물도 보내드리곤 하였다. 돌이켜 생각해 보면 잘잘못이나 길흉사 모든 것이 내겐 다 새옹지마요 전화위복이었다. 결과적으로 하나님의 은총이요 인도하신 섭리였다고 생각된다. 나중에 사업을 하게 된 때도 비슷한 일화가 있어 하는 말이다. 내게 피해를 끼친 일들이나 사람들이 비록 당시엔 참기 어렵고 원망스러웠다 할지라도 오히려 그로 인해 더 좋은 것을 경험케 하시는 하나님의 사랑과 은총을 뒤늦게나마 깨닫게 되었고, 그때마다 내가 탓했던 사람들에 대해 미안한 마음을 갖게 되었다. 무려 12년간을 뼈아프게 겪었던 그 폐병의 고난조차도 결과적으로 내겐 유익이었다고 할까. 아니었으면 나같이 의심 많은 사람이 어떻게 골수 예수쟁이(?)가 될 수 있었겠는가? 내가 예수님을 믿게 된 것은 운명이자 내 인생 최대의 행운이었다.

그럼에도 지금까지 줄곧 이해가 안 되는 것은 취직 후 폐결핵을 고칠 유일한 기회를 얻었음에도 불구하고 제대로 병원을 찾지 않고 방치한 것이다. 전술했듯, 심한 각혈이 없는 무증상 때문에? 한편으론 빈곤 때문에? 엄두를 내지 못했던 결과였다. 폐병도 이젠 좋은 약이 있어 제대로 먹기만 했으면 되었을 것을…. 그러나 무지하게도 약국에만 의존하며 먹던 약이 내성이 생겨 듣지 않는다는 것을 그때 내가 어떻게 알 수 있었으랴. 파스라는 독한 약을 한 움큼씩 하루 세 번이나 오래 먹었음에도 차도는커녕 더욱 나빠지기만 하는 상황에서 왜 큰 병원을 가볼 생각을 전혀 못했는지… 참으로 안타까운 대목이다. 내게 기회는 주어지지 않았고 게다가 그 후 가당치 않은 무리한 욕심으로 화를 자초하게까지 되었으니….

취직 1년차 12월 판매기획과에 근무하던 때, 설탕 운송이 늦어 성수기인 크리스마스 타이밍을 놓칠 위기를 맞아 영업 관련 부서 전 직원이 인천항으로 나가 밤새워 하역 작업을 돕던 그때, 과로한 탓인지 나는 몸에 이상을 느꼈다. 그동안 한 번도 경험하지 못했던 야릇한 증세였다. 병이 악화하는 것 같았다. 열여섯 살 어린 나이에 얻은 폐병, 이를 제대로 치료하지 못한 채 고교 3년을 보내고 어렵사리 좋은 직장에 취업해 기회를 맞았으나,

어떻게 된 영문인지 병원엔 아예 가 볼 생각을 못하고, 그 아까운 골든 타임을 무심히 보내고 말았으니….

최악의 두 번째 패착 – 병마와 과욕이 빚은 좌절과 시련

입사 3년차가 되던 해 늦봄, 제일제당에 병가를 내고 3개월간 집에서 요양하던 때가 마지막 기회였다. 어머니의 나에 대한 사랑과 정성은 더할 나위가 없으셨다. 비록 오랜 가난 속에 병원이란 두 글자는 아예 엄두가 나지 않는 것이었지만, 어머니는 어디서 구해 오셨는지 단백질과 기름기가 넘치는 보양식을 줄곧 먹여 주셨고(이것이 당시 노인 어머니가 하실 수 있는 최선의 처방이었다), 그 결과 체중이 불다 못해 붓기까지. 휴직을 끝내고 잠시 출근하자 제당 직원들조차 깜짝 놀랄 만큼 얼굴에 살이 찌고 붓기까지 느껴질 정도로 좋아졌었지만…. 그러나 병원에 가야 할 그 시기에 교회로 가 병을 치료하겠다던 그런 신앙심(?)은 결국은 샤머니즘의 연장선상에서 무지를 드러낸 것 말고는 없었다. 어머니뿐만 아니라 나도 마찬가지였고 병도 고쳐주신다는 예수님의 기적을 직접 체험하려는 간절한 여망을 가지고…, 어머니가 병을 잘 고친다는 몇몇 용한 권사님 안수 기도회에 나를 데리고 다니셨는데, 사타구니를 부벼대는 손가락이 얼마나 아팠든지 난 연거푸 비명을 지르기도 하였다. 몇 달을 열심히 쫓아다녔지만 아무런 성과를 얻지 못했고 병은 전혀 차도가 없었다.

한번은 어느 분의 소개로 어떤 교회의 부흥회를 갔었는데 그 교회 목사님이 자기와는 호형호제하는 목사님이 있다며 당시 부흥사로 알려진 이천석 목사님의 성복교회로 교인들을 데려갔었다. 나는 그분이 그렇게 유명한 부흥사인지도 모르고 얼떨결에 쫓아가 이 목사님을 만나게 되었다. 당시 교회는 깨끗한 한옥 가정집으로 작은 대문에 성복교회 네 글자를 나무 현판에 검은 글씨로 새긴 개척교회였었고. 이천석 목사님은 내가 보기에 40대 초반쯤으로 보였으며, 엄청 거구에 다리 하나를 잃은 상이 용사였는데 목소리도 크고 남자다운 성격에 다소 거친 말씨로 좌중을 휘어잡는 매력이 있었던 분으로 기억한다. 제일제당에 다닌다 했더니 이 목사님이 젊은 인텔리(?)가 왔다며 몇몇 분들에게 소개를 하면서 뜻밖에 우대(?)를 하시는 바람에 매우 쑥스러웠던 추억이 있다. 한번은 어떤 산 기도원으로 그분의 부흥집회를 가 보았는데, 집회장 곳곳은 은혜를 받으려고 모여든 성도들의 뜨거운 열기로 가득차 있었다.

우스갯소리도 하시고 가끔씩 거친 반말도 쏟아 내시지만 전혀 거부감이 들지 않았다. 6·25에 참전해 부상을 입고 깜깜한 밤중 어딘가 산등성이에 쓰러져 있었는데, 갑자기 하늘로부터 두 줄기 강한 빛이 마치 레이저처럼 자기 몸을 향해 쏜살같이 쏟아져 들어오는 것을 보고 정신이 들었다는 간증을 통해 그때 하나님께서 치료의 광선을 쏘아 자기를 살려주셨다는… 그 당시 부상으로 다리 하나를 절단하고 결국 상이용사로 제대해 목회자가 되었다고 들었다. 특별히 강한 신유의 능력으로 병 잘 고친다는 소문이 나 수많은 성도들이 구름처럼 몰려든 것이다. 너도나도 안수 기도를 받으려고 야단법석인 와중에 내 눈에 비친 집회장의 모습은 도무지 정신을 차리지 못할 지경이었다. 갑자기 쓰러지는 사람, 반벙어리 같은 이상한 소리를 내는 사람, 손을 들고 큰 소리로 기도하는 사람, 체면이고 자존심이고 다 내던진 반미친 사람들처럼 보였다. 그러나 나도 예외가 아니지 않은가? 오전 집회가 끝나고 숙소에서 목사님을 비서처럼 따라다니는 사람들이 그다지 크지 않은 방에 모였을 때다. 어떤 젊은 여자가 바닥에 눕자 목사님이 손을 그 얼굴과 배에 대고 안수 기도를 하는 것이다. 내 기억으론 그 여자분은 늘 따라다니는 사람 같아 보였고 어디가 아픈 모양이었다. 이어 그 방의 다른 사람들이 차례로 무릎을 꿇고 안수 기도를 받는데, 모두 다 물질로 하나님을 섬기라고 한다. 말하자면 예언 기도였던 것이다. 내 차례가 왔다. 그런데 이게 웬일인가 유독 내게만은 몸으로 섬기라는 것이다. 갑자기 몸으로 섬기라니… 고민이 되었다. 그러면 목사가 되란 말 아닌가, 차마 물어보기도 뭣해 그 후 며칠간 혼자 끙끙 앓았다. 집회를 내려와 아무리 생각을 해도 난 목회자 감이 못 되었다. 우선 새벽 기도가 제일 맘에 걸렸다. 난 올빼미 체질에다 아직 한창 나이인데, 아무리 병마로 고생을 하곤 있지만 목회자가 된다는 것은 여간 큰 문제가 아니었고 전혀 준비가 안 된 상태로 내겐 상당한 부담이었다. 그래 한달 여를 고민하던 끝에 이를 잊기로 하고 다시는 그 목사님을 찾지 않았다. 그것이 그분과의 잠깐의 만남이자 헤어짐이었다.

병을 고쳐보겠다는 생각으로 기도원 부흥집회를 따라나섰던 것이지만 또 하나의 혹만 붙인 채, 일은 싱겁게 끝났다. 병이 낫지 않은 것은 물론이다. 목회자가 되라고 했는데 이를 고민하며 마다했으니. 무지라고 해야 할지 참으로 이런 기대는 허망함으로 끝나고 나는 다시 내 일상으로 돌아왔다. 여기서 나는 인간이 능히 할 수 있는 일도 종교적 도움을 통해 해결하려는 시도는 옳지 않음을 깨달았다. 물론 특별히 병 고침을 경험할 수도 있겠으나 인간의 지혜와 지식 그리고 능력 또한 하나님의 선물이자 일반적인 은총이다. 무지나 나약함 또는 게으름과 사술로 인해 기회를 놓치는 것은 하나님 뜻이 아니다.

그러던 차에 수재로 소문난 최승경이란 외환은행 친구가 매일같이 찾아와 나를 자극하며, 우리가 이대로 살 것인가를 함께 고민하게 되었는데, 사실 지금 생각해 보면 이건 내겐 사치스런 생각이었다. 당장 내게 필요한 건 폐병을 고치고 건강을 회복하는 일일진대, 이에 전력을 집중해야 했지만, 그때까지만 해도 병의 심각성을 깨닫지 못했고 중등증임에도 증세 또한 아직은 견딜만 했기에 계속 약을 먹으면 나으려니 했다.

휴직 후에 가보니 내가 근무하던 판매기획과가 방산시장 내 영업부로 사무실을 이전하고 하나로 통합되어 있었다. 그런데 이상하게도 그전과 달리 근무하고 싶은 생각이 전혀 들지 않았다. 그땐 직장이 왜 그렇게 감옥처럼 느껴졌는지… 너무 답답해 그저 벗어나고픈 생각뿐이었다. 무엇에 홀린 것일까? 미신을 오래 섬기던 집안이 갑자기 예수를 믿으면 마귀가 심술을 부린다던데… 시험에라도 빠진 것이었는지. 그에 더해 막연한 자신감과 허탈감이 나를 마구 밀어내고 있었다. 불과 2년 전, 신체검사 문제로 하마터면 취업이 불가능했던 직장, 당장 먹고살기 힘들어 취직하지 않을 수 없었던, 남들이 다 부러워하던 소중한 직장을 아무 대책 없이 무작정 사표를 던지고 나왔으니… 공부하겠다는 엉뚱한 핑계를 대고 말이다. 노부모님을 모시고 당장 먹고 살아야 하는 문제와 폐병을 고치지 못하고 있는 살얼음판 같은 상황에서 대체 이 무슨 황당한 짓이었단 말인가?

건강만 했다면야 설혹 직장을 버리는 실수를 했더라도 그게 무슨 대수였겠는가마는, 그만 앓고 있던 폐병을 간과한 것이 문제였다. 이것은 내가 평생을 두고두고 후회한 내 인생 최악의 패착이었다. 왜냐하면 그 후 몇 달도 지나지 않아 다시 직장을 잡지 않으면 안 되었고 하필 옮긴 직장이 내겐 육체적으로 감당하기 힘든 영업 외근직이었으니… 그때부터 병세가 악화되어 꼼짝없이 사지에 갇힌 채 감당 못할 힘든 고역과 괴로움에 시달리게 되었다. 분명 나의 큰 실수요 잘못이었음에도 불구하고 이를 운명이라 치부하지 않고는 지금도 납득이 안 되는 불가사의였다. 믿음의 길에 들어서자마자 절망의 늪이 기다리고 있었다니.

부모님이 무슨 죄란 말인가. 가난 때문에 병든 자식을 직장에 내보내야 했던 어머니, 그 어린 자식이 아침에 집을 나서면서 회사가 가기 싫어 철없는 눈물을 찔찔거릴 때, 내 어깨에 손을 얹고 달래시며 천리를 가려면 아직 신발끈도 매지 못했는데 벌써부터 그러면 어떻게 하느냐고, 내 뒷모습을 바라보며 눈물 글썽거리시던 어머니…, 어머니의 그 모습이 지금도 아련하고 애틋하다. 나는 그때도 어머니 가슴에 못을 박는 불효자였다.

비록 얼마되지는 않았지만, 당시 제일제당 수습 초봉은 6,300원, 석달 후 정식 직원의 봉급은 8,000여 원이었다. 쌀 한 가마가 그때 돈 3,000원 정도로 기억한다. 어머니께 갖다 드리고 당장 급한 생활비를 충당해야 했던 그 시절 우리에게 병원을 간다는 것은 사치나 다름없었다. 어머니나 나나 아예 병원이란 생각 자체가 머릿속에 없었던 것이다. 여기서 잠시 제당 2년차인가 추석 무렵으로 기억하는데 보너스랑 전부해서 3만 2천 원을 타 어머니께 드렸더니 웬 돈이 이렇게 많으냐며 가만히 장롱 속에 돈을 숨겨 놓으며 기뻐하시던 어머니 모습, 아마 그것이 어머니께 대한 내 몇 번 안 되는 효도였을 것이다.

내가 그때 얼마나 무지했고 멍청했었는지, 아무리 병원 문턱이 높았다 해도 제일제당에 들어간 후 왜 곧바로 큰 병원에 가볼 생각을 못했는지…. 1만 원 봉급으론 안 된다는 생각이 내 머릿속을 꽉 채우고 있었기 때문일까? 내 옆에서 누가 한두 마디라도 진지하게 내 인생을 걱정해 주었더라면 아마 정신이 번쩍 들었을 텐데, 이미 연로하신 아버지 어머니… 내가 벌어다 드리는 월급으로 근근히 먹고 사는 것이 전부셨던 두 분은 자격지심에 뭐라 말씀을 못하셨을 것이고…, 운이 없었던지 그 누구도 내게 가르쳐 주는 사람은 없었다.

결과적으로 이 두 번의 잘못된 선택은 내 인생을 완전히 바꿔 놓은 뼈아픈 결과를 가져왔다. 열아홉 살… 그나마 소견서를 잘 써 준 덕택에 간신히 들어 갔던 제일제당, 절호의 골든 타임, 그 중요했던 2년간을 아쉽게 놓치고, 아니 팽개치고 나와 그 후 겪어야 했던 처절한 고생과 방황 끝에, 5년이나 더 늦은 24살 되던 막바지에 가서야 겨우 세브란스 병원을 찾았던….

> 꿈과 이상은 높았지만 현실은 저 멀리 막막하기만 한데 가당치 않은 욕심은 화를 부르는 단초가 되었다. 목적이 이끄는 삶, 당시 내겐 그것이 없었다.

과도한 목표와 그 당치도 않은 자존심이 이끄는 철부지의 삶, 그것이 문제였다. 그에 더해 고등고시를 패스해 법률가가 되고 그리고 정치가가 되고 싶었던 출세 지향적 이기주의, 대체 그런 자신감은 어디서 온 것인가?

직장, 그것도 삼성이란 엘리트 집단의 한복판에서 한창 꿈에 부풀었던 나의 자존감은 상처를 입을 수밖에 없었고, 이는 곧바로 내게 도전이란 선택을 강요하고 있었다. 고졸이지만 중역을 시켜주었다는 당시 어느 인사권자의 이야기를 들으며 결심을 굳히게 되었다. 능력이 중요하단 뜻으로 나를 격려하려는 취지였으나 내 귀에는 마치 시혜를 베푸는 것처럼 느껴졌고, 그런 선입견 속에서 인정받고 싶은 마음은 추호도 없었다. 그러나 문제는 나의 성급함에 있었다. 내 마음만큼 건강이 따라 주지 못할 것임에도 일을 내고 말았다. 이는 결국 내가 처한 절박한 환경도, 몸속을 갉아먹는 결핵균도 까맣게 잊은 채, 모노 일등이라는 그동안의 인사 평가도 뒤로하고, 근거 없는 자신감에 빠져 나를 사지로 내 몬 악마의 다른 모습이었다. 이로써 나는 혹독한 대가를 치러야 했고, 그런 와중에 자식이 벌어오는 몇 푼 안 되는 돈으로 겨우 연명하셔야 했던 어머니의 심정이 어떠하셨을지… 그 누구에게도 도움이 되지 못한…, 지금도 정말 풀리지 않는 수수께끼다. 다시 말하지만 이는 무엇에 홀렸다고 하지 않고서는 이해될 수 없는 내 일생일대의 불가사의였다.

공교롭게도 내가 앓은 폐결핵은 이미 중등증을 넘어가고 있었음에도 간간히 혈담만 섞여 나올 뿐 남들처럼 심한 각혈은 없었다. 만일 그때 그랬더라면 좋은 직장에 몸담고 있을 때라 아마 나중은 어찌되든 큰 병원부터 찾아 더 늦지 않게 병도 고치고 그런 무모한 결정도 하지 않았을 것인데…, 운명으로 치부해야 할지. 제일제당에서는 나를 회사에 대한 배신으로 오해하였는데, 그도 그럴 것이 그만두려는 이유가 대학을 가려는 것이라고 했으니… 아마도 되지 못한 자존심 때문이었으리라. 병을 핑계로 3개월 휴직계를 내고, 내가 꾀를 내 입시 준비를 한 것으로 보았기 때문이다.

제일제당 근무 시절

아, 한 많은 종근당 시절

공부는커녕 제일제당을 갑자기 그만둔 지 불과 6개월 만에 퇴직금은 바닥이 났고, 급기야는 학생회 총무였던 이종현 군에게 만 원을 빌려 교통비로 쓰는 지경에까지 이르렀다. 맘이 급해진 나는 다시 직장을 찾게 되었는데, 엉겁결에 구한 직장이 하필 약국을 돌아다니며 육체적 노동이나 다름없는 세일즈를 해야 하는 제약회사의 외근 영업직이었던 것이다. 여기 입사 과정에도 신체검사와 관련해 숨은 일화가 있으나 생략하는 것이 좋겠다. 다만 고교 동창인 친우 오관식 군의 도움이 컸다는 사실만 밝혀둔다. 오관식 군은 그 후에도 또 한 차례 내게 크게 도움을 준 정말 고마운 친구다. 후술하겠지만 내 칠십 고희연에 그를 초대해 특별히 마음의 표시를 했다.

그 일은 약품 교육을 받고 약사들과 마찬가지로 약국에 직접 세일을 나가는 외근 영업직으로 내 집이 위치한 성동구를 맡아 하루 종일 각 약국을 전전하며 약을 팔고 수금을 하는 일이었는데, 거의 걸어다녀야 하는, 내 체력으로는 감당하기 힘든 고달픈 일이었다. 전술했지만, 불운하게도 내 몸에 침투한 결핵균은 이미 복용 중이던 1차 약 아이나, 파스 중에서 파스는 약발이 듣지 않아 아이나 하나에만 의존하고 있었으니, 병세가 나아지기는커녕 계속 악화하고 있었던 것이다. 2차 약이 있다는 사실을 그리고 세브란스 병원이 폐병을 잘 고친다는 사실도 여기 제약회사 영업을 하면서 알게 되었다.

근무를 하면서, 몸이 점점 쇠약해져 감에 따라 정신이 번쩍 들었으나, 내 생각에도 문제가 있었다. 그 당시 폐결핵은 부자병으로 알려져 약만 갖고는 안 된다고 하던 때였기에 투약도 중요하지만 무엇보다 잘 먹고 편히 안정을 취하는 것이 중요한데, 지금처럼 육체적으로 힘든 환경 속에서 1차 약에 차도가 없다 해서 2차 약을 함부로 투여할 경우 병도 못 고치고 그 약마저 내성이 생긴다면 영원히 고치지 못할 것 같다는 나름대로의 생각을 갖고 있었던 것이다. 틀린 생각은 아니었지만 의사도 아니면서 이런 생각을 품고 기다리다니… 계속해 치료시기를 놓치게 된 한 원인이었다. 그렇더라도, 만일 그때 폐결핵은 고쳐도 이미 손상된 폐 부분은 회복될 수 없다는 사실만이라도 알았더라면 지체없이 병원을 찾았겠건만 안정된 사무직으로 옮긴 후 고치겠다는 생각으로 때를 기다리며 지체한 것이 결국 병을 키우고 후유증과 더불어 돌이킬 수 없는 폐기능의 저하를 불러왔고 평생의 후회를 남기게 되었다.

그 외근직은 그야말로 내겐 지옥이나 다름없었다. 매일같이 수 킬로미터를 걸어 다녀야만 하는 이 힘든 일을 조만간 그만둬야겠다는 생각이 머리에 꽉 차 있었으나 차일피일 기다리며 시간을 많이 지체하게 되었다. 다시 잡은 새 직장에서의 체력 소모는 불과 수개월 만에 체중을 40kg대로 끌어내렸고… 폐병을 앓아보지 않은 사람은 잘 이해가 안 되겠지만, 약이 듣지 않는 상황에서 육체적으로 감당하기 힘든 일을 하는 경우 체력 소모를 감당하지 못해 체중이 급격히 줄었고 쉽게 피로해 업무 자체가 힘든 상황이 되었다. 아차 싶었다. 어느새 1년이 넘어 가던 해, 이건 정말 말이 직장이지 도무지 수지 타산이 맞지 않는 걷잡을 수 없는 상황이 되고 말았다. 너무 힘이 들어 식은 땀을 흘리며 어디 앉을 자리가 없나 두리번거리던…. 나는 당연히 걷거나 버스를 타야 하는 거리도 택시를 타고 이동하는 등 도저히 내 체력이 감내할 수 없는 지경이었기에 비용이 수입을 넘어섰고 가불도 모자라 그만 빚까지 지게 되었다. 몇 푼 안 되는 활동비로는 감당이 안 되었다. 몸도 괴로운데 조금씩 쌓여 가는 적자투성이의 봉급 생활, 지친 하루하루는 그야말로 내겐 죽기보다 힘든 고역이었다.

날마다 쌓이는 피로, 조금만 걸어도 피곤해 서 있는 것조차 힘들었던… 그 참담했던 시절을 어떻게 말로 다 설명할 수 있을지… 육교만 올라도 숨이 차 난간에 기대 숨을 헐떡거리며, 죽지 못해 겪은 종근당 시절 그리고 이어진 개봉상사, 도합 3년, 나는 눈물과 좌절 속에 내 운명의 처절한 시간들과 맞닥뜨려야 했다.

한창 힘든 때는 신장 173cm에도 체중은 40kg 후반, 앙상하게 뼈만 남은 육신에 휘청거리는 다리, 창백한 얼굴. 이는 실로 내 인생에서 가장 견디기 힘든 위기의 순간이었고 지옥이 따로 없었다. 그게 겨우 월급 2만 원 때문이라니 기가 막힐 일이었다.

건강한 사람이라면 걷는 것이 오히려 건강에 도움이 되었겠지만 내 경우는 정반대가 되어 내 체력으로는 그 피로를 견뎌내지 못해 몸은 날로 야위고 쇠약해져 갔다. 체력이 급격히 고갈되어 더운 한여름엔 입은 양복조차 무거워 걷기가 힘들었으며… 어느 여름날인가는 뚝섬 버스 종점(지금의 성수동) 보혜당 약국이란 곳을 다녀오다가 너무 지쳐 부근 빵집 의자에 앉아 두어 시간이나 골아떨어진 적도 있었는데, 내 모습을 본 주인이 안됐다 싶었는지 걱정스런 표정으로 집에 가 쉬라고 한다. 어떤 날은 중간에 왕십리 집으로 와 두어 시간 자고 나가기도 했고… 사지에 갇혀 꼼짝달싹 못하던 정말 고달픈 시절이었다. 어느 날 어머니가 내 벗은 가슴팍과 야윈 팔을 보시고 눈물 지으시던 모습이 지금도 선하다. 한때의 잘못된 선택 때문에 속된 말로 개고생을 사서 한 것이었다.

신체적 괴로움은 말할 것도 없었고, 나의 꿈은 산산이 부서져 아예 흔적도 남지 않았고… 이젠 아무 희망도 없어 보였다. 제정신이 아니었다. 늙으신 부모님을 부양하며 당장 코앞에 떨어진 먹고사는 문제를 해결해야 했다. 사지가 따로 없었다. 잠자리에 들 때면 소리 없이 흐르는 눈물이 어느새 베갯잇을 적시고…. 더욱 마음 아팠던 것은, 어느 날 출근을 했는데 영업 과장이란 자가 오경승 씨는 인물이 좋으니 여자를 조심하라는 거다. 얼굴이 창백한 게 영 아니라면서, 남의 사정도 모르고…. 그래도 나는 아무 말도 할 수 없었다. 왜냐하면 누구에게도 내 건강 상태를 말할 수 없었으니 그렇게 보는 그를 잘못이라곤 할 수 없었다.

병은 계속 악화되는데 살길은 열리지 않고, 그렇게 어언 2년이 흐른 어느 날 뜻밖에, 과거 제일제당 근무 시 직속 상사였던 박재훈 부장님으로부터 연락이 왔다. 내가 종근당에 근무하고 있다는 사실을 어떻게 아셨는지 자기도 직장을 그만두고 개인 사업을 하게 되었다며 와서 도와달라는 제의를 받게 되었다. 나는 이것저것 가릴 것도 없이 그 한 많은 종근당을 뒤로 한 채 보따리를 쌌다. 그러나 문제는 해결해야 할 빚이었다. 조금씩 늘어난 것이 어느새 내 능력으론 감당 못할 만큼 되었다. 그동안 너무 힘들어 그만두고 싶었을 때도 이 때문에 난처한 상황이었던 것이다. 그간의 봉급생활이 허무하기만 했다. 이렇게 될 바엔 대체 무엇 때문에 그런 고생을 했단 말인가.

어머니께 말씀을 드리지 않을 수 없었고 황급히 어머니가 뒤꼍에 하꼬방을 지어 상당 부분 해결할 수 있었는데, 놀라신 어머니가 정신없이 걸으시다 하마터면 버스에 치일 뻔하는 일도 있었다. 그런데 어쩐 일인지 어머니는 그때 내게 아무 말씀도 안 하셨다.

> 대체 인생에서
> 뭐 그리 찾을 것이 있다고…
> 그리 헤매며 자신을 혹사했나.
>
> 짧고 덧없는 인생,
> 어쩌자고 한낱 욕심의 노예가 되어
> 그리도 좌절하며 절규했던가.

영등포 개봉상사 시절, 그리고 박재훈 사장님

종근당 때보다는 많이 좋아진 환경이었지만, 그러나 여기도 영업망을 새로 개척해야 하는 사실상 외근직이나 다름없는 일이 기다리고 있었다. 먼저 사정을 얘기하고 전 직장에서의 남은 빚이 조금 있다고 했더니 박 사장님은 봉급쟁이는 누구나 그 정도의 빚은 있다며 도와주셔서 고마웠다.

개봉상사는 영등포구 내 일부를 맡는 제일제당의 신설 대리점으로서 설탕을 주로 하지만 라면 등을 비롯한 다양한 생활식

품 도매업이었고 새로 시장을 개척해야 하는 관계로 영업 기획과 실무 영업을 같이하는 업무였다. 따라서 시간이나 외근은 다소 조절할 수가 있었으나 혼신의 노력을 다하지 않을 수 없었고 왕십리 집에서 멀리 떨어진 영등포구 개봉동까지의 출퇴근은 너무 시간이 많이 걸리고 교통비도 만만치 않아 회사 기숙사 방에서 자는 날이 허다했다. 봉급은 2만 7천 원, 어머니께 2만 3천 원을 드리고 나머지를 용돈으로 하는 힘든 생활이었지만 종근당 때보다는 마음도 몸도 많이 홀가분해졌다. 그렇더라도 역시 안정된 직장은 아니었고 급한 처지라 이것저것 못 가린 취업이었다고나 할까. 아무튼 난 열심히 할일을 다했다. 책임감 있게 임무를 수행했다. 먹는 것도 시원치 않은데 규칙적인 생활도 못해 몸은 더 마르고 여전히 병은 깊어 갔지만 심한 각혈은 하지 않아 직장 생활은 계속할 수 있었다.

새로 시장을 개척하다 보니 적자를 보며 거래를 튼 적도 있었고, 그렇다고 적자를 봤다고 얘기도 못하고…. 흑석동 시장에서 셰어(share)가 큰 설탕 도매업체를 뚫기 위해 그 집이 공급하는 거래처를 찾아가 직접 물건을 대기도 하는 등, 전략적인 공세를 펴 짧은 시간 내에 적지 않은 거래선을 확보할 수 있었다.

그러는 와중에 군대 신체검사 통지를 받았고, 결과는 폐결핵으로 인한 병종 불합격, 옮을까 두렵다며 소리치듯 내뱉은 판정관의 그 한마디는 비수와 같이 내 가슴에 꽂혔다. 인정머리라곤 전혀 없었다. 그렇지 않더라도 내 경우와 같이 아버지가 만 60세 이상인 독자는 부양과 생계유지를 이유로 당시 군을 면제받을 수 있었으나, 불명예스럽게도 병마가 내 발목을 잡아 병종 불합격이었다.

당시 박 사장님 따님이 초등학생이었는데 나를 늘 갈비씨라 놀렸다. 나쁜 의미는 아니고 어린 여아의 눈에 비친 내 모습 그대로였다. 삐쩍 마른 체구, 힘 없는 다리는 금방이라도 쓰러질 것 같은데 가까이 지켜보던 누군가가 혀를 찬다. 그때부터 나는 그런 내 자신을 이기지 못해 친구들을 불러 술집 출입을 하며 자포자기 상태가 되었다. 될 대로 되라는 심정이었다. 술은 전혀 못하지만 맨정신으론 이 불행을 견딜 수 없었고, 세상 사는 게 왜 이리도 힘든지 그 괴로움을 이길 수 없었다. 그 당시 나의 모습은 갈피를 못 잡고 미쳐 헤매는 탕자나 다름없었으리라. 그럴수록 형편은 점점 더 악화되었고 늪에 빠져 도무지 헤어날 가망이 없어 보였다. 건강한 육체에 건전한 정신이 깃든다는 말이 있지만 몸이 힘드니 만사가 힘들고 지쳐 정상적 사고 또한 어려웠다. 지난 3년간은 아무것도 생각할 수 없는 병마의 시달림 속에서 그저 먹고살기 위한 투쟁이었다고나 할까. 신앙생활은커녕 교회는 저 멀리 있었고, 지금 생각해도 정말 견디기 힘든 삶이었다.

"시련으로 끝날 것이냐 아니면 기어이 절망으로 몰고 갈 것이냐." 이것이 당시 나의 화두였고, "건강한 거지는 병든 황제보다 낫다."는 라틴어 속담을 주절거리며…. 김포가도 석양 하늘에 붉게 드리워진 저녁 노을, 좋기는커녕 서글프게만 느껴지던 내 곁에서 저 황혼이 얼마나 아름다우냐며 환호하던 친구가 그렇게 야속하기만 했던…. 아, 건강만 하다면 무엇이 부럽겠는가?

> 세상 나와 이십 년에 청춘은 벌써 저물고
> 야윈 다리는 걸을 힘조차 없는데
> 서산에 걸린 저 석양은 내 마음을 끊는구나.

나는 이미 건강 만능주의자가 되어 있었다.

이런저런 이유로 개봉상사 근무도 순탄치 않았다. 희망이 보이지 않는 깜깜한 어둠 속에서 방황하며 좌절은 계속되고 있었다. 악순환이었다. 이러다간 꼭 죽을 것만 같았다. 더 이상 체력이 버틸 수 없었던 나는 이대로는 안 되겠다 싶어 사무직으로 직장을 옮기기로 작정했고, 박 사장님께 모든 사정을 얘기하고 양해를 구했으나, 그분은 그렇지 않아도 지금 국수 관련 신규 사업을 계획 중인데 그 사업 계획을 내라며 사표를 받아 주지 않는 것이었다. 할 수 없이 내가 폐결핵을 앓고 있고 그것도 상당히 진행된 상태라 이대로는 안 된다고 사정한 끝에 간신히 허락을 받고 회사를 나오게 되었다.

오랜 빚을 갚다

여기서 잠시 이에 얽힌 이야기를 적는 것이 좋겠다. 이는 전술했듯 전 직장에서의 빚 청산 문제가 있었고 그 후에도 적자 생활은 계속되어 다시 빚이 늘었으나 이를 갚을 길이 없어 그대로 그만두게 되었는데, 결과적으로 박재훈 사장님께 적지 않은 신세를 졌다. 그분의 너그러움이 지금도 감사하다.

이로부터 거의 40년이 지난 몇 년 전 그분의 행방을 찾아 그 오래된 빚을 갚을 수가 있었는데…. 그분이 어디서 무엇을 하며 어떻게 사시는지도 모른 채 무작정 그분을 찾기로 했다. 이는 내가 하나님께 빌린 것이나 다름없으니 그분을 꼭 찾아 지금이라도 빚을 갚아야 했다.

여러 경로로 알아보던 끝에 마침내 소식이 왔다. 등잔 밑이 어둡다는 말이 있지만, 지난 2년간 각 방면으로 찾았지만 종적을 알 수 없었던 분이 바로 옆 동네에 살고 계시다는 것이 아닌가? 참으로 뜻밖이었다. 경북 대륜고와 고대를 나오신 까닭에 동문회를 통해 이민을 가셨다는 기록이 있었으나 어디로 가신지를 알 수 없어 일단 가능성이 높은 미국 주요 지역 동문회를 통해 수소문하였지만 그동안 헛수고였는데…. 그러던 어느 날 지인 한 분이 어떻게 소식을 알았다며 지금 미국 세인트 루이스에 사는 그분 처남과 통화가 되었다면서 전화번호를 일러주는 것이 아닌가. 알고 보니 기가 찬 것은 그분이 살고 계시는 곳이 내가 살고 있는 곳에서 불과 1km밖에 안 떨어진 바로 옆동네였다. 참으로 하나님은 기가 막히신 분이시다. 이럴 수가…. 그토록 오랫동안 찾느라 노력했는데.

그날따라 삼성병원에서 대장 내시경을 하고 8mm의 용종을 떼어 냈다. 조직 검사가 끝나야 결과를 알 수 있다며 검사한 의사가 말을 흐린다. 하필이면 별로 유쾌하지 못한 날이었는데 반가운 소식이 온 것이다. 바로 연락을 취해 만나 뵐 수 있었고, 그날은 첫눈이 소복히 내린 2013년 초겨울의 한낮이었다. 동네 일식집 작은 방에서 점심상을 같이하고 마주앉은 감회는 새로웠다. 다만 안타까운 것은, 그분이 여러 사업을 하다 실패해 경제적으로 어려운 처지에 계시다는 사실이었고, 건강해 보이셨지만 이미 76세의 노인이셨다. 아직 생존해 계셔서 만나 뵐 수 있는 것이 내겐 행운이었다. 얼마나 감사한 일인가!

이렇게 언급하는 것이 그분께 실례가 될지는 모르겠으나 박재훈 사장님은 헌칠한 미남에 엘리트 소리를 들으며 제일제당에서 초고속 승진을 거듭해 30대 중반에 벌써 영업기획부장이 되었을 만큼 제당 내에서 장래가 촉망되던 분이셨으나 부하 직원의 실수로 책임을 지게 되어 개봉상사를 창업하던 때에는 회사에서 다소 어려운 처지에 계셨던 것으로 알고 있다. 내가 알기론 집안도 풍족하여 어려움 없이 학창시절을 보낸 분이었고, 따라서 쉽게 창업을 결정하고 제일제당을 그만두신 것으로 생각되는데, 내가 1년간 근무했던 개봉상사 외에도 나중에 화학 관련 사업을 크게 하다 실패하시고 따님이 사는 미국 세인트 루이스로 이민을 가신 것이었다. 얼마 전 다시 귀국하여 바로 같은 동네인 수지 성복동에 아드님과 함께 살고 계신다는 것이다. 다행히 건강하셨고 이렇게 만나 뵙게 된 것은 사실 기적이었다.

내가 그토록 그분을 찾고자 했던 것은 과거에 진 신세를 갚기 위한 것이었기 때문에, 지금 그분의 형편이 어떠하든 설혹 그분이 경제적으로 넉넉하다 해도 이는 별개의 문제인 것이다.

피차 살아온 이야기를 나누는 가운데, 내가 이분을 찾기를 너무 잘했다는 생각이 들었고 마침내 얘기를 꺼냈다. 내가 그 옛날 진 빚이 좀 있다고 말씀드리니 그분은 전혀 그런 사실을 기억하지 못했다. 설명을 드린 후 기억을 하시든 못하시든 그때 내 어려운 형편을 배려해 주신 고마움과 아울러 이는 내가 하나님께

진 빚이나 다름없으니 이제라도 갚는 것이 도리라 말씀드렸다. 지난 40년 동안 갚지 못했던 그 빚의 이자를 따로 계산하기도 어렵고 해 대략 5천만 원을 드리겠다고 하니, 매우 의아한 표정으로 믿기지 않으시는 듯, 방금 뭐라고 했냐며… 5천만 원을 주겠다는 말이냐고… 다시 한 번 물으시는 것이 아닌가. 그도 그럴 것이 몇 십 년 만에 갑작스레 나타나 기억도 나지 않는 빚을 대뜸 갚겠다니….

그분의 눈이 금세 글썽거리는 것이 보였고, 5천만 원이 아니라 5억 원으로 알고 받겠다며 얼마나 고마워하시든지…. 지금 형편에서 5천만 원은 그분에겐 엄청 큰 돈이었을지 모르겠다. 그때 내가 쓴 그 돈만큼이나 값어치가 있는 것이라면…. 이때만큼은 내가 인생을 살면서 보람 있게 돈을 쓸 수 있다는 것에 얼마나 감사했는지…. 돈은 정말 소중한 것이다. 돈이 없어 겪어야 했던 눈물겨운 내 과거가 그렇듯이. 돈이 절실한 사람에게 또 가장 필요한 때에 돈을 줄 수 있다면 그보다 더 값진 일이 어디에 있겠는가.

내게 감당할 능력을 주시고 또 이분이 살아계셔서 만나게 하시고, 기회를 주신 하나님께 무한한 감사와 영광을 돌린다. 이 돈이 얼마나 그분에게 요긴한 것이었는지는, 자기가 팔십 가까이 살았지만 세상에 이런 일도 다 있느냐면서 이제라도 정말 살

용기가 난다는 그분의 한마디로 대신한다. 그 후에도 몇 번 식사를 같이하자는 말씀에 부응해 이런저런 사는 얘기를 나눴지만 늘 너무 고마워하셔서 되레 내가 쑥스러웠다.

고려원양 입사 – 마침내 세브란스병원을 찾다

개봉상사를 그만둔 후, 나는 얼마간 집에서 쉰 다음 마침내 사무직으로서 안정된 대기업인 고려원양에 수십 대 일의 경쟁을 뚫고 합격하였다. 그만두기도 잘하지만 합격도 잘한다. 역시 앓고 있던 폐결핵 때문에 어려움이 있었지만 다시 한번 오관식 군의 도움을 받아 입사할 수 있었다.

이제 폐병을 고칠 마지막 기회가 왔다. 운명을 바꿔야 한다.

안정된 사무직, 입사하자마자 바로 신촌 세브란스병원을 찾았다. 얼마나 고대하며 기다리던 순간이던가! 24세가 되던 봄이었다. 그때부터 나는 본격적으로 병 치료를 시작할 수 있었다. 이렇게 되기까지 정말 많은 시간 낭비와 우여곡절이 있었지만 마침내 사지에서 탈출하게 된 것이다.

이젠 맘 놓고 병을 고칠 수 있겠단 기대를 가지고 의사를 만났다. 양쪽 폐 모두 허옇게 번진 사진을 보던 의사의 첫마디, 아니 멀쩡하게 생긴 사람이 이렇게 될 때까지 무엇하고 있었냐며 힐책하던… 그분의 표정을 지금도 잊을 수 없다. 이건 치료를 해도 잘해야 60~70% 정도 기능을 할 것이고 후유증도 남을 수 있다며 질책반 동정반이다. 이미 양쪽 폐 상부는 못 쓰게 되어 있었고(나는 사실 폐병에 대해 잘 몰랐다. 치료가 늦으면 이미 망가진 부분이 회복 불능이 되어 폐기능이 그만큼 떨어진다는 사실을)… 그래서 육교만 올라도 숨이 차 힘들었었던 것을… 이제와 후회한들 무슨 소용이 있겠는가. 다 내 불찰이고 무지의 소치였다.

자, 이제라도 제대로 치료를 시작하는 거다. 그것이 지금의 최선이니까. 24세 되던 해의 일이다. 그러나 불행은 아직 끝이 아니었다. 고려원양에 입사한 그 해 여름, 건강하시던 아버지가 갑자기 곡기를 끊으시곤 한달여 시름시름 앓으시다 그만 돌아가신 것이다.

아버지 별세!

아버지는 1904년생으로 불행히도 유복자로 이 세상에 나오셨고, 할머니가 혼자 키우시다 할머니마저 돌아가시면서 이모님 댁에서 외롭게 성장하셨다고 들었다. 그렇다 보니 교육도 제대로 못 받으셨을 것이고 한평생을 힘들게 사시며 온갖 어려움을 몸으로 이겨 내신 분이다. 젊어 한때는 사업도 잘되어 경제적으로 괜찮은 적도 있었다지만 내가 성장하던 때는 이미 가세가 기울어 집안 형편이 어려웠다.

나는 아버지가 우리 나이로 45세이시던 해에 늦둥이 외아들로 이 세상에 나왔다. 당시론 많이 늦으신 나이에 나를 보신 것이다. 내가 스물네 살 되던 해 여름 돌아가셨는데 연세가 예순아홉이셨다. 물론 노령이시고 잘 잡숫지를 못해 건강 상태가 좋지는 않으셨지만, 중년 때의 사업 실패 후 갖은 고생을 하시며 힘들게 살아오신 아버지는 그래도 단련된(?) 몸이시라 좀 더 사시지 않을까 생각되었는데… 갑작스런 변고를 겪으며 내 가슴은 또 한번 찢어졌다. 물론 아버지는 50대에 잇몸병으로 이미 이가 빠지기 시작해 60대에는 남은 이가 위아래 다 해도 몇 개 안 남으신 것으로 안다. 그래서 김치를 잡수셔도 씹지를 못해 줄거리가 소화가 안 된 채 그대로 나왔고….

그러니까 내가 열아홉 살이던, 아버지 연세 예순넷까지만 해도 청계천 평화시장 주변에서 일을 하시며 거의 매일 새벽 한두 시에나 들어오셔서 잠을 청하시던, 그 노고를 마다 않으시고 식구들 굶기지 않으려고 온갖 고생을 다 하셨던 참으로 고마우신 아버지다. 해소병으로 늘 '감보린'(약명을 그렇게 기억한다) 감기약을 갖고 다니시며 밤늦게 들어오시면 한참 동안이나 기침 때문에 고생하시던 아버지. 내가 그 누구보다도 어머니의 사랑을 듬뿍 받았다면 그런 아버지의 희생과 노력 덕분에 밥은 굶지 않았으니 나는 불우한 가운데서도 행복한 사람이었다.

영양 부족으로 야위신 아버지, 틀니라도 하셨더라면 좋았으련만… 그 당시에 예순넷이시면 사실상 노동력이 없다 해도 과언이 아닌 연세이신데, 그럼에도 불구하고 가족을 굶게 할 수는 없었던 강한 책임감 때문에 그런 가혹한 희생과 노력을 마다 않으셨던…. 고마운 분이시다. 그때도 그랬지만 난 지금도 우리 아버지를 자랑스럽게 생각한다. 어릴 적 집에서 일을 도와드릴 때면 기억력 좋으신 아버지가 자세하게 들려주시던 삼국지 이야기에 흠뻑 빠져 시간 가는 줄 몰랐다. 아버지는 말이 없으신 편이지만 자상하신 분이셨다. 다만 자식 교육엔 별 관심을 보이시지 않으셨는데 왜 그랬는지는 모르겠지만 언젠가 공부는 해 무엇하냐고 하셔서 크게 실망한 적이 있다. 아마도 사는 게 너무 힘드신 나머지 비록 내가 어린 나이였지만 내 도움이 필요하셨던 까닭에 무심코 그런 말씀을 하신 것은 아닌지 모르겠다. 아버지도 본심은 아니셨을 것인데 내가 섭섭한 마음에 지금까지 담아두고 있는 것 같다.

내가 간신히 상고를 졸업하고 제일제당에 취직을 한 후에도 몇 달 동안은 아버지는 일손을 놓지 않으셨으나 동네 어른들의 만류를 받아들이신 것인지, 얼마 후 일을 그만두시고 집에서 쉬시게 되었다. 이것만으로도 난 아버지께 효도를 한 셈이었다. 드디어 고등학교라도 나온 보람이 있었고, 차차 야간 대학에라도 진학할 기회도 가질 수 있게 되었으니 최소한은 된 것이었다.

그렇게 아버지는 일을 쉬고 집에서 거동하셨는데, 특별한 일 없이 그로부터 5년이 지나갔고. 1972년, 그러니까 내가 24세, 아버지 69세이던 여름 어느 날 문득 기력이 더 쇠하셨는지 좀 마르고 약해져 보이셨는데… 갑자기 곡기를 끊으신 것이다. 계속 권유를 드려도 고개를 저으시고 식사를 거부하신다. 어머니는 돌아가실 때가 돼 그렇다고 체념하시는 눈치다. 아직 나이가 어린 탓인지 난 그 상황이 이해가 안 되었고….

어쨌든 그 후로 나날이 더 쇠약해지셨고 급기야 세상을 뜨셨는데, 돌아가시기 전날 밤 나와 같이 안방에서 주무시는데, 내가 전등을 켜 놓고 자려 하니까 밝아 싫다고 끄라 하신다. 난 아버지가 목마를 때에 깜깜해 어떻게 하느냐며 고집스럽게 그대로 켜 놓고 이내 잠들었다. 지금 생각해 보니 이것도 큰 잘못이었다. 만사가 귀찮고 피곤할 때는 불을 끄는 것이 안정되고 편안한 것인데 그때는 그것도 모르고…, 후회가 된다. 난 원래 잠이 들면 누가 업어 가도 모른다. 아침에 깨어 보니 아버지 베개 주변에 물이 흥건했다. 목이 말라 머리맡에 놓인 주전자에서 물을 드시려다 엎지르신 것 같았다. 마음이 아팠다. 정신이 가물가물하신 것 같아 어머니께 아버지를 살펴보시라 말씀드리고 난 출근이 바빠 그 상태에서 회사로 나갔고, 오후에 전화가 왔다. 아버지가 돌아가신 것이다.

듣기에 따라선 창피한 일이지만, 아주 어렸을 때 어머니 손에 이끌려 소위 목간통에 가 본 것을 제외하곤 동네 목욕탕이라는 데를 가본 지 오래이고, 목욕은 집에서 물을 끓여 부엌 한구석에서 했으며, 웬만한 병은 동네 약국 차지였다. 6·25를 겪으며 폐허가 되다시피 했던 우리나라, 그때 서민들의 삶이 다 그랬겠지만, 일년 내내 우동 한 번 시켜다 먹지 못했고, 매일매일 새끼줄에 매단 연탄 두 장을 양손에 들고 사 와야 했던 나의 하루살이 소년 시절은 더욱 혹독했다. 내가 취업을 한 후엔 좀 나아지긴 했지만 이미 오랫동안 가난과 더불어 익숙하게 살아 낸 방법들 그것은 쉽게 바뀌는 것이 아니었다. 병원이라니…. 아예 머릿속에 그 두 글자는 없었다. 생각이 날 리 없는 것이다. 돈 때문에, 병원 문턱이 높아 감히 꿈도 못 꾸다 내 폐병도 쉽게 고칠 것을 그 개고생을 하며 힘들게 10년을 넘게 돌아 겨우 병원에 가지 않았던가? 정글 속의 미개인과 무엇이 다르겠는가? 가난은 사람을 황폐하게 만들고 인간의 존엄성을 뭉갠다. 정말 무섭기까지 하다.

그래도 어머니가 편찮으실 때는 경제 사정이 좀 나아지기는 했지만, 의료보험이 없던 시절, 다행히 근무하던 고려무역이 인근 한국병원과 계약을 맺어 그나마 외상 진료가 가능했기에, 두 차례나마 입원 치료를 시켜 드릴 수가 있었다. 불과 4년 전이었음에도 아버지 돌아가실 때 사정은 그랬다. 어떤 비난도 감수할 수밖에 없다. 뻔히 형편을 짐작하던 직장 상사 홍준양 차장님이 급히 5만 원을 가불해 주어 뒷주머니에 집어넣은 채 한달음에 집으로 왔고, 아버지 시신을 본 나는 목놓아 울었다. 뼈만 남으신 앙상한 체구에 가슴과 등은 몇 줄기 채찍을 맞은 듯 퍼렇게 멍이 들어 계셨고…, 이는 오랫동안 가족을 위해 헌신하신 고생의 흔적이었다.

아버지…, 그는 남자로 태어나 결혼을 하면 처자식이 생기고 평생 부양해야 할 책임을 지게 된다. 젊어 왜정 시절, 솜공장을 하시며 사업이 잘될 때는 돈을 바구니에 쓸어 담으셨다는데…. 학비가 없어 학교를 못 가는 동네 아이들의 학비를 대주시던 자애로우신 아버지…. 그러나 일제가 끝나면서 판로를 잃은 채 사업은 점점 기울고 6·25로 그마저 접으신 후 말년 고생은 정말 힘든 인생의 역정이셨을 것이다. 육신은 늙어 힘을 잃고 안 아픈 곳이 없는데 처자식을 굶기지 않으려면 무슨 일이든 해야 하셨던 아버지. 근 20년이나 근근히 버티신 아버지의 노고를 짐작이나 할 수 있겠는가. 너무 안타깝고 가슴 아픈 아버지의 삶, 그 오랜 세월을 힘겹게 버티신 아버지의 노고를 내가 무엇으로 위로를 드릴 수 있단 말인가.

그런 어려움 가운데서도 작은 집이나마 한 채 내게 남겨 주셨고, 이는 나중에 내가 자립하는 데 큰 힘이 되었으니, 오늘의 내가 있음은 그런 아버지를 만난 덕이라 아니 할 수 없다. 아버지는 참 바보이시다. 벌써 오래전에 이가 다 빠져 김치도 씹지 못하시고 넘기시던 분, 그 긴 김치가 전혀 소화가 안 된 채 변에서 그냥 나오는 것을 보았던 나로서는 지금 생각하면 참으로 어리석은 분이었다 생각한다. 지금 얘기지만 집을 팔아서라도 틀니라도 하셨으면 좋았을 것을…. 치아만 어지간히 고치셨어도 장수할 분이셨는데… 이기적인 분이 못 되셨다. 물론 그때 형편에 작은 집이라도 한 채 있는 것을 팔고 셋방살이로 간다는 것은 쉽게 결단할 수 있는 일은 아니었다. 아버지도 그랬고 나도 그랬고 몸이 아프다 해 감히 집을 팔 용기가 없었고, 세를 빼 주고 나면 얼마 안 되는 그 돈을 갖고 갈 곳도 마땅치 않았으니 엄두가 안 나기는 아버지나 나나 마찬가지였다.

결국 나중엔 팔았지만, 전세 빼 주고 남은 돈 130만 원, 그것은 평생에 걸친 아버지의 땀과 노고가 어린, 또한 내가 병마의 고통 중에서도 이를 악물고 지킨 정말 피눈물 나는 돈이다. 이 집이나마 있었기에 27세 되던 해에 그 집을 팔고 면목동 집을 시작으로, 13평 잠실 시영아파트로 이사해 결혼도 할 수 있었고, 이어 21평 개봉동 제일아파트, 25평 원풍아파트, 31평 강남 진달래아파트. 드디어 33세엔 사업을 시작하며 창업 자금으로…. 그 돈은 내게는 밑천, 곧 시드머니(seed money)였고 오늘날 괄목할 만한 큰 자산으로 불어 났으니, 이는 진실로 놀라운 반전의 밑거름이었으며, 인생 역전의 기적을 만드신 하나님의 각별하신 은총이 아닐 수 없다.

이렇게 아버지는 가셨고, 기일은 음력으로 7월 9일, 양력으론 8월 17일 한여름이었다. 그날 장례를 모시는데 비가 억수같이 쏟아져 한강이 넘치는 물난리가 났다. 한강 다리가 위험해 분당 남서울공원묘원(지금의 분당 메모리얼 파크)까지 갈 수가 없다는 것이다. 화장으로 모시자는 친척들의 권유가 많았지만 나는 이를 물리치고 한강을 건너기로 작심하였다. 아버지가 평소 자신은 화장이 싫다고 하셨기 때문이다. 화장은 두 번 죽는 것이라고 하시며…. 그런데 어찌 매장을 포기할 수 있겠는가?

그때 장례를 모신 숭신교회 김, 안, 두 분의 장로님을 난 잊을 수가 없다.

그 두 분은 지금도 까마득하지만 분당 남서울공원묘원 그 높은 언덕을 앞뒤에서 관을 어깨에 모시고 걸어서 올라가 주셨는데 적은 돈으로 묘지를 구하다 보니 장소도 협소했지만 산꼭대기였다. 많은 비로 산이 무너지고 토사가 흘러 엉망인 것은 말할 것도 없었고, 그 묘원은 그때가 초창기로 우리가 일곱 번째로 모시는 것이라 조성이 전혀 안 돼 있었으며 산 중턱서부터는 아예 길도 없었다. 정말 고생을 많이 했다. 늦었지만 두 분께 진실로 심심한 감사를 드린다. 그리스도의 사랑이 아니라면 누가 그런 어려움을 감내하겠는가. 성함은 유감스럽게도 잘 기억을 못하지만 두 분의 얼굴은 지금도 생생하다. 그 후 얼마 지나지 않아 전 칠웅 담임 목사님 별세와 더불어 찾아온 교회 파동 때에 안타깝게도 교회를 떠나신 것으로 알고 있다.

손바닥만한 땅이지만 아버지의 희망대로 시신을 모시고 밤이 한창 늦어서야 묘소를 내려왔다. 통행 금지가 있었지만 상복 덕에 경찰의 도움을 받아 집에 올 수 있었다. 고생길이었다. 아버지의 평생이 그러하셨듯이 마지막 가시는 길도 순탄치 못했다.

누가 오고 싶어 오며 가고 싶어 가랴.

生從何處來　死向何處去, 生也一片浮雲起
생종하처래　사향하처거, 생야일편부운기

死也一片浮雲滅　浮雲自體本無實　生死去來亦如然
사야일편부운멸　부운자체본무실　생사거래역여연

생은 어디서 오며 사는 어디로 가는가, 태어남은 한 편 구름 같고 죽음은 한 조각 뜬구름이 사라지는 것, 본시 구름은 실체가 없는 것이거늘… 어찌하여 우리 인생 도정엔 이리도 기복이 심하단 말인가.

어차피 무로 돌아갈 인생이라면 차라리 태어나지 않았으면 좋으련만. 고통의 바다에 쾌락은 잠시, 짧은 인연은 어느덧 사라지고 남은 것은 사랑의 기억과 슬픔뿐이라.

한 가지 위로가 되는 것이 있다면, 아버지가 살아 생전에 그리도 아끼셨던 이종사촌 동생, 임대득 아저씨 가족의 생명을 구한 일이었다. 아버지 별세로 장례 참석을 위해 일가가 집을 비운 사이 밤새 쏟아진 폭우로 그만 살던 집이 흙더미에 묻혔다는 것이다. 한마디로 이는 기적이었고 아버지가 가시는 길에 동생을 살리신 것이었다. 그 아저씨는 아버지께는 친동생 이상이었다. 할머니는 세 자매였는데, 세 분이 각각 최씨, 오씨, 임씨 집안으로 시집을 가 아들딸들을 낳으셨고, 오씨와 임씨 집안이 서로 특별한 은혜 관계로 엮여 있었다. 아버지는 유복자로서 일찍이 할아버님이 돌아가셨고 할머니는 자매인 임씨 집안에 의탁하게 되었는데, 머지않아 할머니도 돌아가시고 그 이모님이 아버지를 맡아 키우신 것이다.

이런 관계 속에서 그 이모님이 돌아가시자 이젠 그 아들이자 아직 어린 이종사촌 동생 임대득 아저씨를 아버지가 맡아 키우시고 돌보시게 된 것이었다. 이제 서로 은혜를 주고받는 관계가 되었고, 따라서 아버지는 평소 그 아저씨를 끔찍이 아끼셨는데, 이로 인해 가끔씩 어머니와 마찰을 빚으신 것으로 안다. 그러나 그 아저씨는 제 앞가림도 잘하지 못했고 늘 아버지의 그늘에서 신세를 지고 살았다. 나이가 들어 아버지와 어머니가 결혼을 시켜 내 보냈으나 얼마 못 가 이혼을 하였고 나중에 겨우 재혼해 사셨다. 문제는 무위도식하는 철없는 아저씨 자신이었다. 취직을 시키면 얼마 못 가 갖가지 이유로 그만두었으니…. 젊어서 동네 부근 금은 세공하는 집에 취직을 시켜 기술을 가르쳤으나 이내 그만두는 바람에 아무런 대책도 없이 있다가 군대를 가게 되었고 제대 후에도 마땅한 직업이 없었으니 어쩌면 당연한 결과였다. 젊은 시절 아버지가 몰래 용돈을 챙겨 주시면 어머니가 잘못 가르친다며 트러블이 생기는 바람에 그 아저씨로 인해 부부싸움도 자주 하셨다고 한다. 아버지 어머니가 다 돌아가신 후 내가 사업을 하게 되면서는 그 아저씨를 우리 회사에 경비로 취직을 시켜 드렸고, 또 대장암에 걸렸을 때는 백병원에 입원시켜 수술도 받게 해 드렸으나, 그 후 3년쯤 지나 그만 암이 재발되어 세상을 뜨셨다.

얼마 전 나는 그 아저씨의 유일한 아들 영석이, 한때는 우리 회사 공장에서 일을 배우기도 했지만 어느 날 갑자기 사라져 행방이 묘연했던, 그를 오랫동안 수소문한 끝에 인천의 한 허름한 오피스텔에서 재회하였다. 돌아가시면서 내게 영석이를 부탁하며 예수 믿겠다던 아저씨와의 약속을 지키기 위해 십여 년간이나 소식이 끊겼던 그를 겨우 찾아 나는 그에게 오래되었지만 아담하고 깨끗한 17평 주공아파트 한 채를 인천에 마련해 줄 수 있었다. 영석이는 신체적 핸디캡으로 쉰 살이 되도록 장가도 못 간 처지였지만, 그래도 삶의 보금자리는 있어야 할 것 아닌가. 아버지가 그때 입으신 은혜를 생각해서….

평소 과묵하셨던 아버지, 노구에도 밤잠 한번 제대로 못 주무시고 가장으로서 책임을 다하신 아버지, 이것은 내 평생에 빚이

아버지 어머니 사진

되어 큰 교훈으로 남았다. 노년에 정말 고생 많이 하신 아버지, 부디 편히 쉬시기를….

행운의 시작

첫 번째 행운 – 마침내 폐병을 고치다!

세브란스는 달랐다. 과학적인 병균 내성 검사를 거쳐 마이암부톨 등 2차 약 처방을 받은 후, 나날이 병세가 호전되어 2년 반 만에 비로소 병소는 아물고, 스물일곱 살 되던 초봄, 드디어 완치 판정을 받았다. CT 촬영과 객담 검사 결과였다. 마침내 그 지독한 악마로부터 해방된 것이다. 얼마나 다행한 일인가. 다제 내성 환자도 있어 고치지 못하고 결국 죽는 사람도 있다는데…. 칠흑같이 어두운 밤은 이제 지나가고 운명 속에 드리워진 검은 그림자가 마침내 걷히는 순간이었다.

그러나 여기에도 가슴 아픈 이야기는 있다. 눈물로 불고기를 삼켜 본 사람이 있겠는가? 도가니탕을 입에 넣으며 눈물을 흘려 본 사람이 있겠는가? 언뜻 들으면 무슨 뜬금없는 얘기냐 하겠지만, 2차 약으로 병을 다스려도 잘 먹지 않으면 안 된다는 생각에 을지로 식당에서 불고기를 시켜 먹으며 가슴 먹먹해 하던…. 내가 건강한 것이 결국 효도하는 거라고 굳게 마음먹으며 말이다. 이것도 지금 생각해 보면 내 마음을 너무 아프게 한다. 굳이 변명을 한다면, 이때가 2차 약으로 막 치료를 시작한 지 얼마 안 된 때라 이마저 실패하면 마지막이란 절박한 심정이었기에 앞뒤를 가리지 못했다.

그때 그 감격의 순간, 날아갈 듯한 기분은 평생 잊을 수 없다.

다만, 폐기능이 많이 떨어져 산에 오르기가 힘들고 숨이 차 아예 등산은 포기하게 되었다. 완치 판정을 받은 지 석 달도 안 돼 이번엔 또 폐기흉으로 두 차례의 시술을 거치며 54일간이나 세브란스에 입원하는 어려움도 있었고, 후유증으로 기관지가 확장되어 커다란 동공이 세 개나 생겼고 그중 왼쪽 폐 두 곳의 동공에 커다란 곰팡이 덩어리가 결절처럼 기생해 30년간이나 같이 살았다. 40대 초반엔 이로 인한 각혈로 백병원에서 입원 치료를 받기도 했고 얼굴색이 좋지 않아 주변에서 걱정도 들었지만, 다행히 칠십이 되기까지 그래도 큰 지장을 초래하지는 않았으니 천만다행이었다.

그러나 결국 내가 만 70세가 되던 2019년 초, 면역이 떨어져 대상포진을 앓으며 한동안 고생하던 중에 확장된 폐 기관지 속의 그 곰팡이 덩어리(fungus ball)가 마침내 대량 출혈을 일으켰다. 1년 내내 분당 서울대병원에 세 차례나 입퇴원을 반복하며 CT를 찍고 기관지 혈관 색전술을 받았으나 출혈은 반복되었고 근치를 위해선 이를 제거할 수밖에 없다는 의사의 권고를 받아들여 할 수 없이 왼쪽 폐 절반을 절제하는 대수술을 받았다. 2020년 1월 2일이었다. 어떻든, 이렇게 해서 내 청춘을 송두리째 앗아간 장장 12년에 걸친 폐병의 고된 시련을 이기고, 그 후 나는 부족하지만 흔들리지 않는 확고한 신앙의 바탕 위에서, 어쩌다 떠밀려 시작한 사업이었지만 평생 하나님의 특별하신 은총과 기적을 체험하며, 40년의 결코 짧지 않은 세월을 열심히 버티고 견뎌 작은 성공이나마 결실을 거두게 되었으니, 이는 실로 전화위복이요 새옹지마라 아니할 수 없다.

그때 나의 기쁨을 당시 내가 애송하던 조지훈 선생의 시로 대신한다.

빛을 찾아가는 길

사슴이랑 이리 함께 산 길을 가며
바위 틈에 어리우는 물을 마시면

살아있는 즐거움의 저 언덕에서
아련히 풀피리도 들려오누나.

해바라기 닮아가는 내 눈동자는
자운 피어나는 청동의 향로

동해 동녘 바다에 해 떠 오는 아침에
북받치는 설움을 하소하리라.

돌뿌리 가시밭에 다친 발길이
아물어 꽃잎에 스치는 날은

푸나무에 열리는 과일을 따며
춤과 노래도 가꾸어 보자.

빛을 찾아가는 길에 나의 노래는
슬픈 구름 걷어 가는 바람이 되라.

    1967년에 소개된 '스잔나'란 홍콩 영화, 병마로 얼마 남지 않은 여주인공의 운명에 공감하며 같이 눈물 흘리던, 저 김포가도 서산에 걸린 석양의 황혼이 그렇게 서글프게만 느껴졌던 소년이, 그 아픔과 좌절의 시대를 뒤로 하고… 이제 마침내 새 인생이 열린 것이다.

두 번째 행운, 연애 – 모처럼 찾아온 행복감

내가 스물다섯 살 그러니까 만으론 스물네 살이 되던 초봄의 어느 날, 마침내 내게도 여운(女運)이 찾아온 것인지….

고려원양에 입사하여 안국동 네거리, 풍문여고 앞에 있던 빌딩에 근무하게 되었다. 스물다섯이 되던 해 초, 이제 병치료도 시작한 지 1년이 넘어 제법 몸의 컨디션도 좋아졌고, 한때 40kg 대였던 체중도 60kg으로 늘어 제법 사람다운 모습을 갖추게 되었을 때인데, 가까운 견지동에 위치한 신탁은행에 마침 고등학교 시절 웅변반을 같이 하던 박덕상이란 친구가 근무하고 있었고, 점심을 같이 할 요량으로 그가 근무하는 2층 신탁영업부로 찾아 가게 되었다. 잠시 객장에 앉아 친구의 일이 끝나기를 기다리던 중, 우연히 내 눈에 들어온 한 여인을 발견한 나는 깜짝 놀랐다.

내 눈을 의심할 만큼 처음 본 그녀의 모습은 너무나 눈부시게 아름다워, 마치 선녀가 하강한 것 같았다. 친구도 인정한 것이지만 이는 조금도 과장된 표현이 아니다. 한 가닥으로 다소곳이 딴 단정한 머리에 오똑한 콧날, 얼굴엔 보조개가 있고 빛이 나는, 그야말로 매력 넘치는 전형적 동양 미인이었다. 어느 미인이 이에 비할 수 있을까. 기품 있는 단아한 미모에 야무지고 착해 보이는…. 내 눈에 콩깍지가 꼈다 해도 할 말은 없다. 그러나 나는 그때 그 깊은 인상을 지울 수 없다. 마침 박 군과 같은 계산계에 근무하는 터라 그와 식사를 하러 은행 식당에 올라가면서 어떤 여자냐고 물었다. 같은 계로 온 지 얼마 안 된 여자라고 한다. 식당에 들어와 한쪽 끝에 자리를 잡고 앉아서 궁금한 것을 계속 묻고 있었는데, 이게 웬일 식당 문 쪽에 그 사람이 나타난 것이 아닌가. 친구 여직원과 둘이서…. 나는 순간 식당 안을 살폈다. 자리가 다 차서 남은 자리라곤 우리가 앉은 맞은편 두 좌석밖에 없었다. 잠시 긴장이 되었다.

예상한 대로 그녀들은 우리 앞 좌석에 자리하는 것이었다. 이런 행운이…. 이젠 말을 걸 수 있게 되었다. 친구에게 더 물어볼 필요가 없었다. 표정을 감추고 우리는 식사를 같이하며 이것저것 얘기를 나누게 되었다. 가슴에 단 명패에 김경자라고 쓰여 있었고, 어디에 살며 아버님은 무슨 일을 하시냐며 짧은 시간에 중요한 것은 벌써 다 짚었다. 이젠 신상 털기에 더 이상 친구의 도움이 필요치 않게 되었다. 아버지가 공무원이라며 제법 자신이 있어 보이는 것으로 보아, 그래도 나보단 훨씬 나은 집안의 여성 같았다.

코가 오뚝한 것이 마치 조각을 빚은 듯 유난히 예뻤다. 말도 고분고분 잘하지만 얼굴이 객장에서 볼 때보다 확실히 붉어진 것이… 아무래도 내게 호감을 갖는 눈치였다. 사실 그때 나는 전혀 몰랐는데, 결혼하고 그것도 아주 한참 후에서야 집사람이 실토할 일이 있다며 고백을 했다. 사실 그날 우연히 식당에 올라간 것이 아니고, 내가 올라간 직후 바로 자기도 같은 계 여직원과 함께 따라 올라 왔다는 것이 아닌가. 그러고 보니 그 많은 사람들이 북적대는 한창 바쁜 시간에 곧바로 나타난 것이 이상하긴 했었다. 그 결과 마침 남은 유일한 자리가 바로 우리 앞 좌석이었던 것이니 이는 결코 우연이 아니었던 것이다. 그도 그럴 것이 더 놀라운 사실은 불과 일주일 전만 해도 자기가 감사실 비서로 발령을 받아 이미 인수인계를 다 받고 근무를 하고 있었는데, 갑자기 누군가가 그 자리를 치고 들어와 지금의 계산계로 내려오게 되었던 것으로, 그렇지 않았다면 자기를 영 보지도 못했을 것이라는 거다. 이런 것을 운명이라 하는 것인지… 인연이란 뜻하지 않은 곳에 있다. 이것이 우리의 첫 만남이었다.

그러나 직접 전화를 할 수는 없었기에 이후로 나는 친구 박군을 본격적으로 괴롭히게(?) 되었는데, 만남(데이트)을 주선해 달라는 것이었다. 망설일 이유가 없었다. 자주 전화를 하는데도 이 친구가 썩 나서지 않는 것이다. 그러던 어느 날, 그 친구에게서 전화가 왔다. 그녀가 나를 만나 보겠다고 한다는 것이다. 이 얼마나 기쁜 소식인가. 나는 한걸음에 그가 일러준 약속 장소로 시간을 조금 앞당겨 나갔다. 그곳은 지금은 헐려 없어진 광화문 우체국 옆 어딘가 있었던 좀 허름한 건물 2층에 위치한 '세루팡' 이란 작은 다방이었다.

그녀가 정말 올까? 초조한 마음으로 괜히 주변을 둘러보며 문쪽 방향으로 온 신경이 꽂혀 있던 차에 마침내 그녀가 얼굴을 내밀고 나타나는 것이 아닌가. 너무 예뻤다. 꽃무늬가 그려진 검은 니트 원피스 차림의 단아한 그녀 모습은 나를 사로잡기에 충분했다. 정신없이 얘기를 하는데 사실 나는 내가 무슨 말을 하는지도 몰랐다. 나중에 들으니 내가 바지를 올렸다 내렸다 하며 어쩔 줄을 몰라하는 것이 역력하더란 것이다. 물론 나는 그럴 리 없다고 단번에 무시해 버렸지만….

우리의 만남은 이렇게 시작되었다. 대충 얘기를 마치고 거기서부터 걸어 을지로 3가 백병원 바로 건너편에 위치한 '파인힐' 이란 화식집으로 데려갔다. 사실 돈도 없는 주제였지만 그래도 첫 만남이었으니 돈을 아낄 처지가 아니었다. 그럴듯하게 점잔을 빼고 마주앉아 식사를 같이하니 꿈만 같았다.

아직 들뜬 기분이었는지라 이런저런 얘기를 나누었지만 무슨 얘기를 했는지 지금은 기억조차 없다. 식사를 마치고 나와 택시를 잡으려 하는데, 미스 김이 고맙다며 양식이냐고 묻는다. 아니

일식이라고 했더니 얼굴이 금방 붉어진다. 나중에 들으니 그때 너무 부끄러워 쥐구멍이라도 찾고 싶었단다. 그녀 역시 내게 호감을 갖고 있음이 분명해 보였다. 그녀를 종암동 집까지 바래다 주었는데 내 눈엔 제법 좋은 집이었다. 이렇게 첫 데이트는 성공적으로 끝났고 집으로 돌아오는 길은 날 듯이 기뻤다.

그 다음부터는 친구를 통할 필요가 없어 이젠 직접 은행으로 전화를 걸어 자주 데이트를 갖게 되었고, 기쁘고 즐거운 시간은 계속되었다. 몇 번의 데이트가 있은 후, 이 사실을 안 그 친구가 이상한 소리를 하는 것이다. 지금 미스 김을 만나고 있단 말이냐며 고개를 갸우뚱거린다. 처음 자기가 만나게 했을 때는 옆에서 내가 전화를 자주하는 것을 들은 미스 김이 친구가 많이 괴롭히는 것 같다며 나를 직접 만나 해결하겠다 해 주선했다는 것이다. 나는 속으로 이 친구 참 순진하다고 생각하면서, 여러 차례 만나게 해달라는 내 전화를 받으면서도 주선을 하지 않자 나를 만나 보고 싶었던(?) 미스 김이 참다못해 직접 자기가 해결하겠다고 한 것이었는데(이건 분명 내 생각만은 아닐 것이다. 정말 해결하려 했다면 만날 생각조차 안 했을 테니까)….

그 후 우리는 그녀의 여자 친구들과 같이 은평동 진관사에도 같이 가고, 또 단둘이 산과 계곡을 찾아 즐거운 시간을 같이하게 되었다. 정릉 아카데미 하우스에서 열린 고려원양 전체 단합대회 때는 내가 총무과에서 이를 맡아 하면서 그녀도 회사차로 같이 데려가 탁구도 치고…. 정말 빠른 진전이었고, 나는 아직 병이 회복 중에 있었지만 처음으로 즐거움을 느낀 꿈 같은 시간들이었다. 한번은 명동 어느 나이트 클럽엘 갔는데 마침 그저 적당히 흔들기만 하면 되는 블루스 곡이다. 같이 추자고 하면서 슬쩍 손목을 잡으니 춤을 못 춘다며 혼자 해 보란다. 그런데 손목을 뺄 기세가 없이 가만히 있는 것이다. 다소곳이 얌전을 빼는 그 부드럽고 따듯한 감촉이 너무 좋았다. 어느 날은 명동의 유명한 호프집을 갔는데 마침 서수남과 하청일이 노래를 부르고 있었다. 맥주를 한 잔하고 분위기가 무르익자 슬그머니 집 전화번호를 물었다. 93-2598, 93국에 2598이라고 작은 종이에 꼬불꼬불 마치 벌레가 기어간 듯한 아주 작은 글씨로 친절히 적어 주는 것이 아닌가. 단번에 외웠다. 그래서 그런지 지금도 그 번호가 기억에 선명하다.

만난 지 얼마 안 된 5월 어느 날, 창경원의 밤 벚꽃 놀이에 함께 갔다. 조금 앞에서 사뿐사뿐 걷는 그녀의 모습이 환한 불빛에 얼마나 귀엽고 예뻤는지…. 이런 아름다운 기억들이 있기에 나는 노년에 이른 지금 주장이 강해진 집사람으로부터 스트레스를 받을 때에도 그때를 떠올리며 꾹 참는다.

그러나 이런 행복은 내겐 곧 우수로 돌아와 나를 괴롭혔다.

내 건강이나 경제 형편이 그토록 사랑스런 그녀에겐 도무지 맞지 않는 것임을 알기에…. 양심의 가책이 되어 많이 고민이 되었다. 아무래도 안 되겠다 싶어 마침내 고백을 하기로 하고 마땅한 좋은 장소를 찾던 중 남산 밑의 타워 호텔, 그러니까 지금의 반얀트리 호텔 최상층 카페로 갔다. 막상 얘기를 하려 하니 말문이 떨어지지 않는다. 그래서 그렇게 말했다. 우리는 더 정들기 전에 헤어지는 것이 좋겠다고…. 사실 자세히 말할 용기가 나지 않아, 나는 십자가를 진 몸이라 그 길을 가야 한다고만 말했다. 속으로 '나와 인생길을 같이하기엔 당신이 너무 아까워, 힘들거야….' 하지만 내 자존심이 허락하지 않았다. 그리고 바로 일어나 우리는 밖으로 나왔고, 그 길로 나는 택시를 기다려 타고 호텔을 빠져나왔는데, 비스듬한 호텔 언덕길을 혼자 걸어 내려가는 그녀가 내 눈에 들어왔다. 담담한 모습으로 그러나 좀 외로워 보이는 것이 내 자신을 보는 것 같았다.

    나는 그 길로 남산에 올라 먼 곳을 바라보며 우울한 심경을 달래고 있었는데, 문득 그런 생각이 들었다. '해 보지도 않고 포기한다고? 정말 그녀를 잊을 수 있겠어?' 헤어지자고 한 지 불과 세 시간도 안 되어 나는 그녀의 집으로 전화를 걸고 말았다. 뜻밖에 반가운 목소리다. 그렇게 해서 우리 만남은 계속되었고…. 그리 자주 만나는 데도 다음을 기다리기엔 하루가 너무 길었다.

그 후 어느 날 퇴근하려는데 미스 김으로부터 전화가 왔다. 할 얘기가 있다며… 바로 퇴근해 그리 멀지 않은 신탁은행 건물 앞에서 그녀를 기다렸다. 때맞춰 나온 그녀가 같이 걸으면서 뒤를 보지 말라며 느닷없이 자기 청을 들어 달라는 것이다. 누가 며칠 전부터 뒤를 따라오고 있는데, 어제는 종암동 자기 집까지 쫓아와 동생을 시켜 망신을 주고 쫓아 버렸는데도 지금도 뒤를 따라오고 있다는 것이다. 만나게 되면 내가 자기 약혼자라고 말해 달라는 것이 아닌가? 이게 무슨 횡재란 말인가. 약혼자라니…. 걱정 말라고 안심을 시킨 후 대충 얘기를 들으며 걸어서 미도파 앞까지 왔다.

대체 어떤 사람이기에 귀찮게 따라다니는지 호기심을 가지고 미도파 옆 지하 다방으로 들어갔다. 아니나 다를까 그자가 따라와 불쑥 같은 자리에 마주보고 앉지 않는가? 무례하단 생각이 들었지만 배짱이 두둑한 친구였다. 아니 형님뻘이었다. 나이가 좀 들어 그런지 인품은 좋아 보였으나 우리 타입은 아니었다. 나보다 예닐곱은 많아 보였는데, 자기는 미국에 유학을 다녀오느라 결혼이 늦었고 종로 학원에서 잠시 애들을 가르치고 있다며 곧 교수가 될 것이라면서 자기 동생도 이대를 나왔다고 자랑을 겸해 자기 소개를 하고는 내게 묻는 것이다. 애인이냐, 결혼할 사이냐고… 그렇다고 했더니, 낙담한 표정으로 잠시 우리 두 사람을 보며 웬만하면 자기가 절대 포기하지 않으려 했는데 두 사람이 너무 잘 어울려 안 되겠다며 자조 섞인 목소리로 무슨 일을 하냐고 내게 묻는다. 나는 지금은 수산회사에 다니지만 장래엔 무역 사업을 하고자 한다 했더니 오파상이 앞으로 유망하다고 내 진로까지 안내해 준다.

말을 섞고 보니 나쁜 사람은 아니고, 그의 진지한 표정에서 거짓말을 하는 것 같진 않았다. 자기가 미국 등 여러 곳을 다녀 봤지만, 본 여인 중에 이처럼 이상적인 여인은 보지 못했다며 동양미인의 표본을 보는 것 같다면서 많이 아쉬운 듯 말을 흐린다. 안돼 보였지만 이건 양보할 수 없는 일이기에 난 단호히 우리는 머지않아 결혼할 것이고, 당신은 학벌도 좋고 집안도 좋은 것 같은데 좋은 여성을 만나기 바란다며 위로반 선언반 적당히 해 쫓아(?) 보냈다. 얘기를 들어 보니 벌써부터 눈독을 들인 것 같은데, 종로에서 우연히 보고는 같은 버스를 타고 요즘 말로 스토킹을 한 것 같았고, 들고 있던 책을 받아 주자 호감을 갖고 접근할 용기가 생겼던 모양이다. 이 해프닝은 이렇게 끝났지만, 사실 난 시간이 가면 갈수록, 내 처지에는 어울릴 수 없는 그녀에 대해 절망감 같은 것을 느꼈고 만나면 만날수록 은근히 고민이 깊어 갔다. 정말 어쩌려고 그러는지…. 아직 병도 낫지 않았고, 경제 형편을 비롯 여러 가지 상황이 안 좋은데. 내 형편에 연애가 어울리기나 하나. 울적한 마음이 들었다. 그래서인지 나는 그때부터 내 자신을 괴롭히며 그녀를 박대(?)하기 시작했다. 한번은 세브란스병원 진료받는 자리에 함께 갔다. 마침 주치의가 없어 다른 여의사의 소견을 듣는데 그 의사가 혀를 차며 어쩌자고 이렇게 될 때까지 있었냐면서 다시 핀잔을 준다. 자연스럽게 나는 내 병의 상태를 알게 해 준 것이다. 그런데도 그녀는 아무 반응이 없다. 결혼 후 들은 얘기로는 그때 자기는 무슨 까닭인지 아무런 생각도 없었다고 하며 그것을 심각하게 느끼지도 못했다고 한다.

하나님께서 맺어 주신 특별한 인연은 이 모든 악재를 뛰어넘을 수 있었다. 엑스레이를 직접 보고 의사의 소견을 들으면서도 그녀의 눈과 마음은 가리워져 듣지도 생각나지도 않게 하셨던 것이다. 만남도 그렇지만 헤어짐도 인간의 뜻대로 되는 것이 아니다. 연애 3년 동안, 이에 다 적을 수 없는 이야기들이 수없이 많지만, 다 그렇듯 좋은 추억도 그렇지 못한 추억도 있다. 거의 매일 만나다시피 할 만큼 나는 이상하게 그녀에게 집착하고 있었다. 한 군데 빠지면 정신을 못 차리고 집중하는 습관 때문인지, 그동안 많은 어려움을 겪으며 오랫동안 긴장하고 산 탓인지 그녀를 만나는 것 외엔 마음 둘 곳이 없었다.

세 번째 행운 – 고려무역 입사, 그러나 마음은 무겁기만

그러는 사이 나는 내 인생의 전환점이 될 고려무역(KOTI)으로 다시 직장을 옮겼는데, 고려무역은 내가 사업을 하게 된 모티브가 된 중요한 직장으로서 의도한 이직은 아니었지만 결과적으로 내 인생을 바꾼 꿈의 직장이 되었다. 고려무역은 정부 주도로 설립한 종합무역상사로서 당시 상당한 기대를 모으고 있었으며, 때마침 고려무역의 입사 시험 공고를 보고 지원해 들어가게 된 것이었다. 초대 사장은 삼성에서 오신 최진우 사장님으로 상당한 비전을 갖고 계셨다. 무역을 배우며 중소기업의 오너들과 교제를 넓혀 내게 세상 눈을 뜨게 한 직장으로, 덕분에 나도 사업을 하게 되는 계기가 마련되었으니 어찌 행운이 아니겠는가? 무역협회가 특계자금으로 설립한 까닭에 무역협회의 입김에서 자유로울 수 없었으나 상공부가 수입 쿼터 등 정책적 지원을 하고 있어 초기에는 정부가 주도하는 종합상사로서 업계를 리드하고 있었다. 중소기업 수출 지원 창구로서의 역할 등 코트라(KOTRA)와 더불어 한국 무역의 첨병이나 다름없는 공적 기업이었다.

고려무역은 사무실이 공교롭게도 신탁은행 본점과 같은 견지동 빌딩에 있어 그녀는 2층 나는 11층에 근무하게 되었고, 어느 휴일엔 일직을 하는데 마침 그녀가 나왔기에 올라오라 해서 같이 놀기도 하고. 그렇게 만남은 깊어 갔지만, 그럴수록 내 고민 또한 깊어 갔다. 장가갈 형편은 전혀 안 되는데 늙으신 어머니는 노환으로 시름시름 아프시니 마음이 무겁기만 했다.

세 번째 패착 – 새집과 과다 융자, 그리고 누이

어느 날인가, 강남으로 이전한 숭신교회에서 예배를 마치고 언덕을 걸어가는데 같은 또래의 교인 청년이 얘기 끝에 내가 지금 사는 집에서 빨리 나와야 한다고 한다. 그래야 내 인생이 열릴 거라면서. 나는 몰랐지만 아마도 우리 집엘 왔다 간 모양이다. 마치 무슨 주술사라도 되는 양 뜬금없이 뱉는 말 한마디는 내 맘을 꿰뚫어 보는 듯했다.

그러니까 고려무역에 근무하던 26세 때의 어느 날, 집에 들어오니 어머니가 누가 집을 사려고 한다는 것이다. 얼마나 기다려 온 것인가. 그 집에서는 장가도 갈 수 없어 하루속히 탈출하고 싶었는데… 드디어 작자가 나섰다니 난 더 생각할 것도 없이 집을 팔았고 물정도 모른 채 160만 원에 덜컥 계약을 하고 변두리를 둘러보니, 방 전세들을 빼주고 남는 110만 원 갖고는 어림도 없었다. 당시 우리 집 주변엔 요즘 같은 부동산 거래소가 없어 동네에서 어른들의 입에 오르내리는 가격을 가지고 거래를 했는데, 그러다 보니 집값에 대한 정보가 부재하였다. 아무래도 안 되겠어서 매수자에 사정을 말해 겨우 20만 원을 올려 받았고, 남은 돈 130만 원에 간신히 집을 사긴 했는데, 50만 원이나 융자를 더해 180만 원짜리 돌로 마감한 양옥을 면목동에 갖게 되었다. 이 무리한 행보 덕택에 난 그 후 1년간 또 골머리를 썩히며 경매 위기에 직면해야 했다.

그 왕십리 집은 내가 나고 자란 정말 정이 많이 든 집이었고 가난했어도 어머니 아버지와 함께 오랜 세월을 동고동락했던, 어린 시절 삶이 고스란히 녹아 있는 추억 깊은 집이었다. 12평밖에 안 되는 기역(ㄱ)자형 좁은 공간에 방이 두 개 마루 하나 부엌 하나, 작은 마당이 있는 허름한 막다른 골목 집이었는데, 아버지가 젊은 시절 애써 마련한 보금자리였다. 비록 집은 작고 허름했지만 아버지가 정부로부터 불하받은 뒤꼍 33평이 있었다. 그러나 뒤꼍은 구릉지고 모양도 좋지 않은 데다 늘 잡다한 것들이 수북이 쌓여 있어 위생상 매우 좋지 않았고 또 그곳에 어머니가 작으나마 간이로 방을 몇 개 앉혀 세를 놓고 있었다. 덕분에 그 값이라도 받지 않았나 생각되지만, 좀 더 내가 침착했더라면 200만 원도 넉넉히 받을 수 있었던 집이었는데… 세상 물정도 모르면서 성급한 마음에 그렇게 힘들게 지킨 집을 헐값에 팔아 버린 것이 아닌가 싶다.

국민학교 시절 선생님이 가정방문을 할 때면 나는 이리저리

갖은 핑계를 대며 단 한 번도 오시게 한 적이 없을 만큼 집에 대한 콤플렉스가 아주 심했다. 어린 마음에 허름하고 작은 막다른 골목집을 남에게 보여주는 것은 죽기보다 싫었다. 방과 마루 다 협소한 데다, 그나마 방은 세를 주어 우리는 안방과 마루에 살림을 두고 비좁게 살았다. 우리 집엔 움치고 뛸 구석이라곤 전혀 없었다. 문제는 아버지가 별세하실 즈음 어떻게 된 것인지 경상도에 살던 누이가족이 그 좁은 우리 집으로 무작정 들어온 것이다. 서울에 거처가 없고 더는 지방에서 살 형편도 못 된다는데 어머니는 갈 곳도 없는 누이를 받아들이지 않을 수 없었다. 그런데 이것은 정말 난감한 일이었다.

누이는 다섯 식구나 되는데 나보다 나이가 13년이나 위였다. 매형은 군인 하사관(특무상사)으로 오랫동안 복무했으나 경상도 현지서 의병 제대해 가진 것이 없었다. 물론 사회에 적응도 못해 그곳에서 새를 키워 간신히 생계를 유지하다가 이제 서울로 온답시고 그 비좁은 우리 집으로 대거 이사를 온 것이었다. 참으로 딱했다. 어쩔 수 없이 누이네는 마루에 짐을 풀고 안방과 마루에서 함께 잠을 자면서 공동 생활을 하게 된 것이다. 이는 내가 고려원양에 근무하던 때로 아버지가 돌아가시기 두 달 전쯤인 1972년 6월경으로 기억된다. 나는 이러다가 낡은 마루가 짐과 사람 무게를 못 이겨 지하실로 내려앉으면 어떡하나 많이 걱정

되었으나 다행히 그런 일은 일어나지 않았다. 피난민이 따로 없었다. 사실 나는 그때 조카 학비에 보태라고 어머니 모르게 누이에게 가끔 만 원씩 주곤 하였다. 그러나 나중에 듣고 보니 누이가 그 돈을 어머니께 도로 드렸다 하고, 또 지방에서 장사하던 밑천도 생활을 같이하다 보니 어느새 바닥이 날 만큼 자기도 돈을 다 썼다고 한다. 충분히 그랬을 것이다. 별로 쓴 것이 없는 것 같아도 지나고 보면 텅 빈 주머니를 발견하곤 한다.

아버지가 돌아가신 후에도 매형은 벌써 몇 달째 집에서 소일하며 아무 하는 일 없이 잠만 자고 술이나 먹고 있었다. 참으로 딱했다. 그러나 뭐라 하기도 어려웠다. 반은 폐인이 된 것이다. 군 출신으로 딱히 사회에서 일자리를 구하기도 힘든 데다 매형도 역시 군시절 앓던 폐병을 고치긴 했지만 의병 제대했기에 노동력이 부족해 일을 하기 어려운 형편이었다. 이해는 가지만, 그런 매형에게 어머니가 화가 나신 것은 어쩌면 당연한 것이었다. 어느 날 퇴근해 오니 집이 뒤숭숭한 것이 영 좋지 않은 분위기다. 그날 낮에 하마터면 큰 사고가 날 뻔했다는 것이다. 어머니가 매형과 말다툼을 하다가 매형이 화가 나 흉기를 들고 덤벼드는 바람에 어머니가 이를 피해 다니는 등 난리가 났었다고 동네 사람들이 얘기해 주는 것이 아닌가.

드디어 올 것이 온 것이다. 그것은 말이 같이 사는 것이지 피난민 생활이나 다름없었고, 매일 빈둥거리는 매형을 두고 볼 수 없었던 어머니가 싫은 소리를 하자 그런 사달이 벌어진 것이다. 매형은 그날로 집을 나가 이미 없었고, 누이는 울고만 있었다. 가난이 빚은 또 하나의 비극이다. 사실 어머니가 보기엔 아무 일도 안 하며 벌써 몇 달째 처갓집에 얹혀 거의 매일 술로 세월을 보내면서 누이를 고생시키는 매형이 보기 싫었을 것이다. 매형은 군 생활을 오래해 사회에 적응하는 일이 쉽지 않았고, 착한 분이지만 술에 절어 사실 그 임시에는 폐인이나 다름없었다. 며칠 후 나는 매형이 신설동 어느 친구 가게에서 일을 한다는 말을 듣고 찾아갔다. 어머니는 누이나 내가 딱하다 생각해 그런 것이니 너무 섭하게 생각지 말라고 위로를 했다. 양쪽이 다 이해가 간다. 어머니는 딸 고생시키는 매형이 미운 데다 병든 내가 벌어 오는 돈으로 그 많은 식구가 먹는다 생각하니 울화가 치민 것이고 누이는 누이대로 폐인이 되어 가는 매형과 자기 나름대로는 알게 모르게 돈을 쓰고 있는 데도 어머니가 아들만 생각하는 것 같아 많이 섭섭했을 것이니, 누구를 탓하랴. 어머닌 그날 받으신 충격으로 많이 놀라 지병인 심장병이 더 나빠지시지 않았나 생각된다.

여기서 나는 옛날 부모들의 인식이 현명치 못했다고 본다. 왜냐하면 사실 내 경우를 보더라도 아들은 돈 벌어 오는 것 외에 자상하게 부모를 섬기지 못한다. 결혼이라도 했더라면 며느리를 통해 가능했겠지만. 그러나 누이에게도 잘못은 있다. 사실 우리 형편이 누이를 받아들일 사정이 전혀 안 되었다. 아무리 너그럽게 생각해도 그 비좁은 공간에 전혀 여유가 없었기 때문이고 자칫 가뜩이나 허름한 마루가 붕괴되는 사고를 우려할 만큼 취약했다. 매형의 실직 이래 누이도 많은 고생을 했을 것이다. 오죽하면 그 비좁은 집으로 그 많은 식구를 데리고 들어왔겠냐마는…. 누이에겐 미안한 이야기이고 또 누이의 형편상 부득이 했겠지만 매우 안타까운 대목이다. 당시 여자의 몸으론 할 수 있는 일이 별로 없었겠지만 그래도 나보다 13년이나 위였고, 사실 내 병도 아직 치유되지 못한 상태에서 그동안 어려움을 겪느라 그나마 작은 집을 줄이고 줄여 형편이 말이 아니었다.

가난이 빚은 불행한 사건이었다. 가난은 정말 지독히 싫은 것이지만 이를 넘어 무서운 것이다. 가난이 가져오는 비극이 어찌 이것뿐이겠는가마는. 그 일 이후로 두 조카 아이는 고모집으로 피신을 갔고 매형은 나간 상태에서 누이와 큰 조카 아이 하나만 남게 되었다. 그런 와중에 집을 팔게 된 것이다. 내가 누이에게 감사하는 것은, 시름시름 앓고 계신 어머니를 누이가 집으로 들어온 이후 정성스레 수발을 들어 드린 덕분에 그 2년 동안은 어머니의 병세가 더 악화되지는 않았으니, 누이야말로 내가 하지 못한 효도를 한 효녀이기 때문이다. 이 기회를 빌려 누이를 위로하고 심심한 감사를 드린다. 이미 작고하신 매형이지만 그때 조금만이라도 가계에 보탬이 되었더라면 어머니와 그런 일도 벌어지지 않았을 터이고 누이도 낯이 섰을 텐데 이해는 하면서도 매우 아쉬운 부분이다.

세상 물정을 잘 모르는 나는 그만 그 집에서 빨리 탈출하고 싶은 마음에 작자 나서자마자 싸게 판 것이다. 또 한 번 멍청한 짓을 한 것은 아닌지. 물론 그 사람도 그 뒤꼍을 보고 그만큼이나마 주고 산 것이긴 하겠지만 참 아쉬운 부분이다. 왜냐하면 그 후 내가 무리해서 집을 사는 바람에 큰 고초를 겪었기 때문이다.

130만 원 가지고는 변두리라도 집을 구하기 힘들었다. 여기저기 둘러보다가 면목동에 이르러 전면에 싸구려 돌을 입힌 디귿(ㄷ)자 형태의 단층짜리 집을 보게 되었다. 어머니가 부러워하시던 돌집이었다. 180만 원이었는데, 부족한 50만 원은 부금 형식의 은행대출을 받아 덥석 구입하고 말았다. 이로 인해 그 후 다시 집을 되팔 때까지 1년간 경제적 압박이 심해 집 수리는커녕 도배도 못하고…, 방 하나는 온통 곰팡이가 뒤범벅인 데도 다시 팔 때까지 전혀 손도 못 댔다. 내부는 말이 아니었다. 물론 왕십리 살던 집에 비하면 궁궐 같았지만 애인에게 보여주려는 욕심과 어머니가 좋다고 하셨던 돌집이 구입 이유의 전부였다.

이것은 무작정 제일제당을 그만둔 이래 내 인생에서 세 번째로 저지른 패착이었고 이로 인해 하마터면 집을 경매로 날릴 뻔했다.

이런 일을 보더라도 이해가 안 되는 것은 내 자신이다. 좋게 본다면 강하고 도전적이며 두려움이 없는 것이고, 나쁘게 본다면 무모하리만큼 저지르고 보는 것이다. 그렇기에 처한 현실이 그렇게 가난하고 힘들었어도 내 마음만은 결코 가난하지 않았고, 그에 더해 자신감마저 있었는지 모르겠다. 그저 건강하기만 하다면 어떤 일이든 다 할 수 있을 것 같았고, 문제는 오직 병마였다.

박봉의 월급으론 불가능한 것이었지만 일을 내고 말았다. 당시 외환은행에 다니던 친구의 고모부님이 국민은행에 계셨는데, 이분에게 부탁해 집을 담보로 대출을 받아 집을 샀다. 어쩔 수 없었다. 집을 팔아 집을 못 사면 그나마 있던 집만 날리게 생겼으니… 세를 살 수는 없는 일 아닌가. 물론 이는 무모한 짓이었지만 달리 방법도 없었다. 당시의 그 비싼 이자에 원금도 할부로 납입하는 부금 방식은 박봉의 월급쟁이에게는 도무지 가능한 일이 아니었다. 물론 전혀 계획이 없던 것은 아니었고, 우선 부금 대출이라도 받아 집을 산 후 일반 대출로 전환해 이자만 붓는다면 아쉬운 대로 불가능한 것만은 아니었다. 그러나 뜻대로 되지 않았다.

어머니는 왕십리 집을 팔면서 이사하기 전 먼저 회사 부근 한국병원에 입원을 시켜 드렸고 이사한 후에 퇴원해 모시고 왔다. 그런데 어머니는 내가 기대했던 것만큼 새 집을 좋아하시는 것 같지 않았다.

당시 의사는 40이 좀 넘어 보이는 여의사였는데, 그렇게 성의가 있어 보이지 않았고, 예후는 대략 3년이라고 하면서 병명은 노인성 심장질환인데 자세히 얘기를 안 해 주고 원인은 오랜 영양실조 때문이라고만 했다. 처방도 약도 없었다. 노환으로 마땅한 치료 방법이 없다는 듯이…. 모처럼 큰맘 먹고 입원을 시켜 드리긴 했으나, 얼마 후 어머니 병세는 다시 나빠지셨다. 다행히 시름시름 앓으실 뿐 거동이나 생활에 큰 불편은 없어 보여 그런대로 지낼 수는 있었다. 어머니를 모시고 누이와 조카가 새집에 같이 이사와 누이가 어머니를 보살펴 드렸다. 그러던 11월 누이가 노점을 차려 나간다고 하는 것이 아닌가. 아차 싶었다. 그동안 우리 집에 얹혀 사는 것이 많이 불편했을 누이가 매형과의 그 사건도 있었고 하여 마침내 결심을 한 것이다. 서울로 올라올 때 갖고 왔던 돈도 이래저래 그나마 다 써 버리고 막막한 가운데 지인에게 20만 원의 빚을 얻어 독립하기로 했다는 것이다.

지금 말이지만 그때 나는 누이에게 무척 미안한 생각이 들었다. 집 판 돈 일부라도 보태 주었어야 했는데, 무리하게 집을 사느라 오히려 융자까지 받았으니 어쩔 도리가 없었다. 40년이나 지난 근래에 와서야 누이에게 얼마간이나마 갚을 수 있었는데, 이것이 늦어진 데는 아직 넉넉지 못한 내 형편도 있었지만 누이의 큰아들인 조카 원준이가 우리 회사에 근무하다가 직원들과 짜고 회사 정보를 빼내 독립하는 바람에 한때 타격을 입은 탓도 있다. 하필 IMF 위기를 막 벗어나 겨우 회생하던 때에 벌어진 이 사건은 금전적 손실도 그렇거니와 심적인 충격도 컸다. 이로써 누이네와는 사실 결별하게 되었는데 따지고 보면 이는 제 몫을 이미 찾아 간 것이나 다름없었다. 노여운 생각에 관계를 끊었지만 생각해 보면 이는 누이의 잘못은 아니란 생각이 들었고, 무엇보다 누이가 갖고 있을 어머니에 대한 섭섭한 마음을 달래기 위해서라도 그전에 나누지 못한 누이 몫의 유산을 지금이라도 갚는 것이 누이와 특히 어머니께 대한 도리란 생각이 들었다. 또한 어머니가 맡았다가 떼였다는(남에게 사채로 빌려줘) 적지 않은 돈도 지금의 화폐 가치로 모두 갚았는데, 늦었지만 누이가 장수한 덕에 다행히 도움을 줄 수 있었다. 그동안 내게 맡겨 놓았던 셈 치고 어머니에 대한 섭섭한 마음은 이제 내려놓으라면서 말이다. 어머니께 대한 나의 불효를 조금이라도 씻고자 하는 바람으로. 얼마 전에야 결국 누이는 속내를 털어놓았다. 어머니께 그동안 많이 섭섭했노라며, 이제는 다 내려놓겠다면서…. 하여간 이로써 어머니께 대한 나의 불효를 조금이나마 씻지 않았나 싶다. 이로써 그동안 끊어졌던 누이와의 관계도 회복하였다.

누이는 독립을 한 후 노점에서 잠을 자며 가끔씩 들러 어머니를 보살펴 드릴 뿐이어서 이젠 그나마 편찮으신 어머니의 병수발을 들 사람이 없었다. 그럼에도 나는 매일 늦게 들어오기 일쑤고… 그 이후의 어머니 삶은 나와 누이의 큰아들인 조카까지 뒷바라지 하시느라 더 지치고 힘드셨을 것이다.

보도 듣도 못한 병, 기흉 – 54일간의 입원

그렇게 몇 달이 훌쩍 지나가고 이듬해인 1975년 내가 스물일곱 살이 되던 해 봄, 폐결핵 완치 판정에 들떴던 것도 잠시, 두어 달 만인 4월 말에 찍은 엑스레이 사진에서 기흉(pneumothorax)이란 듣도 보도 못한 병이 나타난 것이다. 허파에서 바람이 빠지는 병인데, 내 경우는 폐결핵 후유증으로 온 2차성 병변이다. 폐결핵을 빨리 고치지 못하고 너무 오래 병을 앓은 까닭에 이 같은 일이 생긴 것 같은데, 당장 입원하지 않으면 폐가 꺼져 죽을 수도 있다는 의사의 말에 허겁지겁 집에 와 어머니께 사정을 얘기하고 내일 당장 입원해야 한다고 말씀을 드렸더니, 평소와 달리 어머니는 별 감정이 없으셨고, 무슨 입원을 한다는 것이냐며 오히려 핀잔을 주는 것이 아닌가.

아, 어머니가 달라지셨음을 직감적으로 느꼈다. 그럴 어머니가 아닌데… 이젠 어머니로서보다는 보호를 받으셔야 할 그런 연민을 느꼈다. 더 이상 얘기를 않고 아침 일찍 집을 나서 세브란스병원으로 향했는데, 그때까지도 어머니는 내가 왜 병원에 입원을 해야 하는지 또 얼마나 걸리는지도 묻지 않으셨고 마치 아무 생각이 없는 어린아이의 모습이셨다.

요즘 말로 맛이 가셨다고나 할까. 누이가 집을 나간 지 불과 6개월 만에 어머니는 더 나빠지셨다. 그도 그럴 것이 부양을 받으셔야 할 상황에 나와 어린 조카까지 수발을 드셨으니 불문가지가 아닌가. 그런 어머니를 뒤로하고 집을 나서는 내 발길은 무겁기만 했고, 기흉이란 병이 뭔지도 모른 채 며칠 입원하면 될 것으로 생각했으나 폐에 긴 튜브를 꼽고 무려 54일간이나 병원 신세를 지게 되었으니… 참으로 신운이 비색하다고 해야 할지. 어머니는 말년에 복이 없으셨다. 오직 나 하나만 바라보고 사셨던 어머니의 은공에 나는 보답은커녕 불효자가 되어 있었다. 그런 어머니를 두고 매일 늦게 들어와 마치 잠만 자는 하숙생 같았다니….

옛날 어머니들의 아들 선호는 유별났고, 특히 나는 외아들에 늦둥이였던 관계로 누구보다 어머니의 사랑을 독자치했다. 둘도 없는 효자로 알고 키워 온 아들이, 가장 아들을 필요로 했던 그 시기에 그 모양이었으니…. 이것은 정말 현명치 못한 것이다. 어머니에겐 딸이 더 소중하다는 사실을 당시 어머니들은 잘 몰랐다. 이유는 딸은 출가외인이므로 노년에 도움이 전혀 안 된다는 것이고 재산만 축낸다는 것이다. 그러나 그 생각은 나에겐 틀린 것이다. 차라리 내가 없고 누이만 있었다면 어머니의 말년은 훨씬 본인에게 좋으셨을 것이기에…. 병이 들어 장가도 제때 못 가는 아들은 그나마 돈 벌어 오는 것 말고는 아무짝에도 소용없는 존재다. 거기에 더해 나 자신밖에 몰랐으니…. 20대의 젊은 나이에 어떻게 노인의 삶을 이해할 수 있으랴마는 건강을 회복한 후의 나의 행동은 오히려 역설적이었다. 외아들의 이기적 특성이랄지 아니면 아직도 긴장을 풀지 못한 강박감 때문이라고나 할지. 집 문제로 경제적 압박까지 겹쳐 계속 무언가에 쫓기듯 살았다.

물론 시간을 낭비한 것만은 아니었고 늦어진 대학 공부를 비롯해 틈틈이 영어 회화 등 미래를 준비하곤 있었지만, 그때는 왜 그렇게 지금의 집사람에게 집착을 했던지…. 정말 많이 후회가 되는 대목이다. 며칠이 멀다 하고 만나는 바람에 사실 좋은 일보다는 나쁜 일이 더 많았고 나도 모르게 그녀와의 사이를 벌릴 일만 만들고 있었다. 괜한 투정으로 힘들게 하기도 하였고…. 나아가 윽박지르기도 여러 번 하였으니… 적반하장이었다. 아마도 나는 말 못 할 내 괴로움으로 인해 너무 사랑하는 그녀를 보며 나 자신을 나무라고 있었는지 모르겠다. 장가를 가는 것이 최선의 대안이었지만 이도저도 할 수 없었던 때문이었는지. 그때는 사실 연애라고 할 것도 없었다. 심리적 공황 상태라고나 해야 할지. 남자로서의 책임감, 그리고 미래에 대한 불확실성. 모든 것이 안심할 수 없는 상태였고 그것은 현실이었고 긴장은 계속되고 있었다.

집사람은 그런 것들이 너무 힘들어 어떻게 견뎠는지 자신도 알 수 없었다고 한다. 그 당시 내 처지로 본다면 그래서는 절대 안 되는 것이었다. 어머니 병환 때문에라도 자중했어야 했고 만나는 것 자체를 절제했어야 했다. 만나면 좋기는 했으나 만날수록 한편으론 괴로움만 더하였으니…. 그것은 물론 그녀가 미워서나 싫어서가 아니고 이러지도 저러지도 못하는 내 자신을 견디기 어려워서였다. 자학적 심리라고나 할지, 아프신 어머니 때문에라도 빨리 장가를 가야 하는데 형편은 안 되고 해 더 그랬을 것이다.

마음과 달리 현실은 점점 걷잡을 수 없는 상태가 되었고 상황은 점점 악화되어 이 같은 사실을 알게 된 처가에선 마침내 교제

금지를 선언했다. 올 것이 온 것이다. 그동안 어머니가 받았던 선물도 돌려주고 우리의 만남은 중단되어 끝날 것처럼 보였으며 한동안 소강상태가 계속되었다. 몇 달도 안 되는 기간이었지만 그렇게 자주 보던 것을 멈추고 보니 그동안 보낸 시간들이 허망하기만 했다. 냉각기라고나 해야 할까 어쨌든 나는 자신을 돌아볼 기회를 가졌다. 그리고 마음도 어느 정도 차분해졌다. 그러나 깊어지는 허탈감을 견디기 어려웠다. 유일한 기쁨이자 찾아온 행복을 걷어찬 느낌이었다.

얼마간 시간이 지난 후 결국은 나의 사과로 만남은 다시 시작되었다. 어머니에게도 집사람에게도 그 누구에게도 도움이 되지 못한 이해할 수 없는 이 같은 행동은, 결혼 후 집사람 고생이라도 시켰다면 어머니 못지않게 이때 일이 두고두고 나를 괴롭힐 것이었다. 동토대에 핀 한 떨기 풀은 가련해 보이지만 온실에서 자란 그 어떤 꽃보다 질기다. 그러다 보니 자기 주장이 강했고 스스로를 견디기 어려웠다. 정상적인 생각을 할 여유가 없었음인가 나도 모르게 자신 속에 갇혀 있었다. 자연히 어머니께도 소홀해졌고, 한편으론 집 융자 때문에 골머리를 앓고 있었다. 그러는 사이 어느새 수개월이 지나간 것이다. 물론 집사람을 면목동 집에 데려오기도 하고 왕십리 집을 탈피한 만족감에 장가들 준비를 하는 과정이었기에 더욱 열심이었는지 모르겠다.

끝내 그 어려운 시간을 인내심을 갖고 잘 버텨 준 집사람은 나의 무모함에 어울리는 착하지만 담대한 여성이었다. 참으로 내겐 사랑스런 연인이자 고마운 은인이요 결코 갚지 못할 신세를 진 평생의 반려자다. 얼마 전 유언장을 미리 쓰며 집사람에 대한 소회를 적었다. 그때 내게 마음의 여유가 너무 없어 잘해주지 못한 것이 크게 후회가 된다. 그러나 그것은 내가 얼마나 그녀를 사랑했었는지에 대한 증거도 되기에 한편으론 위안을 삼으며, 이 기회를 빌려 진정한 감사를 보낸다.

어쨌든 그런 와중에 뜻밖에 또 병을 얻어 병원 신세를 지게 되었으니…. 터진 허파에서 바람만 빼면 쉽게 퇴원하리라 믿었던 것이 첫 번째 시술 실패로 퇴원을 하루 앞둔 전날 갑자기 등이 결리며 재발을 한 것이다. 그때가 벌써 입원한 지 3주나 지난 터였다. 신비하고 이상한 일은 그날 오후 잠시 낮잠이 들어 꿈을 꾸었는데, 흑백 필름을 보는 듯 어머니와 친척 아주머니 얼굴을 한 두 할머니가 잔뜩 찡그리고 화난 얼굴로 내 아픈 부위에 무슨 손질을 해대는 것이 아닌가. 깜짝 놀라 잠을 깼는데, 그쪽 등이 결리며 숨쉬는 것이 불편해 간호사를 불렀고 의사가 와 진찰을 하더니 다시 터졌다는 것이다. 난감한 일이었다.

다시 폐에 튜브를 꼽고 강력한 석션으로 바람을 빼며 언제 아물지 모르는 투병 생활이 계속되었다. 그러던 어느 날 호흡기 내과 과장이시던 김기호 박사님이 회진을 하면서 유착을 시키라고 강력하게 지시를 하시는 것이 아닌가. 그런데 내 담당 전문의셨던 이원형 선생님이 무슨 이유인지 난색을 표하는 것이다. 그러자 김 박사님이 다시 강압적이다시피 명령을 내리고 가셨다. 다음 날 젊은 주치의가 와서 유착술을 시행하였고, 이후 흉관을 뽑을 때까지 또 상당한 시일을 더 입원하게 되었다. 그런 와중에도 난 마음이 편치 못했으니 과다한 집 융자로 연체가 계속되어 좌불안석이었다. 집을 다시 내놓는 한편 집안 아저씨를 은행으로 보내 이런 사정을 얘기하고 상환 유예를 받곤 있었으나 이는 시간 문제였다.

무려 54일간이었다. 그동안 어머니는 한 번도 내 병상을 찾지 못하셨다. 과거에 다니던 숭신교회 노윤석 목사님이 어떻게 아셨는지 그때 그 귀한 바나나를 한아름 사 갖고 문병을 오신 것이 지금도 고맙고, 팔십이 다 되신 처 외할머니는 처가의 배려로 (당시는 아직 처가라 할 수 없지만) 그 연세에도 불구하시고 내 간병을 맡아 두 달 가까이 내 곁을 지켜 주셨다. 집사람은 언제 결혼할지도 모르는 나를 위해 거의 매일이다시피 병원에 문병을 와 주었고 때론 밤을 같이하며 병수발을 해 주었다. 한번은 집사람이 택시를 타고 집으로 돌아가는데 기사가 어디 아프냐고 물어 문병을 다녀가는 길이라 했더니 오히려 집사람이 환자 같다고 하더라는 것이다.

집사람은 아내이지만 한편 은인이다. 그런데도 나는 자꾸 욕심을 부렸고 면목동으로 어머니를 찾아 문안을 해 달라고도 했으니, 직장 생활로 피곤한 그녀에게 내 문병도 모자라 바라는 것이 너무 많았을까. 아직 결혼도 하지 않은 그때 난 오히려 집사람에게 섭섭한 마음도 있었으니.

건강보험이 없던 시절이라 병원비는 내 형편으론 감당할 수 없는 수준이었다. 사정을 전해 들은 고려무역 고 최진우 사장님이 큰 회사에 다니는 직원이 어떤 혜택을 받는지 보여줄 필요가 있다며 특별히 회사가 치료비 전액을 부담해 주라는 지시를 하셨다는 것이 아닌가. 대책 없이 입원부터 서둘러 했으나 차일피일 치료가 늦어지는 바람에 불어나고 있는 입원비 또한 큰 걱정이었는데…. 뜻밖에 최 사장님으로부터 큰 은혜를 입었고 덕분에 병원비를 거의 해결할 수 있었다. 식대를 비롯 잘 기억이 나진 않지만 기타 일부 비용은 남아 선배의 보증으로 퇴원할 수 있었다. 고 최진우 사장님은 지금 생각해도 정말 고마운 분이시고 나는 고려무역에 정말 많은 신세를 졌다. 그 후에도 적지 않은 도움을 받았는데, 이는 하늘에 계신 그분께서 내 처지를 아시고 최진우 사장님의 마음을 움직여 주셨던 것이다. 아쉽게도 최 사장님은 미국에 가셨다가 몇 년 전 타계하셨다는 소식을 들었다.

이렇게 해서 그 지긋지긋했던 병원에서 벗어나 자유로운 몸이 되었고, 어머니를 끌어안고 재회하는 기쁨을 누렸다. 그 사이 어머니는 정말 다행스럽게도 동네 아주머니의 배려로 시중을 받으셨다고 하는데 그래서인지 기력이 그리 나빠 보이지 않으셨다. 내가 입원해 있는 동안 한 번도 병원에 오시지 못해 사실 걱정스러웠는데…. 한번은 어머니가 걱정되어 지금의 집사람에게 저녁거리를 사 가지고 가 보라 한 적은 있었지만 그것이 내가 할 수 있는 전부였다. 다행히 동네 분들이 혼자 힘들어 하시는 어머니가 안쓰러워 돌봐주셨음을 알았다.

특히 한 아주머니가 내 입원 기간을 비롯 서너 달 동안 어머니 수발을 들어 주셨는데 참으로 고마운 분이다. 그때 이사를 나오면서 얼마라도 감사의 표시를 했어야 했는데 돈에 쪼들려 그만 답례를 하지 못하고 온 것이 지금까지 너무 죄송하고 미안하다. 그동안 까맣게 잊고 지냈는데 이 또한 내 큰 실수였고 어머니께 대한 불효였음을 뒤늦게 깨달았다. 그러나 이미 오래전 일이라 그 아주머니를 찾을 방도도 없어 고민한 끝에 그때 그분이 어머니를 보살펴 주셨던 것처럼 동네에 힘들게 사시는 노인들을 돕는다면 조금이라도 위안이 되지 않을까 하는 생각이 들었다.

그래서 많이 늦었지만 그 옛날 어머니를 모시고 살던 면목동 집을 찾았다. 50년이란 세월이 지났건만 집은 옛날 상태 그대로

면목동 236-8, 어머니를 모시고 일 년간 살던 집

있었고 마치 어머니가 그 집에 계시는 것 같았다. 눈물을 뒤로하고 면목동 주민센터를 찾았다. 담당자를 만나 취지를 설명하고 많지는 않지만 오백만 원을 기부하였고 이후 매월 노인 한 분당 25만 원씩 두 분을 계속 후원키로 했다. 마치 어머니가 살아 계신 듯 간절한 심정이나 마음 한구석의 허전함은 달랠 길이 없다.

퇴원 후 업무로 눈코 뜰 새 없이 바빴던 이야기

장기간 입원으로 몸이 아직 회복도 되기 전인데, 공교롭게도 내가 속해 있던 수출1과에는 그전에 없던 특별한 일이 기다리고 있었다. 정유길 과장이란 분이 수입과에서 전출을 왔는데, 의류 수출에 경험이 있던 유능한 분으로 봉제의류 직수출을 위해 수출1과로 특별히 자리 이동을 한 것이었다.

사실 그동안 수출1과는 직수출과임에도 불구하고 일부 쿼터가 있는 드레스 셔츠 말고는 이렇다 할 직수출을 하지 못하고 있었는데, 그나마 이를 맡아 하던 서하석 과장이란 분이 다른 섬유회사로 옮긴 후 공백이 생겨 이 분야에 유능한 정유길 과장을 모셔온 것이었다. 출근을 하고 보니 마침 대량으로 버뮤다 쇼팬츠 오더를 일본으로부터 받아 업무를 막 시작하려는 단계였는데 이를 맡아 관리할 사람으로 역시 일복이 많은 내가 지목되어 맡게 되었다. 사기업과 달리 공적 성격이 혼합된 고려무역에서 직수출을 한다는 것은 상당한 리스크가 있는 일이고 따라서 실수가 있어서는 절대 안 되는 일이었기에 나는 비상한 각오로 임했다.

관련 스펙을 챙기고 오더 진행을 위한 여러 절차를 담당하면서 선택한 하청공장들에도 가서 생산공정을 체크해야 하는 등 매우 바쁜 나날이 계속되었다. 다남매, 알파실업 등 당시 꽤 잘 나가는 하청 전문 공장들에 일감을 주고 이를 관리하는 일이었다. 덕분에 수출은 용이하게 끝났고 계속해서 스노클파커 등 복잡한 의류들의 주문도 받아 성공적으로 잘 소화하였다. 정유길 과장님은 오더 수주엔 아주 유능한 분이었지만, 관리엔 다소 소홀한 점이 있어 과장으로서 잘 챙기지 못한다는 평가를 받고 있었는데, 그래서 내가 이를 보완해 해결해 준 것으로, 나와 정유길 과장은 덕분에 명콤비가 되었다. 하나님이 한 사람에게 재능을 몰아주시지는 않는 것 같다.

우리는 오더를 잘 수행해 냈고 고려무역에서 드디어 복잡한 봉제의류의 대량 직수출을 성공적으로 마친 좋은 선례를 남겼다. 어떤 때는 밤을 새며 공장에 가서 살았고 새벽에야 선적을 보내고 잠에 곯아떨어지는 경우도 여러 번 있었으며, 수많은 부자재가 제때 수급이 안 되어 갖은 노력 끝에 생산 라인을 돌리는 등 애로가 많은 낯선 업무였는데도 말이다. 비록 길지 않은 기간이었지만 봉급쟁이로 그때만큼 열심히 일해 본 적도 없을 것이다. 다행히 건강에 문제가 없었다. 이에는 정유길 과장님의 도움도 컸지만 담당 부장이셨던 이동진 부장님의 도움이 결정적이었다. 이 관리 업무를 내게 맡겨 주신 분이 그분이고 또 나중에 거래처에서 감사하다고 약간의 사례금을 보내왔을 때 이를 부장, 과장, 실무자 모두 똑같이 배분해 주신 분도 그분이기 때문이다. 사실 실무자에게까지 그러기는 쉽지 않은 것이었을 텐데 그분은 그렇게 해 주셨고 덕분에 한푼이 아쉬웠던 내게는 경제적인 도움이 되었다. 덕분에 남은 입원비도 마저 갚을 수 있었고… 큰돈은 아니었지만 일도 배우고 일석이조의 행운이었다.

그러나 그 일은 수개월 만인 늦가을 즈음에 이내 끝이 났고, 익년 3월 초 노환으로 고생하시던 어머니가 돌아가셨으니…. 2년 전 한국병원에서 퇴원하신 어머니를 모시고 면목동 집으로 이사갔을 때는 돌집임에도 어머니가 좋아하시는 기색이 없었으나, 그 후 마침내 면목동 집을 팔고 잠실 시영아파트로 모시고 갔을 때는 앞이 탁 트여 좋다고 하셨다. 그러나 안타깝게도 그것은 불과 몇 개월에 지나지 않았다. 병고에 시달리시면서도 자식 수발을 들어주셨던 69세 노구의 어머니, 무심한 자식은 어머니 말년에 아무런 도움도 되지 못했다.

아! 감당할 수 없는 슬픔, 어머니 별세

"어버이 살아실제 섬기길랑 다하여라.
지나간 후면 애닯아 어이하리.
세상에 고쳐 못할 일이 이뿐인가 하노라."

한평생 두고두고 후회하며 눈물 흘릴 이야기를 여기 적는다. 아버지가 돌아가시던 때는 나이도 더 어렸고 아직 병마에 붙잡힌 불안정한 때라 내가 할 수 있는 일이 아무것도 없었지만, 그로부터 4년이 지나 이젠 그 오랜 병도 고치고 또 연인도 생겨 내 삶이 한결 힘을 얻던 그때 안타깝게도 그만 어머니를 여의는 슬픔을 만났다.

어머니만 생각하면 그저 주체할 수 없이 쏟아지는 눈물, 어쩌다가 이런 뼛속 깊은 후회를 남기게 되었는지…. 나는 어머니를 가슴에 묻고 평생 죄책감 속에 살았다. 어머니… 그 이름 석 자만 들어도 가슴은 메이고 어느새 뺨을 타고 내리는 눈물이 목깃을 적신다. 어머니와 나만이 간직할 좋은 추억이 있었으면 좋으련만, 어렸을 때를 빼고 철이 든 이후의 내 기억은 모두 어머니를 외롭고 서글프게 해 드렸던 것밖에 남아 있지 않다. 가슴 먹먹한 이야기들…. 특히, 어머니 마지막 그 2년의 후회는 나를 너무 슬프고 안타깝게 만든다. 구심점을 잃은 듯 마치 나 아닌 또 다른 그때의 내 모습을 자책하며 가슴을 쥐어뜯는 아픔을 느낀다.

삶이란 무엇이며 대체 인연이란 무엇인가?

1976년 2월 중순 어느 날, 외조카인 원준이에게서 오후에 전화가 왔다. 할머니가 쓰러지셨다는 것이다. 물어보니 당장은 괜찮으시다고 한다. 집에 전화가 없던 때라 어머니 상태를 더는 확인할 수가 없었으나 더 이상의 전화가 없는 것으로 봐서 큰 문제는 없다고 생각했다. 왜 전화를 받았을 때 즉시 할머니를 택시로 모시고 바로 오라고 하지 못했는지… 괜찮으시다는 말에 그만, 전화가 없어 다시 연락할 수도 없었고. 돌아가시고 나니 이 또한 내게 평생 후회로 남았다. 상태는 별로 안 좋아 보이셨으나 거동하시는 것으로 보아 내일 아침에 병원으로 모시고 가도 될 것 같았다. 다른 대안도 없었고…. 외상으로 입원시켜 주는 병원은 회사와 계약을 맺은 안국동 회사 근처 한국병원이 유일했으므로.

아침에 출근을 하면서 택시로 어머니를 모시고, 한국병원에 입원을 시켜 드렸다. 그것이 그 병원을 찾은 두 번째이자 마지막 입원이 되고 말았다. 약 2년 전 한차례 입원치료 끝에 많이 회복되어 살 것 같다며 기뻐하시던 어머니, 그러나 이내 다시 병은 깊어지셨고, 이제 이것이 돌아오지 못할 마지막 길이 되고 말았다.

마침 큰 입원실이 비어 있었다. 그러나 큰 입원실에 혼자 계시는 것이 적적하시다고 해서 하루 지나 다인실로 옮겨 드렸다. 그런데 그날 저녁에 병원에 가니 어머니가 그만 병상에서 떨어지셨다는 것이다. 그런데 같은 병실의 어느 오십대 여자가 나를 보더니 늙으면 죽어야 한다고 혀를 차는 것이 아닌가? 아들 고생시킨다며…. 참으로 어이가 없고 정말 화가 났다. 어떻게 인간으로서 저런 말을 할 수 있는가. 제멋대로 말을 하고 상처를 준다. 어머니가 병상에서 떨어지는데도 뻔히 보고만 있었으면서(아마도 어지러워 낙상하신 것 같은데), 비아냥거리는 그런 악한 인간들… 한마디 욕을 해 주고 싶었으나 같은 병실에 모셔야 하니 겨우 참았다. 그런 가운데 무표정하게 나를 쳐다보시던 어머니가 가여우시다. 그 앞에서 욕이라도 시원하게 해 줬어야 하는 건데…. 담당 인턴 의사가 세상엔 나쁜 사람도 있으니 참으라며 나를 위로한다. 그러면서 그제서야 병상에 버팀대를 끼워 주었다(당시 병원 서비스란 것이 그랬다). 급히 간병인을 구해 어머니 병상을 지키게 했다.

그 후 어머니 병세는 급속히 악화되었는데, 당초 생각엔 그래도 입원하면 좋아지시려니 했었다. 처음엔 의식이 멀쩡하던 어머니가 점점 의식을 잃으셨고 종래는 깊은 잠에 곯아떨어지셨다. 주치의를 찾아 이유를 물어도 시원한 대답이 없다. 중급 병원인 데다 뇌 전문의가 아니라서 그런 건지…. 뇌혈관이 막혀 의식불명이 되신 것인데 집에서 쓰러지신 것이 전조 증상이었음을 그때는 몰랐다. '뉴트로필'이란 약이 좋은데 비싼 약이라 약국에서 사 오면 주사를 놔주겠다고 한다. 그때는 의약 분업이 안 되어 있던 때라 주사약도 약국에서 구매할 수 있었는데 경제 형편을 고려한 의사의 배려였다. 매일 두 대씩 맞혀 드렸다.

이 주사를 맞으면 약간 의식이 돌아오는 것도 같으셨으나, 계속해서 투약했지만 이내 듣지를 않았다. 그때 의식 없으신 상태에서 어머니가 식사를 못 하시면 안 될 것 같았다. 그래서 내 제안으로 목에 호스를 삽입해 위장으로 묽은 음식을 넘기는 방법으로 음식물을 공급하였으나 어머니는 무의식 상태에서도 이것이 불편하신지 손으로 자꾸 걷어 내고자 하신다. 그래도 굶으시게 할 수는 없는 일 아닌가. 지금 생각하면 무모하고 원시적인 방법이었다. 어떻게 병원이란 데서 그럴 수가 있는 것인지 당시 의료 서비스가 그런 수준이었다. 좋게 생각한다면 아마 심장 때문에 링거를 꽂을 수 없었던 사정이 아닌가 싶지만 내 처지를 지레짐작한 의사가 희망 없어 보이는 어머니를 위해 영양제를 처방하자는 말을 하지 않은 것은 아닌가 하는 의구심도 드는데, 어쨌든 고무 호스로 묽은 미음을 조금씩 넣어드리며 연명하였다. 어머니는 고무 호스가 불편하신지 무의식 중에서도 손으로 호스를 빼내려고 하셔서 부득이 팔을 끈으로 느슨히 묶어 놓았다. 참으로 딱한 일이다. 기왕 돌아가실 것 같았으면 그런 고통이라도 드리지 말았어야 했는데… 안타깝고 후회스럽다.

어느 날 의사가 더이상 약을 써도 소용없을 것 같으니 약값도 비싼데 '뉴트로필' 투약을 그만하자고 한다. 돈을 아낄 처지가 아니었지만 희망이 없다는데 어떻게 한다? 뇌 핏줄의 막힘을 틔우는 기능이 있는 약인가 본데 이젠 늦어서 안 된다는 것이다.

결국 며칠 후 돌아가셨다. 너무 가슴 아프다. 처음엔 좋아지시려니 하는 기대로, 낮엔 업무가 바쁘다는 이유로, 밤엔 몸이 피곤하다는 이유로 하루 한두 차례 찾아뵐 뿐 어머니를 간병인에게만 맡겨 둔 채 병상을 지키지 못했으니… 이런 불효자가 대체 무슨 할 말이 있겠는가?

　간병인이 있어 그런 것은 아니지만, 나는 어머니가 돌아가시던 그날 밤을 결코 잊을 수 없다. 퇴근 후 병상을 찾았다. 그날 밤은 병상을 지키며 꼭 곁에서 자야겠다는 생각이 들었으나 이내 너무 피곤하다는 맘이 다시 들었다. 오늘은 괜찮으시겠지 막연히 생각하면서, 곧 돌아가실 것 같은 불안감 속에서도 죽음이란 생각을 왜 그때는 심각히 떠올리지를 못하고 의식이 없으신 어머니 곁을 떠나 집으로 왔는지… 왜? 그때 연애 중이던 경자(지금의 와이프)가 자기라도 자겠다고 하는 것을 말렸다(미안한 맘에서지만, 폐를 끼치고 싶지 않아 집에 가 쉬라고 강요하다시피 했으니). 잠실 아파트 입구에 오니 그만 정신이 아득하고 핑 돌았다. 피곤해서 그런가 보다 하고 오기를 잘했구나 생각하며 잠자리에 들었다.

　다음 날인 3월 5일 새벽 4시 반경, 요란한 문소리에 잠을 깼다. 그날 새벽 4시 넘어 어머니가 위독하시다고 경자가 빨리 병원에 가자며 강남 자기 집에서 잠실 우리 아파트로 한걸음에 달려온 것이다. 급히 택시를 타고 가는 중에 놀라지 말라고 경자가 얘기를 한다. 차마 물을 수가 없었다. 예감이 좋지 않았다. 병원에 도착하니 이미 어머니는 숨을 거두신 후였다. 하얀 천을 걷고 어머니 이마를 짚어 보니 아직 따듯하였다. 숨을 거두신 지 얼마 안되는 것 같았다. 간병인에 물어보았다. 돌아가시기 전 혹 의식이 돌아와 나를 찾지 않으셨냐고…. 놀란 탓인지 잘 모른다고 대답할 뿐 답답하였다. 경자가 자기 집에서 전화를 받은 시간은 4시 전 같은데 집이 워낙 멀고 우리 집엔 전화가 없어 지체된 것이었다.

결국 임종조차 못했으니…. 하늘이 무너지고 가슴은 찢어졌다. 감당할 수 없는 슬픔, 이 절망감과 죄책감을 어떻게 견디라고 이렇게 속절없이 가시다니…. 오직 나 하나만 바라보고 사셨던 외로운 어머니, 병고에 시달리시면서도 아프다는 말씀조차 맘놓고 못하셨던 그 어머니와의 가슴 아픈 이별이었다.

영안실도 없는 중소 병원이라 병원 뒷마당 허름한 창고에 병풍도 없이 하얀 천만 덮어 시신을 모시고 부랴부랴 주민등록증의 작은 사진을 떼어 크게 현상을 하고 영정 사진을 만들었다. 이어 모실 장지를 찾아 어머니가 좋다시던 파주의 기독교 공원묘원으로 달려가 유택을 정하였고, 다음 날 아침엔 어머니가 새벽 기도로 섬기시던 잠실의 천막 교회로 가 간밤 부흥회로 잠을 못 잤다며 망설이는 목회자를 강요하다시피 해 병원으로 왔다.

정신없이 장례 절차를 해결하고 어머니 영정 앞에 앉았다. 그리고 이내 쏘아 보시듯 하는 어머니를 발견했다. 어머니의 노여움과 섭섭하신 심기가 영정 사진에 그대로 드러나 있었다. 그냥 느낌이 아니었다. 이틀이 지나고서야 영정의 표정이 바뀌셨는데 노여움이 조금은 풀리셨음인지… 그래도 자식이니까 자식이 슬퍼하는 모습이라도 보시니 위안이 좀 되셨음인지. 이는 누이도 똑같이 느꼈다고 나중에 얘기를 하는 것으로 보아 어머니의 영혼이 차마 자리를 뜨지 못하고 불효막심한 나를 쏘아보고 계셨던 것이다.

이제 나이가 들어서야 그리고 나도 성인병을 겪어 보고서야 어머니가 겪으셨을 그 고통을 십분의 일이라도 알 수 있을 것 같다. 문제는 심장이었고 지금 생각해 보니 부정맥을 앓고 계셨던 것으로 보이는데 나중엔 심부전과 뇌색전으로 이어진 것이 아닌가 한다. 그때는 병명도 모르고 그저 노인병인 줄로 알고 그러려니 하고 지냈다. 참으로 무심했다. 2년 전 한 차례 입원했을 때도 의사는 별말도 따로 처방도 없었다. 오랜 영양실조 때문이라고만 했다. 별 방도가 없다는 듯이. 아마도 대학 병원이었으면 달랐을 것인데…. 고통을 줄일 무슨 약이라도 있었을 것 아닌가. 나 역시 캐묻지 않았으니. 지나 놓고 보니 모든 것이 후회뿐이다.

꼭 아프다고 비명소리를 내야만 아는가? 도무지 믿겨지지 않는다. 평생 지울 수 없는 죄책감으로 남았다. 지난 12년간 뼈아프게 겪었던 그 병고에서 간신히 해방되어 이제 좀 긴장을 풀고 살아보려 했건만 또 어머니가 돌아가시는 비극을 맞았다. 나와 어머니의 인연은 어찌 이렇게도 비색하단 말인가. 돌아가시기 몇 달 전 세브란스에 입원해 54일간이나 꼼짝 못하고 병상에서 지내야 했던…. 그 와중에도, 한 번도 내 병상을 찾지 못하셨던 아프신 어머니. 퇴원한 지 채 몇 달도 지나지 않아 이렇게 급히 돌아가실 줄이야.

비통하고 참담한 심정

외아들이라고 자나깨나 그렇게도 극진히 사랑하시고 그 어떤 희생도 마다하지 않으시며 가난한 중에도 내게만 고기 반찬을 싸 주시던 어머니. 오직 내게 기대를 걸고 말년을 외롭게 사셨던 그 어머니의 바람에 아무런 보답도 못한 채 나는 어머니를 그렇게 보내 드렸다. 특별히 내 병 때문에 맘고생 많이 하신 어머니의 그 마지막 2년. 공교롭게도 그때 지금의 와이프를 만나 연애하느라 정신을 팔았으니…. 가엾으신 어머니. 진즉 장가라도 들어 어머니를 모실 수 있었으면 좋았으련만. 어머니는 언제나 내 보호자려니 하는 철없고 어린애 같았던 나. 병고로 괴로움을 겪으셨을 어머니. 챙겨 드리기는커녕 내 밥 수발, 빨래 수발까지 오히려 부려먹은 불효자였으니, 그래도 그때는 그것이 불효인지조차 몰랐다. 자식으로서 따뜻한 위로의 한마디, 밥상을 같이해 어머니와 다정한 시간조차 갖지를 못했고, 비록 장가갈 형편은 못 되었으나 그 반의 반만이라도 내가 성의를 보여 드렸더라면 얼마나 좋았을까…. 어떤 변명도 용서가 안 된다.

60을 지나면서 그리고 70줄에 접어든 노인이 되고서야 그때 어머니가 겪으셨을 병고와 외로움, 그리고 서글픔이 얼마나 크셨을까를 피부로 깨닫게 되었다. 어머니는 이미 어린애가 되어 계셨고 나만 보고 계셨지만 나는 그렇지를 못했다. 아침에 어머니가 차려 주신 밥을 먹고 출근하면 매일 늦게 돌아와 잠만 자고 나가는 하숙생 같았다니….

세브란스에서 퇴원하자마자 기쁜 마음에 어머니와 입원 기간 동안 내 병수발을 들어주신 처 외할머니를 모시고 근처 어린이 대공원에 놀러갔다(당시는 결혼 전이었지만 처가의 배려로 팔십이 다 되신 노 외할머니께서 내 병수발을 들어주셨다). 처 외할머니는 어머니보다 연세가 더 많으셨지만 기력이 좋으셔서 맘대로 다니시는데 어머니는 눈앞이 캄캄하시다며 조금 걷다 의자에 앉아 계시기를 원하셔서 그만 집으로 돌아왔다. 며칠 후 또 한 번은 내가 택시를 대절해 어머니를 모시고 한강 강변도로를 일주한 후 북악산 스카이웨이에 올랐다. 팔각정 난간에 서서 멀리를 바라보며 경치가 좋지 않냐고 했더니 어머니가 어지럽다며 들어가 자고 하신다. 어떻게든 그때라도 큰 대학병원에 모시고 갔어야 하는 건데…. 너무 안타깝다.

지금의 나를 보면 참으로 어이가 없다. 조금만 몸이 안 좋아도 이 병원 저 병원, 이 과 저 과로 병원 순례를 하고, 이 검사 저 검사 다 받으며 최고의 병원, 최고의 의사, 최고의 병실에서 각종 진료와 치료를 다 받고 있으니, 사람이 어찌 이럴 수가 있는지…. 그때마다 내게 엄습하는 죄책감은 나를 너무 가슴 아프게 한다. 차라리 나도 같은 고통을 느끼며 견뎌야 마땅한데, 쪼르르 병원으로 달려가는 내 모습을 어찌 설명할 수 있는가.

기력이 없으셨던 어머니가 밥과 빨래 수발이 힘드셨을 것은 당연한 일. 그래서 퇴원 후 면목동으로부터 잠실 시영아파트로 이사하자마자 숙식 도우미를 구했다. 시골서 갓 올라온 어린 여자아이였는데 노인과 혼자 지내는 것이 불편했었는지 불과 한 달 만에 그만두고 말았다. 계속 사람을 찾았지만 용이하지 않았다. 돌아가시기 얼마 전 어느 날 어머니가 집에 놀러오는 할머니가 있는데 그분을 데려다 동무 겸 도움을 받으면 안 되겠느냐고 넌지시 물으셨다. 이는 정말 많이 후회가 되는 대목인데 그만 뼈아픈 실수를 하고 말았다. 할머니 나이가 몇이냐고 물었고 칠십이 넘었다는 말에 그런 할머니를 데려다 무엇하겠냐며 조금만 기다리시라고만 하고 말았으니… 어머니가 처한 현실이 어떤 상황이었는지 파악조차 못하고…. 물론 도우미(식모)를 다시 구하는 중이라 괜찮은 젊은 사람을 곧 붙여 드릴 생각이었지만, 임시라도 그리 해 드렸어야 하는 건데… 이것은 돌이킬 수 없는 나의 실책이었다. 이 또한 평생 나를 괴롭힌 후회로 남았고, 마지막으로 어머니를 조금이라도 편하게 모실 마지막 기회를 놓친 것이었다.

한편으론 어머니가 원망스럽다. 내게 야단이라도 치시며 고집이라도 부리셨으면 내가 들어 드렸을 텐데, 우리 어머니는 그런 분이셨다. 당신이 그리 힘드신 데도 어머니 눈엔 자식이 돈 벌어 오는 것만 안쓰러우셨던 어머니가 차마 말씀을 더는 못하셨던 것이다. 그나마 어머니 보시기엔 내가 온전치도 못한 자식이었기에…. 서운하신 듯 말씀이 없으셨던 어머니, 그 어머니의 표정이 아직도 눈에 선해 너무 슬프고 괴롭다!

어머니가 자신보다 나를 얼마나 위하셨는지…. 시영아파트로 이사온 지 두 달쯤 지난 어느 날 지금의 집사람이 집으로 놀러왔다. 편찮으신 중에도 점심에 어머니가 손수 불고기 반찬을 차려주셨는데 어머니께 같이 드시자고 해도 자신은 고기가 싫다면서 들지 않으신 것으로 기억한다. 그런데 나중에 내 친구에게 들으니 정말 그 말을 곧이듣고 저희들만 먹고 가더라는 것이 아닌가.

자신이 고기가 싫어서가 아니고 우리들 먹으라고 하신 거라며. 아마도 내 생각이 거기까지 미치지 못하는 것을 안쓰러워하신 말씀이겠지만 어머니는 그런 분이셨다. 귀한 고기 반찬이라 자신은 드시고 싶어도 나를 위해 꾹 참으셨던 것이다. 그런 분이 평소에 잘 잡수셨을 리 없지 않은가? 내가 너무 무심했다. 어머니를 잘 챙겨 드렸어야 했는데… 돌아가시고 보니 이 모든 것이 내 마음을 아프게 한다.

죄책의 고통은 너무 힘겹다. 잘한 것이 없어서이겠지만 잘못한 일만 기억에 남아 있다. 그때는 내가 왜 그 모양이었는지. 어머니가 그래도 거동을 하시며 내 수발을 들어주시기에 그 심각성을 깨닫지 못했고 그렇게 금방 돌아가실 줄을 미처 생각지 못했다. 입이 열 개라도 할말이 없다.

아, 만시지탄이요 너무 늦은 후회다. 장가라도 일찍 갔더라면 아쉬움은 덜 했을 것인데…. 이제 석달 후면 음력으로 2월 17일이 생신이신 어머니, 그동안 못해 드렸던 생일상을 올해는 맘먹고 제대로 차려 드려야겠다고 계획도 했었다. 이 얼마나 가당치 않은, 철딱서니라곤 전혀 없는 생각이었던가? 이미 병환은 돌이킬 수 없는 상황이었기에. 어머니는 생신을 불과 10여 일 남겨 놓으신 채 돌아가시고 말았다. 69세가 되시던 양력으로 3월 5일이었다.

한 5년만 일찍 나를 보셨더라도, 아니 3년만 늦게 아프셨더라면…, 아직 내가 정신을 못 차리고 있던 하필 그때. 그땐 정말 죽음이란 것을 생각지 못했다. 사람이 그렇게 죽을 수도 있다는 사실을…. 가정은 없다. 자식이 효도를 하고자 해도 시간은 기다려 주지 않는 것. 내일은 없다 생각하고 바로 오늘 결단을 해야 하는 그것이 효도의 지름길이다. 한 많은 이 세상, 오직 아들 하나만 바라보고 그 아들만을 의지하셨던 어머니, 영별의 아픔 속에 말씀 한마디 못하고 돌아가신 그 서운함이 얼마나 크셨을지….

연애 시절, 어느 날 지금의 집사람에게 어머니가 문득 하셨던 말이 생각난다. 저놈은 돈으로 하는 일은 잘한다고… 그것만이라도 인정받은 것을 다행으로 여겨야 할까. 그 말씀 속엔 '저놈은 몸으로 하는 것은 잘 안 해.'라는 생각을 갖고 계셨겠지만, 사실 나는 폐병으로 오래 고생을 한 탓인지 몸으로 하는 것을 나도 모르게 주저하는 경향이 있었고, 편한 자세만 찾은 탓에 의자에 앉아도 어느새 미끄러지듯 기대는 습성이 생겨 보는 사람으로 하여금 오해도 사곤 했는데 그것은 지금도 마찬가지다. 그러나 그때는 돈도 없었다.

어언 50년 가까운 세월이 흘렀다. 지금 나는 과분하리만치 호의호식을 누린다. 부와 여유가 지금 만한 적이 없다. 그러나 진수성찬인들 뭐가 달갑겠으며 기뻐도 기뻐할 수 있겠는가? 내가 무슨 염치, 무슨 면목으로 누릴 수 있으랴. 지금 이 글을 쓰는 순간에도 흐르는 눈물을 주체할 수 없다. 가엾은 어머니에 대한 회한은 대체 언제 끝날 것인지. 내가 죽으면 끝날 수 있을까. 어머니 발끝에라도 묻혀 영원히 사죄라도 해야지. 죽어 그리운 어머니를 다시 만날 수만 있다면 어머니를 끌어안고 실컷 울며 맺힌 한이라도 풀고 싶구나.

무슨 까닭에 그 흔한 효도 한번 못하고 평생 이렇게 슬퍼하는가. 자식 복이 없으셨던 어머니, 대체 어머니와 나 사이엔 무슨 악연이 있기에 그렇게 오랜 세월이 흘렀어도 내 마음 내 가슴이 이리도 저미는지….

불효시

자식 생각에
아무 말도 못하시고
말년에 겪으셨을 병고와 외로움
그때 너는 어디에 있었는가…?

비통한 마음,
평생 어머니를 가슴에 묻고
그 회한과 죄책감에 눈물 적시네.

어머니 비석

가난과 병마로 절규하던 청춘이

그 시련과 위기를 딛고 쉴 새 없이 달려와

마침내 이룬 오늘의 성공, 이 기쁨!

아, 어머니의 기도와 하나님의 은혜건만

함께 나누지 못하는 슬픔은 가슴을 저미네.

어머니, 보고싶습니다.

40주기에, 청개구리 불효자가….

어머니께 작은 위로라도 되었으면 하는 소자의 마음으로, 어머니 40주기에 묘비에 새긴 불효자의 고백이다.

어머니께 드리는 편지

어머니!

막상 붓을 들고 보니 이 비통한 심정을 어떻게 말씀드려야 할지….

청개구리 불효자가 어머니께 눈물로 사죄를 드립니다.

어머니, 그때 얼마나 힘드셨어요? 얼마나 서운하셨어요?
친구도 없으셨던 어머니, 얼마나 답답하셨어요?

저는 어머니 앞에 죄인입니다. 그때는 제가 너무 몰랐습니다. 생각이 짧았습니다. 아니요, 성의가 없었던거지요. 하려고만 했다면 얼마든지 할 수 있었음에도 정성은 고사하고 한눈을 팔았으니 제가 무슨 할 말이 있겠습니까? 노환이라 어쩔 수 없는 것 아니냐면서요.

저도 나이가 들면서 성인병을 앓고서야 어머니의 고통이 어떠하셨을지 겨우 알게 되었습니다. 기력도 떨어져 힘겨워하시던 어머니, 그 고통 그 외로움, 얼굴 보기도 힘든 아들이 얼마나 섭섭하셨을지… 아예 포기해 버리셨을 어머니가 애달파 견딜 수가 없군요.

제가 정말 큰 실수를 했습니다. 부모 자식만큼 가까운 인연이 또 어디에 있겠습니까? 자신은 드시고 싶어도 참으시고 몰래 고기 반찬을 싸 주시던 어머니. 그 사랑과 정성을 제가 배신했으니 이런 불효가 또 어디에 있겠습니까.

누구보다도 제겐 가장 소중한 어머니, 잘해 드렸어야 할 어머니께 저는 무심했습니다. 이제 와 후회한들 아무 소용이 없는 것을 알면서도 어머니 이름 석자만 들어도 어느새 눈가엔 눈물이 맺히고, 흐르는 눈물을 주체할 수가 없습니다. 지금이라도 되돌릴 수만 있다면 백 번이라도 그리하겠건만 세월은 무심히 흘러

저도 벌써 칠십을 넘겼군요. 요즘은 시도 때도 없이 어머니가 생각나 남몰래 울고 지낸답니다.

저도 늙었나 봅니다. 나이를 먹어도 저는 어머니 앞에선 어린 애일뿐입니다. 어머니, 정말 보고싶습니다. 할 수만 있다면 지금이라도 어머니 등을 주물러 드리고 싶은데, 정말 섭섭하군요….

어머니, 제가 무슨 말씀을 드려야 할까요?

용서를 빌 면목도 없지만, 그땐 정말 사는 게 뭔지도 몰랐습니다. 아니 한동안은 사는 게 죽는 것보다 힘들었습니다. 제가 나가 벌지 않으면 굶을 수밖에 없는 사정이었기에 어쩔 수가 없었습니다. 무지와 가난 때문에 12년 동안이나 폐병을 앓으면서 늘 불안과 긴장 속에 살았기에 제 마음 또한 많이 피폐해졌던 것 같습니다. 간신히 병을 추스리고 회복되었을 때, 저는 다른 사람이 되어 있었나 봅니다. 저를 가장 필요로 하셨을 그 시기에 말입니다. 월급 몇 푼 쥐어 드리곤 마치 할 일을 다했다는 듯, 그것도 효도라는 생각이 제 맘 속에 오랫동안 자리를 잡고 있었는지 모르겠습니다.

어머니, 변명 같지만, 오랜 고생 탓인지 저도 모르게 몸을 아끼는 습성이 생겼고, 때마침 만난 집사람과 교제하면서 지나치리만치 집사람에게 집착했습니다. 그게 제겐 유일한 낙이었던

지…. 그만 어머니로부터 한눈을 팔았습니다. 집사람은 지금도 그때가 너무 힘들었다고 하는군요…. 투정도 부렸으니까요. 어머니에게도 집사람에게도 아무에게도 도움이 되지 못한 저의 큰 실수였습니다. 하루를 어떻게 지내셨는지 끼니는 잘 챙겨 드셨는지…. 그때 어머니께 조금만이라도 잘해 드렸더라면 얼마나 좋았을까요. 그랬더라면 지금 제 마음이 이렇게 괴롭지는 않았겠건만, 그때는 왜 피부로 느끼지 못했는지…. 그 큰 후회와 슬픔이 제 곁을 떠나지 않는군요.

다 제 잘못이지만, 그때 왕십리 집 판 돈 갖고는 변두리에도 집 한 채 살 수 없어 그만 융자를 빌린 것이 화근이 되어 집을 날릴 뻔하다 보니 또 일 년 동안은 도무지 정신이 없었습니다. 그 와중에 세브란스에 두 달이나 입원하느라 몸이 묶였고요. 좌불안석이었습니다. 퇴원 후엔 뜻밖에 일복이 터져 몇 달 동안은 또 엄청 바빴습니다. 어머니의 병세가 계속 나빠지는 것을 알면서도 빠르게 시간은 지나갔습니다. 뭐에 쫓기듯 그때 제겐 너무 여유가 없었습니다. 그렇게 보낸 2년이 제겐 돌이킬 수 없는 불효로 남았습니다. 건강을 회복했기에 그때라도 하려고만 했으면 얼마든지 할 수 있었을 텐데…. 너무 안타깝습니다.

아련히 떠오르는 어머니의 모습, 마치 흑백 필름을 보는 듯 마음이 아립니다. 누구 핑계를 대겠습니까마는 미욱한 자식을 두신 탓에 장가도 못 가 며느리의 부양도 받지 못하셨던 어머니, 그 어머니가 애달파 마음이 아픕니다.

그렇게 금방 돌아가실 줄을 왜 그때는 깨닫지 못했는지요…. 어머니가 아니 계신 자리가 너무 커서 한동안은 가슴이 텅 빈 것 같았습니다. 그렇게 어머니의 자리가 클 줄은 몰랐습니다.

벌써 반세기가 다 되어 가건만 아직도 제 기억 속에 남아 계신 어머니의 그 얼굴, 그 목소리…. 그러나 이젠 아무리 보고싶고, 아무리 불러봐도, 그 모습 그 목소리는 볼 수도 들을 수도 없군요. 요 몇 년간은 마치 숯불을 머리에 이고 사는 것 같습니다. 오늘의 제 삶이 풍족하면 할수록 어머니가 생각나 견디기가 정말 힘듭니다. 그동안은 어머니를 어떻게 잊고 지냈는지 믿기지가 않습니다.

어머니,

살아보니 인생은 쉽지가 않군요. 그동안 우여곡절과 어려움도 많았습니다. 폐가 많이 망가져 한평생 제한된 삶을 살아야 했고 남들은 오락이라 하는 운동도 저에게는 부담이었습니다. 신경을 많이 써서 그런지 40대 중반엔 부정맥으로 한동안 고생했고요. 사업이 위기를 맞아 IMF 때는 거리에 나앉는 줄 알았습니다.

기관지에 오랫동안 기생한 곰팡이 덩어리가 심한 각혈을 일으켜 여러 차례 입퇴원을 반복하다 결국 재작년엔 왼쪽 폐 절반을 절제하는 수술도 받아야 했고요. 작년엔 또 전립선암 진단을 받아 수술했습니다. 칠십을 넘어 기력은 떨어졌는데 두 번씩이나 연거푸 수술을 받다 보니 많이 힘들었습니다.

자수성가의 역정, 그것은 마치 징검다리를 건너듯 힘들고 아슬아슬한 삶이었고, 숱한 실수 그리고 죄와 과오로 얼룩진 삶이었습니다. 어머니께뿐만 아니라 제 자신에게도 말입니다.

그런데 어머니,

노년의 저의 삶은 완전히 바뀌었습니다. 가난은 옛이야기로 치부하게 되었고 자식들과 더불어 남부럽지 않은 삶을 누리게 되었습니다. 어머니가 새벽마다 흘리신 눈물의 기도 덕분이 아니겠습니까? 돈이 없어 머릿속에 병원이란 두 글자가 아예 없었던 그 비참함으로부터 오늘 이룬 이 풍요를 어떻게 설명 드려야 할지…, 어머니는 돌아가셨어도 이 못난 아들은 아직도 어머니의 후광을 누립니다. 실로 하나님의 각별하시고 자비로우신 은혜가 아닐 수 없습니다. 병마로 사지에 갇혀 희망이 없을 때에도, 사업이 절체절명의 위기에 처했을 때에도 하나님께선 제 손을 잡아 주셨습니다. 죗값을 받아 마땅한 저에게 오히려 하나님께선 궁휼을 베풀어 주셨고 놀랍게도 전화위복을 경험케 하셨습니다.

자식들도 다 잘되어 손주도 다섯이나 봤습니다. 5대 독자인 영찬이가 3남이나 두어 집안은 번성하게 되었고, 민정이와 민혜도 딸 아들 하나씩을 낳아 잘살고 있습니다. 다섯 손주들의 할아버지가 된 것입니다.

규모는 작지만, 노년 들어 사업은 더욱 번창하여 일등급 우량기업이 되었답니다. 십여 년 전부터 영찬이와 민혜가 사업에 참여한 이래 저는 편안한 노후를 보내고 있습니다. 작년에는 코로나가 전 세계를 휩쓸고 있는 어려움 속에서도 상당한 실적을 거두었고요. 베트남에는 천 명이 넘는 직원들이 있습니다. 아버지 어머니께서 힘겹게 남겨 주신 그 130만 원이 없었다면 어찌 이런 일이 가능할 수 있었겠습니까?

저 같은 불효자에게 베푸신 하나님의 자비하심은 그 끝이 어디인지 모르겠습니다. 돈으로 하는 일은 잘한다고 어머니도 말씀하셨다지만 하나님께서 주시지 않았다면 제가 무슨 수로 하겠습니까?

어머니, 이제 저는 어머니가 바라시던 대로 남부럽지 않은 부자가 되었건만 어머니가 아니 계시니… 가슴 한가운데가 텅 빈

듯, 그 허전함과 우울함은 달랠 수가 없군요.

    매일 아침 어머니와 아버지를 위해 기도합니다. 그 옛날 어머니가 저를 위해 눈물 뿌려 기도하셨듯이 뼛속 깊은 통한을 담은 참회의 기도입니다. 산 자의 하나님이시자 동시에 죽은 자의 하나님이시기에, 아버지 어머니 두분의 위로와 평안을 빌고 있습니다. 이것이 그나마 이제 제가 할 수 있는 유일한 효도라 생각하기에 말입니다.

    어머니.
천국엔 아픔도, 슬픔도, 헤어짐도 없겠지요?

    언젠간 저도 어머니 곁으로 가겠지요. 많이 늦었지만 그때는 어머니 곁에서 어머니의 친구가 되어 드리겠습니다. 외롭지 않으시게요. 등도 주물러 드리겠습니다.

    고마우신 어머니!
그립습니다. 정말 많이 보고 싶습니다.

2021년 어느 날에

인연이란 끝없는 갈림길
가고 오며 스치는 것

잡을 수도 만질 수도 없는

지나가면 아쉬움만 남는 것을

지울 수도 없앨 수도 없어

그리움만 가득한 것

어머니.

오늘은 2022년 임인년 새해를 맞는 설날이군요. 어느덧 제 나이도 우리 나이로 일흔넷이나 되었답니다. 어머니보다 벌써 5년을 더 살고 있습니다. 어머니도 살아 계셨더면 115세시라… 요즘 세상 같으면 안 될 것도 없겠지만요.

안방에 상을 차리고 생전에 어머니가 늘 부르시던 찬송가 370장 '주안에 있는 나에게'를 불렀습니다. 오늘따라 아버지 어머니 영정 사진을 바라보니 어머니 표정이 좋으시군요. 저를 바라보시는 눈이 선하세요. 밖에는 대설주의보가 내려 그런지 세상이 하얗게 눈으로 덮였답니다. 어려서 같으면 좋아라 철없이 나가 뛰어 놀았겠지요.

오늘따라 어머니가 무척 보고싶어 집사람과 예배를 드린 후에도 한동안 자리를 뜨지 못했습니다. 눈물이 하염없이 쏟아져 어린애처럼 훌쩍였습니다. 칠칠치 못하지요. 나이가 일흔이 넘었는 데도 아직 덜떨어진 어린애 같으니까요. 어머니 앞에서는 말입니다.

저번에 누이를 데리고 어머니 묘소를 찾은 것 보셨지요. 45년 만이었습니다. 어머니가 야속하다며 울더군요. 차라리 제가 그랬으면 좋았을 텐데…. 어머니, 왜 제게 그리 잘해 주셨어요? 이놈아, 네가 그러면 되느냐고 야단이라도 치셨더라면 지금 제 아픔은 덜했을 것인데. 저를 불효자로 만드신 거잖아요. 저도 누이처럼 어머니께 섭섭한 거라도 있었으면 좋았을 텐데 말입니다. 누이는 그래도 어머니 말년에 저보다 효녀였던 것 아시죠? 비좁은 왕십리 집에 그 많은 식구들을 데리고 얹혀 살면서 마음의 고통이 얼마나 컸겠어요. 그런데도 시름시름 앓으시는 어머니 수발을 정성껏 들어 드린 사람은 누이였니까요.

그때 저는 그저 월급 몇 푼 쥐어 드리는 것 말고는 한 일이 없었는데, 그저 저만 바라보시며 병약한 자식이 안쓰러워 말씀조차 못하셨을 어머니를 생각하니 정말 제 자신이 너무 밉고 용서가 안 되는군요.

하나님께서는 이젠 그만 울라 하시는데 제 눈에선 눈물이 그치지를 않으니 어떡하죠? 평생 후회로 남아 두고두고 저를 괴롭히는군요. 어머니는 분명 하나님 품안에서 편히 지내실 거라 믿으면서도 왜 저는 제가 용서가 안 되는 걸까요?

2022년 2월 1일 아침에

(• 찬송가 370장 '주안에 있는 나에게 딴 근심 있으랴'는 내가 20대 초반일 때 어머니가 입버릇처럼 부르시던 찬송인데, 그때는 가계가 너무 어렵고 내가 폐병으로 한창 고생하던 때라 아무것도 할 수 없으셨던 어머니가 이 찬송으로 위안을 삼으셨다.)

어느 날은 어머니가 보고싶어서 울고, 어떤 날은 죄책감 때문에 울고, 또 어떤 날은 맛있는 음식만 봐도 울고… 좋은 집 좋은 차에 아무리 호의호식한다 한들 어머니만 생각하면 지금도 눈물뿐이다.

내가 너무 슬픔 속에 잠겨 지내다 보니, 어느 날 기도하는데 하나님께서 문득 이런 마음을 주셨다. "이젠 그만 울라, 네가 끊임없이 자책하며 자신을 괴롭히고 고통한다면 그것은 주님께서 널 위해 지신 십자가를 헛되게 하는 것이요, 네게 주신 복을 누리지 못하는 것이니 이는 하나님의 긍휼과 사랑을 저버리는 것이 아니냐?

이는 네 어머니의 기도를 무익하게 하는 것이요, 주님의 마음 또한 아프게 하는 것이니… 이젠 그만 울라. 하나님께서 원하시는 제사는 상한 심령이라 하나님께서 네 눈물을 보았고 네 마음을 아셨느니라. 그가 모든 죄와 불법을 사하셨은즉 다시는 기억지 아니한다 하셨고 그 죄를 인하여 다시 제사 드릴 것이 없다 하셨느니라."

하나님은 그만 울라 하시는데, 어느새 눈물은 뺨을 타고 흐른다.

어머니께 대한 3대 실책 :

1) 대학병원에 모시고 가지 못한 것.
2) 어머니 곁에서 살펴 드리지 못한 것.
3) 가사도우미를 바로 이어서 구해 드리지 못한 것.

인생의 전환점

아버지 어머니를 그렇게 보내 드리고, 나는 어머니가 돌아가시던 그해 가을 3년간이나 연애하던 김경자와 우여곡절 끝에 마침내 결혼식을 올렸다.

결혼, 그리고 새 출발!

이제 내 인생은 새 출발의 시작점에 서 있었다. 어머니가 돌아가시자마자 당장 수발들 사람이 없는 나를 생각해 곧바로 처가에서 집사람을 내가 사는 잠실 아파트로 보내 준 것이다.

54일간 세브란스에 입원하는 동안, 그간의 내 병력과 상태가 처가에 다 들통났을 법했는데 이상하게도 그렇지를 않았다. 우리의 만남은 하나님께서 맺어주신 특별한 인연이었기에 불우한 내 환경 속에서도 집사람은 물론, 처가의 눈과 귀를 가려 주셨고 그 모든 어려움을 뛰어넘어, 무사히 집사람과 결혼을 하게 된 것이다.

그것이 내가 스물여덟 살이던 11월 2일이었다. 어머니가 돌아가신 지 8개월 만의 일이다. 내가 집사람을 만난 것은 내 인생 최대의 행운이었다. 이로써 나의 모든 불행은 끝이 났고 과거의 이야기로 치부하게 되었으니….

전형적인 동양 미인의 기품 있는 미모로 맘만 먹으면 얼마든지 좋은 기회가 있었겠건만… 병약하고 보잘것없던 내게 시집온 집사람은 연탄 때는 13평, 11평 아파트를 전전하며 개봉동으로 전라도로 나와 동고동락, 갖은 어려움을 함께 나누게 되었다. 내 건강을 정성껏 보살펴 주었고 평생 알뜰한 살림을 살았을 뿐 아니라, IMF 위기를 비롯 크고 작은 사업의 고비를 함께 넘기며 마음 고생 또한 적지 아니하였으니, 그 사연들을 어찌 짧은 지면에 다 쓸 수 있으랴.

내 옆에서 성심을 다해 나를 돌봐 준 집사람이야말로 내게는 아내이자 연인이요 또 은인이었기에 나는 꿈도 꾸지 못했던 행복을 누리며, 그녀에게 많은 빚을 졌다. 마음으로부터 깊이 감사하노니 그 고마움과 은혜는 내 평생 갚을 수가 없을 것이다.

결혼 생활의 시작과 동시에 내게는 거짓말 같은 평안과 행복이 찾아왔다. 우선 건강에 문제가 없어졌고 마누라가 챙겨 주는 덕분에 불편함이 없었다. 아직 가난한 삶이었지만, 그래도 우리는 부모님 덕분에 잠실 시영아파트 단지에 13평 아파트라도 가지고 시작할 수 있었다. 49동 4층 3호였다. 이 밑천 이 보금자리야말로 장래 상상도 못할 만큼 큰돈이 되어 돌아왔다. 기적을 이룬 종잣돈이 된 것이다.

11월 2일을 결혼 날짜로 정한 후 나는 결혼 준비에 들어갔다. 우선 예식장을 정하고 예물을 준비하며 신혼여행지를 고르는 일이다. 결혼은 일생에 단 한 번뿐이지 않는가. 남들 못지않게 치르고 싶었다. 아프신 어머니를 대학병원에 한 번도 모시지 못했던 것을 생각하면 또 한 번의 불효이지만 어머니께 남겼던 후회를 아내에게만은 거듭하고 싶지 않았다.

결국 이는 집사람이 시집와 두고두고 갚아야 하는 빚이 되었고…. 나중에 이 사실을 안 집사람으로부터 심한 원망도 들었지만 나의 이 대책 없는 행동은 여전하였다.

결혼식 사진

살아온 길 | 167

회사 직원들을 초대한 다음 날 가까운 친구들을 집으로 초청해 답례하였는데, 그만 도중에 준비한 술이 떨어진 것이었다. 당장 정종 한 병을 사와야 했는데, 보니 내 수중엔 단돈 백 원도 없었다. 그래서 할 수 없이 집사람에게 술 살 돈을 좀 달라고 했는데 정말 없다는 것이었다. 매우 난감했다. 친구들에게 돈이 없어 술대접을 못한다고 할 수도 없고…, 술 한 병 살 돈이 남아 있지 않아 할 수 없이 시치미를 떼고 그만 하자며 술자리를 파하고 말았다. 그땐 정말 멋쩍고 난처했었다. 집사람이 야속하다는 생각도 했으나 알고 보니 정말 단 한 푼도 수중에 없는 것이었다. 그동안 은행을 다니며 돈을 벌어 장인 장모님 가계를 챙겼건만 시집올 때 비상금조차 단 한 푼 주어지지 않았던 것이다. 처가에 섭섭한 생각이 들었다. 딸을 가난한 내게 시집 보내면서 비상금조차 쥐어주지 않는단 말인가? 그 후로 나는 내 딸들 결혼 시에 꼭 얼마라도 따로 비상금을 챙겨주게 되었다.

문제는 이튿날 아침이었다. 출근을 하는데 잠실에서 종로 회사까지 택시 합승 요금이 300원이었는데 그것이 없는 것이다. 어떻게 한다? 버스 탈 돈마저도 없으니… 집안을 온통 뒤져 다행히 어디선가 딱 300원을 찾았다. 겨우 출근을 한 후 다시 가불 신청을 해서 위기를 모면할 수 있었다. 결혼에 빚까지 내어 돈을 다 써버리고, 정작 생활비는 전혀 남아 있지 않았던 것이다. 그야말로 무식하게 시작한 신혼 생활이었다. 이런 나의 무모함 덕에 나중에 내가 사업을 쉽게 결단할 수 있었는지는 모르겠지만, 어쨌든 나는 착실한 샌님은 아니었던가 보다.

첫딸 민정이의 출생 - 그리고 집사람의 알뜰함

스물아홉 살 되던 다음 해 드디어 첫 아기를 보게 되었다. 첫딸 민정이었다. 정말 감격스러웠다. 고생 끝에 낙이 온다더니 바로 내게 그런 행운이 찾아온 것이다. 이로써 나는 이젠 정말 새사람이 된 것 같았다. 안정된 삶 바로 그것이었다.

참으로 신기했다. 대체 어디서 우리의 이 아이가 온 것인지 얼마 전만 해도 꿈도 꾸지 못했던 일이다. 아빠가 된 것이다. 그렇게 고생하며 그 지긋지긋한 병마를 이긴 것이 엊그제 같은데 이 무슨 기쁨이란 말인가? 결혼을 해 남편이 되고 아기를 낳아 가장이 되다니… 꿈만 같았다. 얼마나 신기했던지 보고 또 보고 한 달 한 달 자라가는 것을 보며 우리 부부는 행복을 만끽했다. 아직 가난하지만 가난은 우리 행복에 아무런 문제도 되지 않았다. 이제 건강을 회복했으니 무슨 일이든 할 수 있고, 젊으니 미래가 있지 않은가. 정말 살맛이 났다.

우린 너무 좋아 갓난 민정이를 데리고 산에도 가고 공원에도

첫딸 민정이

놀러갔다. 그런데 애가 생기고 보니 달라진 것이 많았다. 우선 집사람이 바빠진 것이다. 모유를 먹이니 우유 걱정은 안 해도 되었지만 그 대신 가슴이 부풀지 않도록 짜내야 하는 고통도 있었고 집에서 면 기저귀를 직접 만들어 채우며 빨고 삶는 등 하는 일이 많아졌다.

고생하는 것을 보다 못한 내가 어느 날 세탁기를 월부로 사 가지고 들여 왔는데, 이를 본 집사람이 우리 형편에 무슨 세탁기냐며 당장 돌려보내는 바람에 혼(?)이 난 적도 있었다. 또 벼르던 끝에 그 흔한 보온 밥통을 하나 사면서도 집사람은 그렇게 좋아했다. 그런 집사람을 통해 나는 절약이 무엇이며 알뜰하다는 것이 무엇인지 실감할 수 있었다. 그런 가운데도 교회에 드리는 십일조는 어김없이 꼬박꼬박 드렸고 병약한 나를 위해 인삼과 대추를 버무려 매일 아침 챙겨 주었으며, 돈을 아껴 봄가을로는 꼭 한약 한 첩씩을 주문해 그것도 직접 연탄불에 달이고 짜서 먹여 주었다. 요즘은 한약방에서 다 준비해 비닐 팩에 넣어 보내주기까지 하는 편리한 세상이 되었지만 약을 직접 장시간 달여 주는 일은 상당한 정성을 쏟지 않고서는 안 되는 일이었다. 집사람은 그런 사람이다. 덕분에 내 건강은 급속도로 좋아졌고 결혼 전에 진 적지 않은 빚도 갚아 나갈 수 있었으며 오랜 가불 생활을 마침내 청산할 수 있었다. 지금 생각해 봐도 어려운 형편을 잘 참고 견뎌 낸 집사람의 그 희생과 노력이 너무 고맙다.

어느 날 친구 변무진 군이 시영아파트 집으로 놀러왔다. 나는 그가 집을 구한다는 말을 듣고 이 집을 사라고 권하였다. 값이 조금 올랐기에 얼른 팔고자 했던 것으로 180만 원을 불렀다. 그러나 다행히(?) 그는 거절하였고 이어 집값은 하루가 멀다 하고 계속 오르는 것이 아닌가. 하마터면 큰 실수를 할 뻔했다.

얼마 후 제일은행 친구에게서 들으니 은행 아파트를 영등포구 개봉동에 짓는데 이를 직원들에 분양한다며 일반인에게 전매가 가능하다는 것이다. 그래서 유희만이란 친구와 함께 분양권을 두 장 사 가지고 동호수 추첨에 나섰다. 하나는 54번 또 하나는 77번이었다. 나는 친구에게 먼저 한 장을 고르라 했는데, 54번은 가보라 둘 다 좋은 번호였지만 그가 54번을 골라 나는 77번을 갖게 되었다. 그런데 결과는 77번 당첨, 54번 낙방이었다. 문제는 그가 77번을 고르고 싶었지만 내게 양보한 것이라며 서운해하는 것이었다. 할 수 없이 그는 약간의 웃돈을 주고 바로 입주권을 샀다.

이 아파트에 입주할 것을 목표로 완공이 될 때까지 살던 시영 아파트 집을 팔고 유희만 군 부부와 개봉동에 지은 지 얼마 안 되는 연립주택 하나를 같이 얻어 방 두 개, 화장실 하나를 나눠 쓰게 되었는데, 알고 보니 지하수 물이 좋지 않아 똥물을 먹게 되었다. 때문에 와이프가 열병에 걸려 사경을 헤매는 심각한 곡절을 겪기도 했는데, 어느 날 갑자기 집사람이 열이 39도 40도를 오르내리며 오한으로 의식을 잃을 지경이 되었다. 논현동 처가로 급히 옮겨 간호를 하면서 낫기를 바랐으나 고열이 떨어지질 않아 근처 순천향병원에 급히 입원을 시키고 낫기를 기다렸으나 정신이 오락가락하였다. 이러다가 집사람을 잃는 것은 아닌지 불안하였다. 그때를 회상하면 집사람은 너무 아프니까 남편이고 자식이고 전혀 생각이 안 나고 그저 이대로 죽었으면 좋겠다는 생각밖엔 안 들더라는 것이다. 개봉동 셋집으로 이사하며 지친 데다 오염된 지하수를 식수로 먹은 것이 원인이었던 것이다. 정확한 병명도 모른 채 며칠 동안 사경을 헤매다가 겨우 열이 내렸다. 회진 때 보조의가 들고 있던 차트를 훔쳐보니 그저 "fever and chilly"라고만 쓰여 있었다. 무슨 균인지 원인은 적혀 있지 않았고 짐작컨대 여러 항생제를 복합적으로 쓴 대증요법만으로 다행히 치료가 된 것이었다.

개봉동으로 이사와 집사람이 죽을 위기를 넘기며 친구와 함께 한 집에 세를 살면서 불편한 생활을 하긴 했지만 그 사이 분양받은 제일아파트가 올라 이를 팔고 개봉동 한복판에 새로 짓는 대단지 원풍아파트 25평짜리를 사서 업그레이드하였다. 당시는 자고 새면 아파트 값이 오르던 때로 우리나라 경제가 막 성장세를 탈 무렵이었다.

사업의 길 - 창업

사업의 길 – 창업

이리(익산) 귀금속보석수출공업단지
무역사무소 개설과 부임

그 후 고려무역에서 내가 하던 봉제 수출은 이내 끝이 났고, 이리(지금의 익산) 귀금속 보석 수출단지에 무역사무소를 내는데 갈 사람을 모집하고 있었다. 다들 가지 않겠다 해서 나에게까지 기회가 주어졌다. 집사람과 상의한 끝에 흔쾌히 이를 승낙하고 이리로 내려가기로 하였다. 조건은 승진과 함께 사택을 제공받는 것이었는데, 당시 나는 분양받았던 원풍아파트를 다시 팔고 강남 도곡동에 분양 중인 진달래아파트 31평에 때마침 미달이 있어 이를 매입해 놓은 상태로, 입주하려면 돈이 많이 부족한 형편이었기에 사택이 생기는 익산으로 가면 이를 전세금으로 충당할 수 있어 가기로 한 것이다.

이제 우여곡절이 많았던 개봉동 연립주택에서 나와 유희만 군과도 헤어지게 되었다. 섭섭함을 얘기하는 친구와 석별의 정을 나누고 나는 부랴부랴 짐을 싸 이리로 내려갔다. 이리가 어디인지도 모르던 순 서울내기가 생전 처음으로 지방 근무에 나선 것이다. 매우 낯설은 데다 때는 당시 이리역 폭발 사고 직후라 엉망인 상태였는데, 이리 귀금속 보석 수출공업단지 무역사무소 초대 소장으로서 임무를 수행케 된 것이다. 박정희 정권이 전라도에도 공업단지를 조성해 달라는 민원을 수용할 겸 전국에 산재한 중소기업들인 귀금속 보석 업체들을 전라북도 이리 한곳으로 모아, 귀금속 보석 수출공업단지를 조성하고 관세 및 특별소비세 등 사치품에 부과하던 세금을 유보하는 보세 가공 공장으로서 수출을 독려키 위한 조치였다. 대부분의 업체들이 영세하고 수출입에 대한 지식과 경험이 없는 관계로 이를 도와줄 무역 상사가 필요하던 참에 당시 정부가 설립한 것이나 다름없던 ㈜고려무역에 그 역할이 주어져 사무소를 개설케 되었고 공교롭게 내가 그 초대 사무소장으로 발령을 받은 것이었다.

그때는 몰랐지만, 이것이 내 인생의 전환점이 되는 계기가 되었다. 이제 더 이상은 청운의 꿈을 꿀 수 없게 된 나는 아무 생각 없이 단순히 경제적인 이유 때문에 생면부지인 그곳에 부임한 것이다. 따라서 별 생각 없이 업무에만 충실하게 되었고 그들의 사업 내용보다는 수출입 자문과 대행, 자금 지원 등 주어진 역할만을 성실히 하였다. 덕분에 거래 은행 및 업체 오너들과 자연스레 어울리게 되었고 밤에는 고스톱도 치고 교제 범위를 넓혔다. 어느새 2년의 세월이 흘러 전주지사장을 겸하게 되었으며 어렴풋이나마 귀금속 보석 분야에 대해 식견도 생기게 되었다.

영찬, 민혜를 얻다

이런 가운데 나는 둘째로 5대 독자 영찬이를 얻었다. 익산에 내려가기 전에 임신은 하였지만 낳기는 익산에서였다. 얼마나 기뻤던지 깊은 한밤중에 그만 친구에게 아들을 낳았다고 전화까지 할 정도였다. 지금도 미남이지만 갓난아이인데도 윤곽이 뚜렷한 것이 제법 잘생겼다.

2년이 지나 셋째로 막내딸 민혜를 얻었다. 당연히 아들이려니 생각했는데 딸이어서 매우 섭섭했다고 이야기를 하면 민혜가 매우 싫어한다. 우리 집안은 손이 워낙 귀해 나

영찬이와 민혜

도 모르게 아들을 꿈꾸었는데, 하나님께서는 대신 아주 영특한 막내딸을 주셨다. 이로써 나는 삼남매를 둔 가장이 되었다.

가족 여행

가정을 꾸린 지 불과 몇 년 만에 우리는 다섯 식구가 되었다. 남부럽지 않은 가정을 이룬 것이다. 4대 독자가 이젠 제법 사는 맛을 느끼며 행복감을 맛보게 되었으니 인생은 실로 알 수 없는 것이로다. 부모님이 살아 계셨으면 얼마나 좋았을까. 그러나 한편으론 가장으로서 책임 또한 막중하게 되었다.

민정이의 피아노 연주

가난한 내 어린 시절과는 달리 내가 사업을 하게 되면서부터는 아이들에게 내가 배우지 못했던 특기도 가르치는 등 그래도 남부럽지 않은 교육 기회를 제공할 수 있었다.

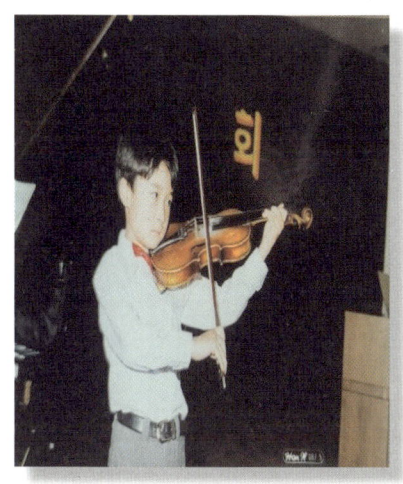
영찬이의 바이올린 연주

민혜의 첼로 연주

 이렇게 어렸던 아이들이 어느새 자라 대학을 가고 군대를 가고…. 다 커서 사업이 한창 어렵던 때엔 첫딸 민정이가 다니던 대학도 휴학하고 나를 도와주었으며, 훗날 영찬이가 사업가로서 수출 분야를 맡아 내 뒤를 잇는 출중한 인재가 되었고, 막내딸 민혜는 날 돕기 위해 잘 다니던 삼성전자도 그만두고 내수 분야를 맡아 제 역할을 잘 감당하고 있으니 나와는 달리 자식들이 모두 효심이 깊어 결과적으로 자식 농사 하나는 잘 지은 셈이다. 다만, 젊은 시절엔 사업에 바빠 아이들과 놀아 줄 마음도 시간도 부족했던 것이 많이 아쉽다. 지나 놓고 보니 이 역시 후회가 되지만 대표적인 흙수저가 걸어야 하는 자수성가의 길은 그리 만만치 않았다.

네 번째 행운 – 인생은 새옹지마! 하나님의 섭리

그러던 어느 날 수출1과에서 봉제 수출을 같이하던 정유길 과장님이 자기가 섬유회사로 옮겨가게 되었다며 무조건 올라와 자기를 도와 달라는 것이었다.

대구 소재 유림섬유라는 중소기업인데 봉제 사업 파트를 개설하고 자기가 상무로 그 책임을 맡게 되었다며 차장 직책을 줄 테니 와서 관리를 맡아 달라는 것이었다. 고려무역은 공기업이나 다름없어 봉급생활을 하기엔 더없이 좋은 회사이지만 개인적으론 발전 가능성이 크다고 생각지 않아 그 제안을 받아들일지를 고민하게 되었는데, 그때 마침 내가 전주지사장을 겸하게 된 때문에 그 자리를 그만두고 사직할 형편에 처한 송*모 선배 전임 지사장의 처지가 어렵게 되어 있었기에 차제에 내가 그만두면 그에게도 도움을 줄 수 있을 것 같았다. 왜냐하면 내가 내려올 때도 그랬지만 사실 지방으로 내려오길 원하는 대타가 귀하기 때문에 내가 그만두면 당장 후임자가 없어 그가 계속 근무를 할 수 있는 여지가 있었기 때문이었다. 오히려 그분이 역으로 이리 사무소장을 겸직하게 되는 것이다. 그런데 결단이 늦을수록 그에게는 불리할 수밖에 없어 그만둘 바에는 빠른 결심이 필요하였다.

새옹지마, 원망이 축복으로

　마침내 사표를 내고 짐을 싸 서울로 올라왔고 드디어 그전에 사 놓았지만 돈이 모자라 전세를 주고 내려갔던 강남구 도곡동 소재 진달래아파트 3동 506호에 입주하게 되었다. 31평 아파트가 넓직한 게 이젠 중류 생활자가 된 것처럼 좋았다. 그러나 그 기쁨도 잠시… 이 무슨 뜻밖의 일인지? 모처럼 큰맘 먹고 옮긴 유림섬유가 불과 두어 달 만에 부도가 나지 않았겠는가. 어처구니가 없었다.

　대구에 본사를 두고 서울 중구 인현동에 조그마한 사무실을 쓰고 있던 섬유업체였던 유림섬유 봉제 영업부에 첫 출근을 했는데 뜻밖에 나를 오라 한 정유길 상무가 보이지 않는 것이었다. 전화를 해 보니 사장과 협의할 것이 있어 며칠 후에 출근한다고 하지 않는가. 난 이를 그대로 믿고 근무를 하게 되었는데 그전 고려무역에서 봉제 수출을 할 때 알고 있던 도림통상의 조 모와 김 모 두 친구가 거기서 오더 수주와 하청 공장의 기술 업무를 하고 있어 뜻밖이었다. 예상외였지만, 정 상무가 자신을 도울 사람들을 더 부른 것으로 알고 그들 위에서 업무를 관리 감독하게 되었지만 정 상무가 없는 내 입장은 낙동강 오리알이나 다름없었다. 물론 그들도 나를 탐탁하게 여기지 않았고 난감한 처지가 되었는데. 마침 나이가 지긋한 사장 친척되는 분이 사무실에서 근무하며 사장의 눈과 귀 역할을 하고 있었다. 그분은 업무에 대해서는 지식이 없어 내가 도와주게 되었고, 따라서 나는 그분의 도움으로 자리를 지키게 되었는데 문제는 정 상무가 며칠이 지나도 나오지를 않는 것이었다. 비로소 나는 그 양반의 그 치밀하지 못한 성품 때문에 일이 잘못되었음을 직감하였다. 다시 전화를 하였으나 사장과 안 맞아 문제가 있다는 것이 아닌가. 이제 와 그런 얘기를 하면 난 어떻게 하나. 그때 정 상무의 그런 무책임한 태도에 대해 크게 실망하였을 뿐 아니라 많이 원망하게 되었는데, 그 소리가 들어갔는지 뭐한 사람이 성 낸다고 그 다음부터는 전화도 안 되고 참 난처한 처지가 되어 애매한 입장에서 일을 보게 되었다.

협조가 되지 않아 업무 파악도 쉽지 않은 가운데 벌써 두 달이 지나가고 있었고 그동안 정 상무는 단 한 번도 출근치 않았을 뿐 아니라 만나고 싶지도 않았다. 이젠 각자도생하는 길밖에 없었다. 그러던 중 어느 날 출근해 보니 회사가 부도가 났다는 것이 아닌가. 이런 경우를 두고 엎친 데 덮친 격이라 하는 것인가. 내가 경솔했다. 정 상무의 성품을 잘 알면서 좀 더 알아보고 왔어야 하는 건데… 그러나 이젠 늦었고 그만둘 때 두더라도 어떻게 된 것인지 영문이나 알고 싶어 무조건 대구로 내려갔다.

해결사도 아니면서 관리 차장이란 이름하에 마치 회사를 대표하는 양 채권자들로 둘러싸인 가운데 한바탕 곤욕을 치르고선 대구 직원의 도움으로 간신히 빠져나와 그 길로 상경하고 말았다.

약 두어 달이 경과하는 가운데 대구 경리의 협조로 밀린 급여를 청산하고 난 후 회사를 그만두었고, 결국은 실업자 신세가 되었다. 생각해 보면 참 어처구니가 없는 일이었고 지난 몇 달이 어떻게 지나갔는지도 몰랐다. 정신을 차리고 집에서 쉬면서 일자리를 물색하는 가운데 어느 날 코넥스 트레이딩이라는 독일계 바잉오피스의 간부 직원 모집 광고를 보게 되었는데 응시한 결과 바로 합격하여 사무실이 위치한 시청 부근 센터빌딩으로 출근하게 되었다. 그곳은 유럽의 바이어들로부터 봉제 오더를 받아 하청 공장들을 통해 제조 수출하는 회사로, 나는 그중 한 파트를 맡아 여비서 한 사람을 데리고 일하게 되었는데, 오더 수주 및 관리가 주업무였고 기술적인 부분은 따로 파트가 나누어져 있었다.

생전 처음 외국계 회사에서 근무하다 보니 모든 것이 생소했는데, 그중에서도 가장 인상 깊은 것이 근무 시간을 정확히 지키는 것과 시간 중의 업무 강도였다. 한마디로 커피 타임조차 눈치를 봐야 하는 등 실제 근무 시간은 한국 회사들보다 짧았지만 여간 타이트한 것이 아니었다. 예를 들어, 옆 팀의 책임자는 나와 비슷한 나이였는데 가끔씩 친구가 찾아오다 보니 커피를 대접하곤 했는데, 하루는 부사장실에 다녀오더니 영 기분이 좋지 않아 보였다. 이유인즉슨 여기는 다방이 아니며 비서도 네가 월급을 주는 것이 아닌 만큼 사적으로 심부름을 시켜서는 안 된다며 핀잔을 들었다는 것이다. 내 경우는 업무를 처리하다 보니 좀 늦어 바이어들에게 텔렉스를 내보내는 시간이 늦춰지곤 했는데, 이를 타이핑해 보내는 일은 비서의 소관이므로 자연히 그녀의 퇴근 시간이 늦어진 적이 몇 번 있었다. 이로 인해 시간외 수당을 지급해야 하는 회사 입장 때문이었는지 하루는 부사장이던 미스터 슈베걸이 나를 불러 그런 사정을 이야기하며 늦어도 4시까지는 원문을 비서에게 넘겨주라는 그런 식이었다.

그러자니 이에 익숙지 않은 나로서는 근무하기가 상당히 힘들었는데, 문제는 그 직전에 근무하던 이리 귀금속 보석 공단의 업자들이 내가 실직을 했다는 소문을 듣고 오더를 받아 주면 커미션을 주겠다며 몇 곳에서 부탁을 받은 일이었다.

이때가 내가 서른두 살 되던 해인 1980년 가을경이다.

공교롭게도 코넥스 트레이딩에 취직을 하던 때에, 꽤 괜찮은 보석 바이어 두 곳이 걸려 소량의 시험 오더를 받았던 것이다.

이렇게 되다 보니 내 몸은 그 때부터 두 개가 있어도 모자랄 만큼 바쁘게 되었다. 할 수 없이 집에 텔렉스 머신을 설치하고 주경 야경으로 낮에는 코넥스에서 봉제 영업을, 퇴근 후에는 집에서 보석 관련 서큘러 레터(Circular Letter)도 보내고 또 오더를 받느라 24시간이 모자랄 지경이 되었다.

그러던 어느 날 드디어 내 운명을 바꾸는 편지 한 통을 받았다. 홍콩의 KC Wan이란 바이어한테서 온 것인데, 무환수탁가공으로 원자재를 보내주면 가공을 해 주겠냐는 것이었다. 이보다 더 반가운 소식은 없었다. 왜냐하면 자본이 없는데 원자재를 무상으로 받아 가공만 해 주는 일은 식은 죽 먹기이므로 그보다 더 나은 조건은 없다. 행운이었다. 오더량도 커질 것이고 커미션도 두둑히 챙기게 되었으니 기뻤다. 그러나 그 기쁨도 잠시, 독일의 모 바이어로부터 소량으로 오더를 받아 수행하던 중에 문제가 생겼다. 하청을 통해 보낸 물건 대부분이 불량이란 것이다. 깜짝 놀라 알아보니 사실이었고 하청 공장에서 바쁜 나머지 불량을 알면서도 그대로 선적한 것이었다. 이유는 바로 호황이 시작된 때문이었고 이는 내 운명을 바꾼 사건이 되었다. 갑자기 공단이 바빠지다 보니 하청 공장들이 말을 듣지 않고 이젠 제멋대로 오더를 골라 받으며 계약을 위반했다.

떠밀려 시작한 사업 – 결단!

그렇다. 내 의지로 사업을 하게 된 것이 아니다. 이는 전적으로 강권하시는 하나님의 섭리였음이다. 뜻밖에 당한 유림섬유의 부도나 하청업자의 불량품 선적이나 모두 우연이 아니었다. 새옹지마 바로 그것이었다. 이제 결단을 내리지 않으면 안 될 때가 온 것이다. 이 상태로는 홍콩 KC Wan의 오더도 수용할 수 없는 상황이 된 것이고 그가 이런 상황을 미리 알고 내게 무환수탁가공이라는 특혜(?)를 주면서까지 오더를 하겠다고 한 것이었다. 모처럼 찾아온 기회를 포기하고 봉급생활을 계속할 것인가 고민이 컸다. 사업은 늘 위험이 도사리고 있고, 항상 잘된다는 보장도 없고… 그렇다고 바이어와의 신뢰를 깰 수도 없었다. 이미 KC Wan과는 계약을 맺었기에 어떻게든 시작을 해야 했다.

며칠 숙고 끝에 슈베걸 부사장을 만나 자초지종을 얘기하고 입사한 지 몇 달 안 되었지만 부득이 사직을, 그것도 당장 해야 한다고 하니 허락할 리 없었다. 매우 난처하였지만 이리 공단의 사정이 급박하게 돌아가는 터라 지체할 여유도 없었고, 마침내 나는 그냥 보따리를 쌌다. 아니 보따리를 싸기는커녕 몸만 빠져나온 것이다. 보조하던 여비서에게 사정을 말하니 자기가 나중에 짐을 챙겨 줄 테니 빨리 공단으로 내려가라는 것이 아닌가.

다음 날 출근을 그만두고 고속버스로 공단에 내려왔다. 서둘러 사정을 파악하곤 이어 작은 건물을 물색해 직접 공장을 하기로 결심하였다. 1981년 봄, 그러니까 내 나이 서른세 살이던 때이다. 사업을 하려고 계획한 것도 아니다. 전적으로 떠밀리다시피 해 시작한 것이다. 이런 것을 운명이라고 해야 할지, 이 모든 것이 나를 향하신 하나님의 섭리였음을 나중에 알게 되었다.

인조 보석인 큐빅지르코니아를 가공하는 사업이었는데, 마침 25평짜리 작은 공장이 있어 구입했고 자연석을 가공하던 8명의 공장 직원들을 함께 인수받았다. 사업자금은 31평 진달래아파트를 담보로 2,300만 원을, 근무하던 고려무역에서 특별히 신용으로 2,000만 원을 융자받아 도합 4,300만 원이 밑천이었다. 참으로 감사한 것은 고려무역이다. 내 세브란스병원 입원비를 부담해 주었을 뿐 아니라 이번엔 사업자금까지 신용으로 받았으니… 그 신세가 적지 않고 이를 도와준 분들께 감사한다.

덕분에 자금엔 별 문제가 없었으나, 호황 탓에 인력 수급이 가장 큰 숙제였다. 하청을 주자니 맘대로 되지 않고…. 나는 매일 아침 일찍 출근해 공단 입구를 바라보며 초조한 마음으로 인수받은 8명의 아이들이 모두 출근할 때까지 기다리는 게 일이었다. 그러던 중 다행히 근로자들 간에 작은 소그룹들이 생겨나기 시작했고 회사 단위가 아닌 하청팀들이 자연스럽게 구성되고 있었다. 시간은 좀 걸렸지만 그들과 교섭해 공장 옆에 붙여 가건물을 달아내며 몇 팀을 공장 안으로 들였고 이들이 발판이 되어 상당량의 오더를 해결할 수 있게 되었다. 그런데 변수가 생겼다. 공장이 서서히 안정이 되어 가던 때에 나를 티껍게 여기던 기존 업자들이 하나가 되어 나를 괴롭히기 시작한 것이다. 당시는 전두환 정권 시절이었는데 공단에도 소위 정화위원회란 것이 생겨 기존 업자들이 이를 통해 텃세를 부린 것이다. 사사건건 트집을 잡으며, 내가 저들과는 출신이 다른 이질적인 존재인지라 저희들과 경쟁을 하는 것 자체가 맘에 들지 않았던 것이다. 변호사를 찾아 해결 방법을 모색하기도 했지만 죽창 들고 덤비는 데는 별수가 없다며 법보다 주먹이 앞서니 법도 법이지만 다른 방법도 생각해 보라는 것이다.

그러나 나도 물러설 수는 없는 일이기에 줄기차게 싸우며 우군을 확보하는 등 노력하던 중, 뜻밖에도 공단에 불황이 찾아왔다. 불과 1년도 안 되었는데 설비와 인력 과잉으로 갑자기 오더 부족 상태가 된 것이었다. 천만다행이었다. 인력 스카우트, 바이어 문제 등 말썽 많았던 업체 간 분쟁이 자연 해소되면서 소강상태가 된 것이다.

전화위복 – 불황이 가져온 기회

우리도 예외는 아니어서 그동안 오더를 주던 홍콩의 KC Wan의 오더가 줄면서 위기를 맞게 되었다. 사업이란 원래 그런 것이다. 호황과 불황은 교차하는 것이고 그만큼 위험이 따르는 게 사업이다. 당장 보이는 것이 전부가 아니다. 그러나 이제는 돌이킬 수도 없다. 창업 1년 만에 벌써 이런 곤경에 처하다니…. 나는 할 수 없이 그간의 정보를 토대로 유럽과 미국 출장길에 올랐다. 그동안 유럽의 바이어는 많지 않아서 먼저 유럽을 택한 것이었다. 처음 가는 해외여행이자 시장을 개척해야 하는 막중한 부담을 안고 결코 편치 못한 출장 길에 올랐다.

불안한 마음을 안고 처음 기착한 곳은 프랑스 파리다. 그러나 한눈에 들어온 파리 시내는 정말 장관이요 환상이었다. 세상에 이렇게 아름다운 도시가 있다니… 불안감은 사라지고 걱정도 어느새 가시었다. 이어 독일 프랑크푸르트를 거쳐 Idar Oberstein이란 작은 보석 도시로 가 거래하던 바이어를 만났고 그의 환영을 받으며 귀중한 오더를 수주하였다. 다행이었다. 이탈리아 로마, 스위스 로잔, 스페인 바르셀로나를 거치며 역시 거래하던 바이어들의 환대와 더불어 또 오더를 수주하였다. 생각보다 상황이 좋았고 나와 보니 다행히 한국에서 보는 것과는 많이 달랐다. 가능성을 발견한 나는 이어 네덜란드와 영국 등 유럽을 누비며 새 바이어들을 포함, 많은 오더를 받을 수 있었다. 이것은 정말 행운이었고 불황으로 불안해하는 한국 공단에 큰 힘이 되었다.

불황 속에 쏟아지는 오더는 식은 죽 먹기였고 산재한 하청팀들이 우리 오더를 받기 위해 비좁은 우리 공장 안으로 들어오려고 줄을 서게 되었다. 미국으로 건너간 나는 뉴욕에서 새로운 바이어들을 만나며 또 적지 않은 오더를 받고 이어 시카고로, 마이애미로, LA로 동서남북을 종횡 질주하며 만족할 만한 성과를 거두고 한국을 떠난 지 약 40일 만에 귀국하였다. 정말 신나는 출장이었고 떠날 때 가졌던 부담감을 완전히 날려 버린 유쾌하고 매우 즐거운 여행이었다. 마이애미의 이국적 분위기는 나를 사로잡기에 족했으며 이렇게 좋은 곳에 와이프를 동반하지 않은 것이 좀 아쉬웠다.

다만, 한 가지 이 여행의 오점이라고나 할까 네덜란드 암스테르담에 도착했을 때의 이야기인데, 돈을 아끼려 공항에서 셔틀버스를 타고 암스테르담 기차역에 도착하여 조금 멀리 보이는 호텔로 짐을 끌고 걸어서 호텔 앞에 거의 다 와 막 다리를 건너는데 웬 아이가 팔을 툭 치며 등에 커피가 묻었다고 하는 것이다. 윗 양복저고리를 벗어 보니 정말 커피 물이 죽 뿌려져 있는 것이 아닌가. 그런데 그 순간이었다. 아차 싶어 안주머니를 보니 마땅히 있어야 할 지갑이 없어진 것이었다. 다른 쪽을 보니 그곳의 여권은 그대로 있고… 여행자 수표 다발이 든 지갑을 그 애들이 훔쳐 간 것이었다.

어처구니가 없었고, 처음 당하는 일이라 당황하지 않을 수 없었다. 다행히 수표에 싸인을 해 놓지는 않았으니 바로 신고하면 돈은 건질 수 있겠다 싶어 호텔에 여장을 푼 후 곧바로 신고처를 파악했다. 다음 날 열 일을 제쳐 놓고 먼저 신고할 경찰서로 가게 되었는데 그곳이 암스테르담에서 기차로 약 1시간가량 떨어진 곳이라 하루를 완전히 허비하게 되었다. 신고를 마치고 미국에 가면 수표를 다시 사용할 수 있게 해 준다는 약속을 믿고 미국으로 건너간 것이었는데, 다소의 시간 낭비는 있었지만 돈의 손실은 현찰 일부에 지나지 않아 다행이었다. 처음 나선 해외여행에서 손님맞이를 제대로 보여준 소중한 경험이었다.

여행으로 육신은 긴장되고 고단했지만 수표 도둑 사건을 포함 잔잔한 재미가 있었던 즐거운 추억으로 남았다. 귀국 후 나는 그 어느 때보다 바빠졌다. 곧바로 25평 건물에 중간 슬라브를 쳐 2층으로 만들고(다행히 건물이 창고처럼 높아 가능했다), 그리고 부속 토지에 약간의 여유가 있어 옆으로도 달아 내는 등 마치 여기저기 기워 입은 옷처럼 되긴 했지만 급한 대로 하청팀을 들이기엔 문제가 없었다. 품질을 까다롭게 해도, 오더가 있고 자재 공급과 가공임 결제가 정확한 우리 회사로 들어오려는 하청팀은 많았다.

불황 덕분에 회사는 갑자기 몇 배 성장하였다. 지금도 마찬가지이지만 영어는 무역에서 빼놓을 수 없는 소중한 자산이었고 내 짧은 영어 실력에도 불구하고 이것이 회사를 살린 것이었다.

사업은 내가 하는 것이 아니다 – 오묘하신 하나님

여기서 잠시 빼놓을 수 없는 일화가 있다. 창업 1주년 때의 일이다. 공장은 중간 슬라브를 쳐 천장도 낮고 비좁아 사실 말이 공장이지 이건 하꼬방 수준이었다. 그래도 그대로 둘 수 없어 1주년을 맞으며 내 방에 나무도 붙이며 소위 인테리어를 했다. 별것 아니었지만 사업을 시작하게 된 계기가 된 홍콩 바이어 KC Wan을 초청해 감사를 표할 생각이었다. 김포공항에서 그를 맞아 내려오는데 공장에서 집사람으로부터 전화가 왔다. 교회 목사님이 예배를 드리러 오신다는 것이다. 그래 얼떨결에 인테리어를 해 놓은 내 방에서는 말고 사무실에서 그냥 예배를 드리고 가시도록 하라며 내 방은 바이어가 들어가야 하니 안 된다고 집사람에게 말하고 전화를 끊었다.

공단에 도착해 바이어와 내 방에서 환담을 하고 점심을 같이

한 후 계룡산으로 함께 관광을 떠났다. 그날이 토요일이었는데 하루를 잘 보내고 이튿날 다시 공장으로 내려와 바이어와 헤어진 후 월요일이 되었는데, 원자재를 맡고 있는 큰처남에게서 아침 일찍 다급한 목소리로 전화가 왔다. 그제 KC Wan이 보내온 무환수탁 원석 세 상자 중 두 상자가 없어졌다는 것으로, 금고가 꽉 차서 그 두 상자는 캐비닛에 넣어 두었었는데 도둑이 외벽 유리창을 뜯고 들어와 훔쳐갔다는 것이 아닌가.

기가 막힐 일이었다. 어쩌다가 이런 일이…. 당황하지 않을 수 없었다. 원가론 약 천만 원이었지만 이 사실이 외부로 알려지면 관세와 특소세 등을 합쳐 무려 2,500만 원이나 되었다. 불과 1년 전에 내가 돈을 끌어모아 사업을 시작한 돈이 4,300만 원이었는데 이는 반도 넘는 거액이었다. 눈앞이 캄캄하고 정신이 없었다. 순식간에 달려와 보니 외벽 유리창이 뜯겨져 있고 사무실로 통하는 문의 유리창은 깨져 있었다. 손을 넣어 문을 열고 사무실로 잠입한 것이었다. 창고 문에는 손상이 없었고 자물쇠는 열려 있었다. 그 안의 캐비닛은 우그러져 말이 아니었고, 다행히 금고만 멀쩡하였다.

자재를 담당하던 처남에게 어떻게 된 거냐 물으니 토요일 늦게 원자재가 입고되었는데 내가 바이어와 바쁜 것 같아 보고를 못했다며 금고 스페이스 때문에 두 상자를 창고 안 캐비닛에 넣어 두었다가 일을 당했다는 것이다. 어떻게 그럴 수가 있냐며 펄펄 뛰었지만 이미 일은 당한 후였다. 내게 입고 사실을 보고했더라면 내 성격에 당장 금고를 사서라도 넣으라 했을 것이거늘 그리 허술하게 해 놓고 보고도 안 했다니… 경비도 없고 세콤 같은 경비 시스템도 아직 없던 시기에 오직 믿을 것은 금고뿐인데…. 더구나 창고 자물쇠가 부서지지 않고 열려 있기에 어찌 된 것이냐 물으니 창고 키를 사무실 자기 책상 위 작은 서류 캐비닛에 넣어 놓고 퇴근하는 바람에 도둑이 그 키를 찾아 창고 문을 열었다는 것이다. 정말 어처구니가 없었다.

낙담하던 끝에 정신을 좀 차리고 현장을 살펴보니 사무실로 통하는 문의 유리 파편이 하나도 없는 것이다. 처남 왈, 이 사실이 직원들에 알려지면 세금 문제로 곤란할 것 같아 내가 오기 전에 청소를 해 다 치웠다는 것이 아닌가. 그래도 그렇지 사장이 보지도 않은 불과 몇 분 사이인데 현장의 흔적을 치우다니. 말이 안 되었다. 문의 유리 파편이 어느 쪽으로 떨어졌는지도 단서가 될 수 있었는데…. 누가 그랬을까 의심이 갈 만한 사람들을 생각하던 중에 최근에 처남과 상의해서 들인 하청팀이 하나 있는데 아무래도 그가 의심스러웠다. 고민 중에 밖을 나가 보니 마침 그가 멀리서 우리 공장을 응시하고 있는 것이다. 도둑은 항상 현장에 다시 와 본다는데 혹시? 하지만 의심일 뿐 증거도 없고 난처하였다(한참 후에 들은 얘기지만 그자가 어디서 났는지 원석을 팔러 다닌다는 것이었다). 더욱이나 대놓고 수사를 의뢰할 수도 없는 것이 그 결과 도둑 맞은 물건을 찾지 못한다면 꼼짝없이 세금부터 추징당하게 생겼으니(보세 공장이라). 벙어리 냉가슴이었고, 이는 이 같은 내용을 잘 아는 자의 소행임이 틀림없었다. 아무래도 그자 같은데… 어느덧 오후가 되었다.

평소에도 농을 잘하며 익살스런 면이 있던 처남이 사무실에서 직원들과 얘기하며 크게 웃는 소리가 들리는 것이 아닌가. 섭섭하기도 하고 어이가 없었다. 자기가 담당자로서 책임을 져야 하는 처지에 웃음이 나오다니. 그것도 자기 실수로 금고에 넣지 못했고, 키도 허술하게 관리했으니, 남 같으면 당장 해고하든지 변상이라도 해야 할 판국인데… 사장은 속이 타는데도 말이다.

의심은 굳혔으나 수사할 방법이 마땅치 않았다. 처남과 상의했으나 역시 공개 수사로 이 사실이 알려지고 만일 물건도 찾지 못하면 그때는 원금보다 세금이 많아 불리할 수 있다는 것이다. 그래서 서울로 올라가 동창회 총무를 통해 유력한 검찰의 고위 인사를 접촉해 비밀리에 수사를 의뢰코자 했으나 그 총무가 워낙 청탁을 많이 했음인지 신뢰를 잃어 더는 만나 주지 않는 것이었다. 할 수 없이 내려와 평소 약간의 안면이 있던 이리 경찰서장을 찾았으나 믿고 속내를 털어 놓기 어려워 제대로 수사 의뢰도 못하고 이 사건은 결국 지금까지도 미궁에 빠지고 말았다. 어쩔 수 없이 천만 원의 빚을 내 원자재를 따로 사서 메꾸긴 했지만 정말 뼈 아픈 경험이 아닐 수 없었고, 엎친 데 덮친 격으로 불황이 닥쳐오고 있던 그 직전에 겪은, 하마터면 회사가 큰 어려움에 빠질 뻔한 매우 아픈 경험이었다. 몇 달 후 다른 문제로 처남은 스스로 회사를 떠났다.

여기서, 뒤늦게 얻은 중요한 교훈은 사업은 내가 하는 것이 아니란 사실이었다. 본의 아니게 떠밀리다시피 시작한 창업이 강권적인 하나님의 섭리였다는 사실을 말이다. 무책임한 상사 때문에 잘 있던 고려무역을 그만두고 회사를 옮겨 부도를 당한 일이나, 이를 계기로 뜻밖에 만난 바이어들, 서둘러 공장을 구입하지 않으면 안 되었던 급박한 상황 등 모두가 나를 향하신 하나님의 섭리였음을 깨닫게 되었다. 생각해 보니 무엇이 중요한지를 모르고 당장 눈에 보이는 바이어만 우선시하며 정작 예배는 차선시했던 내 잘못이 원인이었다. 나를 도우시는 하나님의 은혜도 모르고 불경죄를 저지른 것이다.

그런데 그 후 전술한 바와 같이 불황 중에 해외 출장길에 올라 적지 않은 오더를 받고 이 모든 손해를 단번에 만회하였으니, 이는 나의 회개를 받으시고 긍휼을 베푸신 그분의 은혜였음은 두말할 나위가 없다. 그 후 사업은 발전해 당초 25평에 중간 슬라브를 치고 옆쪽, 뒤쪽으로 달아 내는 등 볼썽사납지만 100명 가까이 수용할 수 있는 공장이 되었다. 그러나 이도 얼마 안 되어 공단 내 100평 공장을 매입하여 두 개의 공장을 갖게 되었다.

큐빅지르코니아(흔히 큐빅)는 경도 8도의 백색을 띤 소위 인조 다이아몬드로 천연 다이아몬드의 경도 10도에 비할 바는 아니었으나 일반인은 식별하기 어려울 만큼 경도나 빛의 발현 등 보석 용도로서의 천연 다이아몬드 대용으로는 손색이 없었다. 가격 또한 몇 백분의 일에 불과하여 선풍적인 인기를 끌며 세계적인 패션 주얼리의 열풍을 주도하였다. 그 수요가 갑자기 폭발적으로 증가해 1986년에 절정을 이루고 이리 귀금속 보석 수출단지는 큐빅 가공업체들로 북새통을 이루었으며, 당사는 1987년 귀금속 제2단지에 450평 규모의 제3공장을 준공하고 종업원 400명이 넘는 리딩 업체로서 발돋음하게 되었다. 사실 3공장 건설은 그동안 너무 비좁은 공간에서 직원들에게 제대로 된 복지도 제공하지 못한 반성에서 출발하였다. 따라서 지하 공간 전체를 식당으로, 2층 각 방은 비교적 쾌적한 상태로 널찍하게 만들어 제법 그럴듯한 공장의 면모를 갖추게 되었다. 비록 사업 전망은 불확실했지만 앓던 이가 빠진 것 같았다.

그동안 큐빅 가공업체들이 승승장구할 수 있었던 것은 국내 유일의 귀금속 보석 수출단지라는 과점적이고 제한된 공간과 저

렴한 인건비 덕분이었다. 특히 거대 중국이 아직 세계 시장에 눈을 뜨지 못했던 관계로 사실상 해외에서는 경쟁자가 없었다. 대표적인 노동 집약 산업임에도 운 좋게 7년여를 잘 버틸 수 있었다. 그런 가운데 정부가 배움의 기회가 없는 가난한 아이들에게 공부도 시킬 겸 야간 특별학급을 시내 공업고등학교에 개설케 했는데, 우리도 중학교만 졸업하고 고등학교를 못 가는 아이들을 멀리 시골에서 데려왔다. 전라도 일대에서도 모집을 했지만 특히 강원도에서 공무원으로 계시던 장인 어른이 많은 아이들을 모집해 보내주셔서 도움이 되었다. 덕분에 그 아이들이 일도 배우고 고등학교도 졸업할 기회를 얻게 되었으니 일석이조였다. 그러나 1988년 한국 올림픽 개최를 계기로 그리고 새로 들어선 민주화 정부라는 시대적 변화로 더 이상 안정된 인력 조달이 어려워지게 되었고, 또한 귀금속 단지의 해체와 자유화로 어디서든지 귀금속 보석 수출 사업이 가능해짐에 따라 때마침 겹친 인건비의 급상승 등과 함께 업계에는 매서운 찬바람이 불기 시작했다.

노동 집약 산업에 있어 인력 조달이 원활치 못한 것과 인건비의 급격한 상승은 곧 사망 선고나 다름없었다. 이 같은 변화가 예상을 깨고 빠르게 몰아닥쳐 동 산업은 심각한 위기를 맞게 되었는데, 대처 방안은 유일하게 중국으로의 공장 이전밖에는 없었다. 중국이 마침내 긴 잠에서 깨어 태동하고 있던 시기였기에.

배운 게 도둑질이란 말이 있지만, 갑작스레 다른 분야를 찾을 수도 없는 참으로 난감한 상황이 되었다. 그러나 중국으로의 이전은 불문가지였다. 몇 년 못가 과당 경쟁을 빚을 것이 뻔하기 때문이다. 자본도 기술도 진입 장벽이 거의 없는 단순한 이 분야에서 비좁은 이리 단지만으로도 호불황이 교차했는데, 그 드넓고 인력이 넘쳐나는 중국에서 얼마나 가겠는가. 기술 이전 후 곧바로 문을 닫을 것이 너무나 확실해 보였기에 나는 이를 포기하고 새로운 길을 모색하기로 하였다.

잠깐, 좀더 사업 초창기 이야기를 한다면, 집사람은 내 사업을 뒷바라지하느라 주방 아주머니와 함께 구내식당을 운영하는 등 가사일과 회사일로 정신없이 바빴으며 큰딸 민정이는 서울서 낳았지만 장남 영찬이와 막내딸 민혜는 이리 마동의 13평 기숙사 아파트에 살면서 출산하여 그곳 유치원에 보내고 있었고, 교회도 남중교회가 파산하기 전까지는 이리에서 다녔다. 참으로 눈코 뜰 새 없이 바쁜 시간을 보냈고 밤낮을 가리지 않고 불철주야 열심히 산 세월이었다.

나는 해외 영업에 공장 관리에 시간이 부족하여 거의 매일 밤 12시를 마다 않고 텔렉스를 교신하며 일한 덕분에 바이어들로부터 상당한 신뢰를 얻었는데, 유럽의 바이어들은 자기네 시간으로 한낮이 넘도록 교신이 되는 것을 보며 언제 자느냐고 묻곤 하였다.

직원들 중에는 따로 내게 편지를 보내오는 사람들도 제법 있었는데 저희들이 보기에도 내가 워낙 밤늦게까지 열심히 하니까 자기들도 열심히 안 할 수가 없노라며 감격해 하기도 하였다. 사장이나 직원들이 모두 하나가 되어 일을 하니 회사가 안 될 리 없었고, 한바탕 원 없이 신나게 일을 해봤던 시절이었다. 그 시대를 산 우리 또래의 사람들에겐 밤잠 못 자고 일하는 것이 다반사였고 일할 수 있는 것만으로도 감사하며 너 나 할 것 없이 일터로 내달리던 시절이었다.

아무리 시대가 변해도 변하지 않는 진리가 있으니 그것은 작은 손해로 큰 이익을 거두는 것이다. 100을 받고 100의 일을 하는 것은 당연한 것이고 100을 받고 150의 일을 하면 50을 손해 보는 것이나, 만일 100을 받고 200을 한다면 더 큰 손해를 보는 것 같지만 실은 크게 이익을 보는 것이다. 왜냐하면 내게 100의 손실은 상대방에게 그만큼 신뢰와 감동을 주어 더 큰 보상을 받게 될 뿐 아니라 이 같은 노력이 계속되면 업무 지식은 물론 경험이 축적되어 자신도 모르게 문제 해결 능력이 크게 향상되기 때문이다. 그런 사람은 무슨 일을 하든지 성공할 수 있다. 오히려 요즘 같은 세상에 더 효과적이라 생각되는데 요즘은 이 같은 젊은이들을 찾아보기 어렵기 때문이다.

1988년 초, 창업 7년 만에 회사는 공단 내 3개 공장, 연면적 600여 평에 400여 명의 직원이 일하는 사실상 큐빅지르코니아 업체로서 가장 큰 생산 능력을 갖추게 되었는데, 핵심 역량은 영업에 있었지만 이를 가능케 한 것은 철저한 품질 제일주의 정책이었다.

이리(익산) 귀금속 보석 수출 공업단지 내

하청팀을 많이 들이고 일을 주다 보니 본사의 품질 검사에 애로가 적지 않았다. 미세한 차이로 수리를 내보내면 반발이 여간 심하지 않았기에 저항도 거셌고, 품질 검사자들은 그들의 심리적 물리적 압박으로 엄청 힘들었다. 불량품을 검사실에 뿌리고 행패를 부리는 하청팀장에, 퇴근하면 보자고 협박하는 자에… 검사 기준에 따라 생산성에 큰 차이가 나는 관계로 그들에게는 사활이 걸린 문제였다. 그럼에도 그들이 순응할 수밖에 없었던 것은 꾸준하고 안정적인 오더와 원석(원자재)의 원활한 공급, 정확한 가공임 결제, 인력 훈련 지원 등 다른 매력이 있었기 때문이다. 본사는 이를 놓치지 않고 품질 수준 확립에 사활을 건 결과 이를 수용하고도 수익을 올리는 하청팀이 늘어나기 시작했고, 마침내 인아는 품질은 까다롭지만 오더는 안정적이라 해볼 만하다는 소문이 퍼져 능력 있는 하청팀들이 많이 들어오게 되었다. 덕분에 밤늦은 시간까지 오더 수주를 위해 노력하는 회사, 우수한 품질, 거기에 납기 준수까지, 말은 쉽지만 결코 쉽지 않은 각고의 노력 끝에 우리는 단시간 내에 비약적인 발전을 이룩한 것이었다.

특히 성수기에도 품질을 낮추지 않는 원칙주의가 성공의 비결이었다. 공단 내 명망 있는 어떤 큐빅 업체는 평소엔 잘하다가도 성수기엔 조금 품질을 낮추는 현명함을 가졌지만, 이를 알고 말하는 바이어의 얘기를 들으면서 그것이 무엇을 의미하는지는 명확하게 알 수 있었다. 처음에는 힘들어하던 하청팀들도 점차 이에 적응하면서 품질 수준을 높이고도 생산량이 줄지 않는다는 사실을 발견하였고, 이는 노력하기에 달린 것이고 얼마나 정성을 들이느냐에 달린 것임이 증명되었다.

이는 오늘날 베트남의 주얼리 생산에도 마찬가지로 적용되어 대고객 서비스의 핵심 요소가 품질에 있음을 주지시키고 초기 비용이 많이 들지만 변함 없이 품질 위주의 생산 체계를 갖춤으로써, 큐빅지르코니아를 사용하는 골드 패션 주얼리 분야에서도 오늘날 명실 상부 세계 제일의 업체가 된 것이다. 물론 품질 한 가지가 전부는 아니고 조직이 커져 감에도 불구하고 영업 역량 강화에 적지 않은 노력과 투자를 한 결과 최고 수준의 고객 서비스를 유지하며, 기선을 놓치지 않고 다양한 디자인 개발과 이에 따른 생산성 혁신이 뒤를 따랐음은 두말할 나위가 없다.

제조업에서 품질을 제외하면 무엇이 남겠는가? 기본적인 얘기다. 품질조차 제대로 만들지 못하는 기업은 아예 자격이 없다. 그러나 품질을 당연한 것으로 취급하기에는 생산성이라는 넘어야 할 산이 있다. 변함없이 기본에 충실하는 것은 결코 쉬운 일이 아니다. 아무나 할 수 없는 것을 할 수 있어야 그것이 경쟁력이고, 쉬운 길에는 경쟁자가 많을 수밖에 없다. 품질에 자신이 없고서는 고객 서비스도 없으며 납기에 쫓겨 수준 미달의 물건을 빨리 보내 본들 그것은 시간 낭비일 뿐이다. 빠른 게 아니라 가장 늦는 것이기 때문이다. 특별할 것이 없는 평범한 진리이지만 이에 유념하여 경영한 결과 성공한 사례가 아닐까 한다.

큐빅 가공 사업의 철수와 사업 전환

어느덧 1988년이 지나고 1989년에 들어서면서 공단 상황은 악화 일로를 걷고 있었다. 이러다가는 곧 최악이 올 것 같았다. 한치 앞도 내다보지 못하고 공장을 증설한 나는 그제서야 이것이 큰 실수였음을 깨닫게 되었다. 적어도 4~5년은 더 갈 수 있으리라 봤는데 변화는 급격히 찾아왔다. 낭패가 아닐 수 없었다.

전환기의 판단이 아주 중요하다. 중국으로 갈 것이냐 아니면 이 사업을 포기하고 새 길을 찾을 것이냐 갈림길에 섰다. 여러 경쟁자들이 각자 살길을 모색하는 가운데 대부분 중국 이전을 결정하였고, 일부는 유사하지만 전혀 다른 주얼리 제조 쪽으로 눈을 돌리고 있었다.

한국 경제도 이제 어느 정도 성장해 있었고 계속해 내수 시장도 좋아질 것으로 보였다. 그동안 수출에만 주력하느라 전혀 눈을 돌리지 못했던 내수 시장에서 우리는 어떤 포지션을 취할 수 있을까? 주얼리 제조는 지금의 큐빅스톤 가공과는 비교도 안 될 복잡한 공정을 갖고 있으며 내수 시장에서 우리는 그저 약자에 불과했다. 왜냐하면 이미 종로 주얼리 타운을 중심으로 수많은 내수 제조업체들이 내수 시장을 장악하고 있었기에 진출이 순조로울 리 없었다. 더욱 곤란한 것은 음성 거래가 판을 치고 있는 것이 아닌가? 정공법과 원리 원칙에만 익숙해 있던 우리에게 이것은 큰 고민이 아닐 수 없었고 그 길을 따라갈 용기는 도무지 나지 않았다.

그러던 중, 미국에서 한 액세서리 업체가 큐빅지르코니아를 소재로 하는 신주 액세서리 오더를 대량으로 갖고 왔다는 것이 아닌가? 일단 이것이라도 받아야 닥친 위기를 넘길 수 있을 것 같아, 그 바이어가 소재한 시카고로 날아갔다. 이는 단순 알 가공과 달리 복잡한 생산 공정이긴 하지만 마침 서울에 하청 공장 하나를 알게 되어 추진키로 한바, 몇 번의 시도 끝에 드디어 오더를 받아 낼 수 있었다. 그런데 얼마 지나지 않아 이 바이어가 자금 사정 때문에 문제가 생겼고, 이로 인해 영입된 파트너가 기존 벤더들을 다 물리고 전부터 이미 연결을 하고 있는 다른 업체로 공급처를 바꾼다는 소문이 아닌가?

그러나 소문은 사실이었고 그동안 거래하던 기존 거래처들은 모두 낙동강 오리알이 되고 말았다. 더는 큐빅 가공 공장을 한국에서 할 수 없는 상황에 좋은 대안마저 잃게 되었으니 방법이 없었다. 그렇다고 중국으로 갈 수는 없었다.

새로운 개념의 신세대 예물 주얼리 탄생과 신시장 개척

신시장의 개척

이제는 더 망설일 여유가 없었다. 그래서 생각한 것이 올림픽 이후 막 살아나고 있는 내수시장이었고 그동안 음성적으로 거래되어 온 귀금속 시장에서 새로운 시도를 하는 것이었다.

그것은, 다이아몬드 예물 주얼리를 개발하는 것이었는데 시장 형편이나 추세로는 다소 이른 감이 있지만 그래서 그때가 오히려 우리 같은 소기업에게는 적기로 보였다. 이제 싼 노동비를 동력으로 한 수출을 접고 내수 시장 양성화를 추구하면서 브랜드 마케팅으로 서서히 시장을 개척하며 소비자 신뢰를 얻는다면 장기적으로 승산이 있을 것 같았다.

여기서 잠시 당시의 국내 귀금속 시장의 형편을 살펴볼 필요가 있다. 막대한 시장 규모에도 불구하고, 상상을 초월하는 높은 관세와 특별소비세가 시장 양성화에 가장 큰 걸림돌이었다.

100% 음성적으로 밀수에만 의존할 수밖에 없는 구조였다.

우리는 이를 타파하기 위해 사실 지난 몇 년 동안 이리 귀금속 공단 조합을 중심으로 줄기차게 이의 개선을 요구해 왔다. 나 또한 앞장서 상공부 상역국 주최의 공청회에 귀금속 조합 대표 패널로 참석해 시장 질서 확립과 개방을 강력히 요청하기도 했다. 이때가 1992년도로 마침 내가 서강대 경영대학원에서 MBA 과정을 마치고 석사 논문을 준비하게 되었는데, 당면 과제인

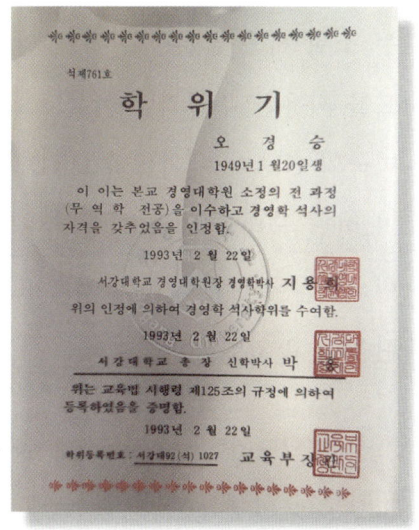

"우리나라 귀금속 보석업계의 문제점과 수출 산업화 전략"이란 주제로 논문을 썼다. 그동안 내수 시장의 문제점과 활성화 대책을 포함해 향후 수출 산업으로서의 갈 길을 모색한 내용이었는데, 결과적으로 오늘날 한국 제일의 주얼리 수출 기업이 되었다.

그 결과 우리 귀금속 보석 수출 공단의 내수 시장 양성화를 위한 노력이 어느 정도 결실을 보아, 1990년대 초 제품가 50만 원 이하에는 특소세가 면제되는 면세점(免稅點, 특별소비세 면세가액)이 처음 도입되었고, 막 숨통이 트이기 시작했다. 조금만 더 노력하면 시장 여건은 우리에게도 계속 좋아질 것으로 보였다.

그래서 생각한 것이 '실용적 예물 주얼리'였다. 그동안 소비자는 소위 시중 금은방을 통해 암암리에 거래되는 밀수 다이아몬드를 사용한 주얼리를 예물로 하고 있었고, 다이아몬드 품질도 미국의 GIA나 벨기에의 HRD 등 국제적으로 공인된 감정평가가 아닌 국내 몇몇의 감정회사가 독자적으로 정한 기준을 사용함으로써 감정서에 따라 가격 또한 다 달라 시장이 적지 않은 혼란을 겪고 있었다.

이를 바로잡기 위해서는 시급한 것이 국제 기준에 따른 감정평가부터 시작하는 것이었는데, 이를 해결한다 해도 문제는 아직도 높은 세금이었다. 관세 및 특소세율 인하와 면세점 상향 조정 등 해결할 과제가 많았다. 그러나 첫술에 배부를 수 없듯이 이는 시간이 필요하였고, 우선은 현 상황에 맞춘 제품을 개발해 시작하는 것이었다. 이것은 어쩌면 자본이나 조직력 등이 취약한 우리 형편에선 오히려 다행스런 일이었으므로 단계적으로 나아가면 되었다.

조만간 기회가 올 것 같았고, 방향은 잘 잡은 것으로 보였다. 왜냐하면 이미 방대한 수요가 있고, 이를 양성화하는 과정에서 천천히 브랜드 리더십을 쌓으며 시장 개방 정도를 따라 우리 역량을 키워 나가면 될 일이었기 때문이다. 어차피 시장 개방은 단번에 될 일이 아니었으므로 우리 같은 중소기업에게 기회가 왔다고 본 것이다.

그래서 생각한 것이 브랜드화를 위한 첫걸음으로 백화점에 진출해 상품과 브랜드를 알리는 것이었고, 이에 착안한 것이 '실용적 다이아몬드 예물 주얼리'였다. "신세대 예물 주얼리"를 캐치프레이즈로 걸고 그동안의 보석 주얼리 개념을 완전히 바꾸는 혁신적인 시도였다. 즉, 음성시장에서 시중 감정서에만 의존해 암암리에 거래됨으로써 소비자 신뢰를 얻지 못하고 있는 시장에 양성화된 국제 기준의 감정평가와 함께 실용적인 등급의 예물 다이아몬드 디자인을 개발해 공개적으로 소개한다면 분명 좋은 결과를 가져 올 것으로 믿었다.

실용적 다이아몬드란 면세점 이하에 속하는 가격의 다이아몬드를 국제 기준의 감정평가를 통해 시중에 소개한다는 의미였다. 다시 말하면 굳이 비싸고 등급 높은 다이아몬드를 쓸 필요가 있겠냐는 것이다. 선진 외국에서는 중급 다이아몬드가 정확한 감정하에 보편적으로 유통되고 있었기에 그동안 다이아몬드라면 상급품만을 의미하는 음성 시장의 오랜 관행을 소비자 입장에서 다양화할 필요가 있었고 이는 가계부를 절약하는 수단이기도 했다. 음성 시장에서는 오직 최고 등급의 다이아몬드인 VVS1급 G컬러만이 힘을 얻고 있었는데, 납득할 수 없는 것이 시중 감정서마다 다 VVS1-G를 표방하고 있지만 가격은 제각기 다 다르고 품질 평가 또한 감정소마다 다르다는 것이다. 이것이야말로 국제 기준을 내세우면서 오히려 이는 아랑곳하지 않는 도무지 이해할 수 없는 행태로 소비자를 속이고 현혹시키는 것에 다름아니었다. 그중에는 오히려 국제 기준보다 더 까다롭게 평가하는 곳도 있어 시중에서 명성을 얻고는 있었지만 가격이 너무 비싸고 또한 그 감정평가도 할 때마다 다르게 나온다는 소문 등 문제가 많았다. 따라서 이를 시정하는 것이 급선무였다.

또한, 세계 시장에서는 반드시 VVS1-G만이 유통되는 것이 아니라 당시 우리나라에서는 등외품으로 취급받던 SI급도 흔히 거래되고 있으며 이는 육안으로 봐서는 품질 차이를 알기 어렵고 컬러(Color)나 피니싱(Finishing)도 괜찮은 데다 가격도 저렴하여 실용적이며, 그 가치는 역시 그대로 유지되기 때문에 굳이 비싼 VVS1급을 고집할 필요는 없는 것이었다.

말이 나왔으니 잠깐 다이아몬드 국제 품질 등급 구분에 대해 간단히 설명을 하고자 한다. 4C라 해서 Cut(연마), Color(색상), Clarity(투명도), Carat(중량)으로 나뉘는데, 빛이 잘 반사되도록 Cutting이 잘되었는지, Color는 무색 투명할수록 좋고(F, G이면 일반적으로 좋은 컬러), Clarity는 내포물로 흠결의 정도는 어떤지, Carat은 중량인데, 사이즈가 크고 위 구분의 평가들이 좋을수록 희귀해 값이 비싸다. 감정평가의 국제적 기준과 명성을 갖는 곳으론 미국의 GIA(미국 보석 감정협회)와 벨기에의 HRD를 들 수 있다. 이에 따라 등급이 정해지고 시장에서 가격이 형성되므로, 이 같은 국제 기준에 맞춰 등급을 판정했느냐가 아주 중요하다.

국제 기준의 다이아몬드 감정연구소 설립과
한국 최초 커플링 개발

당시 아무도 거들떠보지 않았던 SI 저급 다이아몬드를 상품화해 시장을 개척하고, 시장 양성화를 통해 한국 보석업계의 신세계를 열기 위해서는 당장 시급한 것이 감정평가를 국제 수준에 맞추는 일이었다.

우선 사명(社名)을 인아실업㈜에서 인아다이아몬드㈜로 개명하고 브랜드 로고를 '인아다이아'로 해 시장에 알리기로 했다. 이어 국제 기준에 근거해 다이아몬드 품질 등급을 판정하는 평가회사로 '인아다이아보석감정연구소'를 별도 법인으로 설립하고, 당시 벨기에의 다이아몬드 감정평가로 세계적인 명성을 갖고 있는 'HRD의 플라스틱 밀폐포장' 방법을 도입키로 하여 관련 기구를 구입해 HRD것과 동일하게 사각형의 얇은 플라스틱 안에 감정평가 필름과 함께 다이아몬드 실물을 담아 시중에 소개하였고, 기준은 미국 GIA의 등급을 그대로 따라 다이아몬드 감정평가서를 발행하였다. 지금도 업계의 리더로 활약하고 있는 백승철 디자인연구소 소장이나 김태수 귀금속경제신문사 사장도 한동안 우리 연구소에서 일한 바 있다.

또한, 작은 알이 많이 들어가는 복잡한 디자인을 지양하고 간단하고 메인스톤만이 돋보이면서도 산뜻한 젊은 층에 알맞은 디자인을 개발하였고, 연이어 당시 유행하던 예물시계가 남녀 한 쌍으로 되어 있음에 착안하여 한국 최초로 다이아몬드 커플링을 개발해 선보였다. 커플링 개발은 당시로서는 획기적인 발상이었으나, 시계와 달리 다이아몬드 커플링 디자인에는 난제가 있었다. 그것은 시계는 남자 시계가 크고 여자 시계는 작다. 그런데 다이아몬드는 그 정반대라는 데 있었다. 즉, 다이아몬드는 여자 것이 3부이면 남자 것은 그보다 작은 2부다. 따라서 남자 것이 알은 작은데 프레임은 커야 하니 시계 디자인의 효과와는 맞지 않는 것이 문제였다. 이 같은 언밸런스(unbalance)의 문제를 최소화하면서 그런대로 몇 가지 종류의 예쁜 커플링을 개발해 웨딩 잡지에 처음으로 선보였다. 이것은 매우 간단한 발상이었지만 그 후 선물용 반지 분야에까지 대유행을 일으켜 확고하게 주얼리의 한 분야를 이루게 되었다. 세계 어느 나라에도 없던 커플링을 최초로 디자인한 것이다. 반응은 예상한 대로 좋았는데, 커플링은 젊은 층의 기호에 맞도록 개발되어 그동안 시중에서 보지 못하던 신선함과 커플로서의 유대감을 느낄 수 있었기에 단번에 젊은 소비자들의 인기를 얻었다.

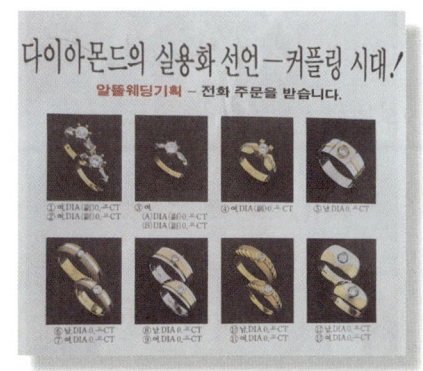

최초 커플링 소개 광고

다이아보석감정연구소 소개

그뿐만 아니라, 매대의 디스플레이도 과감히 바꿨다. 종래의 전통적인 디스플레이는 천으로 된 도구들을 사용하였지만, 우리는 젊은 층의 이미지에 부합되게 투명하고 흰 또는 검은 색의 플라스틱 반지 꽂이와 또 석재를 이용한 받침대, 황동 장식과 청홍색의 띠를 깔아 예물 분위기를 조성하는 등 진열을 통해 **디스플레이의 혁신을 이룩**했다. 새로운 시도였으나 참신한 것이 멋져 보였다.

다이아몬드는 면세점에 맞는 가격대의 SI등급을 채택하였으므로 상대적으로 값이 싸 실용적 이미지를 구현했다. 이제는 시중 금은방이 아닌 백화점에서 브랜드와 함께 종전 디자인과는 확연히 다른 커플링을 예물로 구입할 수 있는 길을 소비자들에게 열었으며 국제 기준의 다이아몬드 감정평가서를 첨부하였다.

결과는 대성공이었다. 이로써 마침내 귀금속 시장의 양성화, 그 첫걸음을 내딛게 되었으며, 그동안 시중에서 소위 '썩다리' 취급을 받던 SI급의 다이아몬드가 혁신적인 디자인, 믿을 수 있는 브랜드와 함께 새롭게 재탄생하게 된 것이다. SI급으로 되겠냐던 일부 사람들의 우려를 깨끗이 씻고 예상한 대로 소비자들의 호응으로 그 후 이 시장은 점차 확대되어 갔으며 매장도 당초 신세게 본점에서 영등포점, 롯데 본점 및 영등포점 등으로 확대되었다. 이로써 이미 운영하고 있던 롯데면세점의 매장을 비롯 울산 주리원점에 이르기까지 어느새 10여 개 매장으로 늘어났으며, 매출도 어느 정도 가능성을 보이게 되었다.

당시 거의 같이 출발했던 골든듀가 적지 않은 자본을 투입해 내수 시장 확대에 박차를 가하면서, 이어 시계로 명성이 있던 오리엔트시계의 갤럭시, 영풍광업 계열의 이베레떼, LG 방계 계열의 LG다이아몬드 등 대기업의 진출도 활발히 전개되었다.

당초 내가 생각한 '신세대 예물 주얼리'의 주 타깃은 사실 중산층 이하의 일반 근로자, 즉 미혼의 젊은 급여 생활자들로 보았다. 이유는 결혼은 평생에 한 번 있는 인륜지 대사임에 반해 결혼 예물로서 다이아몬드 반지를 교환하기가 그리 쉽지 않은 것이 그 당시 현실이었기에, 값이 싸면서도 빛이 괜찮은 SI-G급 다이아몬드 반지를 국제 기준의 감정평가를 통해 브랜드화할 경우, 그동안 시중 금은방에서 음성 거래로 예물을 할 수밖에 없던 중하위 소득 계층 소비자들에게 브랜드 있는 예물을 실용적인 값에 주고받을 수 있는 기회를 준다는 것은 생각만 해도 기분 좋고 멋진 일로 여겨졌고, 또한 새 시장을 개척하는 일이었기에 기대가 컸으며 수요층의 상당한 관심을 끌 수 있다고 보았기 때문이다.

네 번째 패착 – 백화점 입점과 브랜드 마케팅

그러나 문제는 어떻게 이 같은 개념을 시장에 알리고 브랜드를 심느냐였다. 그것은 자본이 취약한 우리 같은 작은 기업 입장에서는 백화점에 입점하는 것 외에 달리 방법이 없어 보였는데, 사실 이는 가격 면에선 모순을 가질 수밖에 없는 딜레마가 있었다. 그것은 비싼 백화점 수수료 때문이었다. 물론 이는 브랜드 마케팅에 필요한 광고비를 줄일 수 있는 장점은 있었지만 역시 가격상엔 상당한 부담이 되었다.

그래도, 백화점에 입점해 이 신개념의 신세대 예물 주얼리를 소비 대중에게 알리는 일이 시급했다. 신세계 백화점 본점에 입점한 후 첫선을 보인 이 다이아몬드 주얼리는 기대 이상으로 성공적이어서 매대를 좋은 곳으로 즉시 옮기고 약간 확장도 하였지만, 백화점의 특성상 내 마음대로 매대를 더 늘리거나 위치를 변경할 수는 없어 애로가 있었다. 월 매출이 일억 원을 넘어서면서 우리는 매대 확장을 강력히 요청하였지만 백화점 측은 오히려 경쟁사를 바로 옆자리에 새로 유치하며 우리의 요구를 묵살하였다. 백화점의 생리를 전혀 알 수 없었던 우리로서는 벌써 시행착오가 일어나고 있었던 것이다. 사업은 타이밍이 중요한데 고약한 상황이 되었다. 브랜드 리더십이 아직 없는 상태에서 아이디어 하나로 승부해야 하는 처지로서는 백화점을 이길 수 없없고, 과거 수출할 때와는 달리 능력 발휘에 제약이 많았다. 이 같은 백화점 생리는 나중에 결국 우리 발목을 잡는 걸림돌이 되었다.

그런데 막상 뚜껑을 열고 보니 주 수요층은 젊고 돈이 부족한 사람들보다는 의외로 중년 아주머니들이 상당 부분 고객들이 되었다. 이유인즉, 과거 어렵게 살던 시절 결혼 때 제대로 된 예물조차 하지 못했던 부부들이 많았었기에 이 기회에 다이아몬드 반지를 갖고 싶은 마음 때문이었다. 백화점의 다이아몬드 주얼리 마케팅 결과 중산층에 속한 아주머니들이 주 고객이 된 것이다. 충분히 공감이 되었다.

이때가 1990년경으로 롯데호텔 본점 면세점에 입점한 이래 국내 시장에서는 신세계 본점과 영등포점에 이어 롯데백화점 본점 등에 계속 입점하면서 사세는 확장되는 듯했으나, 손익 분기점은 쉽게 달성되지 못하고 있었다. 그도 그럴 것이 매대 몇 곳 가지고는 신제품 개발비 등을 감당하기 어려웠고, 또 미아점 등 장사가 잘되지 않는 곳에도 매장을 내지 않으면 안 되는 등 자본이 취약한 우리로서는 적지 않은 어려움에 봉착하게 되었다. 잘 팔릴지 안 팔릴지 모르는 신 디자인 개발은 사실 모험이었다. 귀금속 제품은 원재료 값이 비싸 마진율은 상당히 낮았고, 재고로 남게 되면 녹여 재생하지 않고서는 자금을 감당하기 어려운 것이 문제였다.

따라서 잘되는 매장 몇 곳에 우선 새 디자인을 깔고 그 판매 상황을 보아 나머지 매장들에 배치하는 등 머리를 쓰기도 했지만, 한편으로 계속되는 백화점의 압력으로 기획 상품을 할인해 팔아야 하고, 세일 때는 사실상 광고비나 다름없는 판촉 비용을 셰어하는 등 도무지 이익을 내기 어려운 구조였다. 왜냐하면 매출이 올라야 하므로 판촉 상품은 그나마 잘 팔리는 아이템을 중심으로 이루어져 마진에 적지 않은 타격을 주었으며, 홍보비 외에도 신세계는 건물이 협소해 롯데에 밀리는 것을 커버하기 위해서인지 자주 매장 리모델링을 하곤 했는데 그 비용을 우리에게 부담시키는 것이었다. 나중엔 아예 디자인 신세계란 방계 회사를 만들어 분할 상환하라며 우리로서는 터무니없는 비용으로 부담을 주는 통에 자괴감마저 들었다. 직원들은 청렴했지만 대신 회사가 조직적으로 입점 업체들을 압박하는 것이 더 견디기 어려웠다.

정말 이런 불공정한 대우를 받으면서 이 사업을 계속해야 하는지 고민이 쌓여 갔으며, 이건 "재주는 곰이 넘고 돈은 되놈이 받는다."는 속담과 같이 이익을 내기 매우 어려운 구조였다. 자유 경쟁하의 수출 시장에서 잔뼈가 굵은 우리로서는 정말 감내하기 힘들었다.

시간이 갈수록 자본은 짧고 고뇌는 쌓이고 몸은 고달픈데 매장에서는 신제품이 없어 매출을 못 올린다며 판매사원들마저 책임을 본사에 돌리니… 참으로 딱한 일이었다. 영업회의 때 매출 얘기를 하면 신제품 타령만 하니 그런 장사는 누가 못하냐고 질책도 하지만, 매출 좀 올리는 팀장은 발언권도 세고 걸핏하면 그만둘 기세라 이건 누가 갑이고 을인지…. 사실 아직 자리가 잡히지 않은 관계도 있지만 마케팅 능력과 조직이 열악한 우리 입장에서는 매장의 팀장이 누구냐에 따라 매출에 차이가 많이 나는 것도 사실이기에 능력 있는 판매사원 다루기가 여간 어려운 것이 아니었다. 자본이 넉넉하면 백화점 매장은 홍보나 안테나 숍 정도로 생각하고 따로 영업망을 갖추면 좋으련만 그렇지도 못한 상황이라 사업은 점점 수렁으로 빠져들고 있었다. 수요 문제라기보다 이익 구조의 문제이고 백화점이란 버거운 상대 또한 큰 장애였다. 업계에서는 인아가 뜬다고 소문이 났지만 내용은 빈곤하였다.

여기서 잠시 롯데백화점 본점에 입점하게 된 이야기를 아니할 수가 없다. 신세계 본점에서 매출이 뛰고 있던 우리를 눈여겨보고 있는 롯데에 우리가 입점을 제안하자 담당 이사가 마침 신세계에서 다른 업체가 호주로부터 오팔을 들여와 이벤트 행사로 실적을 많이 올렸다는데, 우리에게 롯데에서 이를 한번 해 보지 않겠냐며 실적이 좋으면 입점을 품의해 보겠다는 것이다. 그래서 이를 해 보기로 하고 평소 안면이 있던 호주 업체 한 곳을 교섭해 두 차례나 출장간 끝에 행사용으로 오팔과 남양진주를 위탁 판매 형식으로 다량 가져오기로 계약을 하고, 일정을 잡아 행사를 준비하게 되었는데, 조용준 팀장을 비롯한 전 직원이 팔을 걷어붙이고 밤을 새워 디스플레이 도구 등을 직접 준비하는 등 전사적인 힘을 기울였다.

그런데 막상 오팔 등을 롯데에 들이려 하니 윗선에서 관리 책임 문제로 브레이크를 건다는 것이었다. 당시 상품 가액이 수십억 원이나 되는데 행사 기간 중 보관에 따른 관리 책임은 자기네가 질 수 없다며 계약상에 이를 명기하자는 것이었다. 대단히 위험한 일이었다.

혹시라도 잘못되면 그 책임을 우리가 다 져야 하는 매우 부당한 조건이었는데, 물건을 롯데 건물 안에 들이고 전시를 한다면 그 이후로 우리가 할 수 있는 일은 없고 다만 낮에 판매만 맡아 하는데, 밤중에 만일 무슨 일이라도 생긴다면 우리는 아무것도 할 수 없는 상황에서 그 책임을 우리더러 지라니, 도무지 말이 안 되는 조건이었다. 할 수 없이 담당 이사가 실세로 소문난 영업책임자 이 모 전무를 같이 만나 얘기해 보자는 것이었다. 그 결과 미운 털만 박히게 되었는데, 그런 조건을 거부하는 업체는 우리가 유일했었던지, 탐탁하게 여기지 않는 눈치였다. 나는 끝까지 그런 조건하에서는 행사를 할 수 없다고 버텼고, 결국 우리 조건을 수락한 롯데와 행사를 무사히 치르긴 했는데 이는 입점을 위해 전 직원들이 밤샘을 하다시피 준비한 덕분이었다. 다행히 실적도 좋았다.

그러나 뜻밖에 약속한 입점은 안 된다는 것이었다. 담당 전무가 거부한다며 이사라는 사람이 매우 난처한 모습이었다. 그 전무란 사람은 바로 그 행사 상품의 보관 문제로 나와 의견을 달리했던 사람이다. 미운털이 박혔음인지 결과적으로 그해에는 입점이 되지 못했고 1년이 지나서야 무슨 생각으로 롯데에서 입점하라고 연락이 온 것이었다. 아마도 그동안 약속을 어긴 담당이사가 매우 미안했던 모양으로 담당 전무를 설득한 것이 아닌가 한다. 이사가 미안하다며 나더러 전무를 만나보라고 해 만났더니 1년 전과는 딴판으로 친절하게 맞아 주며 점심도 사주는 것이 아닌가. 아마도 그때 그 일이 자기로서도 꽤 미안했었음인지, 좀 계면쩍은 표정이었고 잘해 보자고 해 입점을 하게 되었다. 그러나 유감스럽게도 그 전무는 요 몇 년 전 문정부 들어 문제가 된 롯데 비자금 사건으로 스스로 목숨을 끊고 말았다. 잘나가던 실세로서 당시에 느낀 인상으로는 꽤 괜찮은 사람으로 보였는데…. 유감이다.

다시 본론으로 돌아와, 마케팅 능력을 갖추지 못한 우리로서는 백화점 입점이 불가피한 선택이었으나, 백화점 측의 불공정한 사례들마저 발목을 잡아 도무지 이익을 내기 어려운 구조였다.

그동안 매장은 늘어 신세계, 롯데와 현대, 울산 주리원, 신라면세점 등을 비롯 웬만한 백화점엔 다 입점하고 있었지만, 전체적으로 손익 분기점을 넘지 못해 그때까지도 적자를 면치 못하고 있었다. 자본이 취약하고 인재도 확보하기 어려워 우리 형편으론 과부하가 걸린 셈이었다. 게다가 수불관리 체제가 서지 못해 다이아몬드 알을 내부 직원이 도둑질하는 사건도 발생하였고…. 이대로 가다가는 그동안 고생한 것이 수포로 돌아갈 위기를 맞고 있어 계속하려면 자본을 과감히 더 투입해 인재를 영입하고 조직을 혁신하든가 하는 결단이 필요하였다. 그런 가운데서도, 밖에서는 인아가 뜬다는 소문이 났고, 그래서 그런지 여기저기서 우후죽순으로 경쟁업체가 생겼는데, 같은 시점에 출발한 골든듀는 말할 것도 없고, 그중에는 당시 잘 나가던 오리엔트시계 계열의 갤럭시, 영풍산업 계열의 이베레떼, 엘지그룹 방계 계열의 엘지 다이아몬드 등, 대기업의 진출이 차례로 이루어져 업계는 한창 피어나는 듯 보였다. 그도 그럴 것이 시장은 넓고 기존 업체는 영세하니 그들이 보기엔 쉽게 시장을 얻을 수 있다고

강남 공항터미널 직영매장

본 것이다.

문제는 마진 구조였다. 당장은 백화점 말고는 브랜드를 알리기 어려웠던 업체들이 대거 백화점의 수수료 매장으로 진출하였고, 이는 가뜩이나 마진을 구성하기 어려운 다이아몬드 귀금속 시장에서 백화점 수수료를 주고, 골드 값과 다이아알 값을 빼고 나면 도무지 마진을 얻기 어려운 것이다. 그렇다고 터무니없는 값을 받을 수도 없고, 그렇게 되면 당시 SI급 수준의 다이아몬드가 시중에서 음성적으로 거래되고 있는 VVS1 최상급보다도 오히려 높은 가격이 되어, 소위 실용적 예물 주얼리의 취지를 무색하게 만드는 것이었기에….

직영 매장 10여 개로선 개발비 부담을 견디기 어려웠고, 열약한 마진 구조로서는 투자 재원이 마련되지 못했다. 해가 갈수록 적자가 늘어 1996년경에는 숨이 턱에 찰 정도로 회사의 재무 상태가 악화되었다.

프랑스 유명 보석 브랜드, 모브쌩 한국 면세점 유치

여기서 잠시 세계 유명 보석 브랜드와 인연을 맺게 된 이야기를 적을까 한다. 먼저 롯데호텔 면세점에 다이아몬드 제품의 자체 브랜드를 입점시켰던 것은 전술한 바와 같다. 그러나 국내 시장이 개방의 기지개를 펴고 있고, 이미 세계 각 유명 면세점들엔 까르띠에, 반클리프앤아펠, 부쉐론, 쇼메, 불가리 등 세계적인 저명 보석 브랜드들이 자리잡고 있었는데 유독 한국 내 면세점엔 아직 유치가 되지 않고 있었다. 이는 정부에서 허가를 내 주지 않고 있기 때문이었다.

사실, 면세점은 수출 시장이라 얼마든지 별개로 할 수는 있는 일이지만 국민 정서를 고려해 그때만 해도 거대 보석 명품 브랜드의 유치를 정부가 망설이고 있었는데, 주된 이유 중 하나가 우리 같은 중소기업을 보호하기 위한 차원이라는 것이다. 당시 이미 오래전부터 다이아몬드 나석 가공 사업을 해 온 코리아다이아몬드를 비롯, 벨지움다이아몬드가 국내 기업으로서 면세점에 입점해 사업을 해 오고 있었고 우리 또한 후발로 롯데면세점에 입점한 상태였지만 수출 시장인 면세점에서 세계 고객을 상대로 국내 중소기업이 비즈니스를 하기엔 역부족이었다. 정부가 망설이고 있는 이유는 외국 저명 보석 브랜드가 들어오면 그나마 전술한 입점 기업들의 피해가 예견된 때문이었다. 함부로 결정할 수 없는 상황이었지만 사실 이는 시간 문제였다. 왜냐하면 막상 면세점 시장에 발을 들여 놓고 보니 이 같은 시장 대세를 거스르기엔 한계가 있어 보였고, 브랜드 리더십에 따라 매출이 극명하게 갈리는 면세점 특성상 불과 3개 사인 국내 중소기업들의 능력만으론 역부족이었기에 조만간 불가피한 상황에 직면할 것임이 명백해 보였다.

사치품이란 레테르가 붙은 보석의 불명예 속에 동 사업이 그동안 활력을 찾지 못하고 국내 시장이 오랫동안 음성화되어 밀수 시장의 온상이 되어 왔음은 이미 설명한 바와 같고, 이 같은 부작용은 결국 국내 귀금속 보석 산업을 위축시켜 장기간 낙후를 면치 못한 원인이었기에, 향후 국내 보석 산업의 활성화와 또 세계 시장으로의 진출을 위해서도 과감히 선진 문물을 받아들여야 할 터였다. 어차피 조만간, 이런 현상에 직면할 것이 자명한 마당에 장차 국내 제조만을 갖고 세계적인 보석 브랜드들과 경쟁하기엔 한계가 있을 것 같아 세계적인 보석 브랜드들에 대한 시장 조사를 하기로 마음먹었는데, 그 후 얼마 지나지 않아 마침내 면세점부터 보석류 시장이 개방되었다.

면세점 시장에는 가방류를 비롯한 세계적 명품 브랜드들이 몇몇을 제외하고는 한국에 대리점을 두고 영업을 하고 있었는데 대부분의 대리점이 중소기업으로서 판매수수료를 챙기는 구조로, 프랑스 파리 플라스 방돔에 가면 세계 5대 보석 브랜드가 있는데, 까르띠에는 이미 종합 브랜드로 국내 면세점에 들어와 있었고, 우리는 명망 있는 스위스 보석 거래처의 소개로 반클리프 앤아펠, 부쉐론과 교섭하면서 우리가 대리점을 맡을 수 있을지를 타진하였다. 그러나 반클리프는 롯데에, 부쉐론은 동화면세점과 직접 거래를 터 실패하였고, 그때까지 쇼메는 별 관심을 보이지 않았다. 다행히 그중 모브쌩(Mauboussin)과 연이 닿아 마침내 신라호텔 면세점에 유치할 수 있었는데 한때 내가 삼성에 근무했던 인연이다.

오너인 Mauboussin을 만난 자리에서 나는 단도직입적으로 한국 면세점에 출점할 기회를 줄 테니 내게 독점 판매 대리권을 달라 했고, 일정률의 수수료를 받기로 하고 계약을 체결했다. 덕분에 같은 플라스 방돔에 있는 리치호텔에서 거한 점심과 더불어 오랜 전통과 낭만으로 유명한 전설적 레스트랑 Maxim's de

Paris에서 식사 대접도 받았고, 어느 날 저녁엔 그들의 사교 모임에도 초대받아 생전 처음 그들의 저녁 문화를 엿볼 기회도 가졌다.

일단은 그것만으로도 성공이었지만, 면세점 입장에서는 막대한 투자에 비해 아직 성과가 별로 없었기에 반응 또한 적극적이지는 않았고, 아쉬운 것은 처음이라 그런지 고가 보석의 면세점 매출이 생각보다 저조한 까닭에 몇 년 못가 모브쌩 또한 신라호텔에서 철수하였으며, 나중에 워커힐호텔 면세점에 다시 유치된 것으로 알고 있다. 그후 2009년엔 내수 시장 개방과 더불어 단독 매장이 서울 강남에 문을 연 것으로 안다. 면세점에 이은 내수 시장 개방과 더불어 세계 명품 보석 브랜드들이 롯데를 비롯한 국내 백화점들을 통해 소개됨으로써 지금은 거의 일반화되었다. 사실 저명 보석 브랜드들의 면세점 진출을 계기로 한국 국내 시장에도 면역이 생겨 내수 시장 오픈이 그만큼 앞당겨진 것이다.

덕분에 나는 세계적인 보석 브랜드들의 경향을 파악할 수 있었으며 그 생리 또한 알게 되었다. 특히 유럽의 세계적인 저명 보석 브랜드들은 한결같이 중세 유럽 왕실 및 귀족 사회와 연이 닿으면서 명성을 얻었는데, 그 사회에 값비싼 보석 제품을 납품함으로써 그 가치와 세공 능력을 인정받고 유명해졌다. 따라서 보석 브랜드가 명성을 쌓게 된 것은 대량 판매가 아니라 희소가치를 중심으로 세밀한 세공을 거쳐 품질을 인정받고, 왕실과 귀족 중심의 상류사회에서 알려지는 것이 바로 명성과 부를 얻는 길이었다. 그 말은 곧 매출 규모나 일반 소비자를 대상으로 한 브랜드 마케팅을 통해 유명해진 것은 아니란 뜻이다. 다시 말하면, 저명 보석 브랜드들은 거대 기업으로서가 아니라 보석만이 갖는 희귀성과 희소 고객을 상대로 브랜드 가치를 창출한 것이다. 따라서 그들은 시대 변화를 따라 보석 제품에만 국한해서가 아니라 그동안 쌓아 온 명성을 토대로 이젠 시계, 향수, 가방 등 대중적 제품을 모두 취급하는 종합 브랜드로서 자리 매김을 해 오고 있다. 그러나 아직도 소위 명품 고가 보석류는 브루나이와 같은 왕정 국가나 세계적인 대부호들이 고객이다.

프랑스 파리 플라스 방돔에 위치한 모브쌩 숍

파인 주얼리 –
Fine Jewelry 산업의 특성과 기업화의 난점

참고로, 보석 산업 얘기가 나왔으니 잠시 귀금속 보석류 사업(Fine Jewelry Industry)의 특성, 특히 기업화가 왜 어렵고 상대적으로 영세성을 면치 못하고 있는지 먼저 간단히 살펴보고자 한다.

우선 기업이 무엇인지를 정의해 보면 이해가 쉬운데, 어떤 분의 "기업이란 무엇인가"란 논문을 인용하면, 기업이란 시장경제를 바탕으로 재화와 용역의 공급, 그리고 고용의 주체이자 소비자와 관계를 맺는 유기적인 조직체로서 자원의 효율적인 배분(분업화)을 통해 시장에서 이윤을 극대화하는 이해 집단으로 규모의 경제로서의 기업 등을 말한다. 내 견해를 덧붙이면 기업은 수많은 수직적 수평적 관계를 통해 사회에 미치는 파급 효과가 커 국민 생활에 획기적으로 기여하는 고도로 발달된 조직적 집단으로 규명한다.

파인 주얼리 산업이 왜 기업화가 어려운가는 위 질문과 더불어 그 특성을 살펴보면 이해가 된다. 한마디로 조직을 갖춘 기업화가 어렵다. 주된 특징으로서 진입 장벽이 거의 없는 대표적인 레드오션(red ocean)이고, 너무 소량 다품종(디자인의 다양성)이란 점이다. 더하여 주요 원재료인 보석 품질에 균질성이 없어 객관적 평가가 매우 어렵다. 재료의 물리적 조합도 너무 단순하다는 것인데, 대표적인 재료인 금은 귀금속으로서 시장 가격이 소비자에게 익숙한 반면 모양만 달라질 뿐 상태는 그대로 있어 원가가 쉽게 노출된다는 단점과 인조 보석류를 제외하곤 천연 보석류는 그 품질이 너무 다양하고 고급화할수록 희귀해 대량 생산이 불가능하다.

개인도 쉽게 만들 수 있어 진입 장벽이 거의 없는 보석 주얼리 산업, 규모의 경제가 어려운 소량 다품종으로 디자인의 변형이 쉽고 빨라 조직체가 적응하기 어렵다. 또한 제품 자체만으론 브랜드 리더십의 구축이 어렵다는 점도 대표적인 약점이다. 예를 들어 역사적으로 이름을 날린 세계적인 저명 보석 브랜드들도 하나의 조직체로서의 고용이나 규모가 아니라 희귀한 상품성과 고급화를 통해 상류층 시장에서 명성을 얻었다는 점이다. 따라서 그들은 자체 매장을 통해 브랜드 리더십을 유지하곤 있지만 디자인은 쉽게 도용당하고 품질엔 사실상 별 차이가 없다는 것이 약점이다.

하나의 예이지만, 소시지나 햄의 경우, 내용물만 보면 구분이 안 가나 겉포장을 통해 브랜드를 쉽게 구축할 수 있다. 하지만 반지 등 귀금속류는 외관만으론 브랜드를 식별하기가 어렵다.

아주 작은 로고만이 잘 안 보이는 구석에서 브랜드를 나타내고 있기 때문이다.

이 같은 여러 이유로 파인 주얼리 산업은 규모의 경제를 이루지 못했고, 또한 거대 기업의 탄생을 보지 못했다. 대신 수많은 개인 또는 소규모 업체들이 끝없는 경쟁을 펼치는 레드오션이 바로 귀금속 보석 시장인데, 그나마 다이아몬드는 국제적으로 품질 등급제가 가능해 조금 나은 편이지만 역시 영세성을 면치 못하고 있다. 그런 가운데 인조 보석은 균질하고 어느 정도 대량 생산이 가능해 그나마 기업화가 가능한 분야로, 이는 정통 파인 주얼리로 보긴 어렵고 금을 소재로 하므로 액세서리와는 구별되는 귀금속 분야의 틈새시장으로서 위치한다. 따라서 시장 규모도 매우 작다는 것이다. 상대적으로 이윤 폭이 적고 디자인이 너무 다양하여 조직적인 관리가 역시 어렵고 경영의 효율성이 많이 떨어지는 이유로 대기업이 진출하기엔 적합하지 않다.

소비자의 사랑을 받는 귀금속 보석 시장은 그 시장 규모가 적지 않음에도 불구하고 이 같은 특성 때문에 전 세계적으로도 소규모로 운영되다 보니 영세성을 면키 어렵고 따라서 기업화도 제대로 이루어지지 않아 재래식 굴뚝산업으로 볼 수 있는데, 그래도 계속적인 기술 혁신과 장비 개선 등을 통해 생산성이 나날이 좋아지고 있는 점은 고무적이다.

곰팡이 덩어리 – Fungus Ball

그 즈음 나는 40대 초반이었는데, 이미 자양동 한양아파트로 이사한 지 꽤 되었고 주말부부로 서울서 익산을 오가며 사업을 챙기다 익산의 수출 사업을 접으면서 전술한 바와 같이 아예 내수로 전환한 것이었다. 오래전 장만했던 강남구 도곡동 31평형 진달래아파트는 전세를 준 상태였는데, 마침 미달로 남아 있던 자양동의 47평형 한양아파트를 분양가에 하나 더 사 살았던 것이다.

거기서 우리는 주일이면 그전에 어머니와 함께 다니던 강남구 논현동의 숭신교회를 나가고 있었다. 이런 중에 내가 병이 덜컥 나고 말았다. 어느 날 갑자기 폐에서 각혈이 나오는 것이 아닌가. 진정을 하고자 해도 조금씩 툭툭 튀어나오는 것이 심상치가 않았다. 좀 견뎌 보고자 기다렸는데 점점 더 심해지는 것이다. 할 수 없이 오현준이란 친구가 근무하는 중구 백병원으로 가 입원을 하며 그의 도움으로 신속히 처치를 하고 폐CT를 찍었다. 병상에는 '절대 안정'이란 팻말이 붙고…. 그때 나는 몰랐지만 한바탕 소동이 일어나고 있었다. 그것은 폐CT를 찍고 주치의의 진단을 받기 전에 마음이 급했던 내 친구가 인턴이던 염 모 의사와 함께 사진을 먼저 보고 왼쪽 폐에 큰 덩어리가 있는 것을 발견, 집사람에게 폐암이라고 알려 준 것이었다.

집사람이 얼마나 놀랐겠는가? 아이들은 아직 어리고 사업도 힘든데 한창 일해야 할 나이에 폐암이라니… 앞이 캄캄했다고 한다. 내겐 말도 못하고 정신없이 집으로 달려온 집사람은 그 길로 교회에 가 밤샘을 하며 기도를 드렸고, 새벽녘에 들어서야 진정이 되고 평상심을 회복한 집사람은 이내 담대한 마음으로 다시 병원을 찾았고, 그날 주치의를 만난 우리는 그것이 폐암이 아니고 곰팡이 덩어리 그러니까 영어론 fungus ball이라는 것인데, 큰 결절이라 경험이 일천한 인턴으로서는 이를 암으로 오인한 것이었다.

이는 내가 이미 전술한 대로 폐결핵을 오래 앓았던 까닭에 폐속에 큰 기관지 확장이 생겼고, 거기에 곰팡이가 기생해 이것이 문제가 되어 출혈을 일으켰다는 것이다. 나는 지혈제를 복용하며 절대 안정하에 일주일여를 입원한 끝에 퇴원할 수 있었다. 얼마나 감사했는지… 교회에서는 노윤석 담임 목사님을 비롯해 여러 교우님들이 병문안을 와 주셨고 기도해 주셨다. 교회에 많지는 않지만 빚이 일부 있다고 해서 감사한 마음으로 이를 갚아 드렸다.

사실 지금 말이지만 곰팡이 덩어리는 제거하지 않는 한 언제든지 이 같은 출혈, 그것도 대량 출혈의 위험을 안고 있었다. 그래서 교과서적으로는 이는 수술로 제거해야 하는 것이 원칙인데, 당시 일단 지혈을 한 후 퇴원했던 것으로 주치의도 더 이상 그 위험에 대해 말해 주지는 않았기에 나는 이런 사실도 모르고 편안한 마음으로 일상에 복귀할 수 있었다. 물론 아직 젊은 나이이므로 면역이 좋아 그 같은 위험이 적을 수는 있었다. 그러나 만일 같은 일이 가까운 시일 내에 다시 발생한다면 이는 심각히 고민해 봐야 할 과제였다. 그러나 다행히도 그 후 극도의 스트레스를 겪으며 그리 열심히 일을 했음에도 크게 발병하지 않았으니, 이는 진실로 이 부족한 종을 긍휼히 여기신 하나님의 보호하심 덕분이었다.

나이가 육십을 넘어 칠십에 이르는 어간엔 몇 년에 한번씩 이로 인한 각혈은 조금씩 있었지만 심하지 않아 그때마다 지혈제로 간단히 치료하곤 하였다. 정말 감사하고 다행한 일이었다.

사업의 위기

백화점 입점 사업의 실패, 그 황당함

다시 그 시점으로 돌아와, 백화점 매출은 한계가 있었고, 또 사업성을 어렵게 만드는 매우 난처한 구조였다. 게다가 그 엿같은 불공정 거래가 맘도 몸도 모두 지치게 하였다. 이러다간 소비자들 입장에선 가격만 본다면 차라리 밀수 제품을 사는 게 사실상 더 나은 결과가 되는 것이고 백화점에서 등급이 낮은 다이아몬드 제품을 비싸게 사는 셈이니 밀수가 근절되지 않는 한 이는 피할 수 없는 모순이었다. 밀수를 차단하고 어떻게 정상적인 유통 구조를 확립하느냐가 과제인데, 이는 상당한 시간을 필요로 하였고, 또한 그동안 버틸 자본력이 필수였다.

백화점을 통해 브랜드 이미지를 심고 시장에 알리는 데까지는 성공하고 있었지만 마진이 없는 빛 좋은 개살구 신세를 면치 못하고 있었다. 백화점만 좋게 하는 이런 구조하에서 자본 축적은 생각도 못할 형편이었고 짧은 자본으로는 도무지 견디기 힘들었다. 각고의 노력을 다하였지만 매출은 더는 상승세를 타지 못했고, 원자재 비중이 워낙 높아 20%에 달하는(그래도 귀금속이라 싸게 해 준 것이라는데…) 비싼 백화점 수수료를 감당하고서는 상품 값을 올리기도 어려웠으며, 그렇다고 입점한 매장 모두가 다 잘되는 것이 아니었다. 즉, 본점을 비롯 잘되는 매장 두세 곳에서 벌어 그렇지 못한 매장 두세 곳을 먹여 살리는 이런 상황에서는 희망이 없어 보였다. 섬유류처럼 원자재 값이 싸거나 매출액이 아주 좋다면 어떻게 해보겠는데, 참으로 딱한 상황이었다.

한편, 나는 당시 살던 자양동 한양아파트를 팔고 강남구 대치동에 77평 대지의 단독주택을 사 장차 월세를 목적으로 이를 헐고 원룸 다가구 주택을 지었고, Happy Home이라 이름하였다. 원룸을 얼마나 정성스럽게 지었는지 그 일대에서 아름다운 집으로 소문도 났었다. 그 이후로 우리는 사업이 기울면서 계속 세를 사는 처지가 되고 말았다. 번듯한 다가구 원룸 주택은 결과적으로 남 좋은 일만 하고. 부동산 운도 없는 데다 그 후 사업마저 힘들어 오래전에 장만했던 강남의 진달래아파트마저 팔아 사업 자금으로 쓰게 되었다. 그렇게 몇 년이 지나며 매출은 그런대로 따라가고 있었으나 매년 조금씩 계속되는 적자로 점점 개발비를 충당하기 어려워졌고 신제품 출시가 더뎌지고 있었다. 더 투자할 여력은 없고 회사를 처분했으면 좋았으련만, 계속 끌고 몇 년을 버티는 가운데 적자는 늘고 재무구조는 감당하기 어려운 수준으로 나빠지고 있었다. 그러던 중 1997년 가을 IMF를 맞게 되었다.

결국 아쉽게도 시험대에 올랐던 것밖에는 남은 것이 없었고, 7년간 각고의 노력을 기울였음에도 적지 않은 타격만 입은 채 물러서게 되었다. IMF 시기를 맞아 장롱의 금도 내다파는 분위기 속에서 1998년 귀금속 매출은 너무 부진하였고 제주면세점 매장 같은 데서는 일년 내내 아예 매출이 나오지 않고 있었다.

할 수 없이 나는 결단을 내려 1999년 단계적으로 전국의 백화점 매장을 모두 철수시키면서 모든 제품들을 다 폐기해 녹여

금과 다이아몬드 등 원자재는 회수해 현금을 확보키로 했다. 결과적으로 지난 7년간의 피땀 어린 노력은 허망하게 끝이 났고 남은 것은 엄청난 손실뿐이었다. 정말 황당했다. 불철주야 노력하고도 망할 수 있다는 사실을 처음 깨달았고, 대등하지 않은 거래에서의 갑을 관계는 을에게 절망적인 손실을 안겨 줄 수 있다는 사실도 말이다.

잘되는 본점이나 영등포점에서 좀 수익을 올렸다 싶으면 천호점, 미아점에서는 손실이 나는데 이것을 극복할 힘이 부족하였다. 만일 대등한 관계였다면 안 되는 매장은 아예 들어가지 않았을 것이고, 판촉비, 리모델링비, 기획 상품제공 등 백화점의 요구를 따르지 않아도 되었을 것이다. 매출이 안 오르면 퇴점을 시키니 투자한 돈도 그나마 회수 못할 형편이라 그 같은 요구를 들어주지 않을 다른 도리가 없었던 것이다. "재주는 곰이 넘고 돈은 되놈이 받는다."는 말이 있는데 백화점 수수료 매장이 바로 그 꼴이다.

재고 투자, 판매사원 고용, 각종 판촉비 등은 대부분 입점 업체가 부담하고, 그리고 적지 않은 수수료를 주고 나면 다이아몬드 귀금속과 같은 경우 브랜드 리더십을 확보하지 못한 상태에서는 고가 정책도 쓸 수 없어 이윤 추구가 어렵고 그저 고삐 낀 망아지 신세가 되어 끌려다닐 수밖에 없는 것이다. 그래도 자본이 넉넉하면 투자를 늘려 어떻게 해보겠는데 이미 독 안에 든 쥐 신세가 되었다. 백화점은 입점 업체를 압박해 매출을 강요하고 또박또박 수수료만 챙기니 세상에 이보다 더 좋은 장사가 있겠는가? 게다가 부동산 값은 천정부지로 오르니 알 먹고 꿩 먹고 백화점은 그저 손실만 면해도 건물과 부지에서 엄청난 불로 소득을 챙기게 되니 입점 업체들을 상전으로 모셔야 할 판인데, 현실은 정반대였다. 세상이 참 고르지도 못한 것이다.

한번은 하도 억울하여 H백화점의 횡포를 공정거래위원회에 고발한 적이 있었는데, 공정위 왈 그런 일이 없다며 여러 다른 입점 업체들이 확인을 해 주었다는 것이다. 백화점 측에서 아마도 그들을 압박해 그런 확인서를 쓰게 하고 이를 제출했던 것으로 보인다. 공정위가 이를 모를 리 없었을 텐데 말이다.

울산 주리원백화점을 마지막으로 롯데 2개 점포, 신세계 4개 점포, 현대, 신라호텔 본점 면세점, 제주신라 면세점, 롯데호텔 본점 면세점, 공항터미널 직영점 등, 점포들을 모두 철수하고 그 힘들었던 백화점 매장 사업은 그만두게 되었다. 짧은 자본으로 무모하게 불속으로 뛰어든 나방은 온몸에 화상만 잔뜩 입은 상처투성이였다.

비록 나의 이 실험은 실패로 돌아갔으나, 오랫동안 밀수의 그

늘 아래 낙후되었던 우리나라 귀금속 시장을 양성화하는 데 앞장선 첨병으로서 남들이 가 보지 않았던 길을 먼저 개척했다는 점에서는 상당한 의미가 있는 것이었고 그 생각이 틀렸다고는 지금도 생각지 않는다.

결과적으로 사업이 궁지에 몰려 적지 않은 희생을 치러야 했다. 당시 회사가 어느 정도 어려웠는지를 말한다면, 거래하던 순금 공급처에 약속어음을 끊어 주고 금을 구입한 후 그 금을 되팔아 현금을 확보할 정도였는데, 이것은 고리대금을 쓰는 것과 같았고, 갚을 때가 되면 계속 회전하지 않으면 안 되었기에 여간 힘든 것이 아니었다. 창피한 얘기지만 종국엔 내 개인 카드 빚까지 내서 직원들 봉급을 일부 충당하기에 이르렀고, 심지어 집사람을 시켜 지인들에게 자금을 꾸어 쓰기도 했고, 조카의 돈까지 빌려 쓰게 되었다. 정말 최악의 순간까지 왔다. IMF로 매출은 안 오르는데 봉급은 줘야 하고 어쩔 수 없이 궁지에 몰렸던 것이다.

그 실패의 원인을 분석해 보자면,

첫째, 자본력의 절대 부족(마케팅 등 장기 투자에 따른 자본 축적 실패).

둘째, 백화점에 대한 이해 부족(종속 기업의 한계, 이익 실현 곤란).

셋째, 소비자 마케팅을 감당할 고급 인재 부족(브랜드 마케팅 능력부족).

넷째, 허술한 관리 시스템으로 다이아몬드 등 고가 원자재 및 제품의 수불과 재고 관리의 실패(내부 관리 직원들의 횡령 사건 발생).

다섯째, IMF 외환 위기의 도래로 매출 극감.

IMF 외환 위기와 환율의 급상승 – 사활을 건 탈출

IMF 위기를 맞아 귀금속 매출이 급감한 것은 물론 강남에 있던 자체 매장에선 매출이 몇 달간 거의 일어나지 않았고, 면세점 매출도 뚝 떨어졌다. 게다가 환율의 급상승으로 원자재인 다이아몬드를 수입할 수도 없었고… 심지어 같이 출발했던 어느 경쟁 업체는 들리는 소문으론 제품에 물려 있던 다이아몬드 알을 모두 빼서 수입처로 돌려보냈다는 것이다. 이유는 몇 달 전 유전스(usance)로 수입한 다이아 알 값을 지금의 높은 환율로는 갚을 수 없어 알로 반환했다는 것인데, 우리도 하마터면 큰 곤경에 빠질 뻔했었다.

당시 우리도 이스라엘 등지에서 다이아몬드 스톤을 '120days usance dollar base'로 수입하고 있었는데, 이는 은행에서는 수입처에 즉시 결제를 하지만 우리는 수입 후 120일 후에 은행에 대금을 결제하는 방식인데, 결제시점에서 환율을 적용해 원화로 결제하므로 환 리스크가 있는 거래였다. IMF가 터지기 약 두 달 전쯤 수입한 금액이 약 70만 불 정도 되었는데 결제 시점에 공교롭게도 환율이 최고조에 오른 1,800원대였다. 그때 내가 무슨 생각으로 환헤징(煥hedging)을 걸어 놓았는지 잘 기억은 나지 않지만 IMF가 터질 것을 누구도 예상치 못한 속에서(참고로 당시에는 중소기업을 위한 무역보험공사의 환헤징도 보편화되어 있지 않아 대기업은 몰라도 중소기업들은 극소수만이 거래 은행을 통해 환헤징을 해야 하는 상태), 사실 이를 해 놓은 중소기업은 거의 없었다고 봐도 무방할 것이다. 내가 대학원에서 무역학을 전공한 것이 도움이 되었다고 볼 수 있는데 원칙을 따라 환변동 리스크를 헤징해 같은 금액으로 이미 달러를 매입해 놓은 것이다. 이것은 정말 위기 속에 빛난 한 수였다. 그러나 여기서 얻은 이 자신감 덕분에 곧이어 또 하나의 패착을 불러왔으니… 실로 인생은 요지경이라 아니할 수 없다.

대부분의 수입 업체는 환율의 갑작스런 상승으로 엄청난 타격을 입었다. 전술했듯 당시 몇 년 사이에 우후죽순으로 생겼던 대기업 계열의 모든 브랜드 업체들이 IMF를 겪으며 하나도 남김없이 다 사업을 접었고, 나와 같이 시작했던 한 업체(골든듀)만이 환차손을 견디며 유일하게 살아남았다. 덕분에 그 업체는 그 분야에서 독보적인 존재가 되어 지금은 적지 않은 성공을 거두게 되었지만.

IMF는 실로 많은 사람들의 운명을 뒤바꾼 획기적인 사건이다. 수출 사업을 계속하던 과거 동업자들 중엔 최고조에 달한 환율 덕분에 넘치는 자금으로 당시 떨어질대로 떨어진 부동산을 사 인생 역전을 한 사람들도 있는가 하면, 나같이 오히려 원자재를 수입해 내수 사업을 하던 사람들은 반대로 위기를 맞았으니 말이다.

다섯 번째 패착, 선물 거래와 손실 – 엎친 데 덮친 절체절명의 위기!

당시, 전술한 매장 철수 후 제품들을 다 녹여 회수한 후 회사의 재산 상태를 청산 가치로 따져 보니 부채가 순자산보다 많아, 만일 이 상태로 정리한다면 나는 꼼짝없이 거리에 나앉게 될 판이었다.

여기에 엎친 데 덮친 격으로 하필 그 시기에 동양선물로부터 골드 가격 헤징이란 위험 회피 수단으로 선물(先物, Futures) 거래를 제의받게 되었는데, 결과적으로 이것이 회사를 더욱 힘들게 만들었고, 어쩌다 내가 이에 말려들어 그 어려운 때에 손실을 더하며 상황을 악화시켰는지 지금도 이해가 안 간다. 그만 눈에 콩깍지가 씌어 큰 실수를 하게 된 것이다. 처음엔 순수하게 골드 헷징으로 시작한 것이 회사가 어렵다 보니 엉뚱하게 이를 통해 돈도 벌 수 있겠다는 생각이 생겨 그만 헷징 외로 거래를 확대한 것이 문제였다.

근거 없는 자신감으로, 골드뿐만 아니라 나중에는 동, 니켈, 팔라듐, 엔화, 곡물 등 돈이 될 만한 것들은 조금씩 손을 대게 되었고, 선물 담당자들이 보내 주는 자료와 그래프를 읽는 법 등, 세계 경제 돌아가는 것이 한눈에 보이는 듯했다. 사실 이것은 유혹이었다. 물에 빠지면 지푸라기라도 잡는 심정이랄까 사업이 어렵다 보니 여기서라도 돈을 벌어 보겠단 엉뚱한 생각이 그만 이성을 잃게 만들었다. 무역과 경제 상식이 좀 있다고 과신한 것도 원인이었다.

도대체 그 그래프란 것이 뭐라고 그것은 누구나 보고 누구나 다 아는 것이라 오히려 반대로 가기 일쑤인데 그것을 믿고 팔기도 하고 사기도 했으니…. 지금 생각해 보면 정말 어이가 없는 일이었다. 이것이야 말로 큰손들의 밥이 되기 십상이었고 실제로 그랬다.

이것은 내 생애 5대 패착 중 세 번째로, 나 같은 원칙주의자로서는 불가사의한 이해할 수 없는 행태였다. 국제 시장이라 한국 시간으론 주로 밤에 거래가 이루어져 밤늦게 자고 아침 일찍 일어나 시세를 확인하는 등, 대책 없는 짓을 한동안 계속했는데, 결과는 한심하였다. 동 업계의 모 사장은 골드 선물을 하다 돈을 다 잃고 야반도주를 했다는 얘기도 들리고…. 그도 그럴 것이 자본은 짧은데 욕심을 내어 많이 거래하다 보면 가격 등락이 조금만 있어도 증거금이 부족하기 일쑤이고 마진 콜로 즉각 다음 날 이를 메꿔야 포지션을 유지할 수 있으니 그리 되기 십상인 것이다. 공교롭게도 당시 국제 외환 시장은 미국달러가 주도하면서 각국 중앙은행은 이자도 안 나오는 보유금을 대량으로 계속 내다파는 분위기였고 그러다 보니 한때는 사상 최저가인 온스당 250달러 선까지 내려왔다. 대부분의 참여자들은 예상외로 가격이 많이 떨어지자 저가 매수를 계속해 왔는데 결국 마진콜을 견디지 못하고 도산한 것이었다.

재고를 정리해 겨우 자본을 만들었건만 여기서 다시 적지 않은 손실을 본 후에야 이것이 얼마나 잘못된 일이었는지 간신히 알게 되었고 마침내 포지션을 다 정리하고 발을 뺄 수 있었다. 그리고 깨달았다. 개인은 결코 큰손들을 당해 낼 수 없다는 사실을, 또한 너무 당연한 것이지만 욕심을 부려 힘에 겨울 정도로 물량을 많이 거래해서는 결코 이길 수 없다는 사실도. 헤징만 했으면 될 것을 혹시나 하는 생각으로 요행을 바란 나의 크나큰 패착이었다. 나같이 의심 많고 철저한 사람도 위기에 빠지다 보니 연거푸 실수를 한 것이다. 이것은 내 인생에서 겪은 또 한차례의 뼈아픈 경험이었다.

선물 거래의 의의와 특성, 그리고 위험(내 경험을 토대로)

너무나 뼈저린 경험이었기에 이 글을 읽는 누구든지 나 같은 실수를 되풀이해서는 안 되겠다는 생각이 들어 그동안 내가 경험한 사실을 토대로, 선물 거래의 특성과 위험에 대해 간단히라도 살펴보는 것이 좋겠다.

이는 우리같이 금을 거래하는 업체가 원자재인 금을 구입할 때의 가격과 그 제품을 만들어 판매할 때의 가격 등락에 따른 위험을 헤징하는 수단으로서 약간의 증거금만 예치하고 거래하는 까닭에 헤징 물량까지만 거래한다면 손익은 없는 것으로, 그 목적을 달성할 수 있다. 이것이 원래 선물 거래의 목적이고 긍정적 측면이다. 이는 귀금속 등 원자재 가격 등락에 영향을 많이 받는 업종일수록 필요하다. 물론 자연 헤징의 방법도 있다. 즉, 그냥 시장에 맡겨 두면 한때는 손실을 보지만 나중에 회복하는 등 가격 등락은 늘 있는 것이기에 말이다. 사실 헤징은 재고를 포함해 전체 물량을 다 할 수도 없어 한계가 있고 따라서 극히 제한적으로 영향을 미치는 것이 사실이다. 그런 의미에서 자연 헤징이 유리할 수도 있다.

그러나 문제는 하다 보면 대부분의 경우 투기심이 발동하고 저저 돈을 벌 수 있겠다는 유혹에 빠지게 되어 여간한 인내심이 아니고서는 힘겹게 하다가 패가망신한 사례가 정말 적지 않다는 데 있다. 종로의 귀금속 업체들 중에서도 이로 인해 야반도주한 사람들이 적지 않다는 소문도 돌았고, 그래서 동양선물 직원들은 한때 종로에 얼씬도 못했었다.

선물 거래의 가장 큰 특성은 레버리지(leverage) 효과에 기반해 적은 돈을 가지고 가격 등락의 위험을 헤징하는 데 있고, 전술했듯 이는 실물 거래가 동반되는 한 안전하고 유용한 거래이다. 여기서 문제가 되는 것은 헤징 수단이 아닌 투기적 거래인데, 이때는 그 레버리지 효과 때문에 위험이 가중되어 겉잡을 수 없는 큰 손실을 야기할 수 있다.

예를 들어 어떤 품목이 어느 시점에 1거래당 20만 불에 거래된다고 할 때 3개월물로 가정하고 그동안 가격이 매일 등락을 거듭한다. 증거금(예치금, 일종의 계약금)이 5천 불이라고 하면 5천 불의 계약금만 가지고 20만 불짜리를 팔든지 사는 것이다.

즉, 그 20만 불에 대해 3개월간 매일 가격이 움직이는 것으로 만일 선물에서 1개 계약을 매도했는데 하루 5,000불(2.5% 등락)이 오르면 증거금은 다 잃은 것이고 이를 즉각 채워 놓아야 그 거래가 유지된다(마진 콜). 반대로 내리면 5천 불 계약금만 넣고 하루에 5천 불을 번 셈이 된다. 매수의 경우라면 반대의 현상이 발생한다. 아무리 스릴을 즐기는 사람이라도 이 같은 위험 속에서 많은 양을 거래하며 이익을 내겠다는 것은 무모하기 이를 데 없는 발상이다. 뒷돈이 거래액보다 엄청 많아 버틸 수 있다면 몰라도, 예측이 빗나가는 경우가 허다하고 선물 전문가들이 제공하는 그래프 정보는 내 경험에 비추어 볼 때 반대로 가기 일쑤다. 즉, 큰손들의 동향과 시장 수급상황에 돌발적인 변수 등 감안해야 할 요소들이 부지기수다. "Trend is Friend"란 말이 있지만 트렌드를 읽기가 쉽지 않다.

여기서 개인이 돈을 번다는 것은 상상하기 어렵다. 어떤 상품이든지 세계적인 큰손들이 막대한 자본을 가지고 거래를 하는데, 막강한 정보력을 바탕으로 수급을 예측하고 심지어는 시장을 움직이기까지 한다. 그들은 이미 작은 개미들의 동태를 손바닥 들여다보듯 읽고 있어, 개인이 이익을 내기는 사실상 어렵다.

딱 한 가지, 가능한 방법이 있다면 그것은 적게 거래하고 오래 버티는 방법이다. 이 경우 이익 기회는 수개월 또는 1년에 한

두 번, 어쩌면 수년에 한번 올지 모른다. 느긋하게 기다릴 수 있다면 승산은 있다. 작게 거래했다면 뒷돈이 충분하다는 뜻일 테고 기다릴 인내심만 있으면 돈을 벌 수가 있다. 하지만 각 개인의 형편이 다 다르고 현실에서 기다리는 동안 계속 발생하고 있는 손실을 떠안으며 그렇게 긴 시간을 버틸 수가 있겠는가? 아침 생각이 다르고 저녁 생각이 다르다. 당장 불어난 손실을 보면서 과연 이것이 회복될 수 있을까 조바심도 나고 뉴스는 흉흉하기만 한데…. 대부분은 견디다 못해 털고 나온다. 그러면 이상하게도 그때부터 반대로 가는 거다. 왜? 때가 되었기도 하고, 이미 큰손들은 개미들의 동태나 심리를 다 알고 있기 때문이다. 고의적이라곤 할 수 없겠지만 뉴스는 흉흉할 수 있고, 심리전으로 봐도 무방하다. 때로는 그럴듯한 뉴스를 흘려 유혹한다.

이것을 이겨 낼 수 있는 방법은 자기 자본 능력에 비해 훨씬 작게 거래를 하는 것이고 그 자금은 따로 보관하고 있기만 하면 된다. 즉, 돈이나 마음에 여유가 충분해야 이기는 게임이 바로 선물 거래다. 이를 다른 말로 표현하면 '즐길 수 있는 범위 내'에서만 가능하다. 물론 이는 주식 거래의 경우도 대동소이하다. 다만 주식과 달리 선물은 개별 업체의 부도가 없는 점은 안심할 수 있다. 제일 좋기는 거래를 하지 않고 있다 운 좋게 가격 등락 폭이 갈 만큼 갔을 때 발견했다면 오래 기다리지 않고 이익을 낼 수 있겠지만, 거래 생리상 그런 사람은 없다. 계속 시장에 참여하는 경우로 상정해야 한다.

한 가지, 큰손들의 약점은 프로그램 거래를 통해 손절매를 미리 정해 놓고 있다는 점인데 이는 위험을 최소화하기 위한 장치이고 조직적 체계적으로 운영하다 보니 큰 손실을 미연에 막기 위한 불가피한 조치이다. 이는 개인에게도 필요한 것이지만 개인의 경우는 자유롭게 자기 형편에 따라 해도 되고 안 해도 된다. 다만, 이 때문에 내가 살펴본 바, 이를 이용하면 오히려 기다릴 수 있는 개인은 당장 손실이 얼마가 나든 기다려 마침내 이익을 낼 수가 있다. 내가 '무위험 거래'라 하는 말은 이를 두고 하는 말이다. 반드시 이익을 낼 수 있으므로. 물론 언제가 될지는 모르지만. 내가 버틸 수 있는데 왜 굳이 털고 나오겠는가? 그래서 나는 그 후 처음 소규모 거래에서는 손실을 보는 것이 좋다고 생각한다. 그래야 비교적 큰 이익을 거둘 수 있다. 처음 손실이 나면 나는 기뻐한다. 더 떨어졌을 때 더 사 기다리고 결국은 오를 때 이익을 모두 낼 수 있으니 말이다. 소위 물타기 전략이다.

그런데 이것은 실제에선 웬만한 사람들에게는 불가능하고 나처럼 적지 않은 손실을 떠안으며 숱한 맘고생을 뼈저리게 견뎌낸 사람만이 가능하다. 즉, 견뎌 낼 수가 없어 불가능하다는 말이다. 견뎌 낼 수 없다면 하지 않는 것이 최선이다. 내가 보유한 것이 내 가진 여유에 비해 과연 작은 것이라고 말할 수 있을지…. 물타기를 계속하다 보면 그만 내 능력을 초과하기 십상이고 지하실 밑에 몇 개의 지하실이 더 있는지도 모른다.

이는 주식 거래에서도 마찬가지인데, 어느 회사의 주식을 살 때는 단기 투자로 해서는 안 된다. 그것은 바로 투기나 다름없다. 주식을 고를 때 그 회사의 잠재적 가치를 충분히 파악하고 조금씩 계속 사 모아 이를 자산으로 하여 아주 장기적으로 보유해야 한다. 가치 투자다. 이유는 간단한데, 제대로 주식을 골랐다면 그 회사의 성장과 함께 그 주식의 가치는 계속 불어날 것이기 때문이고, 이는 자본의 속성을 안다면 쉽게 이해할 수 있다. 돈이 돈을 번다는 개념인데, 기업은 가진 자본을 이용해 그 가치를 기하급수적으로 불려 나가는 데 반해, 내가 개인적으로 돈을 벌어 은행에 저축해서 모은다면 비교가 되겠는가? 또한 주식을 산다는 것은 그 기업에 종사하는 수많은 사람들이 나를 위해 돈을 벌어 주는 것과 마찬가지인데, 자본과 인재가 결합되어 벌어 주는 돈이 급속히 불어나는 것은 당연한 일이 아니겠는가?

사실 나는 그 후, 이 아픈 경험 덕분에 환헤징 및 골드 선물 거래를 통해 가격 위험을 줄여 적지 않은 성공도 거두긴 했지만, 2008년 불어닥친 세계적인 금융 위기 때는 오히려 이 원칙적인 환율 헤징 때문에 돈 벌 기회를 놓치고 헤징 수준에 만족해야 했다. 그러므로 이 같은 인위적인 헤징이 반드시 옳은 선택이 아닐 수 있다는 사실을 간과해서는 안 된다. 즉, 시장에 맡긴 자연 헤징도 충분히 의미가 있다는 말이다.

결과적으로, 헤징 아닌 선물 거래는 전술했듯 '내가 즐길 수 있는 범위 내에서만 승산'이 있고, 어느 정도 경제 용어에 대한 지식은 있어야 하고 또한 세계적인 경제 동향도 제법 파악할 줄 알아야 한다. 그러나 마음고생이 시작되었다면 이미 실패한 거래로 알면 된다. 다시 말하면 마음고생을 이겨 내야 한다. 그럴 각오도 없이 살얼음판 같은 투기적 시장에서 어떻게 돈을 벌 수 있겠는가.

"주식은 장기 투자로, 선물은 맘 편히 즐길 수 있는 범위 내로 천천히", 이것이 내 결론이다. 장기 투자에도 문제는 있다. 우리나라는 미국과 같은 기축 통화국과는 사정이 다르고 해외 의존도가 높아 위험 또한 높다. 가치 투자가 가능한 기업이라도 언제까지 존속 가능한 것은 아니다. 미국도 마찬가지지만 옛날과는 많이 다르고 한국 사정은 더욱 낙관하기 어렵다. 글로벌 환경이 예전보다 더욱 신속하게 변하기 때문이고 위험 요소도 부쩍 늘었다. 우리가 겪은 IMF가 좋은 예이다. 국제적으로 경제, 정치 환경이 안정적이라 할 수 없고 변수를 더한다면 post

America에 대비해야 하는 시점이란 것이다.

건강의 위험 신호 – 부정맥의 발병과 치유

여기서 잠시 그 즈음에 발병했던 심장 부정맥에 대해 얘기하고자 한다. 사업부진으로 인한 긴장과 극심한 스트레스 때문이었는지 1996년경 맥박이 갑자기 빨리 뛰는 빈맥 증상으로 서울대병원 본원에 입원해 전극도자 절제 시술을 받았는데, 진단 결과 심방 조동이 발견되었고, 이는 규칙적으로 뛰지만 심장이 워낙 빨리 뛰는 병으로 지금에 비해 많이 낙후되었던 당시 장비로는 성공하지 못했다. 당시 주치의와 함께 시술하던 보조의가 놀란 듯이 "조동이잖어!"하고 크게 외치듯 하던 말이 인상적이다.

주치의 말대로 얼마 후 조동이 세동으로 바뀌어 또 오랜 기간 투병하지 않으면 안 되었다. 나중엔 분당 서울대병원으로 옮긴 주치의를 따라 치료를 계속 받았으나 내 경우 부정맥 약이 잘 듣지 않아 상당 기간 고생하였다. '코다론(아미오다론)'이란 약이 좋은데, 이는 폐섬유화라는 부작용이 있어 나같이 폐기능이 좋지 않은 사람에게는 쓸 수가 없었다. 그보다 약한 약을 계속 썼지만 듣지를 않아 일 년에 다섯 차례 심전도를 찍으면 세 번은 세동이 관찰되었다. 심방 세동에서 무서운 것은 뇌졸증(중풍) 위험이다. 또한 심장 기능도 20% 정도 떨어뜨린다.

당장 죽는 병은 아니지만 피곤감이 따르고 뇌졸증의 위험을 피하기 위해 강력한 혈전 용해제인 '와파린'을 복용해야 했다. 이 약은 상호 작용 때문에 음식을 가려야 하는 불편이 있었고 매번 혈액 검사를 통해 농도를 검증했다. 그래도 나는 운이 좋은 편이었는데 오랫동안 계속되는 심방 세동하에서도 별다른 문제는 발생하지 않았다. 그러나 주치의로부터 더는 약으로 안 된다며 가장 효과적인 수단인 심도자 전극 절제술 치료를 다시 하는 게 좋겠다는 권유를 받게 되었다. 심방 세동은 심방이 제대로 뛰지를 못하고 바르르 떠는 현상으로 이로 인해 심방 내에 혈액이 응고되어 혈전이 뇌로 흘러가 뇌경색을 일으킬 위험이 큰 질병인데, 원인은 다양하지만 박동을 콘트롤하는 전기 자극은 한 군데서 규칙적으로 나와야 하는데 내 경우는 심방 여기저기서 제멋대로 자극이 일어 그런 현상이 생기는 것으로 약한 전류를 그 부분들에 흘려 이를 차단하는 시술로, 한두 군데가 아니다 보니 까다롭고 난해한 시술이다. 사타구니의 동맥을 뚫고 긴 카테터 선을 심장 안쪽에 넣고 전류를 흘려 치료하는 것으로 의사의 술기(솜씨)에 따라 성과가 다른 상당히 난해한 시술로 알고 있다. 시간은 대략 3~4시간 정도 걸린다. 노인들에게 많은 병으로 심장이 노화되면서 발생하기에 치료 후에도 재발이 잦아 골치 아픈 병이다.

할 수 없이 여러 병원의 전문의들을 알아본 결과, 마침 의료계에 종사하는 둘째 사위의 추천으로 우리나라 최고의 부정맥 명의 중 한 분인 신촌 세브란스의 박희남 교수를 찾아 2014년 1월 14일 무려 40여 군데를 지지는 전극도자 절제술을 시행한 결과, 그전에 실패했던 조동을 포함하여 깨끗이 치료할 수 있었다. 다행히 10년이 다 된 지금까지 정상 맥박을 잘 유지하고 있다. 재발이 잦은 병이라 걱정을 했는데 내 경우는 드문 케이스이며 명의를 만난 것은 큰 행운이었다. 주치의의 술기가 물론 중요하지만 나는 다행히 심장 기능은 좋아 부정맥을 이기는 데 큰 힘이 되었다는 생각도 들지만, 이 또한 주치의의 손을 잡아 내 병을 치료해 주신 그분의 은혜가 아닐 수 없다. 고치시는 이는 여호와 라파 하나님이시니…. 심전도를 찍을 때마다 마음 졸이던 무려 18년간에 걸친 긴 투병에 종지부를 찍게 하셨다.

요즘도 자주 팔목을 잡고 맥박 뛰는 것을 관찰하는데 또박또박 규칙적으로 힘있게 뛰는 심장 박동을 느끼며 감사하고 있다. 그 후 6개월 또는 1년에 한 번씩 24시간 홀터 심전도 검사를 비롯 필요한 검사를 받아 왔지만 지금까지도 깨끗하다. 와파린은 물론 끊었으나 만일에 대비 항 혈전제로서 그 후 아스피린을 복용했다. '자렐토'란 더 좋은 약이 나와 있지만 폐에 기생하는 곰팡이 덩어리 때문에 폐출혈이 걱정되어 더 강한 약은 쓸 수가 없었기에 부득이 아스피린을 처방받아 복용하였다.

후술하겠지만, 2020년 곰팡이 결절 제거를 위한 좌폐 절반을 수술한 이후로는 다행히 더 이상의 출혈은 없어 그보다 조금 나은 '엘리퀴스'로 바꿨는데, 역시 자렐토란 더 좋은 약을 아직 쓰지 못했던 이유는 오른쪽 폐에도 큰 기관지 확장(다행히 거기엔 곰팡이 덩어리는 없다)이 있고 역시 출혈 위험이 있어 경과를 봐가며 조심스럽게 접근할 수밖에 없는 까닭이다. 그러나 다행히 엘리퀴스 복용 후에도 문제가 없어 지금은 자렐토 15mg으로 바꿔 복용하면서 경과를 계속 관찰하고 있다.

믿음의 길 -
1. 위기의 극복

믿음의 길 – 1. 위기의 극복

먹고 사느냐의 문제 – 믿음의 실체

 이렇게 해서 힘들었던 지난 7년간의 백화점 입점 사업은 고생만 하다 끝이 났고, 결과적으로 이리(익산) 공단에서 수출해 번 돈으로 마련했던 강남구 도곡동 진달래아파트와 살던 자양동 한양아파트도 다 처분해 사업 자금으로 날려 버렸고 그나마 대치동 원룸 다가구 주택 하나만 남겨둔 채 정작 거주는 신사동에 41평 아파트를 세내어 살고 있었는데, 엎친 데 덮친 선물 거래 손실로 정말 회사는 일대 위기를 맞게 되었다. 이래서 사업 실패로 자살도 하겠구나 하는 생각이 들었다. 실질 재무 구조는 지금 청산한다면 부채가 자산보다 많아 매우 불안한 상태였고, 아직 아이들은 어린데 정말 큰일이라 생각했다. 그렇게 이리(익산)에서 수년 동안 어린 직원들과 밤잠 못 자고 열심히 벌어 한 입에 털어 넣다니…. 너무 허탈하고 황당했다.

과거 폐결핵으로 고생하던 때는 죽느냐 사느냐의 문제였다면 이번에 닥친 위기는 먹고 사느냐의 문제였다. 이대로 포기한다면 애들과 함께 길거리에 나앉을 것이 뻔했다. 노숙자가 따로 없다는 생각이 들었다. 남들처럼 위장 도산이라도 해 부채를 갚지 않고 남는 재산이라도 챙길까, 별의별 생각이 다 들었지만 도무지 용기가 나지 않았다. 무엇보다 고의 부도는 크리스천으로서 할 짓이 못 되었다.

거기에 시기는 IMF 때라 달리 방안도 없는데 어떻게 한다? 하루하루 신경안정제로 겨우 잠을 청했고, 멍하니 하늘만 쳐다보는 힘든 고통의 시간들이 계속되고 있었다. 오직 한 가지 희망은 시작한 지 얼마 안 된 골드 패션 주얼리인데, 이는 아직 걸음마 단계라…. 진즉 이 사업을 했더라면 오히려 좋았을 것을, 이젠 이것도 후발주자가 된 터라, 제일 먼저 보고도 늦게 시작하다니…, 욕심을 내 힘겨운 주얼리 브랜드 사업에 막대한 돈과 시간을 허비한 채 만신창이가 되어 원점으로 돌아온 것이었다.

깨달았다. 사업은 내가 하는 것이 아니란 사실을. 허점투성이인 내가 할 수 있는 한계는 여기까지이고 이루시는 분은 하나님이시란 사실을 까맣게 잊고 있었다. 어쩔 방도가 없었고 내 힘으론 아무것도 할 수 없었다. 깜깜한 어둠 속 어디로 발을 떼야 할지… 정말 속수 무책이었다. 절망적이었다. 내려놓지 않을래야 내려놓지 않을 수 없게 되었고, 비로소 그제서야 내려놓는다는 것은 물론 맡긴다는 것의 실체를 알게 되었다. 그동안의 나의 믿음은 사실 헛것이었다. 그동안 내게 있어서 하나님은 실체가 없는 분이었던 것이다.

극한 상황에 처했을 때 하나님의 기회가 있다는 얘기를 들었지만, 비로소 알았다. 지금이 바로 그때라는 것을. 다시 말하면 강권적인 하나님의 섭리하심 덕분에 나는 마침내 전적으로 하나님을 의지할 수밖에 없게 된 것이다.

기도와 말씀 훈련, 그리고 기적의 실마리

그때부터 약 2년간을 집사람과 나는 오직 말씀과 기도에 혼신의 힘을 다 기울였다. 그때 읽은 성경은 내가 그전 30년 이상 읽고 들었던 분량보다 많았고, 심도 또한 깊어 지금도 외우는 요절이 적지 않다. 특히 집사람은 교회에서는 물론 기도원에서 밤새 기도하며 특별히 은사 체험을 하기도 했는데, 지나 놓고 보니 이때가 바로 은혜받을 때였고 우리를 낮추시고 믿음의 진정성과 그 깊이를 알게 하시려는 섭리였음을 깨닫게 되었으며, 우리를 연단하여 사용하시려는 계획이셨음을 알게 되었다. 마침내 하나님께서 직접 개입하신 것이다.

"비록 무화과 나무가 무성치 못하며 포도나무에 열매가 없으며 감람나무에 소출이 없으며 밭에 식물이 없으며 우리에 양이 없으며 외양간에 소가 없을지라도 나는 내 하나님으로 말미암아 즐거워하며 내 구원의 하나님을 인하여 기뻐하리로다. 주 여호와는 나의 힘이시라 그가 나의 발을 사슴과 같게 하사 나로 나의 높은 곳을 다니게 하시리로다." 하박국 3장에 있는 말씀인데, 그때 이 말씀을 집사람과 함께 묵상하면서 우리에게 있어 가장 소중한 것은 돈도 명예도 그 어느 것도 아닌 우리의 참 소망이자 의지가 되시는 하나님뿐이란 사실을 새삼 깨닫게 되었고, 아울러 지금 우리 형편이 이 지경인데 장차 우리가 높은 곳을 다닐 수 있을까? 이 말도 안 되는 어려움을 극복하고 위기를 벗어날 수 있을까? 믿기지 않은 것이 무리도 아니었지만….

이 말씀을 이에 적는 것은 그 후 약 10년 만에, 그리고 25년이 지난 지금엔 더욱, 이 말씀이 기적같이 이루어졌기 때문이다.

뜻하는 의미가 조금 다르긴 하지만, "내가 비천에 처할 줄도 알고 풍부에 처할 줄도 알아…. 어떠한 형편에 처하든지 자족하기를 배웠노니…, 내게 능력 주시는 이 안에서 내가 모든 것을 할 수 있느니라."든 바울 사도의 고백처럼, 당면한 고통과 시련을 담담하게 받아들이고 반드시 혈로를 찾아 나가겠노라 "아무리 욱여 쌈을 당해도, 아무리 답답한 일을 당해도, 비록 거꾸러뜨림을 당한다 할지라도" 말이다.

그 옛날 이미 죽음의 문턱을 넘어 오늘을 왔듯이, "주님은 나의 산성이시요 나의 방패시요 나의 요새시요 나의 힘이시요 나의 하나님이시니….", 결코 쉽지 않은 현실 앞에서지만 나는 잠든 아내와 자식들의 얼굴을 보며 낙심하지 말자고 굳게 결심했다.

"내 영혼아 네가 어찌하여 낙심하며 어찌하여 내 속에서 불안해하는가…(시 42-5), 두려워 말라 내가 너와 함께 함이라 놀라지 말라 나는 네 하나님이 됨이라 내가 너를 굳세게 하리라 참으로 너를 도와주리라 참으로 나의 의로운 오른손으로 너를 붙들리라(사 41-10)."

당시 하나님께서 집사람을 훈련시켜 은사를 주시고 사명을 맡기셨는데 방언과 예언의 은사다. 어느 날 같이 기도하던 중에 아내가 갑자기 "그를 부러워 말라 그가 너를 부러워할 날이 올 것이다."라고 말하는 것이 아닌가. 여기서 그란 당시 잘 나가던 지인을 지칭하는 것으로 아마 우리가 은연중에 그를 부러워했던 모양으로 하나님께서 영감을 통해 우리를 위로하며 주신 말씀인데 그때는 그런 말씀이 정말 당치도 않다고 여겼었다. 그런데 25년이 지난 지금에서 보니 그 예언이 정말 꿈같이 이루어졌다. 매우 신기한 일이지만 무엇보다 중요한 것은 우리 삶의 여정에 하나님께서 개입하셔서 도우시고 함께해 주셨다는 사실이다.

내가 얼마나 무능하고 어리석은가는 이미 IMF를 전후한 실패에서 여실히 드러나지 않았던가. 이는 내가 한 것이 아니다. "사람이 계획할지라도 그 걸음을 인도하시는 이는 하나님이시니…."

그 이후로 내가 금과옥조로 여기는 성경 요절이 몇 개 있는데, 시편 127편이 대표적이다. "여호와께서 집을 세우지 아니하시면 세우는 자의 수고가 헛되고, 여호와께서 성을 지키지 아니하시면 파수꾼의 경성함이 허사로다. 너희가 아침에 일찍 일어나고 저녁에 늦게 누우며 수고의 떡을 먹음이 헛되도다!!"

신세대 아이템, 소형 귀걸이 개발과 품목 전환

다행히, IMF가 도래하기 2년 전쯤, 나는 본 사업의 위기를 느끼고 한편에 새로운 파트를 만들어 그전에 보아 두었던 그 작고 앙증맞은 골드 귀걸이 제조를 준비하였었다. 전술한 대로 나는 7년 전쯤, 예물 주얼리 사업을 시작하기 전에 신사업 구상차 동 업계의 한 업체장과 함께 일본 백화점들을 순회 조사한 적이 있었는데, 그때 오사카의 마루이마루이 백화점을 비롯 젊은 층을 대상으로 하는 작고 귀여운 귀걸이에 특화한 매장들을 발견하고 이것이 미래 우리의 먹거리가 될 것임을 직감하였다.

이는 결국 다이아몬드 신세대 예물 주얼리 개념과도 일치하는 것으로서, 타깃이 동일한 신세대 젊은 수요층이었기 때문인데, 그때 바로 이 아이템을 시작했더라면 내가 가진 자본이나 여건으로 보아 결과는 훨씬 좋았을 것이지만, 두 마리의 토끼를 놓고 고민하다 무리한 욕심을 낸 것이 그 후 상당한 시행착오를 빚은 것이었다.

나는 이 미니 귀걸이 분야는 자본을 많이 필요로 하지 않아 언제든 마음만 먹으면 할 수 있다 생각하고, 의욕적으로 이보다 큰 예물 시장에서 신세대 개념의 주얼리를 먼저 개척해 장기적으로 시장 지배적인 기업을 일구어 보겠다는 야심으로 후자를 선택했고, 소비자 직판 사업을 시작한 것이었는데, 소비자를 직접 상대로 하는 특성상 브랜드 리더십 구축엔 막대한 마케팅 비용이 든다는 사실 등을 간과하고 겁없이 덤벼든 불나방이 되고 말았다. 계획은 좋았지만 전술한 대로 생각처럼 되지를 못했다.

이 미니 귀걸이 사업도 초기에는 지지부진하였다. 아직 국내 시장이 이를 잘 인식하지 못한 과도기였기 때문에 좀 시간이 걸린 것이다. 만일 내가 백화점에 투자했던 자본력으로 이를 먼저 했더라면 같은 기간에 상당한 성과를 거둘 뻔한 것이었다. 먼저 시작한 그 업체도 아직 너무 이른 때문인지, 자금 부족을 호소하며 내게 투자를 요청해 왔기에, 나는 50% 지분 인수 조건으로 이를 받아들이고 계약금을 지불하였다. 더욱이 그는 머지않아 이민 갈 계획이 있다며 장차는 내가 다 맡아 줄 것을 요청하였었다.

그러나 나의 예물 주얼리 사업에 생각보다 많은 자금이 소요되었고 백화점이란 거대 장벽이 경영을 압박하고 있었기에 더는 투자하기 어려워 아쉽게 포기하고 투자금을 분할로 반환받았다. 그러나 그 사업은 그 후 얼마 지나지 않아 드디어 성과를 내기 시작했는데 그동안 뜸들일 시간이 필요했던 것이다. 또한 그 사업은 판매처들이 모두 소규모로 대등한 관계에 있어 자유로이 영업 전략을 펼칠 수 있었기에, 초기의 문제만 극복하면 될 터였다. 아쉽게도 첫 번째 시기를 놓치고 동업도 파기한 후 할 수 없이 상당한 시간이 지난 후에야 독자적으로 이 분야에 따로 진출했던 것이다.

이 새 사업은 이미 오래전에 구상을 끝냈던 것이라 조금 늦었다고 낙심할 것은 아니었다. 경쟁자들 또한 아직 열악한 상태로 백화점처럼 거대한 괴물도 아니었다. 몸과 마음을 간신히 추스르고 남은 전력으로 다시 혼신의 노력을 기울이기로 하였다. 다행히 그간 쌓아 놓은 신용으로(IMF 그 어려운 시기에도 우리는 단 하루도 은행 이자를 연체한 적이 없었다) 신보에서 보증을 추가로 받아 대출을 더 일으키고 부족한 자금을 해결하며 매진하게 되었다.

그전에 다이아몬드 등 보석알을 횡령해 챙기던 나쁜 직원들은 다 내보내고 새로 조직을 짰는데, 유능한 인재들이 하나둘씩 영입되어 영업에도 적격자들이 생겼고, 그들이 서로 경쟁하며 열심히 하는 덕분에 매출이 빠르게 증가하기 시작했다. 지혜도 주셔서 국내 최대 귀금속 프랜차이즈 업체인 이랜드그룹의 로이드와도 거래를 트게 되었는데, 로이드는 우리가 위기를 극복하는 데 결정적 힘이 되었다.

그때 일화를 잠시 소개한다면, 이랜드그룹의 로이드가 몇 년 전에 주얼리 프랜차이즈로 출범하여 우리와 같은 아이템을 중심으로 사세를 넓혀 가고 있었고, 우리가 판매에 나설 즈음엔 이미 여러 지역 상권을 장악하고 있었는데, 아직은 본사와 그들 대리점과의 관계가 안정된 상태는 아니었다. 로이드와 거래를 트고 싶은데 어찌한다? 생각한 끝에 나는 각 지역 로이드 대리점들에 일일이 서큘러 레터를 발송키로 하였다. 굳이 비싼 가격에 로이드 본사로부터 동일한 아이템을 구매할 필요 없이 직접 제조업체와 거래를 하는 것이 어떻겠냐는 내용으로… 로이드를 자극하기엔 충분했다. 사실 당시 프랜차이즈는 생긴 지 얼마되지 않아 특별한 노하우가 없을 때였고 자신만의 디자인이나 특성이 없어 본사 입장이 아직 취약할 때였기에 이 같은 전략을 쓴 것인데, 이것이 주효하여 불과 며칠 후 로이드 본사에서 만나자는 연락이 왔다. 마침 이경숙이란 영리한 여성 영업 책임자가 있어 나 대신 가 만나보라 했고, 선물로 무엇을 사 가면 좋겠냐 물었더니 사과가 좋겠다는 것이다. 사과를 겸해 사과 상자를 사 들고 가겠다는 뜻으로 그 사장에 그 직원인 것이다. 예상한 대로 결과는 대만족이었고 로이드가 마침 구입처를 늘릴 생각이었는데 당장 샘플을 준비해 달라는 것이었다. 이렇게 해서 그 후 25년 이상 우리 회사 발전에 큰 동력이 된 로이드와의 거래가 성사되었고, 마침내 지난 2015년 초엔 귀금속뿐 아니라 의류 등 이랜드 전체 계열 구입선 중 가장 좋은 성적으로 1등을 해 상을 받고 사이판 섬에 초청받아 우리 부부가 공짜 여행까지 하는 특혜도 입었다. 그분께서 정말 좋은 거래처를 예비해 주셨고 선물까지 주신 것이다.

사이판 섬 – 로이드 초청

물론 그 외에도 내로라하는 여러 프랜차이즈 업체들과도 거래를 텄고…. 내수가 서서히 자리를 잡아 가던 2001년에 마침내

용인 수지 공기 좋은 곳으로 새로 아파트를 사 이사도 했고 회사는 그 후 10여 년에 걸쳐 조금씩 발전을 거듭했다.

그때 나는 강남 대치동에 4층짜리 원룸을 지어 세를 주고 있었는데 하필 IMF 그 어려운 때를 만나 세입자들이 너도나도 보증금을 내려 달라고 아우성을 치는 바람에 이를 돌려주느라 정말 힘이 많이 들었고 맘고생도 심했었다. 그 시절 장마철에 원룸에 물이 샌다고 세든 할망구가 어찌나 투세를 부리든지 집사람이 한밤중에 불려가 곤욕을 치르기도 했고, 원룸을 짓느라 돈을 다 쓰고 오히려 우리는 따로 세를 살며 남 좋은 일만 한 셈이 되었다. 왜냐하면 10년이나 갖고 있던 이 원룸을 IMF가 지나 금리가 내려 집값이 막 오르려 하는 때에 그만 팔아 치워 10억 원 하던 것이 얼마 안 가 25억 원으로 오르는 바람에 불과 수년 사이 15억 원이나 손해를 보게 되었으니 말이다. 오래 갖고 있어 지치기도 했지만 원룸만 보면 그 고생하던 생각이 나 작자가 나섰기에 바로 팔아 버린 것이다. 물론 당장 갚아야 할 부채도 있었고. 하여간 나는 그때나 지금이나 부동산엔 전혀 운이 없는 사람이다.

이사는 잘된 일이었다. 왜냐하면 당시 수지는 개발 초창기라 공기가 아주 좋았다. 특히 이사한 엘지빌리지 1차 단지는 동산 언덕에 위치해 탁 트인 것이 조망도 좋았다. 내 폐기능이 좋지 않은 것을 아시는 하나님께서 신선한 곳으로 거처를 옮겨 주신 것이다. 이로써 서울 생활을 끝내고 낙향(?)하여 수지에서의 새로운 삶이 시작되었고, 값도 싸고 72평형으로 넓은 데다 새로 지어 깨끗하고 특히 단지 조경이 뛰어나 경관도 아름답고 쾌적한 것이 참 좋았다.

품질 제일주의와 고객 서비스에 만전을 기하는 과거 수출 전략은 내수에서도 힘을 발휘해 거래처들과의 신용 또한 공고해져 갔다. 물론 이를 감당할 우수한 인재들이 내 주변에서 나를 도와주었다. 좀 늦은 것이 아닌가 하는 자책도 있었지만 결과는 쾌속 질주였다. 어느새 월매출이 손익 분기점을 넘어서는 빠른 성장을 보였으니, IMF란 위기 속에서 빛난 결과였는데, 그 시기에 비싼 주얼리는 다 죽을 쓰고 있을 때, 오히려 값이 싸고 작은 골드 패션 귀걸이는 지갑이 얇은 소비자들의 마음을 열게해 정반대로 매출이 늘어났던 것이다. 이에는 IMF에도 불구하고 소비 성향이 꺾이지 않은 젊은 세대층에 적합한 아이템이란 특성이 주효한 것이기도 하였다. 이미 오래전에 예측했던 것이 IMF 때에 이르러 마침내 큰 힘이 되고 있었던 것이다.

다섯 번째 행운 –
베트남 공장 투자와 본격적인 수출 시장 진출

한편, IMF 외환 위기로 장롱 속의 금까지 모아 수출하기가 한창이던 무렵, 종로 주얼리 타운에 산재한 내수 업체들은 극도로 침체된 매출을 극복하기 위해 해외 시장을 찾아 나섰는데, 뜻밖에 한국산 디자인들과 품질이 미국과 중동에서 기대 이상의 반응을 보여 엄청난 오더가 쏟아져 들어왔다. 당시만 해도 내수 시장은 밀수 금과 보석 등을 소재로 음성적으로 거래되어 왔기에, 익산(이리) 귀금속 보석 수출 단지 업체들은 일부 저가 제품을 제외하고는 아예 내수에는 발을 들여놓지 못하고 있던 때라, 종로 내수 업체들의 호황을 그저 바라만 보고 있을 수밖에 없었다. 비록 음성 시장이라고는 하나 이미 다년간 경험을 쌓아 온 그들은 큼직하고 우수한 디자인들을 많이 갖고 있던 터라 그 인기는 특히 중동에서 대단했다. 수백만 불에서 수천만 불에 이르는 수출 실적을 거두는 업체들이 즐비하게 되었고, 그로부터 적어도 2년여 동안 한국 업체들은 큰 재미를 보았다.

이로써 너도나도 수출 시장에 뛰어들어 조만간 난맥상을 이루게 되었는데, 그 결과 과당 경쟁으로 인한 출혈 등 부작용 또한 속출하기 시작했다. 차차 시간이 흐르면서 도산하는 업체가 늘었고, 그 좋던 시절이 어느새 가고 있었다.

나는 미국 중동 등지에서 선호하는 디자인도 없고 해서, 호황의 끝 무렵인 1999년에 가서야 원래 특기인 수출을 다시 해 보고자, 허기스 귀걸이 몇 종을 넣은 작은 박스 하나를 들고 미국 출장길에 올랐다. 이미 늦어 기존 업체들이 다 쓸고 간 곳에 먹을 것은 남아 있지 않았지만, 그래도 몇몇 유력한 바이어들을 만나 소량 오더나마 받아 낼 수 있었는데, 이유는 기존 업체들이 워낙 물량 공세를 펴는 바람에 품질이나 서비스에서 불만을 갖는 바이어들이 생겨난 결과, 늦었지만 우리에게도 기회가 주어진 것이었다.

나는 우리 특유의 품질 제일주의와 대고객 서비스 역량을 총동원해 바이어들의 신뢰를 얻는 데 주력했고, 결과는 마침내 지속적인 거래처가 하나둘씩 생겨나기 시작했다. 그런데 문제는 손익이었다. 비싼 골드를 소재로 하다 보니 자본 비용은 만만치 않은데 그동안 시장이 흐려져 그 마진으론 도무지 채산을 맞추기 어려웠다.

그래서 생각한 것이 해외에 생산 기지를 구축하는 것이었다. 중국은 이미 인건비가 상승 곡선을 그리고 있었고 투자가 활성화되어 있던 때라 웬만한 소자본을 갖고는 승산이 없었다. 대안을 찾던 중 베트남이 최적지임을 알 수 있었다. 조사를 해 보니 베트남의 미래는 더없이 밝았다. 개방한 지 얼마 안 되기도 했지만 외국인 투자는 아직 걸음마 단계로 사회적 인프라가 매우 열악했다. 현지 조사 결과 인구는 1억이나 되고 특히 젊은 사람의 분포가 높아 노동 인력이 풍부하며 또한 훈련만 잘 시키면 생산성도 좋을 것이 베트남 사람들의 손재주가 우리와 별반 차이가 없을 만큼 좋다는 사실을 알게 되었다. 아쉬운 점이 있다면 아직 자발성과 창의력이 약해 계속적인 지도가 필요할 터였다. 우리나라도 그랬지만 오랫동안 가난으로 힘들게 산 사람들의 공통점은 활력이 없고 수동적일 수밖에 없다는 것이다. 사회가 윤택해지고 삶이 풍부해질수록 이런 문제는 자연적으로 해소되는 것이기에 오히려 당시의 이런 특성들이 우리가 투자하기엔 적합한 환경이라 생각되었고, 단순 노동 인력을 많이 필요로 하는 노동집약 산업에 있어선 최적의 조건이었다. 이에 더해 치안이 안정되어 있고 자연재해도 적은 편이라 우리와 같이 보안이 중요한 귀금속 아이템의 경우엔 더할 수 없는 좋은 여건을 갖춘 셈이었다. 다시 말해 사회적 여건이 취약할수록 적응하기엔 힘이 들겠지만 그렇기에 가격 경쟁력을 갖고 세계를 향해 수출하기엔 중국보다 훨씬 유리했던 것이다.

현지 조사 결과, 하청 시스템으론 안 되고 직접 공장을 세우지 않으면 안 된다는 결론을 얻고 준비에 들어갔다. 회사는 아직 과거의 악몽에서 벗어나지 못해 재무 구조가 좋지 않았지만, 그래도 이제 어느 정도 내수가 자리잡아 가고 있었으므로 용기를 내 내수와 수출 두 마리의 토끼를 다 잡기로 하고 눈을 질끈 감고 결단을 내려 베트남 투자를 단행하였다. 이것이 2002년 초의 일이다. 투자래 봐야 별것 아니었지만 운 좋게 이미 먼저 투자했다가 실패한 한국 업체가 있어 훈련된 기능 인력이 약간 있었기에 이를 흡수하고 추가로 더 모집을 해 시작할 수 있었다. 사명은 INAHVINA(인아비나)로 유한회사 현지법인을 설립하였다.

빠르게 조직력을 갖추며, 우선은 내수 공급 기지로 활용함으로써 내수에서 이익을 극대화하면서 수출 시장에서 경쟁력을 확보하는 전략으로 부단히 노력한 결과 2년쯤 지난 즈음엔 제법 자리가 잡혔고, 현지 법인도 흑자를 낼 수 있었다. 상당히 성공적이었다. 그러나 이에는 숨은 비결이 있다. 그것은 내수 공급을 위해서는 적지 않은 관세 부담이 문제였다. 골드 제품에 관세를 부과하면 공임 따위는 아무것도 아니었기에 생산 후 수입 시 관세가 변수였다. 거래 관세사를 통해 연구를 시키는 한편, 나도 관련 법령집 등 책자를 찾아 검토한 끝에 드디어 방법을 찾을 수가 있었는데, 그것은 부품 일체를 한국서 만들어 보내고 베트남 현지에서는 조립과 광택 등 후속 작업만 할 경우엔 한국산으로 보아 관세를 부과치 않는다는 규정이 있어, 이에 맞춰 시스템을 짜고 즉각 시행에 들어갔다. 물론 절차가 복잡하고 베트남에서 전체를 생산하는 것엔 못 미치지만 타협점으론 훌륭했다.

우리 귀걸이는 귀금속 제품으로서는 보기와 다르게 여러 부품을 조립해야 하는데, 그중에는 포스트 등 부품에서 프레스로 가공하지 않으면 안 되는 것이 있고 이들을 디자인에 따라 구성하고 땜과 조립, 그리고 알 세팅 등 상당히 귀찮은 공정을 거쳐야 한다. 즉, 단순히 주조만 해도 되는 반지 등과는 사뭇 다르다. 그리고 크기가 워낙 작아 많은 양을 생산하지 않고는 채산을 맞추기 어려운 문제가 있고, 게다가 소량 다품종의 대표적 아이템이라 할 만큼 다양성 때문에라도 결코 쉽지 않은 제품이다. 즉, 멀리 떨어진 베트남 공장에서 어떤 아이템은 한두 개 오더도 받아야 하니 얼마나 복잡하겠는가.

또한, 프레스 가공 부품은 장치 산업이라 우리는 아예 생각도 못하고 이를 전문으로 하는 협력 공장을 물색해 충당하고 있었기에, 이를 포함, 한국 본사에서 각 디자인별로 주조한 부품들과 함께 세트로 만들어 보내고 이를 단순 조립해 가져와 국내에 공급하는 방식으로 상당히 복잡하였지만 관세 문제는 해결할 수 있었다. 전체를 일괄해 베트남에서 가공하는 것에는 물론 못 미치지만 단순 조립과 그 후속 처리만 해도 인건비 소요가 많은 아이템 특성상 마진 확보에 적지 않은 도움이 되었다.

그 후 몇 년 지나 한국과 아시안 사이에 FTA협정이 체결됨으로써 그동안 번거로웠던 이 과정을 폐하고 프레스 부품을 제외한 모든 공정을 베트남에서 해결하게 되었다. 나는 사실 그 초창기 동안 베트남을 자주 출장하면서도, 운송비를 아끼고자 그때마다 베트남에서 생산된 제품을 통관해 하나에 10kg이나 되는 박스 두 개를 양손에 들고 대한항공 이코노미 좌석에서 밤새 새우잠을 자며 눈만 붙인 채 공항에 도착해 또 두 시간여를 졸며 기다려 수입 통관을 한 후 이를 셔틀버스에 싣고 오는 등, 사실 고생도 적지 않았다. 항공 규정상으론 소화물 세 개가 허락되지 않았지만 금 제품을 화물칸에 넣을 수도 없어 내가 특별히 승무원의 양해를 구해 핸드캐리 가방과 함께 그 무거운 박스들을 늘 양손에 들고 탔던 것이다.

어느덧 베트남 공장은 직원이 200명을 넘게 되었고, 이젠 제법 자리가 잡혀 물량이 적은 내수 아이템은 약 70%를 베트남 공장으로부터 공급받게 되었다. 효율적인 관리 시스템 덕분에 자연스럽게 이전이 된 것으로 당초 계획보다 빠른 편이었다. 수출도 늘고 있었는데, 이제부터는 보다 수출 강화에 역점을 둘 차례였다. 생산량이 많이 늘고 있어 수출을 안 하면 안 되는 상황이기도 했지만, 홍콩과 미국의 주얼리 쇼를 열심히 뛰어다니며 시장을 개척한 끝에 마침내 괜찮은 수출 거래처도 확보되어 이제는 수출과 내수가 균형을 이루며 서로 상생하는 단계까지 오게 되었다.

이 즈음 공장장으로 조인한 친구 김승기 군의 명석한 도움으로 공장의 체계도 날로 발전을 했고, 늘어나는 수요를 맞추기 위해서는 공장 확장을 생각지 않을 수 없게 되었다. 그런데 현재 우리 공장이 입주한 떵뚜안 공단은 대만 사람들이 설립해 운영하는 곳으로 관리는 잘되고 있어 걱정이 없지만 관리비가 턱없이 비싸고 또 호치민 시내 7군 요지에 위치하고 있어 편리하지만 인건비가 상대적으로 높다는 부담과 부지 사용권의 남은 연수가 30년밖에 안 되어 새로 투자할 경우 장기적으로 본다면 여기보다 외곽으로 옮기는 것이 유리하다고 생각하게 되었다.

마침 호치민에서 약 한 시간가량 떨어진 빈증이란 지역에 위치한 싱가포르 VSIP 공단에서 공장 부지를 분양한다기에 5,000m²를 일단 샀는데(베트남은 사회주의 국가라 토지는 소유 개념보다는 임차 개념인데, 50년을 기간으로 하고 그 기간 내에는 얼마든지 형성된 시장 가격으로 사용권이 매매가 되는 특이한 구조다), 싱가포르 공단 또한 현재의 떵뚜안 공단 못지않게 관리를 잘한다고 소문난 단지이다. 그러나 직원들을 전수 조사해 보니 대부분 그 먼 곳으론 가지 않겠다는 것이다. 김승기 공장장은 그래도 장래를 보아 이전하는 것이 좋겠다는 의사를 밝히기도 했지만, 애써 그동안 양성해 온 인력이 적지 않은 마당에 이를 무시하고 이전하기엔 상당한 대가를 치러야 했기에, 적잖이 고민하게 되었다.

한편 생각해 보면, 호치민 시내에 위치하는 공단이 몇 개 있지만, 그래도 외곽 쪽이고 금제품을 하기엔 관리가 부실한데, 떵뚜안 공단은 다운타운인 1군과 불과 20여 분밖에 떨어져 있지 않아 전술한 단점과 함께 대조적으로 몰려드는 인력이 많아 그 수급이 원활하고(외곽 지역엔 공장이 많아 오히려 인력 수급이 어렵고 이동이 잦다는 평가가 있었음), 고급 인력 조달이 용이하다는 장점이 있는데, 인건비도 실제론 생각보다 높지 않은 것이 공장 수에 비해 인력 수급에 여유가 있기 때문이었다. 더욱 금제품 공장의 경우엔 중요한 것이 보안인데, 현 떵뚜안 공단은 전기 공급, 재해 예방, 경비 시스템, 기타 관리 등에서 매우 잘한다는 평가를 받고 있는 공단 중 하나였다. 다만 관리비가 터무니없이 비싼 것이 흠이었는데, 관리를 잘하자면 비싼 것도 아니라는 공단 측 답변이다.

재검토 결과 현 공단을 떠나지 않는다는 결론하에 공단 관리소 측과의 협의 끝에 현 공장 건물 바로 옆 같은 아파트형 공장 500평을 5년간 장기 분할 상환 조건으로 부지 사용권과 함께 매입하기로 계약을 하였다. 마침내 설립 5년 만에 공장 면적을 200평에서 500평으로 늘리고 임대가 아닌 자체 공장으로 이전하게 되었다. 인원도 물론 이에 맞춰 계속 늘려 나갔다. 따라서 이미 매입한 싱가포르 공단의 부지는 되팔게 되었는데, 불과 1년여 만에 시장 가격이 20만 불이나 올라, 30%의 세금을 내고도 생각지 않게 양도 차익을 얻을 수 있었다. 부동산 운이 없는 나로서는 횡재였다. 그것도 사회주의 국가에서 부동산 수익을 거둔 것이다. 하여간 이때의 결정을 후회하지 않는다.

수출, 내수 모두가 순풍에 돛을 단 듯 균형 있는 발전을 거듭하며 매년 성장을 거듭했다. 베트남 투자는 매우 잘한 결단이자 내 인생의 5대 행운 중 하나였다. 공장장인 김승기 군에게 방도 따로 마련해 주었고 수불 관리 시스템 등 해외 공장, 특히 금제품 공장에서 가장 어려운 부분의 조직 체계도 확실히 확립했다.

말이 났으니 말인데, 한두 명도 아니고 금은 극히 소량이라도 가치가 상당해 만일 공정 과정에서 금 수불 체계에 문제가 생기면 걷잡을 수 없는 상황이 되기 때문에 매우 번거롭지만 아예 모든 공정의 수불을 일일히 확인하는 전표 인수 인계 시스템 등 사실 어려움이 적지 않았다. 초창기 기술 관리자들 중에 뛰어난 한국 간부 직원의 아이디어를 살려 철저한 수불 체계를 만들어 운영했는데, 과거 한국 제일의 수출 기업 천우사에서 인정받은 탁월한 인재 김승기 공장장이 이를 더 발전시켰다. 덕분에 다들 어려워하는 이 부분에서 성공을 거두어 공장을 계속 확장할 수가 있었는데, 소문으론 다른 공장에선 도난과 분실 등 로스 관리가 안 돼 많은 고생을 하고 있다는 얘기도 들렸다. 그러나 사실 이것은 공짜가 아니었다. 그러기 위해서는 컴퓨터 시스템과 함께 현장에 따라 비중 있게 관리 인력을 곳곳에 배치하지 않으면 안 되었기에 비용이 만만치 않게 들어갔다. 다시 말하면, 인건비 절약을 위해 베트남까지 왔는데, 이렇게 되면 그 효과가 상당히 줄어 기타 부대 비용을 포함할 경우, 소량 생산으론 채산 맞추기가 어려운 실정이었다. 그러나 대가를 치르지 않고는 안 되는 어쩔 수 없는 상황에서 나는 이를 정면 돌파하기로 하였고, 적극적으로 수불 관리 문제를 해결하면서 오더량을 늘리기 위해 동분서주하였다.

이것이 우리가 떵뚜안 공단을 떠나지 않기를 잘한 이유 중 하나이다. 왜냐하면 위치적 이점을 가지고 고급 관리 인력을 그때만 해도 비교적 비싸지 않은 인건비로 쉽게 확보할 수 있었기 때문이다. 그런 가운데 김승기 공장장이 개인 사정으로 회사를 그만두게 되어 귀국하였고, 나는 기술 책임자에게 공장을 맡기고 자주 출장을 하며 그 공백을 메꾸게 되었다.

인재의 중요성, 큰 도움이 된 아들과 딸들

그럼에도 회사는 날로 성장했다. 그러는 동안 아들 영찬이를 부지런히 훈련시켰다. 특히 영어 회화에 중점을 두고 공군에 복무 중일 때도 틈틈이 영어 공부를 하라며 독려했다. 왜냐하면 영어가 아무리 보편화되었어도 수출 기업에서 영어는 필수 역량이고 중소기업에서 오너가 영어를 못하면 수출은 생각지 말아야 한다고 누누이 강조하였다. 영찬이가 군을 제대하고 난 후, 미국 보스턴에 있는 유펜에 보내 어학연수도 1년 동안 시켰다. 동생 민혜에 이어서다. 덕분에 영찬이와 민혜의 영어 실력은 이제 걱정하지 않아도 되었고 수출 영업을 맡길 만큼 바이어들과의 소통엔 문제가 없게 되었다.

다행히 그 1년 전 막내딸 민혜가 연대를 졸업하고 삼성전자에 취업해 스마트폰 개발부에서 일했는데, 일의 강도가 여간이 아니었다. 여자라 해서 봐 주는 것이 전혀 없었고 남자 직원들과 마찬가지로 지방 출장에 거의 매일 밤 12시가 퇴근 시간이었다. 심지어는 추석 명절에도 쉴 틈이 없었으니 과거 우리의 젊은 시절을 돌아볼 때 우리도 이미 겪었던 일이었기에, 이는 능력 개발의 필수 훈련이라 보아 긍정적으로 여겼다. 이는 국가와 기업은 물론 개인의 자질 향상을 위해서도 바람직한 일이었고 삼성의 봉급 수준도 좋아 민혜는 그런대로 잘 버티고 있었으나, 당시 내겐 유능한 관리자가 꼭 필요하였다. 그렇다고 고급 인력을 쉽게 쓸 처지도 못 되었기에 어느 날 민혜에게 내 고충을 털어놓고 비록 삼성에 입사

민혜가 태어난 익산 마동아파트 방문

한 지 1년밖엔 안 되어 아쉽겠지만 내게로 와서 나를 도와주는 것이 어떻겠냐고 넌즈시 물었다. 물론 대우는 삼성만큼은 안 되겠지만, 대신 네가 와 도와준다면 이제 막 기지개를 펴고 있는 회사가 크게 발전할 것이라고 설득해 승낙을 받았다. 민혜의 효심 덕분이었다.

그 이전, 한창 회사가 어렵던 IMF 시절 미대에 다니던 큰딸 민정이를 1년간 휴학시켜 나를 돕게 한 일이 있었는데, 그 후에도 민정이는 다른 직장에 취업을 하지 않고 내게 와 회사가 가장 곤경에 처했을 때 나를 도와준 효녀였다. 그때는 대우도 변변치 못했고 근무 조건도 열악해 사실 민정이에게는 적지 않은 고통이 따랐을 것이다. 결혼 후에도 장거리를 오가며 오랜 기간 계속 근무하면서 이것저것 챙겨주었다. 하나님께서는 내게 자식복도 주셨다. 다만, 민정이에게 지금도 미안한 것은 당시 회사 형편이

복잡해 나를 도와줄 일손이 절실히 필요했기에 동생들처럼 미국에 영어 연수를 보내지 못한 것이다. 민정이는 대학에서 디자인을 공부했지만 어학에도 소질이 있어 발음도 좋고 잠재력이 있었는데 아쉬운 점이다. 더욱이 민정이는 미술 대학을 나온 능력 있는 디자이너란 점에서 그 능력을 살리지 못하고 이것저것 나를 돕게 한 것은 후회가 되는 부분이다.

이렇게 해서 나는 민정이에 이어 보기 드문 인재를 얻었고, 민혜는 2008년 5월 입사해 디자인 개발팀을 맡았는데, 어수선하던 개발 체계가 1년 만에 현저히 달라져 바이어 서비스가 한결 좋아지게 되었다. 그 외 중요한 바이어들 몇 곳을 맡겨 영업면에서도 상당한 성과를 거두게 되었다. 민혜 역시 미국 보스턴 유펜에 어학연수를 다녀왔으며 바이어와의 소통에 전혀 문제가 없었으니 인재 부족으로 어려움을 겪고 있던 내게는 천군만마를 얻은 기분이었다.

사실 중소기업엔 쓸 만한 인재가 드물어 여간 고충이 큰 것이 아니었다. 그도 그럴 것이 대우와 복지가 대기업에 비해 많이 낮고 또 안정성도 부족하니 인재가 올 리가 없고, 특히 대표적인 굴뚝산업으로 한창 뜨는 IT기업도 아닌 사각지대인 데다 아직 영세성을 면치 못해 사실 인재들을 담을 그릇이 안 된 형편으로, 오너인 내가 동분서주하며 영업팀도 직접 맡고 자금, 생산 등을 총괄하며 일일이 체크해야 하는 등 애로가 막심할 때라, 민혜는 실로 큰 힘이 되었다. 그동안 내가 사업을 하면서 느낀 가장 큰 어려움은 사람 문제였다.

여기서 우스개 얘기 하나를 예로 들고자 한다. 어느 날 동 업계에 박 사장이란 사람이 말하기를 데리고 있던 간부 직원이 그만두고 강 사장이란 사람한테로 이직을 했었는데, 거기서도 얼마 못 가 쫓겨나면서 하는 말이 박 사장이란 X이 악질인 줄 알았는데, 강 사장 이 X은 더 악질이라 했다는 거다. 자기가 부족한 줄은 모르고…. 마땅한 사람을 얻기가 얼마나 힘든지를 말해 주는 일화가 아닐까 한다.

김승기 공장장이 그만둔 지도 어언 2년 가까이 흘러 영찬이가 미국서 돌아왔고, 2008년 11월 입사 후 간단히 업무 훈련을 시켜 곧바로 베트남 공장으로 보냈다. 모텔에 장기 투숙하며 공장 관리와 영업팀을 동시에 맡아 했는데, 생각보다 잘해 근심을 많이 덜었고 홍콩, 미국 등 주얼리 쇼가 매년 3~4회 열리는데, 이젠 영찬이와 민

영찬, 베트남 공장에 조인

혜가 함께하므로 말하자면 걷다가 말을 탄 기분이었다. 쇼 준비 과정도 상당히 많은 노력이 필요한데 둘이 힘을 합치니 여간 수월한 것이 아니었고, 바이어와 상담할 때도 내가 관여하지 않아도 될 만큼 그들은 빨리 적응해 갔다. 그동안은 안정례 이사가 이끄는 한 팀을 제외하고는 나도 일일이 바이어들을 상대하며 오더를 받아야 했는데, 이젠 정말 거저 먹기가 되었다.

안정례 이사는 여자지만 남자 못지않은 적극성으로 몸을 아끼지 않고 밤 늦게까지 수고를 해 주었으며, 미국 쇼에 갈 때에도 50대 여자의 몸이지만 남자 못지않게 힘든 일도 마다하지 아니하였다. 참 고마운 사람이다. 이상하게도 나는 여직원들의 도움이 컸는데, 주얼리 산업의 특성이 남자보다 여자에게 더 적합한 탓이 아닐까도 생각되지만, 그때만 해도 여성들의 직업 선택의 폭이 좁다 보니 중소기업에도 기회가 있어 그런 것이 아닐까 한다. 그 외에도 여러 유능한 여직원들이 나를 도와주었다.

말이 나왔으니 말인데, 안정례 이사는 정말 효녀였다. 60이 되어도 노처녀로 있었는데 90이 넘으신 어머니에 대한 효성이 남달랐다. 어머니가 노쇠하여 돌봐 드려야 했고, 피치 못할 이유가 있어서인지는 모르겠지만 오빠가 있었음에도 그 몫은 유독 안 이사 차지였다. 어머니가 경상북도 어느 지방에 계실 때는 그 먼 거리를 매주 오가며 봉양하였고 이를 보다 못한 내가 월요일엔 지방에서 재택근무하도록 배려하였고, 나중에 안 이사가 거주하던 회사 부근 기숙사 오피스텔을 조금 넓혀 주었는데 그때부터는 어머니를 모셔 와 같이 생활하였다. 나중에 어머니를 요양병원에 모셨을 때는 새벽같이 일어나 매일 병원부터 다녀오는 것으로 하루 일과를 시작했을 만큼 그의 어머니께 대한 효성은 지극하였고, 나는 그것이 그렇게 고맙고 부러웠다. 다만, 그러다 보니 매일 피곤해 보였고 아침 10시쯤 되어서야 일과를 시작하는 등 업무에는 사실 지장이 적지 않았다. 이미 60이 된 나이에 영업의 한 부문을 맡아 하는 것이 이제는 효율이 나지 않을 시기인데 가정사까지 겹쳐 문제가 있었다. 그때는 몰랐는데 왜 안 이사가 그렇게 매일이다시피 맘을 못 놓고 요양원에 어머니를 뵈러 갔었는지는 최근 들어 요양원의 실태를 알고 나서는 이해가 되었다.

사실 나는 그동안 공로도 있고 해 이미 은퇴할 나이가 넘었지만 몇몇 바이어들만 관리해서 최소한의 실적만 올려주면 계속 근무토록 할 생각이었는데, 갈수록 효율이 너무 떨어지고 개선될 기미가 전혀 보이지 않았다. 그런데 문제는 밑에 보조직을 주어도 어찌 된 영문인지 오래 붙어 있지를 않는 것이었다. 보다 못한 내가 능력은 좀 떨어져도 나이가 있는 기존 여직원 중에서 보조를 주고자 했는데 다들 가기 싫다는 것이 아닌가. 그래서 할 수 없이 베트남 영업팀에서 여직원을 골라 보조토록 했는데, 얼마 못 가 그 직원마저 사표 쓰고 나갔다는 것이다. 사정을 들어보니 안 이사가 무섭다고 한다는 것이다. 사실 베트남 직원들은 웬만큼 힘들어도 잘 버티는데 이건 뜻밖이었다.

어느덧 그렇게 3년쯤 지났는데 점점 더 실적은 줄고 너무 효율이 나오지 않아 할 수 없이 1년 기한의 촉탁직으로 발령을 내고 업무는 계속하되 사실상 은퇴토록 조치하였다. 보조가 안 가니 본인도 힘들고 더는 어렵게 되어 그 후 1년 만에 퇴사케 되었는데 안타까운 상황이었다. 퇴직금 외에 약간의 위로금을 주기는 했지만 넉넉하진 못했는데, 사실 지난 3~4년간은 효율로만 본다면 그 부서를 운영할 형편이 아니었다. 회사가 그때만 해도 형편이 그리 좋은 상태는 아니었다. 어쨌든 나는 안 이사에 대해 빚진 기분이었고 그가 회사를 위해 열심히 일하던 옛날 일들이 종종 생각나 항상 감사한 마음이다.

내수 부문의 분리와 독립 경영

내수 부문은 2007년에 본사에서 분리해 따로 법인을 설립하고, 과거 영업 책임자였다가 퇴사해 당시 경쟁업체를 이끌고 있던 이KS 팀장을 다시 불러 사장을 맡기고 독립 채산제로 운영하였다. 이때부터 나는 오로지 수출 영업과 베트남 공장 관리에 올인했다. 말이 났으니 말인데, 이 사장은 1996년에 경리 직원으로 입사했으나 이내 영업 자질이 뛰어남을 알고 내수 영업을 맡겼고 그녀의 적극성과 마인드는 고객들의 신임을 얻기에 충분했다.

그러나 2004년 새 영업 조직을 짜 맡기려 했는데, 갑자기 그만두고 경쟁사로 옮겨가 오히려 우리를 공격하는 등 내수 부문에 적지 않은 타격을 주었다. 사실 나는 그때 베트남 공장 때문에 내수에 크게 신경을 못 쓰고 있던 터라 남은 직원들만 가지고는 속수무책이었다. 유능하다 보니 경쟁자가 되어 오히려 적지 않은 피해를 준 것이다. 해결책은 그를 다시 불러 아예 내수 부문을 맡기는 것이 최선이라 생각했다. 수출은 내가 전담하고 아예 내수를 분리해 완전히 맡겨도 내가 그쪽에선 봉급을 받지 않음은 물론 간섭할 일도 없을 테니 문제가 없을 것 같았다.

그래서 별수 없이 2007년 내수 부문을 독립시켜 ㈜미니센스를 설립하고, 그녀에게 일정률의 이익을 배분하는 형식으로 법인 대표이사를 맡기기로 하고 나는 아예 참견은 물론 미니센스엔 단 하루도 출근치 아니하였다. 이는 경쟁자를 내 편으로 다시 끌어들인 셈이니 고육지책이었으나 시의 적절한 결단이었고 성공적이었다. 덕분에 이젠 걱정을 덜 수 있었고 나는 한 달에 한 두 번 들러 잠시 상황을 듣는 것이 전부였다. 그것으로 충분했다. 왜냐하면 그녀는 충분한 능력을 갖추고 있었기에 내가 어떤 방식으로든 참견하는 것이 오히려 득보다 실이 크다 생각했기에…. 사실 이 사장은 회사가 한창 어려울 때 입사해 적지 않은 도움을 준 고마운 여성이다. 로이드와의 거래 성사는 물론 내수 기반을 다지는 데 상당한 공로가 있고 그렇기에 비록 나중엔 경쟁자가 되어 회사에 위협이 되긴 했지만, 지금도 그에 대한 감사한 마음은 변함이 없다.

이런 표현이 적절할지는 모르겠지만 솔직히 그녀는 계륵이라고 하지 않을 수 없다. 같이 일하자니 유능한 만큼 성격과 주장이 너무 강한 것이 문제였고 나가면 경쟁자가 되니 말이다. 물론 그가 틀린 주장을 하는 것은 아니지만 거북할 때가 여러 번 있었다. 그때는 영찬이나 민혜가 아직 조인하지 못한 때로 큰딸 민정이가 미대를 졸업하고 한때 내수 영업을 맡기도 했으나, 내가 베트남 일로 바빠 신경을 쓰지 못하는 상황에서는 역부족이었다.

어쩔 수 없는 이 한 수 덕분에 내수 부문은 일단 걱정을 덜었고 다시 회복길로 들어섰다. 나는 본사의 주력인 수출 분야에 역량을 집중하여 비교적 단기간 내 베트남 공장을 일정 궤도에 올려놓을 수가 있었고 따라서 수출도 지속적으로 성장했다.

그러나 성과급 문제로 이 사장과는 얼마 못 가 마찰을 빚게 되었고, 할 수 없이 성과급 체제였던 계약을 파기하고 연봉제로 바꿔 2010년부터는 성과에 관계없이 아예 연봉 1억으로 합의하였다. 왜냐하면 생각만큼 이익이 나지 않고 필요 경비를 다 제하면 마이너스 국면을 면치 못했기 때문으로, 이는 설립한 지 2년밖에 안 되는 상황에서 사업이 아직 궤도에 오르지 못한 결과였는데, 이를 참지 못하고 이의를 제기해 온 것이다. 사실 당시 연봉 1억은 파격적인 것이었다. 이익은커녕 아직 적자가 나고 있는 영세 사업장에서 성과에 관계없는 고액 연봉은 내 입장에선 상당한 배려요 결단이었는데 이는 다른 대안이 없었기 때문이었다. 말하자면 내가 을이었다. 당시 본인이 말하기를 오너가 1억을 줄 때는 얼마나 기대가 크겠냐고 했던 말이 인상적이다.

그런데 사업 7년차가 되어 이제 어느 정도 실적이 올라가고 서서히 안정이 되어 가던 때인데, 갑자기 독립을 하겠다며 또 그만두겠다는 것이 아닌가. 내가 수출 일과 베트남 공장 관리로 아직 내수에 신경을 쓸 여지가 없는 것을 뻔히 알면서도 말이다. 옛날 당했던 일이 생각나 극구 만류하며 3개월을 기다렸지만 자신의 사업을 해야겠다는 데는 방법이 없었다. 도리 없이 사표를 수리하고 정리하게 되었는데 10년 계약이었지만 다 소용없었다. 아직 우리가 자리를 잡지 못한 그때가 본인에게는 적기라 생각했던 모양이다. 그동안 돈을 착실히 모은 것 같았고 다소 부족한 자본은 외부로부터 조달하는 등… 사실 거래처와 쌓은 친분이 두텁고 모든 영업 정보를 다 갖고 있는 상태에선 자본도 그리 많이 들지 않을 것이므로 쉽게 용기를 냈던 것으로 보인다. 이번의 경우와 그 전이 다르다면 이번엔 자기 사업을 한다는 차이뿐이다. 진입 장벽이 거의 없는 주얼리 세공, 덕분에 조금만 경험을 갖추면 언제든 창업할 수 있는 분야다. 레드오션 바로 그것이고, 그러다 보니 경쟁이 치열해 마진 구조가 나쁘고 도산하는 경우도 부지기수다.

이렇게 하여 그는 다시 경쟁자가 되었고, 이번엔 자기 사업인지라 더욱 강력한 도전이 있을 것이기 때문에 나는 바쁜 중에도 미니센스 간부 직원들을 격려해 팀워크를 새롭게 하면서 사업부장 제도로 운영키로 하고 그중 가능성 있는 직원을 선발해 맡기면서 각 팀장들의 연봉을 대폭 개선하고 인센티브 시스템을 도입, 경쟁에 대비하였다. 즉, 그에게 주던 연봉 약 1억 2천만 원(2013년 당시)을 모두 간부 직원들에 나눠주고 책임지고 사수하도록 하는 한편, 핵심인 디자인실과 영업팀엔 인센티브를 높여, 사기 진작과 체제를 강화하였고 막내딸 오민혜가 아직 어리지만 대표를 주어 총책임을 맡도록 하였다. 물론 직원 중에서 발탁한 사업 부장 중심제로 말이다.

이것이 주효하였음인지, 다행히 그 후 7년 동안은 오히려 내수 부문이 꽤 성장하는 아이러니한 결과를 얻을 수 있었다. 그동안 전임 사장이 기반을 다진 이유도 있겠지만 사기가 오른 직원들과 신임 대표인 오민혜 사장이 하나가 되어 열심히 노력한 결과로 매출이 계속 신장하였고, 덕분에 오히려 그가 그만둔 것이 우리에게는 전화위복이 되었다. 이번에도 위기가 기회가 되었고 하나님께서 더 좋은 것으로 만들어 주신 것이다. 그 후 사업은 계속해서 순조롭게 성장하였다.

민혜, 내수분야 대표이사 취임

2008년 금융 위기와 환율 헤징

어느 정도 베트남 공장도 안정되고 막내딸 민혜에 이어 영찬이도 수출에 조인하면서 난 천군만마를 얻은 것이나 다름없었다. 이제 밀고 나가기만 하면 되었다. 그러나 수출이 궤도에 올라가고 있을 즈음인 2008년, 세계는 갑자기 미국에서 비롯된 금융 위기로 온통 혼란스럽게 되었다. 한국도 치명타를 입었고, 우리는 무역보험공사를 통해 환헤징(환변동보험)을 줄곧 가입해 오고 있었는데 이것이 문제였다.

2007년 이후 무역보험공사를 통해 필요한 만큼 월할로 약 2년여 분을 해 놓은 것으로, 당시 전문가들 분위기는 한결같이 환율이 더 내려갈 것이란 전망이었다. 아무도 리먼 브라더스 같은 거대 기업이 무너질 것이라곤 생각지 못했다. 한창 자유 시장 분위기를 타고 금융 기술이 최고조로 달해 온갖 파생 상품이 날개 돋친 듯 팔리고 미국은 세계 경제의 중심에서 그야말로 대성황을 이루고 있었다. 바야흐로 새로운 패러다임을 예고하는 듯했다.

이러다가는 환율 하락으로 수출 채산성이 위협받을 상황에서 환헤징은 기본이요 대세였다. IMF 외환 위기를 혹독하게 경험했던 기업들이 헤징에 대해 눈을 뜨고 그때는 오히려 이를 즐기는 분위기였다. 그때 때마침 등장한 것이 저 악명 높은 KIKO(Knock-In, Knock-Out)라는 파생 상품이었는데, 대부분이 콜옵션 2계약 매도에 풋옵션 1계약 매입인 2 : 1로 구성되었고, 어떤 것은 콜옵션 매도가 몇 개 이상으로 구성된 것도 있었다. 이는 다분히 투기적 요소가 강했지만, 당시 분위기(trend)는 환율이 내려가는 쪽이었으므로 기업들의 탐욕에 불을 붙일 만했다. 그래도 2 : 1 구성에선 위험이 별반 크지 않았지만 3 : 1, 5 : 1쯤 되면 위험은 기하급수적으로 늘어난다. 우리도 은행에서 이를 제안받았다. 물론 위험이 적은 상품으로. 하지만 나는 이것이 투기성이 짙다는 점과 이미 무역보험공사에 분할로 환헤징을 해 놨기 때문에 가입하지 않아, 나중의 그 엄청난 소용돌이에 휘말리지 않을 수 있었다.

그렇더라도 이미 무역보험공사를 통해 해 놓은 환헤징 결과는 참담했다. 세계 금융 위기를 맞아 환율이 급등하자, 마진콜에 따른 업체들의 연체가 속출했고 무역보험공사는 아예 헤징 창구를 닫아 버려 우리 같은 경우는 손실을 만회할 기회를 잃고 말았다. 헤징을 할 때의 환율이 900원을 턱걸이하는 상황에서 더 떨어지면 안 된다는 위기감 속에 900원 초반대에 헤징한 환율이 반대로 1,250원을 넘어 최고조에 달한 후 한참 지나 풀리기는 했지만, 결과적으로 16억 원이 넘는 헤징 손실이 발생했다. 물론 이는 엄밀한 의미에서 손실은 아니다. 실물에서 그만큼의 달러가 수출 대금으로 들어와 동일한 환율에 매각하였으므로 결과적으로 손익은 없는 것이었지만, 만일 환헤징을 안 했었더라면 하는 아쉬움으로 속을 끓이기도 했다. 그렇더라도 사실 매 월물이 끝날 때마다 그때의 환율로 그만큼 다시 헤징을 계속하면 결국엔 손실을 다 만회할 수 있었는데, 당시 이로 인한 중소기업들의 도산이 뒤따르고 분위기가 심각해지자 무역보험공사가 헤징 창구를 일방적으로 잠가 버려 만회할 소중한 기회를 잃었다.

다행히, 금융 위기가 지나고 시장이 안정을 찾아 가면서 창구가 다시 열리고 늦기는 했지만 이어서 헤징을 계속함으로써 환율이 더 떨어지기 전에 그 다음 월물들에서 이익을 낼 수 있었고 4억 원 가까이를 만회하긴 했으나, 안전한 환헤징이라도 급격한 환경 변화에선 위험이 역시 크다는 것을 실감했다.

KIKO에 가입했던 업체들 대부분이 큰 곤경에 빠졌고 이로 인한 도산 등 그 피해는 막심했다. 순수 헤징을 넘어 조금이라도 투기적 성격이 부여될 때 그 결과가 어떻다는 것을 단적으로 보여준 예였다.

사업의 발전 – 드디어 성공이 눈앞에

과거 IMF와 더불어 예물 주얼리 브랜드 사업의 실패로 절체절명의 위기 속에 혹독한 시련도 이긴 바 있었지만, 이렇게 해서 우리는 세계 금융 위기라는 또 한 번의 큰 고비를 넘겼다. 그동안 탄탄히 기반을 쌓아 온 때문이리라. 비로소 우리 회사에도 서광이 비치기 시작했다. 수출이 궤도에 오르면서 모든 체계가 확립되고 관리 능력이 증진되었으며, 특히 영찬이의 수고로 베트남 공장이 상당히 활성화되었고, 덕분에 수출 역량을 대폭 확충할 수 있었다.

민정이가 전업주부로 회사를 그만두고 영찬이와 민혜가 앞장서 나를 돕는 가운데, 2013년 10월 마침내 그전에 사 두었던 공단 내 6,030㎡의 부지에 단층 약 1,100평의 공장을 새로 짓고 이전하게 되었고, 이어 4년 후인 2017년 7월엔 2층을 올려 건평 약 2,000평 규모의 공장으로 확장하였다. 수출과 내수가 균형 있게 발전하는 가운데 회사 재무 구조도 확연히 개선되었고 이제 내가 없어도 될 만큼 회사는 안정적으로 발전하고 있었다. 오히려 내가 빨리 물러날수록 회사에 도움이 될 것 같았다. 영찬이와 민혜가 그동안 많은 훈련도 쌓았지만 이젠 보다 적극적인 기회 제공이 필요하였다. 그동안 점차적으로 업무를 이관해 오던 터라 새로울 것은 없었고 영찬이가 베트남 INHAVINA의 법인장이 된 지도 벌써 몇 년이 지났다. 이리하여 2017년 12월 12일, 드디어 영찬이가 나와 함께 공동 대표이사로 취임하였고 민혜는 미니센스 대표 외에 인아의 재무 담당 이사로 그 역할을 확대하였다.

베트남 공장

　나는 사실상 은퇴한 것이나 다름없었다. 극히 제한적으로 재무 관련이나 자문할 뿐, 가장 중요한 영업 부문은 이제 영찬이가 중심이 되어 그 역량이 최고조에 달하고 있었는데, 내 자식이라서가 아니라 경험이 쌓이면서 탁월한 능력을 발휘해 내가 할 때보다 매출이 급격히 늘었다. 방계회사인 내수 부문 ㈜미니센스도 민혜가 대표이사를 맡아 계속 발전하는 가운데 나는 회사 일에서 거의 손을 놓을 수 있게 되었다.

　내수 사업 부문은 전술한 대로 이 모 사장이 2007년에 다시 조인해 발판을 굳혔고 2013년 개인 사업을 위해 독립하면서 민혜가 대표이사를 맡아 더욱 발전을 이루었다. 수출과 내수가 함께 궤도에 올라 2018년 수출과 내수 총 매출이 748억 원을 기록했으며 2020년엔 마침내 창업 40년 만에 1,000억 원을 넘어섬으로써 이젠 중견기업으로 올라섰고, 주얼리 수출 분야에선 1위가 되었으며 업계 전체 매출에서도 프렌차이즈 유통업체 등 두세 곳을 제외한다면 순수 제조분야에선 사실상 매출 1위 기업이 되었다. 전체 직원도 베트남을 포함해 1,000명을 넘어섰다. 기업 평가 등급도 A(2021년 기준)로 올라 재무 구조가 현저히 좋아진 것은 말할 것도 없고 틈새 시장인 골드 패션 소형 주얼리 분야만 본다면 세계적으로 단연 독보적인 존재가 되었다.

사무실에서 딸 민정이와

물론 이는 우리나라 전체 기업의 규모나 실적과 비교할 때는 별것 아닐 수 있다. 그러나 중소기업의 어려운 현실과 특히 기업화가 힘든 주얼리 산업의 속성상 세계적으로도 거대하다고 할 만한 기업이 없는 사실을 감안할 때 나름대로는 상당한 성과를 거둔 것이라 볼 것이다. 그중에서도 우리가 속한 분야는 귀금속을 소재로 하면서도 보석은 인조석을 쓴다는 면에서 액세서리와는 다르고, 천연 보석을 사용하는 전통적인 주얼리와도 구별되며 한국이 독창적으로 개척한 시장이란 점에서, 틈새를 파고들어 K-주얼리의 세계적 확산을 이룬 것이라 해도 과언이 아니다.

더욱이 코로나19 팬데믹으로 전 세계가 몸살을 앓는 가운데, 특히 베트남 정부의 지역 봉쇄로 5개월이나 제대로 가동을 못하는 어려움 속에서도 약 400명의 직원들이 공장에 남아 숙식을 같이하며 힘들게 이룬 실적이란 점에서, 그리고 사실상 나의 은퇴로 영찬이가 사장으로서 모든 역량을 결집한 결과라는 점에서 고무적이고 시사하는 바가 크다. 장수 기업으로 사십 년 이상 오래 살아남은 것만도 기적일진대, 이젠 강소형 기업으로서 자리매김을 했다 할 것이다. 성공 요인은 해외 투자를 결단하고 지속적인 혁신을 통해 진입 장벽과 경쟁력을 높인 것이 주효한 것이 아닐까 한다.

다만 내수 분야는 이렇다할 장점이 없는 것이 문제다. 전형적인 레드 오션(red ocean)으로 소기업들이 운집하여 치열한 경쟁을 펼치고 있기 때문인데, 그동안은 베트남 공장을 활용한 생산비의 절감과 대량 공급 능력의 이점을 살려 선전했지만 이젠 그것만 가지곤 부족하고 대량 수요처의 정책 변경과 온라인 시장의 확대 등 환경 변화에 대처할 비전 개발이 요구된다.

각별하신 하나님의 도우심 덕분에, IMF 어간, 그 절체절명의 위기를 딛고 반전을 거듭한 결과 이룬 기적이 아닐 수 없다. 역시 하나님은 반전의 명수이시다. 부모님이 땀과 희생으로 남겨 주신 130만 원이 종잣돈이 되어 이제 베트남 직원 등 천여 명이 먹고 사는 수백억 원의 기업 자산이 되었다. 부동산은 거의 없다는 점에서 개미같이 열심히 일해 모은 순수 사업 자산이 대부분이다. 사회주의 국가인 베트남은 공장 토지라 해도 50년 리스 조건이므로 부동산 가치를 따지기 어렵다. 그동안 뼈를 깎는 노력이 있었지만, 이 부족한 종에게 베푸신 참으로 과분하신 그분의 은혜가 아니면 결코 이룰 수 없는 것이었다.

사업을 시작한 이래 비행기를 탄 항공 마일리지만도 100만 마일에 가까울 만큼 시장 개척을 위해 세계 곳곳을 누비며 웬만한 도시는 다 가 보았다. 처음엔 혼자 다녔으나 점차 안정이 되어 감에 따라 가급적 집사람과 동행했다. 사업에 늘 바쁜 터라

해외출장

별도로 시간을 내 관광 여행을 다니기 어려운 사정도 한몫했다. 덕분에 바이어들과의 유대와 신뢰를 쌓는 데 적지 않은 도움이 되었다.

다섯 손주의 할아버지, 그리고 당부

눈에 넣어도 아프지 않다는 말이 있는데, 손주 하나하나를 얻을 때마다 늘 같은 심정이다. 얼마나 귀엽고 예쁜지 말로 다 할 수 없다. 민정이에게서 다인이를 얻었을 때도, 영찬이에게서 윤혁, 진혁, 찬혁을 보았을 때는 물

첫 외손녀 다인이

론, 민혜에게서 하율이를 얻었을 때, 그 기분은 말로 다할 수 없을 만큼 기쁘고 좋았다. 내려가면 갈수록 귀엽다.

특히 손이 귀한 5대 독자 우리 집에 나혜가 며느리로 들어와 3형제를 내리 낳았으니 그 기쁨은 말로 다할 수 없었고 집안은 번성하고 사업은 왕성하니 그 은혜가 실로 백골난망이다. 자식

막내 외손자 하율이

으로서의 도리는 못했지만 그래도 가장으로서 책임은 할 수 있게 되어 매우 기쁘다.

우리 가정에 선물로 주신 다섯 손주들 모두가 하나같이 믿음 안에 지혜롭고 건강하게 자라 하나님 나라의 일꾼으로 하나님을 기쁘시게 해 드리기를 원하며 감사하고 충성할 조건들로 가득할 수 있기를 바란다.

친손자 3형제(윤혁, 진혁, 찬혁)

자식들에 대한 당부

괜한 당부이겠지만, 돈을 벌어도 중요한 것은 형제간의 우애이다. 이는 돈으로 살 수 없는 천륜의 아름다운 인연으로 무엇보다 소중한 것이며, 서로 양보하고 이해하며 돕고 힘을 모아야 한다. 돈이 있으면 무엇하겠는가. 형제조차 돕지 못할 돈이라면 그런 돈은 벌어도 아무 소용이 없다(딤전 5:8). 성경에도 마른 떡 한 조각만 있고도 화목한 것이 육선이 집에 가득하고 다투는 것보다 낫다 하지 않는가.

비록 내가 지녔던 젊은 날의 포부와는 달랐지만, 그 혹독했던 가난과 병마의 시련을 이기고 마치 운명처럼 어려운 사업의 길을 쉴 새 없이 달려 왔다. 내 능력이 부족해 이것이 전부이지만 내가 겪은 실패와 성공을 거울 삼고 그동안 축적된 경험을 살려 더욱 발전시켜 나간다면 내게는 더 없는 기쁨이요, 보람이 될 것이다.

그렇더라도 다시 당부하노니, 기업은 예상치 못한 위험과 어려움이 곳곳에 도사리고 있다. 때론 모험도 좋지만 과욕과 교만을 버리고 겸손한 마음으로 안정 속에 성장을 다져야 한다. 성경에도 선 줄로 생각하면 넘어질까 조심하란 말이 있다. 착안대국(着眼大局) 착수소국(着手小局)이다.

성실하게 기업의 소명을 다함으로써, 자신과 가족은 물론 사회에 유익을 주는 삶을 살아야 하고, 우리가 부유함은 우리 주변의 어려운 이웃들을 돌보라는 하나님의 명령이신 줄 알고, 이에 순종하여 결코 인색함이 없어야 한다. 현재 인아와 인아비나, 미니센스가 감당하고 있는 선교 및 구제와 관련된 각종 지출은 계속되기를 바라며, 자식들 대에서 지출이 더욱 늘어나기를 소망한다.

무엇보다, 나와 내 집은 오직 여호와 하나님만을 섬기겠노라 고백하는 믿음의 가정으로 하나님을 경외하며 먼저 하나님의 나라와 그 의를 구하는 삶을 산다면, 하나님께서 우리 자손 만대에 넘치는 복을 주실 것이다. 이는 하나님의 약속의 말씀이다.

아들 내외와 손주 삼형제

고희 감사 예배

2018년 초 자식들이 마련해 준 칠순 잔치를 롯데호텔에서 가졌는데, 내겐 특별한 의미가 있었다. 병약했던 내가 칠십을 넘겨 기본은 했으니 어찌 감회가 남다르지 않겠는가?

환갑 잔치도 못해 드린 부모님을 생각하면 가슴이 아프지만, 자식들이 이를 놓치지 않고 고희연을 준비했기에 간소하게 하기로 하고 많은 친구들 중 그때 마침 정규 모임을 갖게 된 일육회 친구들을 비롯 신세진 몇몇 친구들 그리고 가까운 친지 몇 분만 초청해 하나님께 감사 예배를 드렸고 즐거운 시간도 가졌다. 친구 김태성 목사가 예배를 주관했다. 내가 폐병으로 고생할 때 선뜻 도움을 주었던 오관식 군과 집사람을 만난 계기가 된 박덕상 군에겐 감사의 표시를 했다. 감개무량하다. 그동안의 희로애락이 주마등처럼 스쳐 지나갔다.

가족사진을 찍었는데 집안은 번성하여 어느덧 대식구가 되었다. 삼 남매가 가정을 이루고 눈에 넣어도 아프지 않을 손주를 다섯이나 얻었으니 이것이 축복이 아니면 무엇이겠는가? 나같이 외롭고 보잘것없는 사람에게 하나님께선 정말 과분하신 사랑을 베풀어 주셨다.

고희연

고희연

믿음의 길 – 1. 위기의 극복

같은 해 구정을 맞았을 때인데, 베트남에서의 구정은 그야말로 축제 그 자체다. 우리나라도 마찬가지지만 구정은 베트남 최고의 명절로 요즘 우리나라에선 찾아볼 수 없는 거리의 풍경은 가히 환상적이다. 호치민 중심가 한복판 그 넓은 대로를 따라 길게 장식한 각양각색의 꽃들과 각종 조형물, 오색등으로 꾸며진 밤거리, 하늘 여기저기서 쉴새 없이 번쩍이며 터지는 불꽃놀이 등. 아마도 동양 삼국 중 가장 화려한 구정 축제가 아닐까 한다. 수많은 인파가 중심가로 몰려 발 디딜 틈이 없을 정도로 인산인해를 이룬다.

우리도 예년과 다름없이 전 직원 구정 축제 한마당 잔치를 큰 웨딩홀을 빌려 개최하였다. 이 파티는 온 직원들이 고대하는 연중 최고의 행사로 온갖 화장과 예쁜 옷을 입고 맵시를 뽐내는 여직원들의 노래와 춤으로 축제 분위기는 한층 고조된다. 그런데 그날 뜻밖의 서프라이징으로 온 직원들이 커다란 생일 케이크와 각종 기념품을 준비해 내 고희를 축하하는 깜짝쇼를 벌여 나를 당황하게 하였는데, 덕분에 내 고희연은 베트남에서 미리 한 것이나 다름없었다. 정말 고마웠고 그동안의 피로가 모두 가시는 느낌이었다.

베트남 직원들의 고희 축하와 구정 축제

지각진퇴 진퇴유절(知覺進退 進退有節)

전술한 바와 같이 이미 한 달 전에 영찬이가 공동 대표이사로 등기부에 이름을 올렸었고 실질적으로 그가 사업의 대부분을 맡다시피 한 때라 이제는 요식 행위만이 남아 있었기에 이 기회를 빌려 금박을 입혀 인쇄한 대표이사 명함집과 함께 미리 준비한 본사 대표이사 취임식을 가졌다.

중요한 것은 근래 어간의 사업 실적이 내가 직접 경영할 때보다 괄목할 만큼 성과가 좋았다는 것이고 이는 매우 고무적인 일이었다. 이제 나는 아무 걱정 없이 편안한 마음으로 내 임무를 내려놓을 수 있게 된 것이다.

그러나 한편으로 영찬이에게 큰 짐을 지운 것 같아 미안한 마음이 드는 것은 어쩔 수 없었다. 규모의 경제가 어렵고 기업화 또한 쉽지 않은 주얼리 산업의 특성상 오너가 신경쓸 일이 적지 않기 때문이다. 중소기업의 어려움은 내가 겪어 온 것처럼 결코 녹록지 않다는 것을 알기에 더욱 그렇다. 그러나 그동안도 잘해 온 만큼 앞으로도 잘해 줄 것을 믿으며 가는 길에 박수를 쳐 주고 싶다.

감사하다. 대과 없이 칠십을 넘겨 살았고 또 노년에 아들과

대표이사 취임식 사진

딸들이 효심이 깊어 어려운 사업을 맡아 주니 그보다 더 고마운 일이 어디에 있겠는가.

"내가 내일을 향하여 고개를 들리라. 우리의 도움이 어디서 올꼬 천지를 지으신 여호와에게 서로다."

그러므로 우리의 도전은 계속되고 우리는 전진할 것이다.

인상 깊은 뉴질랜드 여행

그동안 숱하게 외국을 다녀 봤지만 대부분이 비즈니스를 겸한 것이었고, 아니면 친구들과의 골프 여행이 대부분이었는데, 이제 사업도 웬만큼 안정된 만큼 더 늙기 전에 오직 관광을 목적으로 한 여행을 가보기로 하고 정한 곳이 뉴질랜드였다. 2016년 7월 중순 한창 더운 한국 날씨를 뒤로 하고 존경하는 친구 양시백 군 내외와 함께 9박 10일간의 뉴질랜드 여행길에 올랐다. 한여름에 가 본 뉴질랜드의 겨울 여행은 특별한 즐거움이 있었고 가까운 친구와의 동행이었기에 매우 유쾌하고 기억에 남는 여행이었다. 남섬과 북섬 모두를 관광하는 긴 여정 가운데 차창 밖으로 펼쳐지는 지구 남쪽의 그 아름다운 눈꽃 풍경은 실로 장관이었고 드넓게 펼쳐진 호수와 이를 가로질러 양털깎기 농장에도 가보고 당장이라도 터질 것 같은 화산 암에서 무럭무럭 피어오르는 수증기는 이국의 정서를 만끽하기에 충분했다.

현지 여행사 개인 가이드를 대절해 그의 차량으로 자세한 안내를 받으며 남북섬 그 긴 거리를 장시간 질주하면서 생애 최초로 헬리콥터를 타고 마운트 쿡 빙하 정상에도 오르는 등 한 번은 꼭 가 볼 만한 매우 인상 깊은 여행이었기에 몇 장의 사진을 올린다.

마운트 쿡 빙하 정상과 뉴질랜드 여행

노년에 찾아온 반갑지 않은 손님

호사다마, 각혈! – 폐 수술

그런데 이듬해 초 갑자기 면역력이 떨어져서인지, 대상포진으로 한동안 엄청 고생을 했는데, 예방주사를 맞지 않은 탓에 통증이 심해 통증의학과에서 신경차단술을 받는 등 할 만한 치료는 다 했지만… 마치 살을 에이는 듯, 바늘로 찌르는 듯, 전기 감전이 된 듯, 등판에서 앞쪽 가슴으로 퍼지는 통증은 정말 견디기 어려웠다. 상당 기간 고생했고 그 아팠던 부위는 아직도 남의 살처럼 감각이 무디고 바늘로 찌르는 듯한 통증이 간헐적으로 계속되고 있다. 대상포진을 쉽게 생각했던 안일함이 예상외 큰 고통으로 다가왔는데, 이는 그전에 집사람이 먼저 대상포진을 앓았을 때 일 주일간 약을 먹고 대수롭지 않게 넘어가기에 별것 아니라고 속단한 결과 예방주사를 맞지 않았을 뿐 아니라 걸린 후에도 안심하고 있었던 탓이다. 정말 큰코를 다친 격이었고 그 통증은 정말 자심하였다. 그러나 다행히 통증을 다스리는 데 성공해 지금은 견딜 만하고 생활에 별 지장은 없다.

그런데 정말 큰 문제는 같은 해인 2019년 초 발병한 폐 출혈(각혈)이었다. 전술한 대로 젊어서 앓은 폐결핵 때문에 양쪽 폐에 큰 동공이 몇 개 생겼는데, 그중 왼쪽 폐 상부 두 곳에 삼십

년이나 기생해 함께 살던 곰팡이 덩어리가 속을 썩이기 시작했고 마침내 대량 출혈로 이어졌다. 일 년 동안 세 차례나 분당 서울대병원에 입퇴원을 반복하며 기관지 혈관 색전술을 받았지만 출혈은 계속되었고, 끝내는 2020년 1월 2일 왼쪽 폐 절반을 절제하는 대수술을 받았다. 이는 나이가 들면서 면역력이 떨어져 조용하던 곰팡이가 골치를 썩이기 시작한 때문으로 보인다.

그러니까 2019년 1월 26일, 갑자기 폐에서 출혈이 있었다. 그 양이 많지 않아 그전처럼 분당 서울대병원 응급실로 가 지혈제를 처방받고 곧 괜찮아지는 듯싶었으나, 한 달쯤 후 대량으로 각혈을 하는 게 아닌가. 숨을 쉴 수 없이 쏟아지는 출혈을 어떻게 할 수가 없어 외출 중이던 집사람을 부르고 119에 연락해 병원 응급실로 급히 갔다. 도중 먹은 지혈제 덕분에 다행히 출혈은 멎었지만 이대로 두면 안 될 것 같았다. 입원 신청을 했으나 입원실이 없어 하룻밤을 응급실 의자에 앉아 뜬눈으로 보내고 다음 날 아침 찾아온 주치의를 만나 자초지종을 설명하고 대기 끝에 겨우 특실을 얻어 입원하였다.

곰팡이 덩어리는 그대로 두면 계속 대량 출혈의 위험이 있어 교과서적으론 절제를 하는 것이 원칙이라지만, 일단은 기관지 혈관 색전술이란 치료를 통해 터진 혈관(동맥)을 막는 방법을 취하기로 하고 폐CT를 찍고 시술을 했는데 결과는 좋았다. 시술을

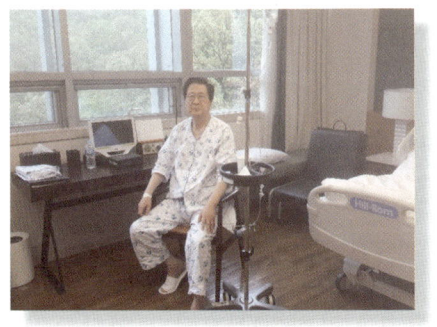
분당 서울대병원에 입원

하면서 내부 혈관 상태를 살펴본 결과 다행히 예후가 좋을 것으로 판단되어 안심을 하고 베트남 출장을 다녀왔는데… 채 4개월이 지나지 않아 다시 대량 출혈을 하는 것이 아닌가. 그날은 동문 골프 모임이 있어 이를 마치고 내 초청으로 판교 메리어트호텔 뷔페 식당에서 식사를 대접하고 막 호텔을 나서는 중이었는데, 갑자기 울컥하면서 피가 마구 나오는 것이다. 비상으로 갖고 있던 지혈제를 입에 털어 넣고 차를 한쪽에 세운 채 기다리는데 한동안 피가 멈추지를 않는 것이다. 한 시간가량 지나 진정된 후 겨우 출혈이 멎어 그날 밤은 집에서 자고 이튿날 병원에 가 다시 입원해 2차로 시술을 받았다.

인터넷을 뒤져 보니 통상 이런 경우 2~3회는 시술을 받아야 하는 것으로 나와 있었다. 주치의도 한 번 더 해 보자 하여 시술을 다시 받았다. 시술은 사타구니의 동맥 혈관을 통해 가는 선을 넣고 이를 사용해 터진 혈관을 막는 것으로, 대략 1시간 남짓이 걸린다. 아프지는 않지만 상당히 긴장이 되고 불편하다. 더불어 기관지 내시경을 해 보니 하얀 곰팡이 일부가 기관지에 흩어져 있어 이 경우엔 약으로 곰팡이를 치료할 수 있다기에 3개월간 독한 약을 복용했으나 별 성과가 없었고, 그 후 약 두 달쯤 지나 다시 출혈이 발생해 세 번째로 시술을 또 받았다. 그 어간에 감기가 심해져 동네병원에서는 폐렴 같다며 큰 병원에 가보라 해서 다시 분당 서울대병원에 입원해 검사를 받았으나 다행히 폐렴은 아니어서 일주일 만에 퇴원을 하는 등 벌써 네 차례나 입원하고 폐CT만 6번을 찍었다.

그런데 세 번째 시술을 받은 지 2주도 되지 않아 다시 출혈을 하는 게 아닌가. 이제는 더 막을 혈관도 없고… 방법은 수술뿐이라지만 간단치 않다고 하니 선뜻 결정할 수가 없어 망설이던 중 이 병으로 죽을 수도 있다는 주치의 이춘택 교수님의 경고도 있어, 할 수 없이 수술을 결심하고 2020년 1월 2일 입원해 마침내 해당 부위인 좌폐 상부, 그러니까 좌폐 절반을 절제하는 대수술을 받게 되었다. 사실 나이 칠십이 넘어 폐 수술, 그것도 폐암 수술처럼 간단한 것도 아니고 집도의조차 복잡하다(complicated)는 어려운 수술을 앞두고, 나는 미리 작성해 놓은 유언장과 더불어 필요한 조치들을 상세히 글로 써 봉투에 넣고 봉한 후 만일에 유고가 발생 시 이를 뜯어보고 그대로 하라고 아들에게 일러주었다. 칠십을 넘겨 기본은 한 나이에 죽음이 두렵지는 않았지만, 만일에 대비한 차원이었다.

다니던 교회에 전혀 얘기를 안 할 수는 없어 교회에 소문내지 말아 달라는 당부와 함께 담임 목회자에게 기도만 부탁했고, 베트남에 있는 아들에게도 거기서 식구들이 모두 오려면 번거로우니 며느리에겐 얘기하지 말고 너만 다녀가라 했는데, 수술 하루를 앞두고 며느리가 손주들과 밤 비행기를 타고 문병을 왔다.

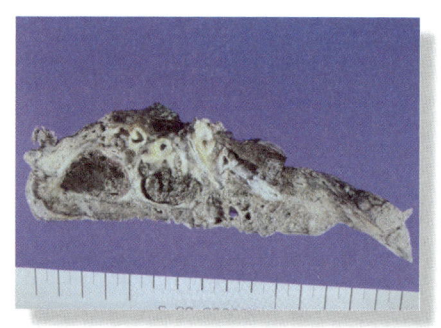

폐 수술 부위 사진

기관지 확장증과 더불어 곰팡이 덩어리를 제거하는 수술은 사실 간단치가 않다. 왜냐하면, 폐암 수술처럼 그 부위를 간단히 도려내면 되는 것이 아니고 이미 염증으로 들러붙어 있을 폐와 늑골 사이를 출혈 없이 해결하는 것은 생각만큼 쉬운 일이 아니었기 때문이다. 분당 서울대병원에서, 우리나라 최고의 흉강경 외과의로 알려진 김관민 교수님의 집도 아래 수술은 다행히 예상보다 수월하게 끝났다. 아직 내게 하나님께서 생명을 허락하셨기 때문이다.

이때도 나는 돌아가신 어머니가 생각나 남모르게 울었다. 어머니는 그렇게 힘드셨어도 대학병원에 한차례도 입원시켜 드리지 못했는데, 나는 벌써 수차례나 최고의 병실에서 최고의 대우를 받으며 치료를 받고 있다니… 너무 염치없는 일이 아니던가.

수술 후 남은 아래쪽 폐가 완전히 펴져야 하는데, 다소 못 미치지만 그만하면 성공적이어서 일주일 만에 퇴원할 수 있었다. 나중에 폐 기능 검사를 해보니 수술 전의 51~53%보다 향상된 57%가 나왔다. 언덕을 오를 때 숨찬 것은 마찬가지지만 이런 상황에서 아래쪽 폐가 펴지면서 오히려 좀 더 기능을 하게 된 것인데, 절제한 상부는 사실 큰 동공이 두 개나 있었고 여기는 이미 못쓰게 된 부위로서 기능을 하지 못했던 까닭이다.

이로써 40대 초반에 역시 심한 각혈로 백병원에 입원해 지혈 치료를 받은 이래 30년이나 내 폐 속에 커다란 결절로서 기생해온 이 골치 아픈 곰팡이 덩어리를 수술로 완전히 제거함으로써 그 오랜 고질병을 마침내 치료할 수 있었다. 이 곰팡이 덩어리 때문에 얼굴색이 어떤 때는 창백하기도 또 어떤 때는 노랗게 변하기도 해 주위 사람들에게 걱정을 듣곤 했었는데, 그 후 내 얼굴색은 완연히 달라져 건강한 색을 찾을 수 있었다.

그러나 퇴원 후 딱 한 달쯤 지나서인데, 폐에서 이상한 소리가 나며 숨이 자꾸 차오르는 게 아닌가. 이상해 주치의를 만나 진단을 받은 결과 기흉(폐포에서 공기가 새는 병)이 생겼다며 즉시 입원을 시키는 바람에 또다시 입원하는 어려움이 있었고, 그 시술은 얼마나 아팠던지 약 2시간여를 정신없이 아프다가 겨우 안정을 찾기도 했는데, 젊은 시절 겪었던 기흉 때와는 부위가 달라 그런건지 꼽은 튜브가 신경을 자극해 극심한 통증을 유발함으로써 정말 참기 어려웠다.

건강하다는 것이 얼마나 행복한 것인지… 건강 만능주의, 일찍이 경험한 것이지만 건강을 잃고 겪는 육체적 고통과 심적 스트레스는 감당하기가 쉽지 않다. 집도의의 말로는 폐 상태로 보아 특별히 기흉이 발생할 이유가 없다며, 그렇다면 아마도 수술 시 폐포를 건드렸던 것이 아닌가 의심된다고 했는데, 이로 보아 재발은 염려 안 해도 될 것 같았다. 폐결핵이 원인이 아니더라도 자연적으로 기흉이 잘 발생하는 체질이 있는데, 그 경우에는 재발이 잦은 병이 기흉이다. 바로 치료하면 생명엔 지장이 없지만 자칫 방치하면 염증이 생길 수 있고 폐가 꺼져 죽을 수도 있는 병이다. 잠시였지만 기흉 치료로 겪은 고통으로 당수치가 갑자기 많이 오르기도 했으나 다행히 몇 달 후 안정이 되었다. 몸이 통증 등 극심한 스트레스를 받으면 당 수치가 오를 수 있다고 한다.

그 후 2020년 4월에 폐CT를 다시 찍어 확인한 결과 이상이 없어 다행이었고, 이로써 지난 1년 반 동안 찍은 폐CT는 모두 여덟 번이나 되었다.

그런데 문제는 엉뚱하게도 폐 수술 이후 6개월 사이 갑자기 식욕이 떨어져 밥맛이 없고 도무지 식사가 당기지 않으면서 체중이 5kg이나 줄어들었는데, 종합 검진 결과엔 이상이 없었다. 그런데도 식욕은 살아나지 않고 소화불량이 겹쳐 소화기 내과를 다니며 유산균을 한 보따리 처방을 받는 등 실로 고생을 많이 했다. 지금 이 글을 쓰는 이 시점엔 많이 좋아져 식사는 곧잘 하는데 아직도 상복부 통증과 복부 팽만 등 이유를 모르게 소화 기능이 제대로 작동을 하지 않고 있다. 심지어 췌장 및 담관 정밀 MRI 검사도 1년 간격으로 계속 따로 받아 확인했고 복부 CT는 물론 뇌 MRI, 위장 대장 내시경 및 각종 초음파 검사상에서도 이상은 없었다.

폐 수술 시 위가 스트레스를 많이 받아 기능성 소화 불량이 생긴 것 같은데… 약도 복용하지만 지속적으로 운동을 하고 음식을 조절하는 것 외에 달리 방법이 없다고 한다. 식욕이 없어 백식이 무미인데 배는 고파 한동안 적잖이 고생했고 신경성 문제라지만 이 같은 소화 불량은 끈질기게 나를 괴롭혔다. 먹고 마실 수 있다는 이 평범한 사실이 얼마나 감사한 것인지 당해 보지 않은 사람은 모를 것이다. 다행히 식욕은 돌아왔고 체중은 그 이후 늘지 못해 좀 야위었다. 젊은 시절 폐결핵을 오래 앓은 이후 근육량이 줄어든 가운데 그나마 지방질로 유지되던 체중마저 줄고 보니 몸에 대한 자신감이 예전 같지 않다. 그러나 지금은 식욕도 몸의 컨디션도 많이 회복되었다. 어느 의사의 말로는 폐 기능이 줄면 이에 따라 체중도 주는 게 당연하다며 인체에는 자동조절 작용이 있어 그렇다는 것이다.

진실로 감사한 것은, 내가 이제 회사일에 손을 놓고 내 역할이 거의 없는 때에 하나님께서 그 오래된 고질병을 마침내 고쳐주신 것이다. 얼마나 세심하신 분이신가? 7년 전 심한 복통 끝에 맹장이 터져 수술을 받았을 때도 같은 경험을 했었는데, 그때도 3주간의 미국 출장길에서 막 돌아온 바로 다다음 날 발병이되어 수술을 받았으니 이를 어찌 우연이라 할 수 있겠는가. 출장 중에 그랬다면 큰 낭패를 볼 뻔했으니 말이다.

전립선암 발병과 수술

폐 수술 후 1년이 지났지만 후유증에서 아직 벗어나지 못하고 있던 다음 해 여름, 지난 몇 년 동안 꾸준히 신촌 세브란스병원에서 전립선 비대증 치료를 받아 왔는데, MRI 결과 이상이 없어 약만 몇 달 복용하면서 지켜본 결과 계속 수치가 떨어져 약을 끊고 1년 후에 보기로 한바, 다음 해 8월에 다시 검사를 받아 보니 PSA 수치가 5.5로 다소 높게 나왔다. 의사는 1년간 약을 중단했기 때문이라며 다시 약을 먹으면 좋아질 거라면서 집도 먼데 용인 세브란스가 새로 생겼으니 그리로 가 검사받고 약만 먹으면 될 것이라고 이첩을 해 줘 거기서 진료를 받게 되었다. 그러나 3개월이 지난 12월에 다시 검사를 받았는데, 수치가 6.25로 올랐다. PSA 수치는 암뿐 아니라 비대증 등 여러 질병에서도 상승할 수 있기 때문에 이번엔 전립선염 약도 처방받아 같이 복용했는데도 다시 3개월이 지난 2021년 3월의 검사 결과는 오히려 수치가 조금 더 오른 6.5였다.

아무래도 이상해 MRI 검사를 받아 보니 암일 가능성이 높은 의심 진단이 나왔고 조직 검사로 확인해야 한다는데, 문제는 신설 병원인 용인 세브란스에서 치료를 계속 받을 것인지 여부였다. 의사도 너무 젊고…. 여기서 조직 검사를 받는다면 암일 경우 수술을 비롯해 그 이후는 계속 여기서 치료를 받아야 할 것이기 때문에 생각다 못해 모든 검사 자료를 가지고 작년에 폐 수술을 했던 분당 서울대병원으로 갔다. 비뇨기과에 예약을 하고 주치의를 만나 용인 세브란스에서 찍은 MRI 사진들을 보며 진료를 받은 결과 일단 조직 검사부터 해야 한다는 것이다. 전립선 조직 검사는 그 자체로 까다로워 대부분의 환자들이 기피하는 검사인데, 도리없이 날짜를 정하고 검사를 받았다. 항문으로 초음파 기계와 검사 장비를 넣고 16군데나 바늘로 찔러 조직을 채취했는데 생각보다 아프지 않았고 출혈 등 후유증도 없이 잘 끝났다.

결과는 16곳 가운데 2곳에서 암이 발견되었고 초기로 보이는 데다 암의 악성도도 1점과 2점에 불과해 불행 중 다행이었다. 전립선암은 흔히 착한 암으로 알려져 있지만 이것도 병기를 놓쳐 전이가 되면 만만치 않은 병이다. 뼈 스캔 등 검사 결과도 좋아 절제 수술을 받았다. 수술 결과는 좋아서 예상했던 대로 전이는 없었고 악성도도 동일하게 좋게 나왔다. 암의 양도 8%밖에 안 되는 것으로 들었다. 완치율이 95% 이상이라지만 그렇다고 마냥 안심할 수만은 없다. 그것이 암의 한계다. 주치의의 말로는 자기가 경험한 환자 중 10% 내에 속하는 좋은 경우라며 이 병으로 죽을 일은 없다고 하는데 조기 발견 덕분이다. 어쨌든 더 이상의 치료는 필요치 않다고 해서 정기적으로 검사를 받으며 관찰하고 있다.

칠십 넘어 연이은 두 차례의 큰 수술로 홍역을 치렀지만 이젠 많이 회복되었다. 폐기능이 좋지 않아 언덕을 오를 때 남보다 숨이 찬 것은 여전하지만 아파트 단지 내 낮은 언덕을 천천히 오르내리며 심호흡 운동을 계속하고 있다. 다행히 일상에 지장은 없고 골프 운동도 카트를 많이 타긴 하지만 일주일에 한 번 정도는 다시 하게 되었다.

친구들 부부와

민정이와 달랏에서

베트남에서 온 열한 살짜리 손주 윤혁이가 할아버지가 숨차 한다며 내 손을 잡고 같이 언덕을 오른다. 내가 가끔 신음소리를 내니까 왜 음음 하느냐고 걱정스레 묻는다. 기특하고 고맙다. 장손이라 그런지 의젓하기까지 하다.

다섯 손주의 할아버지다. 다인이 윤혁이 진혁이 찬혁이 하율이,

윤혁이, 의젓한 모습

손녀 하나에 손자가 넷인데 하나같이 모두 귀엽고 이쁘다. 눈에 넣어도 아프지 않을 것 같다. 내 대에 이르러 자손은 늘고 가게는 번성하게 되었다. 어머니와 아내의 눈물 어린 기도 덕분이다. 이제 더 바랄 것이 무엇이랴.

우리의 삶은 결코 헛된 것이 아니며 우리가 이뤄 낸 결과물은 우리가 어떻게 살았는지를 보여주는 불멸의 결실이다. 비록 몸은 허름하게 세상에 보내졌지만 나는 누구보다 어머니와 아내의 사랑을 듬뿍 받았고, 타고난 외모 덕분인지 여복도 있어 대소사에 여성들의 사랑과 도움을 많이 받았다. 그러나 무엇보다 내게 있어 최대의 행운은 내 마음에 꼭 드는 착하고 아름다운 아내를 만난 것이었다.

돌이켜보면, 내 삶은 반전에 반전을 거듭한 전화위복의 삶이었다. 비록 청운의 꿈은 이루지 못했으나 불운을 넘어 마침내 이룬 기적의 삶이었고 희망의 끈을 놓지 않은 불굴의 승리였으니, 이는 보잘것없는 내게 베푸신 하나님의 천금 같은 은혜 덕분이었다.

그러므로 우리 인생은 결코 포기할 수 없는 드라마틱한 한 편의 서사시요, 새옹지마라 해도 과언이 아닐 것이다.

믿음의 길 -
2. 선교와 구제 사역 이야기

믿음의 길 –
2. 선교와 구제 사역 이야기

　지금부터는 크리스천의 본분이자 기본 덕목이랄 수 있는 선교와 구제에 대해 쓰고자 한다. 이것이 혹 자랑이라도 될까 싶어 고민하였지만, 이 역시 나를 통해 섭리하시는 하나님의 은총이란 점에서 나 같은 죄인에게 베푸신 그분의 그 긍휼하신 사랑과 은혜를 되새기고, 나 같은 사람도 하나님의 선한 도구로 사용될 수 있음에 그분의 아름다우신 덕을 선전하는 일은 결코 자랑이 아니라 사료되어 생각나는 대로 주요 스토리만 적고자 한다.

　사실 선교와 구제는 돈을 빼 놓고는 말하기 어렵다. 특히 구제는 왼손이 한 것을 오른손이 모르게 하라는 말씀 때문에 기독교 정서상 조심스러운 것도 사실이며, 별로 한 일도 없으면서 이런저런 얘기를 쓰는 것 또한 많이 망설여지는 것이 사실이다. 그럼에도 크든 작든 기업을 하는 입장에서 돈을 어떻게 벌며 어떻게 쓰는가는 크리스천의 덕목에서 역시 중요한 과제이기에, 이 이야기 속에 조금이라도 본이 되는 점이 있다면, 그리고 이것이 우리 집안의 신앙 유산이라도 된다면 거기에 의의가 있을 것이다.

각 사람에게 하나님께서는 각기 은사를 주셨는데 돈도 그중 하나일 뿐이다. 따라서 누가 무슨 재능을 얼마나 받았든 이로써 각자 성심껏 하나님 나라를 섬기면 될 일이다. 동남아에서의 선교는 그리 많은 돈이 들어가지는 않는다. 헌금은 적든 많든 돈 그 자체보다 그에 담긴 정성이 중요할 것이다.

> 주께서 주신 것으로 주께 드린 것이니 오직 주님만이 영광을 받으실 것이다.

베트남 동나이 지역, 베토(Betho) 고아원 이야기

가난한 나라에서 고아들의 삶은 불문가지다. 2000년대 초반은 베트남이 개방된 지 오래 되지 않아 아직 경제 사정이 좋지 않은 때라 우리 같은 노동집약 산업이 진출하기엔 최적의 타이밍이었지만, 반면 베트남 고아원의 실태는 열악 그 자체였다.

우리는 사업이 점차 안정돼 감에 따라, 시선을 베트남 사회로 돌려 하나님의 사랑을 조금이라도 실천하고자 하였다. 그래서 찾은 곳이 호치민 인근 동나이 지역에 산재한 고아원들이다. 처음 간 곳은 제법 규모가 있는 고아원이었는데 인원수가 200명은 넘어 보였다. 식료품과 학용품 등 갖고 간 선물을 풀고 레크리에이션 시간을 가졌고, 몇 달 후 두 번째 방문 스케줄을 잡았으나 며칠을 남겨두고 날짜를 바꾸자고 연락이 왔다. 이유는 같은 날 다른 곳에서 위문을 온다는 것이었는데, 아마도 꽤 큰 기업이었던 모양이다.

그래서 우리는 이곳을 포기하고 보다 더 규모가 작은 곳을 알아본 결과, 같은 동나이 지역에 있는 지금의 베토(Betho) 고아원을 알게 되었고, 그 이후 계속 이곳을 후원하게 되었다. 처음엔 극히 소수 베트남 직원들만을 데리고 방문하였는데, 이유는 떠들썩하게 하고 싶지 않았기 때문이다. 얼마 돕는 것도 아닌데 괜스레 소리만 요란하면 우습지 않겠는가. 일 년에 두세 번 정도 방문하며 여러 사정을 알게 되었고, 우선 기물을 바꿔 주기로 하고 침대와 옷장 등을 모두 교체하였으며, 열악한 주방과 화장실을 현대식으로 개조하였고 주방 설비도 모두 바꾸었다.

특기할 만한 것은, 방문의 횟수가 쌓이면서 그곳에 학습관을 하나 만들자는 생각이 들었다. 벧엘 교회 장상진 전도사가 처가 쪽 고향에 독서실을 개설한 바가 있었는데, 이에서 아이디어를 얻어 독서실과 더불어 컴퓨터 학습실을 같이 구성하기로 하였다. 천주교 수녀님들이 운영하는 고아원이라 이미 가톨릭의 미사를 드리는 예배실이 있었지만, 내심 기독교 성경 만화책 등 유익한 읽을거리들을 비치한다면 아이들의 신앙생활에도 상당한 유익이 있을 것 같았다. 물론 그 외에 일반 학습에 도움이 되는 책들을 되도록 많이 구입해 비치하였고, 컴퓨터도 꽤 성능이 있는 것으로 10세트를 구비하여 작은 방이지만 둘로 쪼개어 설비하였으며 'Betho-인아 희망 학습관'이란 이름도 붙였다. 특별히 페인트칠, 인테리어 등 모든 설비는 법인장인 영찬이의 지도로 우리 베트남 직원들이 직접 제작하는 등 솔선해 다 만들었는데 아마추어치고는 꽤 모양이 좋았다. 컴퓨터 강사 사례비, 전기료 등 학습관 운영과 유지에 필요한 비용을 꾸준히 지원하고 있다.

덕분에 나는 우리 직원들에게 베트남을 사랑하는 사람으로 인식되었으니 뜻밖의 수확이었다. 사실 나는 이런 일에 종교적 색채를 띠고 싶지 않았고 내 나름대로만 기독교적 사랑을 실천하면 되지 생각했는데, 결과적으로 좋은 이미지를 남기게 되었다.

KFC 햄버거와 치킨 세트

엔터테인먼트

컴퓨터 교육실

Vinh 원장님과

독서실

믿음의 길 - 2. 선교와 구제 사역 이야기

나는 고아들이라 해서 적당히 돕는 것은 안 하는 것보다 못하다 생각해 처음부터 성의를 다 했다. 예를 들자면, 어느 날 문득 그런 생각이 들었다. 매번 쌀과 우유, 과자, 옷가지 이런 생필품만 갖고 가는데, 그럴 것이 아니라 어린이들이 좋아하지만 거의 기회가 없을 햄버거 세트를 준비해 가자는 것이었다. 그 애들이 얼마나 먹고 싶어할까 생각하니 돈이 조금도 아깝지 않았다. KFC에 얘기해서 햄버거, 감자튀김, 닭튀김, 냉콜라로 구성된 세트를 일일이 개인별로 넉넉히 준비시켜 쌀 등 식료품과 함께 가져갔는데, 진실로 인기 만점이었다. 아이들이 나를 가리키며 "Father thank you, father…"를 외쳐대는 것이 아닌가.

거기에 KFC 직원 몇이 그때마다 함께 와서는 토끼 모양을 한 두터운 털옷을 뒤집어 쓰고 엔터테인먼트(entertainment)를 해주는 바람에 우리는 모두 즐거운 시간을 보낼 수 있었다. 한번은 아이들이 좋아할 만한 장남감을 한아름 싸 가지고 가기도 했는데, 이런 것들은 평소 아이들이 갖기 어려운 것이라 정말 우리 자식들이나 다름없다 생각한 까닭에 단체 생활로 인한 규율에 젖어 있을 그 불쌍한 아이들에게 조금이라도 위안을 주고자 함이었다.

그곳엔 고아들뿐 아니라 정신 박약아, 지체 부자유아를 비롯 영아에 이르기까지 다양한 아이들이 120명 정도 생활하고 있는데, 나는 저 아이들의 삶이 지금은 매우 힘들고 고생스럽겠지만, 그렇기에 예수님을 알고, 또 믿음이 장성하여 오히려 전화위복, 새옹지마의 삶을 살아갈 하늘의 축복을 누리는 기회가 되기를 소원한다.

참고로 원생들의 분포는 다음과 같다.

• There are 49 children attend state schools

• There are 6 children with disabilities in Binh Duong and are studying in disabilities school

• There are 8 babies who are not old enough to go to school(new-born)

• There are 17 children studying at BeTho's Orphanage (Preschool)

• There are 30 children with disabilities who are over old to go to school(They will be studying at Betho's Orphanage)

• There are 10 students who study and work at the same time(No need to use money from Orphanage)

So, Total : 120 children

그 후에도 우리 베트남 직원들이 꾸준히 방문하며 교제를 계속해 오고 있다. 원장이신 Vinh 수녀님이 다리 관절 수술을 받게 되었을 때도 그분이 건강해야 아이들을 보살필 수 있겠기에 수술비를 지원하기도 하였는데, 많은 고아들을 돌보며 때론 엄격한 규율로, 때론 따뜻한 온정으로 보듬어야 하는 그 어려운 일을 평생 사명으로 알고 헌신하는 원장 수녀님을 비롯한 여러 수녀님들, 그분들이야말로 바로 천사들이 아닐까 생각한다.

최근에는 빈호아에 있는 건물이 도시 계획으로 철거를 하게 되어 빈증에 있던 건물로 합치는 중인데, 그곳에도 아이들이 있어 컴퓨터 5세트를 추가로 설치했으며, 특히 코로나로 도움의 손길이 많이 끊긴 가운데서도 하나님께서 우리 기업에 복을 주시어 더 적극적으로 돕게 하셨는데, 코로나 팬데믹으로 자체 운영하던 유치원 수입이 줄어 아이들 학비 마련이 어렵다는 소식을 듣고 2만여 불을 추가 지원하였다. 지금은 연간 1.2톤의 쌀과 함께 생필품과 학용품을 정규적으로 지원하고 있다.

불우 환자 돕기와 사회봉사

불우이웃을 돕는 것은 영육을 함께 구제할 수 있는 매우 중요한 일이다. 사람을 살리는 일이며 육을 위한 도움은 곧 영적 구원을 이루는 통로가 될 수 있어 일석이조이다. 개인적 도움도 유익하지만 예수님의 영광을 위해선 교회를 통하는 것이 우선이다.

그런 의미에서 호치민 참조은광성교회가 하고 있는 심장병 어린이 수술 돕기라든지, 집 지어 주기라든지, 휠체어 보급이라든지 이런 구제 활동은 복음의 통로로서 상당한 효과가 있다. 우리도 회사가 중심이 되어 지금은 매월 2,000불씩 연간 24,000불을 심장병 어린이 수술 돕기로 후원하고 있는데 이는 18명에게 도움을 줄 수 있다.

또한, 호치민 국립 암센터의 어려운 환자를 돕는 일도 했는데 이곳은 전도 등 종교 활동엔 제약이 있다. 순전한 사회봉사 활동의 일환으로 어려운 환자들의 치료비를 돕고 병원 내 병동 간 환자 이송을 위한 카트 두 대도 같이 지원하였다. 계속해서 카트 지원을 요청받고 있다.

한국에서는 내가 지병으로 자주 병원을 찾다 보니 의료진과 간호진의 성심 어린 보살핌에 많은 고마움을 느꼈기에, 분당 서울대병원과 신촌 세브란스병원에 불우 환자 후원을 비롯한 의료 발전 기금을 기부하였는데, 덕분에 분당 서울대병원에서는 오너(honor)클럽의 일원이 되기도 하였다.

베트남 국립 암센터 카트 기증

사내 SOS 클럽 운영

　직원들의 참여가 많지 않지만, 이는 직원들의 회비와 이와 동일한 금액을 회사가 출연하여 갑작스레 어려움을 겪는 직원들을 제도적으로 돕기 위한 사내 구제 클럽인데, 직원들의 출연금이 적다 보니 큰 도움이 되지는 않지만 그래도 코로나로 힘든 작년과 같은 경우엔 긴급 지원 등 아쉬운 대로 그 몫을 하고 있다.

이와 더불어 혈액암에 걸려 퇴사한 직원의 월급을 끊지 않고 그대로 유지한 채 수년간 후원하며 치료를 도왔다. 대외 후원도 중요하지만 사내 직원들의 어려움을 모른 체할 수 없는 것이 문제라면 문제이다. 왜냐하면 이 직원의 경우는 예외적일 수밖에 없었는데 초창기부터 운전기사로 취업해 함께 해 온 사람이긴 하지만 다른 직원들과의 형평성 때문에 사실 쉽지 않은 문제라서 그렇다. 그렇지만 생명줄을 끊을 수는 없었다. 그러나 그와 같은 우리의 노력에도 불구하고 그는 2022년 4월에 세상을 뜨고 말았다. 강권하다시피 해 가까운 교회(가톨릭)를 나가도록 전도는 했지만… 안타까운 일이다.

선교에 실패한 이야기

몇몇 국내외 선교사들을 후원하는 일은 일상 있는 일이지만 내가 겪은 몇 가지 경험을 통해 선교나 구제 후원도 결코 쉽지 않은 일임을 깨닫게 되었다. 이 같은 실수를 되풀이하지 않았으면 하는 바람으로 이에 몇 가지 사례를 적고자 한다.

베트남 Y 사역자 –
돌보는 아이들보다 자신의 이해관계가…?

그런데 뜻밖에 이해가 안 되는 선교사도 만나게 되었는데, 베트남에서 불우아동을 돌보며 홀로 사는 중후한 체격의 50대 아줌마 선교사다. 선교사라기보다는 불우 청소년 아이들을 케어하는 사역자라고 하는 것이 좋겠다. 후원을 하겠다고 해서인지 아주 친절하다. 첫인상은 나쁘지 않았다.

Y 사역자를 만나게 된 것은 며느리로부터였다. 어느 날 며느리가 교민 잡지를 보던 중 여름 성경학교 자금을 위해 옥수수를 판다는 광고가 있어 전화를 해 보았다기에, 도움이 될 만큼 사주라 했더니 거기 현지 목사님 사모가 직접 옥수수를 가지고 집으로 왔었다는 것이다. 그래서 사정을 알아보니 광고는 Y 사역자가 낸 것이고 주로 불우 아동들을 모아 돌보며 따로 목회도 하는 젊은 현지 목사님 부부로서 Y 사역자가 뒤를 돌봐 준다고 한다.

먼저 며느리 내외가 현장을 방문해 보니 환경이 말이 아니었다. 호치민 푸미홍 외곽 다 쓰러져 가는 양철지붕 단독 주택에 20명이 넘는 아이들이 살고 있는데 일부는 다른 곳에 있다는 것이다. 그 집은 목사님 집이고 아이들을 위해 제공하고 있는데 도시계획 때문에 곧 이사를 해야 한다는 것이다. 그래서 어느 날 시간을 내서 나도 같이 가 보았다. 아이들 상태를 보니 의외로 밝고 명랑했으며 대부분이 다 큰 아이들이었다. 중고등학생이 많았고 고학년 초등학생들도 보였다. 고아들도 있지만 대부분은 가출해 갈 곳 없는 아이들을 길거리에서 데려다 돌본다고 한다. 말한 그대로였고 도와주고 싶은 마음이 생겼다. 그래서 Y 사역자와 현지 목사님 내외를 우리 회사로 초대해 자초지종을 듣게 되었고, 한국 교민 교회를 통해 한 달에 쌀 300kg씩을 공급받고는 있지만 자신이 받는 사역비 중에서 일부를 후원하고 있다는 것이며 나머지는 현지 목사님 내외의 친구들이 도와줘 가까스로 운영한다는 것이었다.

그 현지 목사님은 사이공 한인 연합교회 후원으로 신학을 했고 순복음 계통에서 공부해 교단도 호치민 순복음 교단에 속했다가 지금은 탈퇴하고 지방에서 작은 독립 교회도 하고 있다는 것이다. 그동안 동나이에 천주교회 수녀님들이 운영하는 고아원을 후원해 왔던 우리로서는 드디어 개신교 고아원을 만나게 된 것이다. 거리도 훨씬 가깝고 동질감도 느껴져 적극적인 후원을 할 생각으로 만나 얘기를 나누게 된 것이다.

가장 시급한 것이 아이들 학비라는 대답이다. 그래서 학생 숫자도 많지 않으니 아이들 명단과 소속 학교, 연간 학비 등을 간단히 표로 만들어 달라고 부탁하게 되었는데, 기본적인 내용이라도 파악하고 지원할 생각이었다. 우선, 아이들 전부를 푸미홍 시내 롯데리아로 초청해 햄버거와 닭튀김, 감자, 콜라 등을 세트로 시키며 즐거운 시간도 가졌다. 특히 아들 영찬이가 큰 버스를 대절해 아이들을 데려오는 등 수고를 아끼지 않았음은 물론이다.

어느덧 새해를 맞아 2월 중에는 학비를 지원해야 했는데, 그때까지도 학생 리스트 등 예산내역이 오지를 않고 있었다. 내가 베트남에 출장오기 전인 12월 크리스마스 전부터 이메일로 요청한 것이었는데… 2월, 이젠 출장에서 돌아가야 할 구정이 임박해서도 아직 준비 중이라는 것이다. 도무지 이해가 가지 않았다. 거꾸로 되었다. 줄 사람이 오히려 더 조급해하고 있으니…. 그 표라는 것이 별것도 아닌데… 학생 이름 적고 어느 학교 몇 학년 필요한 학비 얼마 정도만 적으면 되는데 그 표 만드는 것이 어렵다니. 무리한 요구도 아닌데 대체 두 달씩이나 걸릴 일이 아니었다. 독촉을 해도 별 반응이 없는 Y 사역자, 이젠 더 기다릴 여유가 없었다. 귀국일자가 임박했기에 부득이 그 베트남인 현지 목사님(Mr. 호앙)을 직접 만나 얘기해 보기로 하고, 통역을 시켜 목사님 부부를 우리 사무실로 초청하였다. 직접 그동안의 경위와 취지 및 필요 사항을 얘기하니 쉽게 이해가 되었는데 이상하게도 Y 사역자로부터는 적극적인 요구를 받지 못했다고 한다. 다행히 수일 만에 그 리스트를 받을 수 있었다.

그날로 Y 사역자에게는 이메일을 보내 오해 없도록 우리가 직접 호앙 목사를 만날 수밖에 없었던 이유를 설명하고 양해를 구했다. 금액이 좀 되긴 했으나 어려운 일은 아니었다. 그리하여 학생들의 인적 사항 관련 서류를 받아 호앙 목사의 외화 구좌로 송금하였다.

아울러 그전에 Y 사역자가 대충 만들어 와 잘 알 수 없었던 고아원 운영 내용도 만난 김에 호앙 목사에게 부탁했고 이런 요청이 우리에겐 부담이 될 수 있었으나 사실 나는 장학금 외에 우리가 적절히 지원할 부분을 찾아 작심하고 도와줄 생각이었다. 그는 흔쾌히 승낙하고 돌아갔다. 그도 그럴 것이 도와주겠다는데 마다할 이유가 없었다. 이듬해 내가 다시 오는 5월 중순까지 준비키로 하고 그 이전에 되면 이메일로 받기로 하였다.

그런데 문제는 내가 도착한 5월 중순까지도 이메일 등 아무런 연락이 없었고 이미 후원한 장학금 영수증도 잘 가져오지 않는다는 얘기를 우리 담당 직원에게 듣게 되었는데 이상하다는 생각이 들었다. 그래서 다시 한번 우리 사무실로 방문해 달라는 연락을 취했는데, 뜻밖에 못 오겠다며 만나고 싶으면 우리더러 자기네 집으로 오든지 하라는 호앙 목사 부인의 전갈이었다. 불과 30분 거리에 그렇게 말할 사람들이 아닌데 무슨 일이 생긴 것임을 직감하고, 사유를 알아보니 이유는 Y 사역자 때문이었다. Y 사역자가 자기를 통하지 않고 직접 우리로부터 돈을 지원받은 것에 대해 대단히 섭섭하게 생각하고 지원을 안 받았으면 한다는 것이다.

사실 자기네들은 꼭 받고 싶은데⋯ 중간에 있는 Y 사역자를 불편하게 할 수는 없다는 것이었다. 어이가 없었다. 그래서 Y 사역자에 전화해 이유를 물었으나 묵묵부답이었고 사역자로서 그러면 되느냐고 얘기하였지만 아무런 이야기도 들을 수 없었다. 마치 거짓 어미를 보는 느낌이었다. 호앙 목사 입장에서는 우리 측의 재정 지원이 큰 도움이 되긴 하지만 그동안 함께해 온 Y 사역자를 거스를 수 없었고 우리가 앞으로 계속 지원할지도 미지수였기 때문에 어쩔 수 없었다고 생각한다. 부탁한 일을 제때 하지 않아 우리가 호앙 목사를 직접 만날 수밖에 없었고, 그렇지 않아도 그런 염려 때문에 이메일로 정중하게 양해를 구했음에도 말이다. 무엇 때문인지는 모르겠지만, 우리는 재정적 조력자로서 가급적 투명하고 정확한 자료가 필요했을 뿐인 데 말이다. 중요한 것은 아동들에 대한 측은한 마음이 우선되어야 할 것 아닌가.

그러는 동안 우리 며느리는 소속 교회 구역 식구들과 십시일반으로 돈을 모아 한 달에 5백 불 상당의 우유 등 급식을 지원하고 있었는데, 결국은 관계가 끊어져 중단되었고, 뜻밖에 상처를 남기게 되었다.

베트남, 어린이 사역자 영국인 이야기 - 구제도 쉽지 않다

베트남에 출장 중이던 어느 날, 한국에서 같은 교회를 섬기던 이석재 집사님으로부터 만나자는 연락이 왔다. 마침 아주 신실한 영국인 선교사(?)가 있다며 허름한 옷차림에 오토바이를 타고 베트남 전국을 누비며 불우아동을 돕는 선교사라 한다.

역시 선교사라기보다는 베트남의 빈곤층 아이들을 도와주는 어린이 사역자라고 하는 것이 맞는 것 같고 시내 카페에서 셋이 만났다. 듣던 대로 정말 소박한 행색에 오토바이 모자를 들고 앉아 있는 첫인상이 좋았다. 나이는 대략 40쯤으로 보이는데 영국 신사가 베트남까지 와서 그것도 오토바이를 타고 전국 순회를 하며 불우한 어린이들의 구제 사역을 한다니…. 같이 일하고 있는 베트남 직원들이 크리스천들인데 오래전부터 교분이 있다는 것이다. 이석재 집사님 또한 이런 일엔 남다른 열정을 갖고 있는 분이라 그분의 추천이라면 더 생각할 것도 없이 월정으로 약간의 금액을 후원키로 하였다.

지금도 마찬가지지만 난 일단 결단을 하면 이는 다시 생각하지 않는다. 그뿐만 아니라 무관심하다 할 만큼 지속적인 지원을 한다. 왜냐하면 그 돈은 이미 내 손을 떠난 돈이기 때문이다. 가장 오래된 후원으로는 서대문 적십자 결핵 요양원 내 교회 후원을 들 수 있다. 다제내성 결핵환자들을 신자로 하는 교회로 내가 젊은 시절 겪었던 폐병의 고난을 생각해 각별한 애착을 갖고 후원하던 교회인데, 김약나 목사님 이래 신혜숙 전도사님, 이어 이정재 장로님의 따님이 맡아 하다가 철수하기까지 30년이 넘는 꽤 오랜 시간을 같이했지만 아쉽게도 공립병원인지라 특정 종교 행위를 더는 할 수가 없게 되어 교회를 폐쇄할 수밖에 없었다. 이를 비롯해, 세곡동 ㅊㅂ 장애인 교회, 여주 베로니카의 집, 부산 외항 선교회, 화성 에벤에셀 공동체 등 소액에 불과하지만 역시 장기간이다.

IMF로 극심한 어려움에 처했을 때인데, 후원이 끊겨 어려움을 겪고 있다는 소식이 들려왔다. 우리 또한 너무 어려워 이를 중단해야 하나 고민이 되었다. 그런데 문득 그런 생각이 들었다. 얼마 되지도 않는 금액인데 지금 같이 어려운 때 우리마저 후원을 끊으면 그분들은 어떻게 하나. 아무리 어려워도 이것만은 끊을 수 없다. 이거 안 한다고 내게 달라질 것이 뭐가 있나. 어렵기는 마찬가지 아닌가. 다행히 계속할 수 있었다.

다만, ㅊㅂ 장애인 교회는 교회라기보다 장애인 보호 시설로서 세곡동 비닐하우스에서 화성에 새 건물을 짓고 이사했다기에 찾아갔는데, 어디서 돈이 생겼는지 제법 괜찮은 건물로서 환경이 많이 개선된 것을 볼 수 있었다. 그런데 아직 인가는 받지 않았다고 하면서 자치단체의 지원이나 간섭을 받으면 종교 활동을 할 수 없어 그렇다는 것인데. 세곡동에 비닐하우스로 있을 때라면 몰라도 이제 제법 번듯한 모양을 갖추었음에도 인가도 받지 않고 외부의 감독 없이 복지 시설을 운영하는 것은 자칫 사고의 위험이 있을 수 있고, 복지 사업을 주목적으로 하는 이상 종교적 제약을 이유(어떤 제약이 있는지는 잘 모른다)로 원칙을 지키지 않는 것은 마땅치 않다 생각하기에 나는 이런 류를 좋아하지 않는다. 그건 그렇다 해도, 원장이 만나자마자 "…위해 기도해 주고 있다"며 마치 내가 기도나 받기 위해 헌금하는 양, 오해하기 딱 좋은 말투였다. 그동안의 내 헌금이 기도 값이었다는 뜻인지, 내 느낌이 잘못되었을 수도 있겠지만…, 이래저래 실망이 커 그 후론 발길을 끊었다. 안 가 본 것만 못했다.

결과적으로 나의 불찰이지만 이런 나의 습성도 곁들여 5년간이나 헌금한 끝에 결국 이것이 실수였음을 뒤늦게 알게 되었다. 그 징후는 이석재 집사님이 먼저 알아차렸는데, 내게 말을 하지 않아 모르고 장시간이 지나간 것이었다. 문제가 되고서야 짐작

갈 만한 행동들이 있었음을 뒤늦게 알게 되었다. 이 집사님이 한국에서 힘들게 어린이 장난감을 한아름 준비해 가져가라 해도 차일피일 안 가져가더라는 것이다. 또 한 번은 내가 섬기던 베트남 벧엘 교회 부목사로 있던 이상훈 목사가 베트남어판 어린이 만화 성경을 제작 배포한다기에 백 권을 사서 맡겨 두었는데, 이 역시 안 가져가더라는 것이다. 내 불찰이지만, 진즉 알았더라면 그만큼 피해가 덜했을 것인데, 아쉽게도 5년이나 지나 시내 카페에서 다시 만나보게 되었을 때 비로소 깨닫게 되었다. 차림은 여전하였지만 대화 중 느낌이 좋지 않았다. 특히 자기가 베트남 여자를 사귀었는데, 그만 그녀가 만 불을 가지고 도망을 갔다는 것이 아닌가. 선교사가 무슨 돈이 있어 만 불씩이나 여자에게 사기를 당한단 말인지. 그전처럼 성의가 느껴지지 않았고, 내게 보여주는 후원 증빙이란 것이 금액도 얼마 안 되지만 내가 보내준 헌금으로 사용했다는 아무런 근거를 찾기 어려웠고, 대화를 계속한 끝에 어떻든 신뢰를 가질 수 없었다. 그래서 보내준 헌금 중 남아 있는 금액이 얼마쯤 되는지 파악해 달라 했더니 몇 천 불쯤 된다는 것이다.

공개적인 헌금 보고는 어렵고 본국에 자료가 있으니 사이트에 들어가 보라는 것이다. 물론 전체적인 내용만 나와 있을 뿐이었다. 그럼 남은 돈이라도 돌려줄 수 있냐 물으니까 이상한 얘기를 한다며 이는 선물(gift)이나 다름없는데 돌려 달라는 것 자체가 괴상(odd)하다는 것이다. 일단 헌금한 것을 돌려 달라니 그럴 수도 있겠다 싶어 그럼 남은 돈을 내가 아는 고아원에 줄 수 있겠냐 물으니 그것도 안 된다는 것이다. 전혀 성의가 없을 뿐 아니라 응대하는 태도도 석연치 않았다.

과거 북한 선교에서도 당한 일이 있어 하는 말이지만, 비밀 유지를 빌미로 자료를 공개하지 않는 경우 각별히 조심할 필요가 있음을 다시 한번 경험한 케이스다. 나의 오해이기를 바라지만 영국인 신사가 동남아에 와 허름한 차림으로 오토바이를 타고 베트남 전국을 누비며 불우 어린이를 돌보는 사역을 한다는 것, 정말 참신하고 아무나 할 수 없는 것으로 보았었는데…, 뒷맛이 씁쓰름하다.

YR선교회, 가짜 목사 이야기 – 북한 선교에 속다

내가 섬기던 H교회의 홈페이지에 북한 선교를 알리는 글이 올라왔고, 2002년 발족된 YR선교회 가조선교사(십자가에서 순교할 각오로 선교하는)란 이름으로 쓰인 각종 글이 소개되었는데, 그 글을 읽노라면 저절로 **빠져들어** 함께 참여하지 않고는 못 배길 만큼 감동적이었다.

자세한 내용을 다 쓸 수는 없고 간략히 문제를 소개한다면, K 목사란 사람이 북한 선교를 위해 YR선교회를 설립했는데, 위험을 무릅쓰고 소속된 가조선교사들이 신분을 감춘 채 두만강 토굴 속에 살면서 죽을 각오로 북한 20여 곳에 지하 처소 교회를 운영하고 있으며 당장 굶어 죽는 북한 동포들에게 먹을 것을 보내야 한다는 등, 감상적이면서도 심금을 울리는 시적 표현들이 많았고, 리영희라는 가공 인물을 내세워 그가 성경을 나르다 체포되어 2주간 고문 끝에 장렬히 순교했다는 대목에선 거룩한 분노마저 자아내는 그야말로 뜨거워 견딜 수가 없는 내용들이었다. 사기도 이 정도면 가히 예술이었다.

나중에 밝혀진 사실이지만 이 모든 것이 거짓이었고, 확인된 바는 아니지만 회원이 무려 10,000명에 달했다고 하는데, 수년 동안 20여 억 원에 달하는 선교 후원금을 착복한 사건이었다. 김영식이란 이름도 가명이었고 목사 안수를 받은 사실이 있는지조차 불분명했고, 알고 보니 본명은 진KH로 밝혀졌다.

나는 다소 늦게 조인하여 소극적으로 매월 조금씩 헌금을 보내며 언젠가 분당에서 열린 선교 모임에 참석하게 되었는데 대략 100여 명이 모여 대체적으로 뜨거운 분위기였다. 거기서 같은 교회를 섬기는 이석재 집사님과 분당 우리교회를 섬기는 이효승 두 분 집사님을 만나게 되었는데, 이 분들은 북한 선교에 올인하다시피 YR선교회에 매우 열심이었다. 물론 헌금도 억 단위로 하면서 이사직을 맡는 등 적극적으로 돕고 있었다. IT사업으로 돈을 벌어 성경적으로 경제 생활을 하는 아주 모범적인 젊은 분들로 함께 선교에 참여하게 되어 나는 내심 크게 기뻐하였다.

그러나 이 모든 것이 허상으로 드러나면서 남승희 집사님 등이 중국을 여러 차례 오가며 진실을 파헤쳐 증거를 수집하는 등 각고의 노력 끝에, 이 사기극은 들통이 났고 검찰 고발에까지 이르러 3심까지 가는 오랜 재판 끝에 그는 사기죄로 3년간 징역살이를 하게 되었다. 남은 재산을 몰수해 일부는 후원자들이 돌려받기도 했는데 그중엔 건물을 아예 헌증한 사람도 있었다. 나는 소송에 참여하지 못했지만 사업에도 바쁜 분들이 때아닌 소송을 하느라 역시 맘고생이 심하였을 것이다. 이 같은 뼈아픈 경험은 후일 선교 법인 (사)네오미션을 만드는 밑거름이 되었고, 나는 어쩌다가 이 두 사람에게 말려들어(?) 그만 동 선교회에 깊숙이 관여하게 되었다.

(사)네오미션의 출범, 그리고 스리랑카 선교 이야기

2008년경, 전술한 이석재, 이효승 두 분 집사님들의 제안으로 종교 법인, (사)네오미션(Neo-mission)을 설립하게 되었는데, YR선교회에 적극적으로 참여했던 사람들을 중심으로 구성하면서 나도 참여 제의를 받고 뜻밖에 초대 회장을 맡게 되었다. 나이가 제일 많은 탓에 그리 된 것인데, 참여 인원은 중소기업을 경영하는 극히 소수의 기업인들로서 회비를 분담하게 되었다.

어떤 비전을 가지고 갈 것인지 아직 모든 것이 정리되지 못한 관계로 초기 진전은 느렸지만, 시간이 지나면서 캄보디아 한센병 선교 후원, 동남아 교회 건축 후원 등을 하다가 역량을 한곳에 집중하는 것이 효율적이란 의견 통일을 보고, 과거에 안한준 선교사님을 통해 인연이 있던 스리랑카 마가야 교단(Margaya Fellowship)을 돕는 것으로, 반도체 사업을 하는 이효승 사장이 2대 회장으로 배턴을 받아 지금까지 활동해 오고 있다. 따라서 네오미션은 철저히 평신도 중심으로 운영하며 이사진에 성직자는 없다. 각처에서 선교비를 받아 그들이 원하는 곳에 보내되 흔히 선교 단체가 운영비조로 받는 수수료는 한 푼도 받지 않는 봉사 단체다. 따라서 100% 그대로 송금되고 기부금 영수증을 발급한다. 지정 기탁을 통해 자기가 원하는 선교사를 돕고자 하는 분들에게는 아주 좋은 통로가 될 수 있다.

벌써 10년을 넘어 섬기다 보니 영세한 마가야 교단 입장에선 도움이 되고 있으며, 지원이 시작된 전후를 비교하면 그동안 괄목할 만한 발전을 이룬 것이 사실이다. 현재 이 교단은 스리랑카 전국에 약 100여 개의 지역 교회와 처소 교회 그리고 자리가 잡힌 신학교를 운영하며 적지 않은 수의 성도가 있다. 그래도 기업인들이 중심이 된 만큼, 적당히 하는 것은 아니고 마가야 교단 현지에 우리가 인건비를 부담하는 감사인을 두고 각종 증빙 및 사역 검증 등, 철저한 분석을 통해 투명하고 효과적 선교가 되도록 노력하고 있다.

후술하겠지만 동남아 나라들 대부분은 여러 이유로 제약이 많아 선교가 쉽지 않은 것이 사실이고 과거 북한 선교, 영국인 선교사 문제 등 좋지 않은 경험을 한 만큼 이 같은 실수를 되풀이하지 않기 위해 우리는 상대적으로 투명성이 보장되는 스리랑카로 시선을 돌린 데 따른 것이다.

몇 년이 지난 2018년 7월, 집사람과 함께 그동안 맘만 먹고 가 보지 못했던 스리랑카 선교 여행을 갔다. 가는 길에 보너스로 인근 몰디브 섬에도 들러 포시즌 리조트에서 며칠간 달콤한 휴식 시간도 가졌고…. 출발 전에 갑자기 어깨와 팔로 퍼지는 목디스크로 인한 심한 저림증 때문에 망설여졌던, 그러나 단단히 결심을 굳히고 7월 26일 마침내 스리랑카 콜롬보에 도착해 여장을 풀었다. 다음 날 마가야 교단 본부를 비롯, 안내를 맡은 안한준 선교사님과 교단장인 로한 목사님과 함께 콜롬보 인근 교회들을 방문하였고, 그 다음 날엔 역시 안 선교사님과 부교단장인 매튜 목사님의 안내로 800km가 넘는 스리랑카 일주 여행 길에

스리랑카 선교

올랐다.

10개 지방 교회들을 방문하며 열다섯 분의 현지 목사님들과 교제를 가졌는데, 물론 그냥 간 것은 아니고 얼마 안 되지만 약간의 예물을 준비하였다. 그런데 가다 보니 거리가 너무 멀어 그 중 두 개 교회를 건너뛸 수밖에 없었는데, 안타까운 것은 그 교회 목사님들이 다음 목적지에 미리 와 계신 것이 아닌가. 반갑기도 그리고 고맙기도 했지만 한편으론 혹시 준비한 예물이 소문난 때문은 아니었는지… 안쓰럽기도 해 마음이 편치 않았다.

내가 만나 본 것은, 목사님들이라기보다는 그분들의 스리랑카 복음화를 향한 순수하고 뜨거운 열정과 도전, 그리고 꿈이었다. 한국에 앉아서는 도저히 상상할 수 없는 열악한 환경과, 그리고 때론 생명의 위협까지도 감수해야 하는 불교도의 잦은 탄압 속에서도 밝은 표정을 잃지 않고 따듯한 마음으로 희망과 비전을 품고 열심히 사역하는 그분들의 헌신이 내 마음을 무겁게도 기쁘게도 하였다. 29일 주일날엔 스리랑카 중부 와오니아에서 네오미션 교우들과 조우하여 네오가 주최하는 마을 섬김 잔치에 다수의 현지인들과 함께 예배도 드렸고, 갑작스런 기도 제의에 당황하기도 했지만 얼떨결에 짧은 영어로 위기를 넘기고 이어진 마을 위로 이벤트를 통해 즐거운 시간도 나누었다.

사실 나는 네오미션 설립에 참여한 이래, 그동안 스리랑카 선교를 하면서 현지 안한준 선교사님을 통해 마가야 교단에 대한 소식을 듣고 있었고 추천받은 그곳 4개 교회의 교회당 건축을 후원했는데, 중부 지방의 와오니아 선교 센터 건립, 에히야터캔디아 교회당 건축 및 마가야 교단 본부 건물 증개축과 후술할 마하라가마 교회당 건물 매입 등이다. 동남아나 서남아는 인건비가 싸 한국과는 비교도 안 될 정도의 적은 금액으로 제법 괜찮은 교회당을 지을 수 있는데, 스리랑카의 경우 적게는 한 곳에 23,000불에서 많게는 65,000불 정도면 되었고 대지는 그분들이 준비했다.

근래에 들어 스리랑카 선교 방문 중 가 보았던 마하라가마 교회(Ravi 목사님)가 맘에 걸려 기도하던 중 신도가 수백 명이나 됨에도 불구하고 아직까지도 자체 교회당이 없음을 알고 작지만 아담한 건물을 매입토록 후원하였다. 불교도들의 탄압과 방해로 새로 짓는 것이 어려워 기존 건물을 매입키로 한 것이다.

다행히 별 말썽 없이 건물과 부지를 인수하였고 리모델링을 통해 쓸 만한 교회당으로 개조 중이다. 얼마 전 스리랑카를 다녀온 안한준 선교사님으로부터 담임인 Ravi 목사님이 17년간이나 이루지 못한 숙원을 하나님께서 단번에 이루어 주셨다며 얼마나 기뻐하든지 그 기뻐하는 모습을 내가 봤어야 한다고 전해 왔다.

그런데 Ravi 목사님이 건물 벽에 내 이름과 사진을 새긴 현판(plaque)을 걸겠다는 것을 거절했다며, 그 전 교단 본부 건물 완공 때도 같은 제안을 받았지만 내가 단호히 거절했었음을 알기에 그리했노라고 한다. 맞다. 이는 절대 안 될 말이다. 하나님께서 주신 돈으로 하면서 내가 뭐라고 이름을 올리겠는가.

스리랑카 교회당 건축

와오니아 선교 센터

에히야터캔디아 교회

마가야 교단 본부 건물(지하층 개축과 1층 신축)

마하라가마 교회 구입 건물

스리랑카는 전통적으로 불교가 강성한 국가로 정치적으로도 친불교적 정책 때문에 기독교 선교에 많은 어려움을 겪는 국가이다. 그런 까닭에 교회당이 불교도들의 공격을 당하는 등 애로가 적지 않은 곳이다.

동남아 교회당 건축 후원

스리랑카도 그렇지만 선교에 대한 열정이 있어도 동남아 국가들 중에는 여러 종교적 제약 때문에 부담이 많이 따르는 나라들이 있어 선교에는 소극적일 수밖에 없다. 그러다 보니 베트남 역시 고아원 돕기라든지, 병원의 불우환자 돕기 등 주로 구제를 중심으로 극히 제한적인 범위를 벗어나지 못했다. 다만 베트남의 경우, 교민 교회가 현지 교회의 교회당을 빌려 쓰면서 그 교회에 임대료를 비롯 재정적으로 도움을 주는 간접 방식의 사례들은 꽤 있는 것으로 안다. 그 대표적인 예로 사이공 한인연합교회가 베트남 내의 가장 큰 교단인 CMA 교단에 막대한 돈을 들여 교회당을 지어주고 이를 장기적으로 사용하는 사례가 아닐까 한다.

어떻든 동남아 등 저개발국 선교에 꾸준히 관심을 갖던 어느 날, 집사람이 새벽 기도를 다녀오더니 그 지역에 교회당을 지으라는 성령님의 감동이 있다며 기도해 보라는 것이다. 그런데 때마침 몇 달 전 과거 안면이 있던 그곳 선교사님 한 분으로부터 기도 편지를 이메일로 받아 뒀던 것이 있었는데, 그분은 한국 유명 교단이 파송한 의료 선교사님으로 오랫동안 여러모로 헌신해 온 분이다. 그동안 교류가 전혀 없었는데 갑자기 기도 편지를 보내왔고 무심코 그대로 묻어 두었던 것인데, 그 편지 내용 중에 교회당 건축 얘기가 있었던 것이 생각나 다시 꺼내 자세히 살펴보게 되었다. 그 내용은 그곳 가난한 지역 교회들의 열악한 형편을 소개하며 교회당 건축을 해야 하는데 재정 등 어려움이 있다는 것으로 다섯 곳의 계획이 나와 있었고, 읽어 보니 충분히 공감할 만했다.

그래서 제일 먼저 시작한 것이 중부지방 시골에 위치한 L교회의 교회당 건축이었는데, 전술한 선교단체인 네오미션(Neomission)의 창구를 통해 시행하게 되었다. 부지는 이미 마련되어 있었고 건물만 세우면 되는데 교회 자체가 준비한 재정은 예산액의 25% 정도였다. 나머지 75% 약 78,000불을 즉시 지원해 2층으로 건축하였는데 생각보다 규모도 있고 멋진 교회당이다. 위치도 괜찮고 앞이 탁 트여 조망이 아주 좋다.

두 번째로는 J교회인데 규모가 작아 15,000불만 투자하면 되었기에 속히 진행하여 작지만 아담한 예배 공간을 확보하였다. 세 번째도 역시 그 지역 인근에 위치한 B교회로 이미 1층은 완공해 사용하고 있었지만 돈이 부족해 짓지 못한 2층과 일부 시설을 증축하면 되었기에 약 95,000불을 후원해 완공하였다. 크기도 좋고 예쁜 모습의 교회이다.

이렇게 해서 L교회를 시작으로 B교회, J교회, D교회, G교회, JR교회 등 최근 몇 년에 걸쳐 8개 교회의 건축을 후원하였고, 예산은 한 교회당 작게는 15,000불에서 많게는 160,000불 정도였다. 숫자가 의미가 있는 것은 아니지만 시작이 반이란 말처럼 스리랑카를 포함하면 벌써 12곳이다.

어느 교회든 100%를 후원하는 것은 아니고 현지 교회가 부지를 준비하고 건축비의 20~30%는 자체 부담하는 방식의 협력사

믿음의 길 - 2. 선교와 구제 사역 이야기

역이다.

모두에도 썼지만, 크고 작음을 떠나 중요한 것은 주님께서 선한 도구로 사용해 주셨다는 점이다. 설혹 돈이 있다 해도 기회가 없으면 할 수 없는 것이고 기회가 있어도 마음이 없으면 할 수 없는 것이기에 이 모든 것을 허락하신 하나님의 은혜에 감사한다.

> … 이 봉사의 직무가 성도들의 부족한 것을 보충할 뿐 아니라 사람들이 하나님께 드리는 많은 감사로 말미암아 넘쳤느니라(고후 9-12)….

베트남 벧엘 교회(2005~2019년 5월) – 호치민에서 하노이까지?

출장 중 섬기던 교민 교회 이야기, 그 14년간의 여정

2005년 봄, 내 고등학교 동창 김승기 장로가 우리 베트남 공장에 책임자로 부임한 이래, 그의 소개로 알게 된 벧엘 교회는 미국서 은퇴한 미국 한인 침례 교단 출신의 폴한(Paul Han) 목사님이란 분이 호치민에 개척한 지 몇 달 안 되는 교민 교회였다.

그동안 나는 출장을 오면 주로 호치민에서 잘 알려진 사이공 한인 연합 교회에 가곤 하던 때이다.

호치민에서 하노이까지 베트남 선교에 목숨을 걸겠다던 강한 신념의 소유자. 이미 일흔이 넘으신 연세에 미국서 시무하던 교회에서 은퇴한 후 바로 베트남으로 날아오신, 카랑카랑한 목소리에 카리스마가 넘치시고 설교에 은혜가 쏟아지는 분이다. 내 생각이지만 설교로 본다면 상당한 실력가임에 손색이 없다. 또한 초기라 그런지 베트남 선교에 대한 열정이 대단하셨다.

그때는 자주 베트남에 출장하며 비교적 장기 체류가 많을 때인데, 주일이면 그 교회에 갔다. 교회는 호치민 시내에 작은 베트남인 교회를 임대해 주일에 예배만 드리는 형태로 베트남인 예배 시간과 중복되지 않도록 조절되고 있었다. 그 당시는 베트남 투자가 한국으로부터 아직 본격적으로 이루어진 시기는 아니었으므로 교민들이 적은 편이었으나 교회를 개척하기에는 좋은 타이밍이었다. 우리 베트남 공장도 이제 막 자리를 잡고 태동하던 시기로 아직 미흡한 상태에서 공장장인 김승기 군의 노력으로 체계가 서서히 안정돼 가고 있을 무렵이었다.

주일 설교는 은혜가 넘쳤고, 폴한(또는 한바울) 목사님은 그때마다 늘 선교에 대한 애정을 피력하며 '호치민에서 하노이까지'

란 캐치프레이즈로 베트남 선교에 남다른 애착을 보였다. 그럼에도 초기에는 목사님이 미국에서 자녀들의 도움을 받아 자비량으로 교회를 꾸려 가던 때로 재정적으로 상당한 어려움이 있었던 것으로 안다. 이를 눈치챈 내가 어느 날 목사님과 식사를 같이하며 많지는 않지만 약간의 십일조를 드리겠다고 했더니 목사님이 너무 감사해 하시며 등록도 하라 해서 그 교회의 일원이 되었다. 말하자면 섬기는 교회로서는 한국과 베트남 이중 국적자가 된 셈이다. 그제서야 자신이 당하고 있는 어려움을 이야기하시며 사실 현재 임차해 쓰고 있는 베트남인 교회 목사가 여러모로 힘든 요구를 해와 매우 골치가 아프다는 것이다. 아직 개척한 지 얼마 안 되어 교인들이 적고 운영하기조차 힘든데, 한국인 교회를 무슨 봉으로 아는지 임대료도 그렇지만 그 외에 이것저것을 자주 요구한다면서…. 그 목사가 호치민에서 가장 큰 사이공 한인 연합 교회가 건물을 빌려 함께 쓰던 베트남인 교회에서 시무했던 경력이 있어 한국인 교회 생리를 잘 알고 그런다는 것이다. 자기가 미국 가족들에게 손을 벌려 해결하는 등 너무 힘들다는 것이다.

침례교회는 회중에서 대표들을 뽑아 교회를 운영하는데, 물론 개척교회라 교인 중에서 목사님이 임명하는 분들이 대부분이었고 나도 이 중에 참여하게 되었다. 자주 오지 못하지만 그래도 아직 교회가 자리를 잡지 못했으므로 다소라도 힘을 보태면 좋을 것 같았다. 안수 집사는 당시 나 혼자였던 것으로 기억한다.

등록한 지 얼마 지나지 않은 때인데, 베트남 남부 가난한 벤체 지역이란 곳에 홍수가 나서 집들이 많이 유실되어 이를 복구하는 데 우리 교회가 도움을 요청받았다며, 그곳에 마침 그전에 교회로 쓰던 두 곳이 공산화되면서 아직 폐쇄된 채로 남아 있는데 우리가 이를 도와주면 그곳을 교회로 다시 쓸 수 있도록 허가를 받겠다며 내게도 참여를 요청해 오셨기에 두 차례에 걸쳐 5채씩 10채의 집값으로 6,000불을 헌금케 되었고(그 당시 집 한 채 짓는 데 600불이면 되었다), 얼마 후 뜻밖에 그곳 인민위원회로부터 감사패도 전달받은 바 있다. 그 후에 약속대로 그곳이 교회로 개방되었다는 소식을 들었다.

그 후 2년 만에 교회가 조금씩 교인 수효를 늘려가고 우리 회사도 발전하여 임대 공장을 청산하고 그 옆 아파트형 공장 500평을 사서 이전하게 되었고, 김승기 군이 아직 공장 책임자로 근무하고 있었다. 사실 그때까지만 해도 우리 회사는 아직 IMF의 위기를 극복하지 못해 재무 구조가 여전히 취약하였으며, 이제 겨우 수출길이 트여 그동안 내수 중심 공장에서 벗어나 수출 오더도 생산하며 발전의 실마리를 풀고 있었다.

이후 벧엘 교회도 성장을 계속하게 되었고, 소문을 듣고 신실한 교민들이 여기저기서 모여들었다. 그중에는 은행 등 유수 기업들의 베트남 파견 법인장들도 있는 등 성숙한 교인들이 늘어 몇 년 만에 교회는 많이 부흥하였다. 목사님의 각고의 노력으로 그래도 일찍 시작한 베트남 교민 교회 개척은 상당한 성공을 거두어 하노이 교회는 더 많이 부흥하였고, 호치민엔 푸미홍이란 새 개발 지역에 또 하나의 교회도 개척하기에 이르렀다. 물론 상당한 기간이 지난 뒤였다.

푸미홍 교회를 개척하기 이전에 먼저 공항 근처에 한베 가정(주로 남편이 한국인이고 부인이 베트남인 부부를 가리켜 하는 말) 전도를 위한 교회를 특별히 개척하기로 해 베트남인 교회 건물을 임대해 같이 쓰는 조건으로 벧엘 공항 교회를 설립하였는데, 이 지역엔 특별히 한베 가정이 많았다. 이는 매우 특별한 의미가 있었다. 왜냐하면 그 가정의 베트남인 아내와 아이들을 자연스럽게 전도할 수 있는 길이었기에 그렇다. 이들 가정을 위한 교회 개척엔 다행히 장상진이란 호치민 대학 베트남어과를 나온 젊은 교인이 있었는데, 우리 집사람도 잘 알고 있는 청년이다. 마땅히 갈 바를 알지 못하고 방황하고 있을 때 우리 집사람이 갈 때마다 만나 기도해 주고 자문도 해 주며 위로해 주었는데, 베트남인 부인과 결혼을 하여 한베 가정이 되었고, 목사님의 보살핌 덕분에 나중엔 교회 전도사로 일하게 되면서 그에게 그 공항 교회를 맡긴 것이었다. 적임자였다. 다행히 그 부인도 순종하여 예수를 믿고 신실한 교회 일꾼이 되었으며 거기에 역시 같은 또래의 한베 가정인 황석주 집사 부부가 있어 명콤비를 이루게 되었다. 그런데 문제는 베트남인 교회를 빌려 예배를 드리다 보니 사역에 어려움이 많았다.

교회 건물이 아주 작긴 했지만 구조를 보니 증축을 하면 공간을 넓혀 우리가 사용하기에 불편을 많이 덜 것 같았다. 즉, 공간 스페이스가 너무 적어 애로가 있었는데 마침 그 교회에서 상층부의 사택을 개조하고 증축을 하면 좋겠다는 얘기가 나와, 우리 교회가 그 증축비를 지원해 주고 대신 넓혀지는 공간 중 한 개 층을 우리가 주일은 물론 평일에도 전용으로 장기 임차하는 것을 교섭해 보는 것이 좋겠다는 데 목사님과 의견을 모으고, 벧엘 교회가 이를 부담하는 대신 그 부족한 예산 2만 불은 내가 벧엘 교회에 헌금하는 것으로 보전키로 해 그 교회 측과 장 전도사를 통해 합의를 보았다. 말하자면 한 개 층을 장기간 임대하는 조건으로 그 임대료를 목돈으로 지불하는 방식이다. 다만 이를 후일에 증거로 남기기 위해 양측이 합의서를 작성하는 것으로 다 얘기가 되어 장 전도사가 책임을 맡고 진행되었다.

출장일에 맞추지 못해 완공 예배에는 참석을 못했지만 건축이 다 완료되었다기에 얼마 후 나와 집사람도 방문해 감사 예배를 드리는 기쁨을 맛보았다. 기도의 결실이었다. 교회도 깔끔하게 단장이 되었고 장기적으로 안정적인 공간도 확보했으니 이젠 한시름을 덜게 되었다. 그런데 이상하게도 장 전도사가 한베 가정이 많이 사는 부근 아파트 단지 내에 따로 한베 센터를 개설한다며 사실상 교인들에게 도움을 청하는 광고를 하고 있었다. 거기서 문화적 교제도 나누고 한글과 요리, 예법도 가르치고 꽤 비전이 있는 안이었지만 비용을 따로 들여야 하는 것으로, 굳이 애써 마련한 공항 교회 전용 공간을 두고 그럴 필요가 있겠나 싶었지만, 아무래도 교회는 좀 떨어져 있고 불편해 숙식을 하며 교육을 담당할 사람도 있어야 하는 만큼 따로 공간이 필요하다는 취지였다.

아직 교회 재정도 열악할 텐데, 이게 무슨 뜬금없는 얘기인가 싶었다. 하지만 장 전도사가 자기가 능히 꾸려 갈 수 있다며 추진하는 것을 방해하고 싶지 않았다. 그래서 그 단지에 방 세 개짜리 아파트를 얻어 시작하게 되었고 이제 교회 공간은 더할 나위 없이 충분하게 되었기에 한베 가정 전도만 잘된다면 그깟 비용이 무슨 대수이겠는가 싶어 상당히 기대를 갖게 되었다. 한베 가정 전도야말로 우리 벧엘 교회 설립 이념인 베트남 선교에 일대 획을 긋는 일석이조의 선교 사역으로 장 전도사란 인물도 있어 최적이었다. 거기에 황석주 집사라는 전도사 못지않는 열정을 가진 조력자까지 있으니 모든 것을 갖춘 셈이었다. 나 역시 재정 공급자로서 뒷받침을 할 생각이었다.

한때 초기엔 교회가 부흥하는 것 같았다. 주일 예배에 가 보면 제법 한베 가정의 주일 학교 학생들이 많았고 주일 학교 예배 시엔 빠짐없이 그 베트남인 어머니들이 참석해 같이 예배를 드리는 모습은 정말 보기가 좋았다. 조만간 교회가 크게 부흥할 수 있으리란 기대가 컸지만 적지 않은 시간이 흐르고 계속 노력을 하는데도 세례자는 황석주 집사의 베트남 부인 등 두어 사람에 머물러 있었다. 전도가 쉽지 않았다. 한베 센터를 통해서도 노력을 기울였고 벧엘 교회 교인 여러분들도 성심껏 헌금으로 돕기도 한 것으로 아는데 상당히 아쉬움이 남는 대목이다. 하여간 교회는 수년이 지났음에도 별로 성장하지 못했다. 내 개인적 견해로는 장 전도사 한 사람에게만 맡겨 놓고 전 교회적으로 관심을 쏟지 못한 결과가 아닌가 하는데, 반성해야 한다고 생각한다.

왜냐하면 결국 2018년 들어 이 교회를 폐쇄하고 한베 가정 전도를 사실상 포기했기 때문이다. 물론 여기에는 단순히 교회가 부흥하지 못했다는 이유 외에도 다른 복잡한 사정이 있을 것으로 보이지만, 벧엘 교회가 베트남 선교를 외치면서도 그동안 교민 교회를 개척해 부흥시킨 것 외에 별로 한 일이 없었기에 실망감은 더했다. 나는 생각하기를 우선 교민 교회를 개척해 교회가 부흥하면 그 힘을 가지고 베트남 선교의 방안을 찾는 것이 순서라 생각해 힘닿는 대로 푸미홍 교회, 공항 교회, 하노이 교회, 미얀마 교회 등 각 교회를 개척할 때마다 도우며 그런 비전을 꿈꿔 왔는데, 그나마 우리 교회가 할 수 있는 선교 대안으로서 한베가정 중심의 공항 교회를 폐쇄한다는 것은 아예 베트남 선교를 접는 것으로밖엔 생각되지 않았고 결코 최선을 다했다고도 볼 수 없는 상황에서 그 이유는 납득이 안 되는 황당한 것이었다.

이 문제는 후에 내가 오랫동안 심혈을 기울여 섬긴 벧엘 교회를 나오게 되는 동기가 되었으므로 나중에 다시 얘기하기로 하고, 나는 그동안 교인들이 불만을 갖고 있던 폴한 목사님의 독단성 등 약간의 문제들엔 무관심하게 일관했는데, 이유는 여기는 선교지라는 점에서 갖가지 제약과 어려움이 있고 교회가 부흥하였다고는 하나 체계가 잡힌 그런 교회도 아니고 교인들도 수시로 한국에 들락날락하는 소속감이 부족한 상황에서 조직적으로 운영되기 어려운 환경이었으므로 목사님의 고충을 십분 이해하고 협조해 왔던 것이다. 다만, 폴한 담임 목사님이 후임으로 세웠던 부목사들이 불만을 갖는 등 부작용이 있음은 알았지만 목사님께서, 쓸 만한 목사가 여기를 왜 오겠냐 하시며 다 문제가 있고 정작 마땅한 목회자를 구해 맡기기가 어렵다고 해서 수긍하고 있던 처지였다.

그동안도 몇몇 부목사들이 담임 목사님의 부재 시마다 전임자로서 역할을 해 왔는데, 내가 자주 보지는 못해 정확히 말하기는 어렵지만 내가 보기에도 설교나 교인들을 대하는 태도나 여러 면에서 그리 맘에 합한 부목사를 보지 못했던 것이 사실이다. 그렇다 해도 최근 들어서는 자주 부목사가 바뀌고 부임한 지 얼마 안 된 목사가 교인들과 같이 독립해 나가는 등, 그전에 보지 못했던 상황이 벌어지고 있음은 심상치가 않았다. 근래 담임 목사님이 여러 이유로 자주 베트남을 떠나 한국에 머물거나 미국에 왕래하시는 바람에 교회에 공백 기간이 길어져 이럴 바엔 차라리 후임을 확실히 정해 이제는 맡기실 때도 되었다고 혼자 생각하고 있었다.

그런데 이분이 무슨 생각에서인지 몇 년 전엔 갑자기 미얀마 선교를 해야겠다면서 미얀마를 오가시더니 양곤에 교민 교회를 개척하셨단다. 베트남도 아니고 뜬금없이 미얀마라니 아직 여기 체계도 잡히지 않고 공간 문제 등 주일 학교도 사실 제대로 운영되지 못해 젊은 사람들이 우왕좌왕하는 때에 내부를 다지는 일부터 해야 할 것이었기에 이해가 가지 않았지만 워낙 선교 얘기를 입에 달고 사시는 분이라 나름대로 이유가 있겠지 하고 지켜

보기만 했다.

사실 나는 목사님과 식사를 할 경우 베트남 선교에 대해서 의견을 나누곤 했는데, 교민 교회만을 가지고 선교라 할 수 없지 않은가. 이제 자리도 잡혔으니 가능한 범위 내에서 구제를 포함(이 또한 복음의 통로이니만큼)한 마땅한 선교 방안을 찾아 나서야 되지 않겠냐고 말씀드리면 이미 시골의 작은 교회를 도운 적이 있다면서 그전에 했던 얘기만 반복하실 뿐 별 의지가 없어 보이는 것이 이분의 선교 개념이 나와는 다른 것이 아닌가 하는 의구심이 들었고, 말 못 할 어려움이 많다며 망설이시는 것을 어찌할 수 없었다. 사실 그런 점이 있긴 했지만, 아예 설교권 허가도 받지 않고 교민 교회를 세워 지금까지도 운영하는 제법 큰 교회들도 있고 또 선교사님들 중엔 적극적으로 선교를 하는 분들도 있는 것을 들어 알고 있었기 때문에 잘 이해가 가지 않았다.

미얀마 교회가 그곳 현지 신학교 내로 이전하였는데, 신학교를 도울 겸 공간을 일부 개조해 주일날 사용키로 했다며 자금이 부족하다는 광고를 듣고 현지 신학교를 돕는 차원에서 그것도 선교란 생각으로 기꺼이 동참하였다. 그러나 얼마 못 가 유감스럽게도 결국 미얀마 교회는 돈만 낭비하고 다른 분에게 넘겨주고 말았으며 그나마 교민 교회라 별 열매도 없었다. 본 교회의 재정도 그리 넉넉한 것도 아닌데 교인들의 반대를 무릅쓰고 몇 년 동안 투자하시곤 결국 포기하고 만 것이다.

그뿐만 아니라, 푸미흥 교회를 개척할 때인데 몇몇 중직 안수 집사들이 그만두었다는 얘기가 들렸다. 그분들 생각엔 그런 중요한 일을 상의도 없이 담임 목사가 독단으로 처리했다는 데 대해 상실감을 느꼈던 것으로 안다. 물론 출장 때나 나가는 나나 상주하며 매주 출석하는 내 아들에게도 일체 상의는 없었다. 그러나 푸미흥은 새 개발 지역으로 한국 교민들이 아주 많이 사는 새 동네이므로 꼭 가야 할 곳으로 여겨져 잘된 일이라 생각하였다. 사전에 공식적인 얘기를 못 듣기는 마찬가지인데 굳이 반발하며 교회를 그만둘 필요까지 있었겠는가 싶어 그분들이 너무 성급하지 않았나 생각되었다.

그런데 이분의 주일 학교에 대한 생각은 아주 희박하여 도무지 발전이 없었고 장소도 협소해 제대로 교육이 될 리 없었다. 특히 시내 교회는 시간과 장소가 모두 제약이 있어 더 심했다. 당시 우리 아들 내외는 시내의 본 교회를 출석하고 있었는데, 사이공 강 건너 안푸라는 동네가 예전부터 부자 동네로 웬만한 기업의 법인장들이 주로 거주하였는데 한국 기업들의 투자가 늘면서 그곳이 새 개척지로 떠올랐다. 교인들 간에 시내 교회를 옮기자는 여론이 일어났고 우리 아들도 동조하여 그곳에 공간을 물색하게 되었는데, 이는 주일 학교 문제를 해결할 좋은 기회였다.

나는 목사님께 힘을 보태 드리기 위해 특별 제안을 드렸는데, 그 것은 이곳으로 이전할 경우 매월 1,000불씩 2년간 임대료의 일부를 지원하는 것이었다. 그만큼 우리 손주들을 비롯한 주일 학교 교육의 시급성을 알고 있었기 때문에 나는 주저하지 않고 그런 제안을 했던 것이다.

그러나 차일피일 시간을 끌면서 한 해가 다 지나도 이렇다 할 진전이 없었는데, 이유는 임대료도 비싸거니와 교회에 공간을 임대하려는 건물주가 드물다는 것이다. 참으로 답답한 일이 아닐 수 없었다. 그러나 사실 이는 평소의 폴한 목사님의 추진력으로 볼 때 이해가 안되는 것이었다. 그래서 할 수 없이 우리 아들 내외는 시내 교회를 떠나 푸미홍 교회로 이적하였다. 그나마 푸미홍 교회가 면적도 좀 있고 교회도 부흥하므로 그곳으로 옮겨 손주들이 주일 학교 교육을 받도록 하기 위함이었다. 주일 학교 교육은 부목사님들 사모님들의 헌신이 컸는데 부목사님들이 자주 갈리는 바람에 이마저 안정되지 못해 애로가 있었다.

그런데 언젠가 가 보니, 푸미홍 교회 길 건너편에 교인 한 분이 건물을 얻어 장사를 하는데 2층 공간을 주일 학교를 위해 교회에 빌려준다는 것이다. 그런데 문제는 그 지역이 길가 코너라 오토바이 왕래 등 여간 복잡한 곳이 아니었다. 선생님 안내를 받는다 하지만 천방지축인 아이들이 그 길을 건너 공부하러 가는 것이 못내 안심이 안 되었기에, 길 안 건너고 교회와 같은 면에 연해 있는 건물을 정식으로 임대하면 좋겠다는 말씀과 함께 그 비용이 부담된다면 제가 해 보겠노라고 건의했더니 목사님은 좋은 생각이라며 적극 지지하셨는데, 어쩐 일인지 몇 달이 지나 출장을 왔을 때도 전혀 움직임이 없었다. 아마도 자리가 나지를 않아서겠지만, 이해가 안 가는 것은 그런 데 돈 쓰는 것엔 별로 관심이 없으신 눈치였다. 오직 선교에 꽂히셔서 그런지…, 좌우간 얼마 후 이번엔 아프리카 선교를 한다며 온 교회가 이젠 하노이가 아니라 아프리카까지를 외치며 야단법석이었다.

난 이건 아닌데… 주일 학교 교육 체계가 안 잡히면 젊은 교인들이 교회를 떠날 텐데. 오래된 교인은 남아 있겠지만 그들도 임기가 차 귀국하게 되면 새 교인들이 오지 않아 교회는 어려움을 겪을 것이 뻔했다. 왜냐하면 이제는 교민 교회가 많이 생겨 푸미홍 일대에도 몇 곳이 있었기에 경쟁력을 갖추지 못하면 도태될 위험이 컸다. 그런데 이런 우선해야 할 일을 놔두고 선교 바람이 아프리카까지 불다니, 대체 선교 대상인 베트남에서 현지 선교는 벌써 잊은 채 미얀마를 넘어 이젠 아프리카라니 도무지 이해가 되지 않았다. 선교 대상국인 베트남에서 또 다른 선교 대상을 찾아 선교를 한다니….

목사님은 과거 미국에서 목회한 경험에 비추어 볼 때 선교를 하고 돌아오면 오히려 교회가 부흥하곤 했다며 고집을 세우시는 데는 더 어쩔 수도 없었다. 아직 열악한 환경에서, 주일 학교에 너무 소극적인 목사님의 행태와 계속 부목사들이 갈리며 더는 올 사람도 없어 쩔쩔매는 사정하에서 이는 무리가 아닐 수 없었지만, 반대할 처지도 못 되어 그냥 지켜보게 되었다.

벧엘 교회의 아프리카 케냐 선교와 동참

대상은 아프리카 케냐인데, 미국에서 소개를 받으신 것으로 알고 있다. 몇몇 교인들과 함께 벌써 현지 답사를 다녀오셨고, 그곳 김명수 선교사님을 베트남으로 초청해 바리바리(?) 선교비랑 싸 드렸다며 조롱 섞인 교회 내 소문은 영 좋지 않았다. 뜬금없이 아프리카 선교라니 도무지 계획성이란 찾아볼 수 없고 자기가 기도하다 영감을 얻었다며 밀어붙이는 목사님을 말릴 사람은 아무도 없었다.

목사님은 그것이 그분의 뜻이라 믿고 교인들의 생각은 어떻든 밀어붙이고 계신 것이었다. 나 또한 선교의 열정이 강했던 나머지 비록 선교지가 다를지라도 개인적 입장에선 믿을 만한 선교지를 찾았다는 것은 다행이 아닐 수 없었다. 목사님도 현지에 직접 가서 보지 않고는 선교를 할 수 없다며 그 먼 곳을 그 노구에도 불구하고 벌써 두 차례나 다녀오셨다는 데는 존경심마저 들었다. 아들 오영찬 집사는 별로 동조하는 기색이 없었지만 내가 달랬다. 어떻든 선교는 귀중한 것이니 가만히 있으라 하곤, 살펴본 결과 김명수, 이에스더 선교사님 내외는 원래 평신도로서 미국에서 케냐로 선교를 나가 벌써 20년이 넘게 헌신해 온 분임을 알았고 나이로비에서 몇 시간이나 떨어진 케냐 시골 지역에서 학교도 운영하고, 또 나이로비 신학교에서 학생들을 가르치는 등 목사님 설명으론 꽤 신뢰가 가는 분이었다. 당장 시급한 계획으로는 가난한 동네에 집수 설비를 해 주는 것이었는데, 이는 개인 초가집 지붕 위로 빗물을 받을 집수 시설을 하고 이를 보관할 탱크와 그 물을 마실 수 있는 장비를 설비해 주면 되는 일이었다. 돈이 그리 많아 드는 사업은 아니나 여러 집을 해 주려면 적어도 3~4만 불은 든다는 것이었다.

나는 개인적으로 참여키로 하고, 일차로 벧엘 교회가 목사님을 통해 약 1만 불의 헌금을 보냈고 계속해서 교회가 헌금을 모으고 있었기에 이어 2차, 3차 사업을 돕는 것이 좋겠다는 생각을 하였는데, 마침 내가 초대 회장을 했던 (사)네오미션이란 몇몇 중소기업인들이 모여 만든 선교 단체에서 우연히 환담을 나누는 가운데, 당시 어떤 분이 3만 불이나 되는 돈을 맡겨 놓고 아프리카 선교를 하라며 알아서 쓰라 했다는 것이 아닌가. 이것이야말로 횡재가 아닐 수 없었다. 때마침 아프리카에 쓰라고 선교비를 누가 맡겨 놓았다니…. 즉석에서 내가 이런 계획을 이야기하고 현황을 설명한 다음 1만 불만 이에 쓰자고 했더니, 다들 흔쾌히 승낙하여 이를 2차 집수 시설 후원 선교 헌금으로 송금하게 되었다. 지성이면 감천이라더니 뜻밖에 얻은 소득이었다.

벧엘 교회는 원래 베트남 선교를 목적으로 설립된 교회로서 베트남 지역 자체가 선교지라 사실 여기서 아프리카 선교를 간다는 것은 힘에도 겨운 일이지만 넌센스가 아닐 수 없다. 베트남 교민들의 헌금을 가지고 베트남 선교를 해야지 아프리카 선교라니 도무지 앞뒤가 안 맞는 일인데. 하지만 그것은 교회적 입장이고 내 개인적으론 믿을 만한 마땅한 선교지를 찾는다는 것이 결코 쉽지 않음도 잘 알고 있었기에, 이를 하나의 기회로 여기고 현지 답사 보고를 토대로 가장 시급하다는 집수 시설을 돕기로 작정한 것이었다.

3차 송금은 우리 막내딸의 도움으로 실현되었다. 막내딸 민혜가 모아 둔 십일조 중 이를 위해 만 불을 쾌히 봉헌한 것이다. 이렇게 해서 세 차례에 걸친 집수 시설 설비로 어지간히 그 동네와 인근의 물 문제가 해결되었다. 선교사님이 집수 설비를 직접 하시는데, 차가 아주 오래되고 낡아 짐을 싣고 옮기기가 어렵다는 애로를 듣고 차제에 픽업 트럭을 바꿔 드리는 것이 좋겠다 싶어 벧엘 교회 목사님과 협동으로 이를 해결하기로 했는데, 교회

가 1만 2천 불, 내가 1만 5천 불, 도합 2만 7천 불을 송금해 차를 즉시 바꿔, 집수 시설 설비를 한결 용이하게 하였다. 추가로 2천 불을 더 보내 차에 설비를 보강함으로써 더욱 사용하기에 편리하게 하였고….

푸미홍 교회도 더이상은 발전의 모티브를 찾지 못하고 있던 차, 그 후 조 모라는 50대의 새 부목사가 부임했는데, 설교도 괜찮고 특히 사모님이 교육에 열정이 있어 다행스럽게 여기고 있었다. 그런데 어찌된 일인지 얼마 안 가 몇몇 구역장들과 함께 그만 독립해 나갔다는 것이 아닌가.

벤엘 공항 교회 폐쇄와 베트남 선교의 허구 - 역시 나는 멍청이었나?

폴한 목사님이 개척 초기와 달리 연세도 있으시고 해 자주 교회를 비우고 한국과 미국 등지에 체류하시는 시간이 길어진 것이 원인이란 생각을 지울 수 없었다. 임시로 나이가 지긋한 김일경 목사님이란 분을 모셔 오긴 했지만 이분 또한 다른 사역으로 바빠 역시 자리를 온전히 지키기 어려운 분이었고 계속 맡아 할 입장도 아니었다. 이런 문제 때문인지는 모르겠지만, 2018년 4월쯤인데 평소 잘 알고 지내던 집사님 한 분이 한베 가정 사역을 전담하는 벤엘 공항 교회가 폐쇄되고 이를 맡아 하던 장상진 목사가 푸미홍으로 온다며, 그곳 성도들의 반발이 심하다고 걱정스러운 문자를 보내 왔다.

5월에 베트남에 들어가 상황을 들어 보니 사실이었고, 이는 이미 몇 달 전에 1차 논의가 있었으나 그곳 성도들의 반대로 일단 무산되었다가 이번엔 최종적으로 결정을 봤다는 것이 아닌가? 그런데 이번의 폐쇄 이유는 전혀 엉뚱한 면이 있었다. 푸미홍 교회에 전임 목회자가 없는 사정은 알고 있지만, 그렇다고 공항 교회를 폐쇄하면서까지 장상진 목사를 데려온다는 것은 잘못된 것이었다.

왜냐하면, 이미 전술에서 설명했듯이 장상진 목사가 없으면 공항 교회 유지가 어렵고, 장상진 목사는 처음부터 그 목적으로 특화된 사역을 맡았기 때문에 전도사였던 그를 사실 신학교도 아직 졸업하지 못한 상태에서 특별히 목사 안수까지도 주었고, 그는 베트남어과를 나와 베트남인 부인과 결혼해 자녀까지 둔 가장으로서 한베 가정 선교에 적임자였다. 벧엘 교회의 원래 개척 목표가 호치민에서 하노이까지 선교를 한다는 것이었기에 나는 그것을 철석같이 믿고 오랜 세월 교회가 부흥하기를 기다리며 물심 양면으로 도와 왔고, 교회가 부흥하면 그 힘으로 선교에 적극 나설 것으로 기대하였다.

그런데 개척 초기에 외딴 지역의 작은 교회를 도운 것이 전부일 뿐 그 이후 이렇다 할 선교 사역은 찾아볼 수 없었고, 그나마 벧엘 교회가 베트남 선교 중 인정해 줄 만한 것이 벧엘 공항 교회의 한베 가정 사역인데, 이제 와 이를 포기한다니… 운영이 쉽진 않겠지만 그렇다고 재정이 많이 드는 것도 아닌데 말이다. 갑작스런 이 같은 이야기를 확인하기 위해 나는 폴한 목사님과 장상진 목사를 만나 점심을 같이하게 되었다. 사실 나는 그동안 그와 폴한 목사님을 믿고 장상진 목사의 캐나다 통신 신학교 학비 대부분을 후원해 왔던 것이고, 공항 교회 증개축에도 2만 불을 봉헌했던 만큼, 이 사역에 남다른 애착을 갖고 장상진 목사를 격려하고 후원해 왔다. 한번은 장 목사가 전도사 시절 호치민에서 약 1시간여 떨어진 시골 동네 자기 처가에 방을 빌려 그 동네 아이들을 위한 독서실을 연다고 해서 책값 등 5천 불을 선뜻 후원해 주며 격려차 방문해 이것저것 살펴 주기도 하였다.

그런데 만난 자리에서 들은 공항 교회 폐쇄 이유는 정말 뜻밖이었다.

그것은 베트남에서 목회를 하려면 설교권 허가가 필요한데 그 교회에 대한 설교권이 없어 공안(경찰)이 교회를 못하게 한다는 것이다. 나는 깜짝 놀랐다. 그동안 설교권도 없이 해 왔다니…. 평소 폴한 목사님이 베트남에서 설교권을 정식으로 허가

받은 사람은 자기 외 몇이 안 된다고 줄기차게 자랑해 오지 않았던가. 그러면서 사이공 연합 교회에서 분리해 나온 푸미홍의 한마음교회도 공안이 교회를 폐쇄해 현재 예배를 못 드리고 있다면서 사태가 심상치 않다는 것이다. 이런 사실을 공항 교회 성도들에게도 이미 얘기를 했고 따라서 공항 교회 성도들이 푸미홍 교회로 와서 예배를 드리기로 했다는 것이다.

한마디로 나는 완전히 바보가 되어 있었다. 선교 바보 말이다. 선교라면 그저 무조건 도와왔는데…. 이 무슨 뜬금없는 얘기인지…. 그러면서 공항 교회에 헌금했던 2만 불은 베트남 교회를 도와준 셈 치자고 아무렇지도 않은 듯 말씀을 하는 것이다. 그에 더해, 공항 교회 베트남 목사가 자꾸 괴롭힘을 주어 거기서 계속 예배 드리기도 어렵게 되었다는 것이다. 그래서 내가 공항 교회 증축할 때 2만 불 지원 조건이 한 층 공간을 제한 없이 사용하는 것 아니었냐며, 합의서를 받아 놓은 것으로 아는데 무슨 얘기냐 했더니, 폴한 목사님 질문. "장 목사, 그거 안 받아 놨지?" 장 목사 답. "네, 안 받았습니다"…. 당초 받아 놓기로 한 공간 장기 사용 합의서도 안 받아 놨다는 것이다.

정말 나는 봉이었다. 이제 알겠다. 왜 공항 교회 증개축 후에도 아파트를 따로 얻어 가며 한베 센터를 운영했는지… 장 목사는 애당초 교회 공간보다 더 자유스러운 별도의 공간을 사용하고 싶었던 것이다. 공들여 2만 불이나 지원하며 도와주었건만 애시당초 딴생각을 하고 있었던 것이다. 헌금이 다 그렇지만 넉넉해서 드리는 것이 아니다. 거기엔 온갖 정성이 묻어 있다. 베트남의 어린 직원들이 열심히 일해 준 덕분에 돈을 벌어 헌금하는 것이고, 수차례 고민하며 결단 끝에 드리는 돈이다. 왜 진즉 얘기를 않고서 나를 이렇게 실망시키는지….

나는 직감적으로 무언가 석연치 않음이 느껴졌다. 그래서 차근차근 따져 물었다. 설교권을 받지 않았다니, 그렇다면 그동안 쌓아 온 인맥이나 경험 등에 비추어 설교권을 지금이라도 받으면 될 것 아니냐? 그리고는 장상진 목사를 향해서는 최악의 경우 감옥에 갈지언정 공안 몇 마디에 그리 쉽게 포기한단 말이냐고 언성을 좀 높였다(물론 감옥에 간 선교사는 없다). 장 목사는 나중에 내 이 이야기가 몹시 서운했다며 자기 아들 같았으면 감옥에 가라고 했겠냐며 카톡을 보내왔다. 어이가 없었다. 옛날엔 교회 사역을 하다가 추방된 사례는 있었지만 그렇더라도 감옥에 간 외국인은 없었고, 지금은 그때와 달라 베트남도 많이 개방되어 공안 당국의 묵인하에 사실 허가권 없이도 여러 교민 교회들이 운영에 지장을 받지 않는 시기였기에, 실제 감옥 갈 일도 없는데, 이런 철없는 소리를 하다니, 나이가 40인데 목사가 맞나 내가 사람을 잘못 봤나, 매우 실망스러웠다. 이런 사람을 믿고 후원을 해 왔다니…. 배신감을 느꼈다.

    그동안, 나는 그의 성실성과 능력을 믿고 그 스스로가 한베 가정이므로 한베 가정 선교에 적임자로 생각해 물심양면으로 그를 도와 왔던 것이며, 2016년 4월부터는 그에게 성경과 찬송가 보급 업무를 위임해 두 달에 한 번씩 수고비를 따로 주며 이의 사역도 맡겨 왔었다. 그러나 이렇게 된 마당에 더는 맡길 수 없어 이를 마무리하게 되었는데, 이때 이메일을 받아 보니 어느새 호칭이 아버님에서 집사님으로 바뀌어 있었다. 그는 늘 나를 아버님이라 불러 왔다. 그를 아끼며 캐나다 신학대(통신수업) 학비도 대부분을 후원하며 살펴 준 까닭으로 보이지만, 아마도 "감옥에라도 갈 각오"를 가져야 되지 않느냐는 그 한마디가 꽤나 섭섭했음인지… 갑자기 호칭이 바뀐 것이다. 아들이라면 그렇게 말했겠냐며…. 뒷맛이 씁쓸하다.

    폴한 목사님이 나를 그리 실망시킬 줄은 꿈에도 몰랐다. 누구보다도 자기를 옹호하며 선교라면 앞장서 도와 왔는데, 공항 교회라면 누구보다도 애착을 갖고 있었던 내게 일언반구는커녕 오히려 공안 제재 때문에 어쩔 수 없다는 듯 교회를 그만둘 수밖에 없다니…. 게다가 장 목사를 푸미홍 교회로 발령하였다면서 한베 가정 사역은 푸미홍에서 계속할 것이라며 나를 달래는 것이다.

이미 규모도 있고 제법 조직력을 갖춘 몇몇 큰 교회들조차 설교권 없이 오랫동안 잘해 오고 있는 것으로 아는데… 특히 한마음교회가 최근 공안의 제재를 받아 예배를 못 드리고 있다는 말이 의심돼, 다음 날 직접 그 교회를 나가는 분에게 물어보니 무슨 얘기냐며 그런 사실이 없다는 것이다. 짐작컨대, 이는 전술한 푸미흥 교회에 문제가 생겨 전임 목사가 공석이 되고, 부목사가 자주 바뀌다 보니 교계에 소문이 좋지 않아 더는 다른 목사를 초빙할 형편이 되지 못하자 궁여지책으로 젊은 장 목사를 푸미흥 교회로 끌어들이기 위한 것으로밖엔 보이지 않았고, 장 목사 또한 지지부진한 공항 교회보다 훨씬 환경이 좋은 푸미흥 교회로 오라는데 마다할 이유가 없었기에, 장 목사가 베트남어를 잘하는 것을 기화로 공안의 간섭이 심해 어렵다고 소문을 내어 교인들로 하여금 더는 반대하지 못하고 포기하게 만든 것으로 짐작된다.

공항 교회에서 푸미흥 교회까지는 거리가 멀어 오토바이로도 상당한 시간이 걸리는 거리인데, 그곳 성도들이 푸미흥까지 와서 예배를 드린다는 것은 도무지 말이 안 되는 것이고, 푸미흥에서 한베 가정 사역을 계속한다지만 그럴 사람이라면 공항 교회 성도들을 포기하지 않았을 것이다. 푸미흥에서 또 어떤 문제라도 생기면 역시 쉽게 포기할 것 아닌가? 이는 힘든 현지 선교도 그렇지만 새로 다시 초빙할 부목사도 마땅치 않았다는 것이 이유일 것이다.

장 목사와 함께 역시 한베 가정으로 공항 교회에서 열심히 사역을 돕던 황석주 집사란 사람이 간곡히 만류하였지만 소용이 없었다. 나는 이제 내 역할은 여기서 끝났다 생각했으나 마지막으로 폴한 목사님을 다시 한번 뵙고 되든 안 되든 재고를 요청해 보기로 하여 만날 약속을 잡았다. 그런데 며칠 후, 자신의 몸이 편찮아 내 아들 영찬이가 미국서 돌아오면 같이 만나는 게 좋겠다고 하시는 것이다. 즉, 결심을 바꿀 수 없으시다는 것으로 이해하였다.

여기서 한 가지, 그 전해인가 시내 벧엘 교회를 전임하던 최 모 목사가 폴한 목사님과의 갈등으로 해고되면서 몇몇 유력(?)한 교인들이 교회를 나가 함께 새 교회를 개척하였는데, 이로써 교회가 상당한 타격을 입는 듯 보였다. 사실 최 목사란 분은 그전 몇 년 동안 하노이 벧엘 교회를 맡아 적지 않게 부흥시킨 장본인으로 무슨 까닭인지는 몰라도 호치민으로 내려와 시내 벧엘 교회를 맡게 되었는데, 자주 담임목사님과 마찰을 빚곤 하였다.

심지어는 우리 회사에 두 분이 같이 심방 와서까지 의견 다툼이 있는 바람에 보기에도 민망했었다 하니…. 결과적으로 교회는 크게 술렁거렸고 몇몇 유력한 교인들이 나감으로써 재정적으로도 타격이 불가피했다. 그래서인지 아들인 영찬이에게 곧 안수 집사를 시켜 주겠다며 더불어 아빠인 나는 장로로 선택하겠다는 뜻을 밝혔다고 한다.

사실 그 말을 듣고 나는 우리의 신뢰가 이것밖엔 안 되나 하는 서운한 맘이 들었고, 내가 선교지에서 무슨 직분이라도 탐나 오랫동안 교회를 섬겨 왔다는 말인지 평소엔 별말 없다가 교회가 어려움에 처하니 이제와 장로를 시켜 주겠다니… 내가 이 나이가 되도록 아직 장로가 아니어서 그러시는 것인지. 한편, 영찬이는 이는 우리를 붙들어 놓기 위해 하는 말이니 절대 장로직을 받아들여서는 안 된다고 강조한다. 영찬이는 사정을 잘 모르는 내게 이건 순수하지 않을 뿐 아니라 교회 공백을 우려해 던진 말이니 괘념치 말라고 한다.

얼마 후 폴한 목사님과 만난 자리에서 이 문제를 잠시 이야기하게 되었는데, 세 가지 이유를 들어 사양하였다. 첫째, 내가 초창기에 등록한 오래된 교인임엔 틀림없지만 나는 상주하는 교민이 아니고 교회 출석은 출장 때뿐이라 불가하다. 둘째, 나는 이미 은퇴할 나이인데 아무리 선교지라 해도 장로로 선택하는 것은 안 된다. 셋째, 실질적으로 장로 역할을 할 수가 없다.

과거 그런 일도 있었고 예전에 나를 동생처럼 생각한다고도 했기에, 마지막으로 내 권고를 들으시는 것이 좋지 않겠냐고 얘기했지만 좋게 거절하시는 것으로 봐 뜻을 돌이킬 생각이 전혀 없어 보였고, 은퇴할 생각 또한 없어 보이시니 대안 역시 없었다. 무리를 해 가면서까지 아직 준비가 되었다고 보기 어려운 장상진 목사를 데려다 푸미홍 교회를 맡기는 상황에서 더 바랄 것 없이 나도 이제는 벧엘 교회를 떠날 때가 되었다고 생각했다.

사람의 마음은 정말 알 수가 없다. 여전히 이해가 안 되는 것은, 교민 교회는 엄밀한 의미에서 선교라 볼 수 없는 것이고, 나는 한국인 교회가 먼저 부흥하면 이를 발판으로 힘을 얻어 다음 단계로 현지 선교에 적극 나설 것으로 기대했었다. 왜 그 연세에 베트남까지 와서 선교를 한다고 그리 외치시는 분이 그리 소극적이었는지 이해가 안 간다. 이제나저제나 기다리며 베트남과는 전혀 관계 없는 아프리카 선교까지 개인적으로야 함께하였지만 당초 호치민에서 하노이까지 베트남 선교를 외치던 것은 한낱 구호에 불과했단 말인가?

선교지라서 웬만한 것은 참고 목회자를 돕는 것이 좋다는 생각엔 변함이 없지만, 교회가 어느 정도 성장해 자리가 잡혔다면 교회 조직이나 체계 또한 이에 따라 맞춰 가는 것이 중요하다 생각한다. 이 대목에서도 느끼는 것이지만 목회자가 당초의 말을 바꿔 전혀 엉뚱한 방향으로 간다면 이를 바로잡을 힘이 교회에 있어야 하는데, 벧엘 교회는 이를 전혀 갖추지 못한 상태로 중요 의사 결정은 여전히 목회자 독차지이다. 선교 정책뿐 아니라 주일 학교 문제도 마찬가지이다.

그러다 보니 부목사들도 오래 견디지를 못하고, 교회 중직자들은 있으나마나 한 존재가 되어 교회를 떠난다. 아무리 옳은 생각이라도 지혜를 모으는 것이 중요한데 목회자 특유의 잘못된 권위 의식과 고집이 교회에 적지 않은 폐해를 끼치고 있다.

나는 하나님 바보?

나는 선교에는 그저 순진무구한 어린애였다. 그것이 내 입장에서는 하나님께 받은 은혜에 조금이라도 보답해 드릴 수 있는 것이었기에 지금도 그렇지만 최선을 다해 왔다. 보답도 보답이지만 나는 어느새 하나님 사랑에 깊숙이 빠져 있었다.

한번은 하노이 벧엘 교회를 통해 베트남 현지 교단인 CMA 북부 총회 산하 신학교에 약간의 발전기금과 더불어 10명의 장학금을(금액이 많지는 않지만) 2년간 전액 희사했다. 장학금은 개인적으로도 할 수 있었지만 향후 하노이 벧엘 교회에 혹 어려운 일이라도 생기면 현지 총회의 도움을 받을 수 있겠다는 생각도 겸해 동 교회에 위임했던 것이다(골 3:17). 나는 나름대로 성심을 다했다.

교민 교회를 선교라 할 수는 없어도 나름대로 의의는 있다. 베트남에 투자가 늘면서 많은 젊은 한국인 가정들이 쏟아져 들어오는데, 이들이 섬길 교회가 필요한 것이고 그러자면 당연히 주일 학교를 안정시켜야 교회 또한 안정되고 지속적으로 성장할 것 아닌가. 그런데 이는 또 소홀히 하니, 대체 무엇이 먼저이고 나중인지… 목회자가 아니라서 이해 못할 점도 있겠지만 납득하기 어려웠다.

사도 바울은 고린도 교회를 향해 나는 날마다 죽노라고 했는데, 작은 희생조차 없이 이룰 수 있는 것은 아무것도 없고 오늘 죽는다 생각하면 내려놓지 못할 것이 없지 않겠는가. 칠십 노구의 목사님이 미국서 은퇴하고 척박한 베트남에 선교를 오셨다기에 그 열정과 노고에 조금이라도 힘을 보태 드리고자 같이했던 14년여에 걸친 여정은 이렇게 허무하게 마감이 되고, 나는 하나님의 뜻을 따라 베트남에서 섬길 교회를 다시 찾게 되었다. 오영찬 집사도 미국 출장에서 돌아온 후 폴한 목사님을 찾아뵙고 마무리하였는데, 2019년 5월의 일이었다.

그 후 세계적인 코로나19 팬데믹이 겹쳐 나는 베트남 출장을 못 가는 가운데, 아들 오영찬 집사가 새로 섬길 교회로 같은 푸미홍 지역에 위치한 참조은광성교회를 찾아 등록하게 되었는데, 홈페이지를 통해 본 교회 상황은 육십쯤 되신 의료인 출신 문병수 목사님을 중심으로 적지 않은 교우들이 열심히 교회를 섬기고 있었으며, 그동안 벧엘 교회에 줄기차게 제시해 왔던 주일 학교 교육 시스템도 잘 갖춰져 있는 것으로 보였고 사역으로는 오래전부터 심장병 어린이 수술 돕기, 사랑의 집 짓기, 장애인 휠체어 지원하기, 고아원 운영 등 구제 활동을 깊숙이 그리고 광범위하게 펼쳐 옴으로써 베트남 사회에 교회의 존재 가치를 알리고 하나님의 사랑을 실천한 모범적인 교회로, 이를 통로로 한 선교의 의지가 상당하고 역량 또한 많이 축적된 교회로 보였다.

이 교회는 오래된 연륜에도 불구하고 종교성의 설교권 없이 목회를 이어 오고 있다는데, 왜 설교권 없이 하는지는 몰라도 그동안 공안으로부터 공식적인 제재는 없었다 한다. 베트남 정부가 설교권을 보수적으로 운영하는 것인지 아니면 하나의 외국인 단체 커뮤니티로서 보는 것인지는 확실치 않지만, 베트남의 개방이 확대되면서 미국과의 관계가 현저히 개선되었고, 최근에는 남중국해에 대한 베중 갈등으로 서방측의 도움이 필요한 베트남 입장에서 교회의 활동을 굳이 제약할 이유가 없어 그런 것으로 보인다. 사정이 이러할진대, 벧엘 교회가 공항 교회 폐쇄 이유로 주장하는 공안의 간섭은 무리한 이야기로 봐도 무방한 것이리라.

폴한 목사님으로부터 떠나며 드린 나의 인사에 대한 답신이 왔다.

집사님,

교회 시작해서 어려운 시기에 솔선해서 협력해 주시고 공항 교회, 하노이 교회, 푸미홍 교회, 미얀마 교회 개척할 때마다 도우시고 기도해 주시고 아프리카 케냐 선교까지 긴 세월 동안 함께해 주신 집사님께 감사드립니다.

이 나라 형편으로 공항 교회와 벧엘 공동체 전체적인 사정을 다 말씀드릴 수 없는 부분들이 있어서 혹 이해가 안 된 부분이 있음을 잘 이해하며 안타까운 마음이 있습니다.

지난 14년 동안 집사님 사업과 가정과 자녀들 특히 오영찬 집사 가정이 믿음으로 잘 성장해서 교회에 좋은 일꾼 되기를 기도해 왔습니다. 오영찬 집사를 많이 사랑하고 많이 기도했습니다.

저는 교회 대표직을 내려놓으며 준비하고 있습니다.

아이들 교육 환경이 중요합니다만 그보다 더 중요한 것은 오영찬 집사 부부가 믿음으로 하나님의 사랑받으며 살아갈 때 하나님의 은혜와 축복이 대대로 이어갈 것입니다. 하나님의 말씀입니다.

오영찬 신나혜 부부가 참 좋은 사랑스러운 부부입니다.

오랫동안 여러 가지 주님의 나라를 위해서 협력해 주셔서 대단히 감사합니다.

하나님의 돌보심과 크신 은혜가 가정과 기업에 있으시기를 기원합니다.

마음은 아프지만 이로써 벧엘 교회와의 인연은 끝이 났다. 거기에는 목회자만의 말 못 할 어려움도 있었겠지만 벧엘 교회가 당초 교회 설립의 취지와 초심을 잃지 않고 뜻을 같이하는 교인들과 함께 한베 가정 사역을 비롯해 현지 선교에 조금만이라도 열의를 가졌었더라면 하는 아쉬움이 남는다.

그 후 벧엘 교회는 결국 전술한 공항교회를 비롯 호치민 시내 교회와 푸미홍 교회를 모두 폐쇄하고 남은 교인들이 안푸지역으로 옮겨 예배를 드리고 있다 한다.

선교와 구제의 통로, CTS 7000미러클

CTS의 이 프로그램은 선교 사역과 병마로 고통받는 이들에 대한 이야기가 주로 소개되는데, 이를 보면 돕지 않고는 안 될 감동을 받는다. 여기엔 매주 10만 원씩을 시작으로 지금은 매주 20만 원씩 52주 연간 1,040만 원(천사)을 후원하는데, 프로그램 내용으로 보아 반은 선교사님들에 대한 후원이고 나머지 반은 구제 헌금인 셈이다. 특기할 만한 것은 편도암으로 고생하는 선교사님을 만나 수술비를 따로 후원한 일과 서울 금천구 소재 시각 장애인 교회를 소개받은 것으로 이는 국내 전도의 좋은 기회라 생각했다. 왜냐하면 시각 장애인 그분들이야말로 전도하면 잘 믿겠다 싶은 마음이 들었기 때문이다. 즉시 가서 담임 목사님을 뵙고 같이 방안을 논의했다. 이 프로가 주는 유익은 많다.

국내 전도와
금천 시각 장애인 교회(개명 : 복받는 교회) 이야기

그동안 선교에 많은 관심을 갖고 힘닿는 대로 최선을 다해 왔지만, 국내 전도엔 무뢰한이나 다름없었던 자신을 반성하고 이를 극복하기 위해 기도하던 중, 2018년 어느 날, CTS미러클 7000 방송을 타고 금천구에 있는 시각 장애인 교회 소개 영상을 보게 되었다. 아울러 경북 안동의 지체 장애인 교회 소개도 보았고….

먼저, 안동의 지체 장애인 교회에 연락을 취했는데, 가장 필요한 것이 장애인용 자동차라는 것이다. 알아보니 새차는 약 5천 만원, 쓸 만한 중고차는 대략 3,500만 원 정도였는데, 구조상 한 사람의 지체 장애인만이 탑승할 수 있었다. 그런데 생각해 보니, 시각 장애인의 경우와 비교할 때 이는 효율적이지 못했다. 왜냐하면 지체 장애인은 불편하기는 해도 휠체어를 타고 움직이는 데는 시각 장애인보다 훨씬 덜 위험했고, 차값도 비싸 같은 크기의 차에 시각 장애인은 다수가 탑승할 수 있지만 이 경우는 달랐다. 따라서 차가 시급히 필요한 곳은 앞을 못 보는 시각 장애인 교회라는 사실을 알 수 있었다.

금천 시각 장애인 교회에 연락을 취했다.

작은 건물 한 층에 세를 내어 목회를 하고 있는 이 교회는 나와 연배가 같은 시각 장애인 김연승 목사님이 담임으로 교인 수는 일부 시각 장애인을 포함 10여 명이 전부였다. 그분은 당뇨병으로 시력을 잃고 신장 투석까지 하는 분인데, 특별히 시각 장애인의 처지에서 같은 시각 장애인을 전도한다면 충분히 공감을 얻을 것이란 생각으로 금천구와 인근 광명시의 시각 장애인들을 전도하고자 상의한 결과, 자기 경험으로 충분히 가능하다며 무한한 가능성이 있다는 것이 아닌가. 너무 기쁜 나머지 어린애와 같은 심정으로 시각 장애인 전도에는 없어서는 안 될 차부터 먼저 사 기증키로 하고 전도사도 한 분을 영입해 차 운전과 시각 장애인들을 케어하는 일을 맡기면 되겠다 싶어 당장 추진키로 하였다.

그런데 자동차는 중고차 시장에서 쉽게 구입할 수 있었으나 전도사를 영입하는 일은 생각처럼 쉽지 않았다. 내가 아는 한영 기독교총회 교단에도 부탁을 하였고, 교역자 구인구직 전문 사이트인 호산나 넷에도 올렸으나 한 달이 넘도록 아무도 지원자가 없었는데, 조건은 사례비 월 백만 원에 주일을 포함 주 2회 근무하는 것이었다. 교단측에서는 신학생들의 약 70%가 이미 교적이 있고, 남은 신학생들로부터 지원을 받는데 시각 장애인 교회는 비전이 없어 지원자가 없다는 것이 아닌가. 정말 뜻밖이었다. 호산나 넷에도 올린 지 한 달이 더 지나서야 중국서 추방당했다는 선교사 한 분이 겨우 지원을 했는데, 만나 보니 너무 생활비 얘기만 하고 백만 원 가지고는 생활이 안 돼 따로 환자보호사 등 자격을 따서 투잡(two job)을 해야 한다며… 하겠다는 건지 안 하겠다는 건지 분간이 되지를 않았다. 그래도 사람이 없으니 할 수 없이 하다 보면 좋은 일도 생기지 않겠냐고 설득해 계약을 체결하고 우선 자동차를 인수해 오도록 하였다.

차는 12인승 중고차로 1,600만 원에 인수하였는데 제법 쓸 만했다. 내비게이션을 손보고 종합 보험을 들고, 유지비를 실비로 지원키로 하였다. 이로써 기본적인 진용은 갖춘 셈이었는데, 문제는 그 전도사가 김연승 담임 목사님과 서로 맞지를 않는 것이었다. 전도사가 다른 잡도 갖다 보니 교회가 필요로 하는 때에 도움이 안 된다며 교회는 교회대로 전도사는 전도사대로 불평이었다. 결국 한 달 만에 전도사가 그만두고 담임 목사의 추천으로 같은 조건에 새로운 전도사를 초빙하였는데, 이분은 그래도 도움이 되었다. 교회 재정은 어려워 사모님이 따로 경비를 조달하는 등 쉽지 않았는데, 그래도 따로 전도사 사례비와 차량 운영비 등은 내가 챙겨 주어 시작할 수 있었다.

시각 장애인을 전도하려면 그들이 모이는 회당이 있는데 그곳을 방문하려면 약간의 비용을 주어야 한다는 것 아닌가. 그래야 추천을 받을 수 있다며. 그래서 그렇게 하기로 하고 시행을 했는데 한 사람도 안 오는 것이다. 이유는 때마침 시작된 코로나가 문제였다. 코로나 역병으로 다들 몸을 사리고 교회에 오기를 싫어한다니 난감한 일이 아닐 수 없었다. 그렇게 어느덧 수개월이 지나가면서 매월 비용만 나갈 뿐, 코로나가 계속되어 아무 성과가 없었다. 할 수 없이 코로나가 멈출 때까지 일단 이 사역을 보류키로 하고 중단했다. 너무 싱겁고 아쉬운 결과였다. 교회 재정 형편상 후원을 끊으면 자동차도 유지하기 어려울 것 같아 자동차를 매각해 교회 비용으로 쓸 것을 권유했지만 김 목사님이 자체적으로 운용해 보겠다고 해 맡기기로 하였고, 그 외 월 30만 원씩 2년간을 지원해 오던 것도 기한이 되어 종료하고 일체의 후원을 중단했다.

그 후 몇 달 동안 소식이 뜸했었는데 어느 날 김 목사님으로부터 연락이 왔다. 자동차 종합 보험 기간이 끝났는데 보험료를 낼 돈이 없다며 지원해 줄 수 있겠냐는 것 아닌가. 나는 교회 형편도 어려운데 차를 계속 운영하면 때를 놓쳐 중고차 값이 떨어지니 지금이라도 처분하면 어떻겠냐 했더니 자동차 덕분에 교인들이 조금 늘었다며 어떻게든 유지했으면 한다기에 이번 한 번이란 단서를 붙여 250만 원을 지원해 주었다. 그 후 들리는 소식에 따르면 다행히 자동차를 계속 유지하고 있으며 유용하게 잘 쓰고 있다고 한다. 한편으론 지인을 통해 분당에 있는 분당 우리 교회에 지원을 부탁했지만 더 어려운 교회들이 많아 실패하였고, 지금은 내가 다시 매월 약간액을 후원하고 있고 자동차 종합 보험료를 계속 지원해 주고 있다. 언젠가 코로나가 잠잠해지면 시각 장애인들을 전도할 수 있으리란 희망을 놓지 않고 말이다.

교회는 교인들이 장애인 교회라는 말이 싫다며 오히려 축복받은 교회란 뜻에서 최근 '복받는 교회'로 개명하였다. 좋은 이름이다. 장애가 축복이라고 믿는 분들이다. 문제는 그럼에도 부흥이 잘 안 되는 것이다. 물론 코로나 팬데믹 탓이 크지만 시각 장애인이라 해도 생각만큼 전도가 잘 안 된다는 것을 깨달았다. 눈이 안 보이니 얼마나 불편하고 힘들겠는가. 교회에 나오면 좋으련만 무슨 선물이나 용돈이라도 줘야 교회를 온다니…. 그러나 최근 들은 소식으론 교회가 30여 명으로 부흥해 주일 학교도 하게 되었다는 것이다.

이상에서, 선교에 실패했던 몇가지 사례들을 포함 선교와 구제 이야기를 적었다. 전술했듯 선교는 사실상 돈을 빼놓고는 이야기할 수 없어 가급적 구체적으로 기술하였지만, 그 핵심은 돈의 크고 작음에 있지 않고 어떤 경우든 그 속에 담긴 마음과 정성이 중요하다는 것은 두말할 나위가 없다.

그동안 선교와 구제사역의 경험을 통해 얻은 결론은, 앞으론 집중과 선택을 통한 보다 체계적이고 조직적인 접근이 필요하다는 생각이다. 말하자면 우리 입장에 맞는 가장 최적의 선교지를 택해 이를 집중 개척하는 것이다. 그동안은 대부분 저개발국의 교회당 건축을 후원해 왔는데 이도 의미가 있지만 사람을 중심으로 지역을 특정해 집중하는 것이 좋겠다는 의미이다. 구제 사역은 가급적이면 복음의 통로로 이어지도록 교회를 통해 또는 교회와 협력하여 하는 것이 여러모로 유익하다는 생각인데, 이는 수혜자들에게 직간접적으로 복음의 씨앗을 심을 수 있음은 물론 개인보다는 교회가 하나님의 영광을 드러낼 수 있기 때문이다.

믿음의 길 -
3. 교회 개혁에 목숨 건, 어느 바보의 이야기

믿음의 길 – 3. 교회 개혁에 목숨 건, 어느 바보의 이야기

교회란 무엇인가? 하나님 바보와 교회 운

굳이 이 같은 질문을 던져야 하는 현실이 답답하다. 교회의 본질은 초대 교회의 여러 모습에서 찾을 수 있겠지만, 한마디로 교회란 첫째도 둘째도 오직 예수 그리스도를 중심으로 한 신앙 공동체가 아니겠는가.

이 이야기에 들어가기에 앞서, 그동안의 나의 교회 생활은 실패했다고 해야 할지, 아니면 성공했다고 해야 할지…, 주제 파악도 못한 채 이리 터지고 저리 밀리며 외톨이가 된 어느 평신도의 외침에 불과했는지… 그것은 알 수가 없다. 그러나 한 가지 분명한 것은, 그 속엔 교회의 본질 회복을 향한 나의 사랑과 순수함, 그리고 뜨거운 열정이 그대로 녹아 있다는 사실이다. 다시 말해 나는 교회 바보 아니 하나님 바보다.

교회 운이 없어 그럴 수도 있고 또 내 개인의 캐릭터적 특성이 있어 그럴 수도 있겠지만, 문제는 이런 경우들이 변화의 동력을 잃어버린 한국 교회가 직면한 현실이란 점에서 우리 모두가 가슴을 찢고 회개해야 할 일이라 믿는다.

본의 아니게 내 교회 생활의 대부분은 교회의 본질, 곧 정체성 확립을 위한 열심 또는 치열함이었다고 해도 과언이 아니다. 범람하는 홍수처럼 은혜를 외치는 소리는 넘쳐나지만 그 한가운데 떠내려가는 십자가를 바라보며 탄식했던, 이름 없는 어느 평신도, 어느 바보의 이야기라 해도 무방하다.

물론, 한국의 모든 교회들이 다 그렇다는 것은 아니다. 신실한 목회자들이 적지 않다고 믿는 마당에 내가 겪은 작은 경험이 곧 한국 교회 전체를 말하는 것은 분명 아니다. 그러나 성장한 중대형 교회들에서 흔히 볼 수 있는 의사 결정 구조의 왜곡과 주로 목회자들의 전횡과 과욕이 빚는 문제들, 특히 목회 세습이란 상식 밖의 행태와 건물에 매몰되어 일그러져 가는 교회상들, 교회의 주인이 누구인지 모를 목회자들의 행태를 보면서, 나는 그때마다 성경과 많이 동떨어진 괴리감을 느꼈고, 가만히 보고만 있을 수는 없었다. 물론 목회자들만이 문제인 것은 아니다. 교회 리더십을 갖는 모든 중직자들 특히 책임이 큰 당회원들의 문제이기도 하다. 물론 우리는 모두가 죄인이고 죄성에서 자유로울 수 없다. 문제는 우리가 죄에 너무 익숙해져 이런 현상이 사라지지 않을 뿐 아니라 개선될 것 같지도 않아 절망감마저 드는 데 있다.

가장 힘들었던 것은, 치병 기복의 샤머니즘과 종교심에 기반한 한국 교회의 급성장, 그리고 유교 사상이 혼합된 가부장적 권위주의, 사제주의, 교인들의 자발적 우민화와 이를 방조 내지 조장하는 한국 교회의 고질적 풍토 속에서 사실상 교회의 주인 노릇을 하고 있다 해도 과언이 아닌 담임 목회자의 전횡에 맞서야 하는 것이었다. 그렇더라도 그들이 잘해 주었으면 좋으련만… 그들의 잘못으로 교회에 대한 신뢰가 추락하고 교회가 위기를 맞고 있으니 그것이 문제다.

내가 경험한 목회자들의 경우, 특히 성공한 중대형 교회들의 카리스마가 강한 자수성가형 목회자들일수록, 또는 이미 기득권을 형성한 목회자들일수록 그들의 독단과 전횡을 막을 방법이 마땅치 않다는 데 적지 않은 자괴감을 느꼈다. 이는 나를 늘 마이너리티(minority) 속에 가둘 수밖에 없었고 비판과 견제의 측면에서만 존재감이 있었다. 물론 그 역할 또한 적다 할 수 없겠지만, 불행히도 내 개인적 교회 생활은 긴장과 스트레스의 연속이었다. 50년의 긴 믿음의 여정 가운데, 난 하나님 바보가 되어 그 누구보다도 교회에 대한 열정만은 뒤지지 않았지만, 그만큼 힘든 길이었다. 다만, 나의 그러한 열정은 스리랑카나 동남아 선교지에서 조금이나마 빛을 볼 수 있었기에 감사하게도 기쁨과 위안이 되기는 했지만….

뜬금없이 무슨 얘기냐고 할지 모르겠지만, 이를 다른 한마디로 표현한다면, 내 경우 "장로가 되지 않는 것이 장로가 되는 것보다 훨씬 힘들었다."는 말로 대신하면 어떨까 한다. 내가 본 교회 개혁은 곧 목회자의 개혁이라 해도 과언이 아니었기에 부득이 목회자와 대립각을 세우지 않으면 안 되었다. 장로가 특별하다기보다 목회자의 잘못을 지적하는 한 장로도 될 수 없는 우리나라 교회 현실을 말하는 것이다. 그들은 조금만 바른 소리를 해도 매우 힘들어하며 겉으론 온유하고 겸손해도 속의 자아는 고집스럽다 못해 완고하다. 내가 겪은 몇몇 목회자들의 경우이기를 바라는 마음이지만 말이다.

한국 교회가 성장한 배경엔 교인들의 종교심도 자리잡고 있다 했는데, 사회 변화와 더불어 토속 신앙이 물러가고 자연스럽게 기독교가 그 빈자리를 채우는 과정에서 교회 본질에 대한 몰

이해와 함께 신앙이 자기 중심적 이기주의로 변질된 측면이 있고, 따라서 정의나 희생 따위에는 무관심한 교인들을 적지 아니 양산해 목회자들이 독선하고 전횡하기 좋은 토양을 갖게 되었다 해도 과언이 아닐 것이다. 사실 이들은 하나님의 이해보다는 자신의 이해 관계를 중시하는 자들로 교회 개혁엔 별 관심이 없다. 문제는 그 한가운데 토속적 무속 신앙 곧 기복 신앙이 자리잡고 있음이다.

1900년대 중후반 우리나라 경제가 급성장하면서 교회 또한 놀라운 성장을 보였지만 동시에 급격히 세속화되었는데 당시의 화두는 복이었다. 그 결과 기독교인의 덕목이랄 수 있는 정직, 성실, 신뢰, 양보 등의 이미지는 퇴색하고 외부인들보다 더하면 더했지 결코 덜하지 않은 이해 빠른 사람들이 적잖이 자리를 대신하게 되었다. 물론 기복 신앙 자체를 모두 잘못되었다곤 할 수 없겠지만 이와 더불어 번영 신학, 은사주의 등 한국 교회는 큰 틀에서 적잖이 본질 외의 영향을 받아 왔으며, 교회 지도자들은 사실상 이를 방관 내지 고무해 왔다. 더불어 목회자에 대해 관대하다 못해 지나칠 정도로 맹목적인 교인들이 교회 개혁의 걸림돌이다.

결코 웃을 수 없는 이야기지만, 교회 갱신을 외치며 당면한 문제에 부딪칠 때마다, 내 기도 제목 가운데 하루도 빼놓지 않은 것이 있는데, 그것은 "이 논의를 지속하는 한 내 자신을 주님께 부탁드리는 것"이었다. 생각은 같이하지만 이런저런 이유로 나서지 못하는 연약한 교우들이 실망하지 않도록, 혹시라도 내게 발생할지 모르는 불의의 사고나 질병으로부터 지켜 주실 것을 간구하는 기도였다. 사실 병약했던 나로서는 내 자신보다 이것이 더 큰 걱정이었다. 혹시라도 내가 잘못되기라도 하면 아무리 옳은 주장이었다 해도 그것은 하나님의 뜻에 반한 것이라고 발뺌하며, 벌을 받아 저렇다고 할 것이 뻔했기 때문에⋯ 그것만은 결코 받아들일 수 없었다. 목사와 대립하면 벌을 받을지 모른다는 샤머니즘에 기반한 공포와 세뇌는 지성인들조차 녹일 만한 힘을 갖고 있었기에, 그들 또한 비겁하리만치 예외가 아니었다. 이 같은 교회 정서는 결코 웃어넘길 수 없는 장애물이었고 본질 외의 또 다른 고민이었다. 교인들이 교회당에 들어갈 때 오죽하면 양심과 이성은 주차장에 내려놓고 간다는 말도 있지 않던가!

교회 민주주의는 평신도 또한 성령님을 모신 주님의 일꾼으로서 그 역할을 달리할 뿐 신분상 하등 차이가 없다는 개신교의 교리에 근거하여, 양심에 따른 신앙적 판단은 곧 개개인 속에 역사하시는 성령님의 의지를 반영하는 것으로 의사 결정 구도에 있어 매우 중요한 개념임에도 불구하고, 사실상 담임 목회자의 독단과 전횡이 이루어지고 있는 것이다. 그러한 목회자들 가운데는 소위 신정주의를 방패막이로 내세우기도 하지만 속내는 어떤지 몰라도 신정주의는 민주주의의 토대 위에서 그 누구도 예수 그리스도 주님 외에는 교회의 주인이 될 수 없음을 확실히 할 때 의미가 있다.

물론 만인사제론의 입장에서, 이에는 일반 교인들의 영적 수준이 뒷받침되어야 하는 과제가 있다. 문제는 평소 교인들에 대한 교육이 지나치게 순종에 방점을 두고 있다는 것이고, 그리고 은혜를 강조한 나머지 무늬만 그럴듯한 가짜 경건이 일상화되었다는 점이다. 따라서 장로 제도를 통한 대의 정치만이라도 본래의 취지대로 잘 시행이 되면 좋겠는데 한국 교회의 현실은 그렇지 않다고 본다.

당회가 목회자를 도와 교회를 세워 가는 일이야 말할 것도 없겠지만, 그럴수록 당회에는 거룩한 긴장이랄까 적당한 긴장이 있어야 하는데 장로 제도는 허점투성이이고…, 영적 리더십의 통합이라는 명분하에 교회 내 중요 3직(당회장, 제직회장, 공동의회의장)을 담임 목사가 모두 겸해 전횡의 발판을 마련해 두고 있는데, 이를 두고 혹자는 제왕적 목회라는 표현을 쓰기도 하지만 나는 목사를 제왕에 비교하는 것 자체를 가당치 않다고 생각한다. 사도행전의 초대 교회는 역할 분담이 잘된 교회였다. 교회는 물론 영적 존재이다. 그러나 그 속에는 세상적 영역이 있다. 말씀을 가르치는 일은 목회자가 전문가지만 구제를 비롯한 행정 분야는 다양한 경험을 가진 평신도들이 분담하는 것이 맞다. 또한 대부분의 담임 목사들은 위임목사제를 통해 평생 신분을 보장받고 있다(물론 신임투표를 통해 임기를 연장받는 교회들도 있지만 이 또한 별 의미가 없기는 마찬가지이다). 이 같은 폐쇄적 구조하의 교회가 이제는 민주적 문화에 익숙한 젊은 세대들에게 공감을 얻지 못하는 것은 어쩌면 당연한 일이고 나아가 교회를 멀리하는 현상을 초래한다.

고인 물은 썩는 법이다. 결과적으로 교회는 자정 능력을 잃었고…. 성속을 구별하는 이분법은 여전히 개신교의 한가운데 자리잡고 있으며 개혁주의 신조는 어느새 퇴락의 길을 걷고 있다. 결과, 교회의 주인이신 예수님의 로드십(lordship)은 훼손될 수밖에 없었고… 물론 이 같은 현상이 한국 교회 모두를 의미한다고는 생각하지 않는다. 그러나 내가 경험한 교회들을 비롯하여 크고 작은 결코 적지 않은 교회들에서 들려오는 이야기이다.

교회들 이야기 중 유독 H교회의 부분이 긴 이유는 본인이 섬긴 교회 중 연수가 가장 길기도 했지만, 동 교회가 소위 건강한 교회를 슬로건으로 출발하였기에 증개축 문제를 포함해 교회의 건강성을 다투어야 할 일들이 적지 않았기 때문이나, 그 결과는 허구적이었다는 실망감 속에 비교적 상세히 기술하다 보니 그렇다는 점을 미리 밝혀 둔다.

건강한 교회에 대한 부푼 기대를 갖고 출발했던 신앙의 여정이 목회자 한 사람으로 인해 허무하게 무너진 아쉬움은 지나치게 목회자 의존적인 한국 교회의 단면을 그대로 드러낸 것으로, 교회 개혁에 대한 끊임없는 도전을 요구하고 있다. 또한 개인적으론 아까운 시간을 낭비했다는 점에서 이 잘못된 선택은 내겐 적지 않은 손실이었다.

한편, 열악한 환경과 재정적 어려움 속에서도 묵묵히 그리고 열심히 사역하는 목회자들 또한 적지 않은 현실에 비추어 여기서 논하는 교회 정체성의 문제는 어쩌면 남의 얘기처럼 들릴지 모른다. 그러나 많든 적든 직간접적으로 영향을 받으며 쇠퇴해 가는 한국 교회의 흐름 속에 어느 교회 어느 목회자든 이에서 자유롭지 못한 것 또한 사실이다. 그런 의미에서 신실한 여러 목회자님들께는 어쩌면 미안한 얘기일 수도 있음은 유감이다.

교회들 이야기 – 내가 겪은 한국 교회들

숭신교회(1969~1994년) – 처음 나간 믿음 좋은 교회

　1989년 4월 11일 내가 만 40세가 되던 해, 인증패와 함께 축제 분위기 속에 숭신교회에서 안수 집사 임직을 받았다. 1969년 어느 날 더벅머리 푸시시한 총각이 아무것도 모른 채 어머니에 이끌려 창신동 소재 숭신교회에 처음으로 발을 들인 후, 20년 만의 일이다. 당연히 감격스러운 일이었다.

　그러니까 내가 스무 살 되던 어느 날, 어머니가 웬일인지 나를 데리고 갑자기 교회로 가신 것이었다. 어렸을 적에는 무당집을 내 집 드나들 듯하셨다고 들었고 때만 되면 고사를 지내던 어머니가 나와 함께 교회로 발걸음을 하신 것이다. 도무지 신앙이 뭔지도 모른 채… 내 교회 생활은 그렇게 시작되었다.

　사실인즉, 내가 앓고 있던 폐병을 고치지 못하고 힘들어하시던 어머니가 그때 동네 아주머니로부터 예수를 믿으면 병을 고칠 수 있다는 권유를 받으신 것이다. 이젠 미신을 그만 끊고 교회에 나가면 하나님께서 병도 고쳐 주신다는, 말하자면 예수쟁이의 꾀임(?)에 빠지셨던 것이다. 그렇게 해서 나가게 된 교회가 우리 집에서 그리 멀지 않은 곳에 위치한, 약 200명 정도가 모이는 자그마한 숭신교회였다. 어머니 생각으론 계속 약을 먹고 있는데도 낫지 않는 내 병을 혹시라도 고칠 수 있지 않을까 하는 일말의 기대를 가지신 것으로 짐작된다.

하지만, 결과적으로 그것은 역시 샤머니즘에 기반해 무지와 빈곤이 빚은 터무니없는 생각에 더도 덜도 아니었다. 왜냐하면 당시만 해도 큰 병원에 갔더라면 쉽게 고칠 수 있었던 병이 폐결핵이었던 것이다. 병원 문턱이 높던 때라, 웬만한 병은 약국에 가서 약을 사 먹는 것이 전부였던 시절, 가난한 형편에서는 병원이란 아예 생각도 못했기에, 그동안 미신에 속기만 했던 어머니로서는 마지막 심정으로 하나님께 의탁하신 것이었다.

이는 궁극적으로 구원으로 가는 긴 장정의 시작이었고 성령님이 우리 집에 찾아오신 놀랍고 아름다운 유혹이었지만, 불가사의하리만치 그 직후 삼년간 내가 겪었던 혹독한 현실은 복은커녕 평생을 통틀어 가장 힘들었던 시련과 위기의 연속이었다. 그러나 어머니는 일단 마음을 돌이키신 후에는 아주 열심히 교회에 출석하셨고, 나는 아직 건성이었지만 어머니를 따라 교회를 다니게 되었다. 당시 담임이시던 고 전칠웅 목사님께서 예배에서 기도하실 때마다 오경승 이 청년 병을 낫게 해 달라고 외우다시피 기도하시던 목소리가 아직도 귀에 쟁쟁하다.

숭신교회 야외 나들이

숭신교회, 어머님과 권사님들

폐결핵에 걸린 탓에 내가 골수 예수쟁이가 될 이변을 만난 것이다. 나같이 의심 많은 사람에게는 있을 수 없는 일이었다. 하여간 이렇게 시작한 교회 생활이 내게는 무덤덤 그 자체였고, 아무런 감동도 느낌도 없이 그저 어머니 하는대로 병 고치는 것이 우선 목표였다. 취직한 지 약 2년이 되어 가던 무렵 제일제당을 3개월 휴직하는 동안 용한 권사님들이 운영한다는 기도회는 물론, 부흥사로 막 뜨기 시작한 고 이천석 목사님의 삼각산 집회에도 참석해 몇 박을 같이하며 안수도 받았고 삼성에 다니는 인텔리가 왔다고 특별 대접(?)도 해 주는 바람에 특별 안수도 받고 이천석 목사님과 가까이 지내며 그분의 부흥회를 근접해서 지켜보기도 하였다.

초기 숭신교회의 생활은 특별한 것이 없었다. 신앙이 무엇인지도 몰랐지만 내가 왕십리 집을 판 후엔 면목동으로 멀리 이사를 가 숭신교회를 출석할 수 없었기 때문이다. 물론 숭신교회에서 신앙의 기초를 닦은 것은 맞다. 어느새 학습 교인이 되고 세례도 받았으니 말이다. 바쁜 회사 생활과 지방 근무, 사업지가 지방이었던 까닭에 내가 다시 숭신교회로 복귀하여 신앙생활을 하게 된 것은 그 후 약 15년이 지난 내 나이 40이 다 되어서였다. 익산에서 사업을 계속하면서 서울로 이사를 와 주말부부로 주일마다 나가는 교회가 과거 다니던 숭신교회였다.

이젠 제법 나이도 들었고 지방에서도 교회를 다니며 그래도 성실히 신앙생활을 계속했었기에 숭신교회로 복귀한 후의 교회 생활은 남들의 인정을 받을 만큼 열성이 있었고 유년 주일 학교 부장을 맡아 2년 만에 학생 수를 갑절이나 늘려 80여 명에 불과하던 수가 160명을 넘는 성장을 이룩할 수 있었다. 그때 함께 마음을 모아 열심히 수고한 조선호 부감님(나중에 신학을 공부)을 비롯, 부인이신 손미령 당시 집사님, 손원석, 김정진, 원명희 선생님 등 여러 선생님들을 기억하면서 행복하고 보람 있는 교회 생활이었다고 술회한다.

열악한 주일 학교 시설 때문에 교육이 제대로 이루어지기 힘들었던 시기라 내가 자비를 들여 교사 방을 따로 만들었고 분반 공부 시 서로 간의 소음 방지를 위해 일정 간격으로 커튼 칸막이를 설치하는 등…. 당시 담임 목사님이시던 노윤석 목사님으로부터 물심 양면으로 봉사를 열심히 한다는 칭찬을 듣기도 하였다. 인근 동네 아이들을 유치하기 위해 광고지를 붙이며, 선물 준비 등 선생님들 모두가 열심히 뛰며 함께 노력한 끝에 유초등부 주일 학교는 급속한 성장을 거듭하여 80여 명이던 학생 수가 어느새 160명 정도로 는 것이었다.

덕분에 교인들의 지지를 받아 서충선 집사님과 더불어 가장 많은 표로 안수 집사도 되었고, 이어 본격적으로 교회 일을 보게 되었는데, 특히 나는 교회 재정 운영에 관심이 많았다. 재정을 어떻게 쓰느냐가 그 교회의 정체성을 나타낸다고 믿었기에 교회 기능을 제대로 수행하기 위해선 무엇보다 재정이 이에 걸맞게 쓰여져야 한다는 것이 내 생각이었다. 작은 교회라 재정이 넉넉지 않은 것이 사실이지만 그것은 문제가 안 된다고 생각했고, 많든 적든 우리는 이 같은 목적을 이루는 데 최선을 다해야 한다는 것이었는데, 그리되면 처음엔 어렵겠지만 하나님께서 부족한 재정도 충분히 채워 주실 것이며 오히려 좋은 소문이 나서 결과적으로 교회도 부흥할 것이란 확신이 내게 있었다. 왜냐하면 교인들의 지지와 공감을 얻게 되면 재정이 늘어날 것은 불을 보듯 확실한 것이었기에….

그러나 순수하기만 했던 나의 노력이 불운하게도 결국 나중에는 담임 목사님을 비롯한 당회와 마찰을 빚게 되는 좋지 못한 결과를 가져오게 되었다. 재정을 알고 그 속에 깊이 들어가면 갈수록 무엇을 바꿔야 할지가 선명하게 보였다. 젊은 나이인지라 이를 개혁해야 한다는 생각에 자연 의견차가 생겼고 쉽고 단순해 보이는 일이었지만 생각 외에 어려움이 있었다. 한번은 재정부장을 맡은 김병삼 장로님(담임 목사님 처남)이 잠시 안 계신 동안 같은 재정부원이었던 오상환 장로님과 더불어 교회 예산안의 1차 심의를 하게 되었는데, 그 기회를 활용(?)해 개혁 예산에 뜻을 모으고 이를 김병삼 재정장로님에게 기정 사실로 밀어붙였는데, 마지못해 이를 승인한 그분이 재정부장도 없는데 이렇게 해도 되는 것이냐는 불평을 하기도 하였다. 하여간 일단은 성공이었다. 핵심은 전도, 구제, 교육 등에 일정률 이상의 기본 재정을 우선 할애하고 운영비는 가급적 최소화하는 것이었다. 그래도 재정이 부족하지 않을 것이란 확신이 있었다. 결국엔 운영비도 넉넉해질 것이므로 걱정할 필요가 없다는 것이었다. 물론 예산 규모가 작아 그렇게 하더라도 큰 차이를 보이기는 어려웠고 어느 정도 합리적인 선에서 확대 재정을 편성했다고 보면 된다.

그렇다고 목사님 사례비 등이 인상되지 않은 것은 아니고 3대 기능에 대한 기본 항목의 예산 집행을 철저히 고수하는 것이었는데(과거엔 이를 다 집행하지 않고 전용한 사례도 있었고, 이 분야에 대한 예산은 사실 형식에 불과한 수준이었다), 이는 재정 부족이 없어야 한다는 전제가 있었다. 작은 교회라 쉽지 않은 결단이었다. 물론 처음부터 아주 과도한 것은 아니어서 그래도 결과는 그런대로 성공이었다. 그러나 이런 과정에서 아무래도 목사님과 재정장로님의 불만을 사게 되지 않았나 생각된다. 비목 전용을 억제하고 모든 것을 공식적인 공비로 충당해야 하는 것은 당연한 원칙이지만 변화에 따른 다소의 부작용은 어쩔 수 없었다.

당시 부흥기를 맞이한 한국 교회는 급성장을 거듭하던 때로 여기저기서 교회 부흥의 뜨거운 열기가 한창이었지만, 유감스럽게도 우리 교회는 침체를 면치 못하고 있었기에 분위기를 쇄신하고 부흥에 동참하기 위해선 이젠 재정 개혁을 넘어 교회 지도부가 바뀌어야 할 시점이었다. 그러나 이같이 별것 아닌 것 같았던 개혁을 위한 작은 시도가 이미 칠십이 다 되신 담임 목사님의 후계를 둘러싸고 결국은 나와 목사님 사이를 벌린 계기가 되었다고 볼 수 있는데, 공교롭게도 목사님의 둘째 사위가 당시 미국에서 신학을 공부하고 있던 터라 세습을 우려하는 분위기가 있었고 이와 관련해 합리적 의심을 하는 것도 무리는 아니었으므로(이는 이미 연로하신 목사님께서 아직 은퇴에 대한 언급이 없으셨던 까닭에 그런 의구심을 피하기 어려운 처지였다), 조심스럽지만 청빙위원회와 같은 공식적인 기구를 구성해 후임을 미리 준비하는 것이 순서였으나 이에 대한 어떤 조짐도 보이지 않았다.

당시 당회 구성으로 볼 때 오상환 장로님이 목사 임직을 받아 교회를 떠나신 이후론 이를 거론할 분이 없었는데, 손아래 처남인 김병삼 장로님과 최연상 장로님 그리고 이종호 장로님 이렇게 세 분이 계셨지만 정황상 어려운 일이었다. 이를 거론하기 앞서 담임 목사님의 의중을 통해 먼저 이야기가 나오게끔 노력하는 것이 중요하였다.

재정 개혁을 통해 아무래도 조금 불편한 관계가 된 상태에서

비공식적이나마 후임 목회자 청빙위원회 구성에 대한 여론이 일자 당회를 중심으로 나를 견제하려는 움직임이 눈에 띄게 나타났다. 은퇴하실 나이가 이미 되셨음에도 막상 이런 문제 앞에서 많이 불편하셨을 목사님의 눈에 나 같은 사람이 좋게 보일 리가 없었고 재정 개혁과 맞물려 오해가 증폭되는 가운데 내 입장이 매우 난처해졌다. 물러서기도 나아가기도 어려운 진퇴양난 속에 경험도 부족한 내가 설 자리는 점점 좁아졌고 이미 연로하신 목사님과 다툴 수도 없는 형편이었다. 거기에 내가 담당했던 주일학교 부목사 초빙 문제로 이견이 생기면서 더욱 관계가 나빠졌다. 이유는 잘 있던 담당 부목사를 내보내고 당회원 중 한 분의 아들로서 다른 교단에 속한 목회자를 데려와 교체하려는 시도를 막아선 것이 원인이었다. 이는 공정성을 해친 정실 인사였기에 동의할 수 없었다.

그래도 그런 가운데도 다행인 것은 노 목사님께서 73세가 되면 은퇴하시겠다는 약속을 받아 낸 것이었고 세습의 가능성을 미연에 방지한 것이었다. 이런 일련의 일들로 인해 결과적으로 나는 교회를 떠나게 되었지만…. 참으로 아쉬운 것은, 그때 당회가 내 순수성을 이해하고 제안을 받아들여 개혁을 이루었다면 때를 놓치지 않고 숭신교회도 다른 교회 못지않게 크게 부흥했을 것이고 오해도 풀리고 모든 것이 잘되었을 것이다. 그리 무리

한 주장도 아니었건만 소통의 부족으로 오해를 빚었다.

사실 나는 노윤석 목사님과는 인연이 깊다. 노 목사님의 눈에 비친 나의 첫인상은 어땠을까? 푸시시한 더벅머리 가난한 총각이 목사님의 갑작스런 심방을 받고 어머니 앞에서 쑥스러워 어찌할 줄 모르던…, 그것이 노 목사님과의 첫 대면이었다. 그런 것이 어느새 성인이 되고 사업가가 되고 안수 집사가 되더니 개혁이니 뭐니 하며 교회에 파문을 일으키고 있으니 목사님 입장에선 여간 껄끄러운 것이 아니었으리라. 특히 나를 아는 나이 드신 여 권사님들 눈엔 더욱 그랬으리라.

딱딱한 얘기는 잠깐 접고, 내가 고려무역에 근무할 때인데, 그러니까 내가 스물여섯 살 되던 해, 우리가 면목동으로 이사를 한 관계로 어머니는 강남에 있는 숭신교회를 다니시지 못하고 나 역시 교회를 못 나가고 있어 사실상 숭신교회와는 연락이 두절된 때에, 폐결핵 후유증으로 내가 갑자기 기흉이 생겨 신촌 세브란스병원에 장기간 입원하게 되었는데, 어느 날 노윤석 목사님이 뜻밖에 병원으로 문병을 오셨다. 그 귀한 바나나를 한아름 사서 안으시고…. 노인네가 어떻게 아셨는지 강남에서 신촌까지 먼길에도 문병을 와 주셔서 정말 고마웠다. 아버지 같은 인자하신 모습으로…. 사실 외로운 병상에서 고생하는 나를 생각하고 먼길을 마다 않으시고 찾아 주신 고마움은 지금도 잊을 수 없다.

교회 개혁도 오직 순수함 그 자체였고 누구를 해하거나 개인적으로 특별히 미워서 한 일이 아니긴 했으나 그때의 고마웠던 일을 생각할 때 미안함과 아쉬움이 있다. '공의와 사랑', 개혁의 기로에서 늘 부딪치는 숙명과도 같은 과제다. 결코 쉽지 않은 일이었다.

또 어느 때인가 목사님께서 나를 찾아 회사로 심방을 오셨는데 마침 점심시간이 가까워 모시고 불고기 집에 가 대접을 해 드렸다. 목사님은 그때 일을 회상하시며 정말 맛있게 잡수셨다고 몇 번이나 말씀을 하셨다. 아마 시장하셨던 참이라 더욱 그러시기도 했겠지만, 나의 맘 씀씀이에 대한 고마움을 말씀하신 것일 것이다. 안타까운 것은 이번 일만 해도 진정한 소통이 부족한 가운데 거리를 두고 선입견과 오해가 생긴 것이다. 그동안 본인이 숭신교회에서 개혁을 통해 이루고자 했던 목표는 크게 두 가지였는데, 그것은 침체된 분위기 쇄신을 통한 교회의 부흥과 성장이었고, 재정 개혁을 통한 교회 정체성의 회복과 교회 기능의 활성화였다. 또한 은퇴하신다 해도 대우는 잘해 드려야 한다고 생각하고 있었다. 나는 지금도 이 같은 생각엔 변함이 없다. 연세도 칠십이 되셨고 은퇴하실 때도 되었기에 사실 준비가 필요한 터였다.

노 목사님이 이미 타계하신 마당에 더 자세한 이야기는 생략

하고자 한다. 다만 젊은 탓에 내가 앞서 나간 것이 문제라면 문제였다. 그러나 내가 숭신교회를 나와 몇몇 대형 교회들을 경험하면서 그분만큼 순수했던 분도 드물구나 하는 생각을 갖게 되었다. 어쨌든 이런 일련의 과정 속에 나는 숭신교회를 떠나게 되었지만 이 또한 장래에 나를 사용하고자 하신 하나님의 뜻이었다고 믿는다. 그 후에 목사님께선 무난히 은퇴하시어 원로 목사님이 되셨고 나와도 가끔 소통하는 관계로 발전하였다.

재정 개혁을 통해 한 가지 기억나는 것은, 어느 저녁 예배 후 있었던 제직회이다. 당시 우리 교회 신자로 있다 신학 공부를 해 목회자가 된 김석준 목사님이 송파에 개척한 교회가 재정적으로 어려움을 겪고 있다는 소식을 듣고, 즉석 발의를 통해 천만 원을 지원하기로 한 것이었다. 당시 천만 원은 결코 적지 않은 금액이었는데, 쉽게 교인들의 동의를 얻은 것이었다. 이는 재정 개혁이 이제는 어느 정도 성도들에게 공감을 얻고 있다는 반증이었다. 교회가 돈을 써야 할 곳이 어떤 것인지에 대한 지지와 공감, 이는 당초 예측한 수입 확대, 재정 확대로 이어지는 분수령이었기 때문에 중요한 의미를 담고 있었다. 숭신교회로서는 유사 이래 제직회에서 그런 가당치(?) 않은 결단을 한 적이 없었다.

그로부터 칠년이 지나 이미 은퇴하신 노 목사님이 우리 첫딸 민정이 결혼식에 어떻게 아셨는지 오셔서 축하해 주셨다. 당시 몇몇 교인들도 찾아와 주었고…. 듣기로는 내가 교회를 떠난 이후 새로 장로가 된 분들을 비롯 여러 교인들이 이런저런 교회 사정을 파악하면서, 아마도 당시 내 입장을 이해해 주신 까닭이 아니었을까 생각된다.

평생 주일에는 눈깔사탕 하나 사 먹지 않으셨다는 목사님, 자식들에 대한 애정이 남다른 분이셨다. 내가 숭신교회를 떠나 큰 물(?)에서 놀다 보니, 교회 안팎을 막론하고 세상엔 그럴듯하게 포장된 위선자들, 욕심쟁이들이 많은데, 결과적으로 고 노윤석 목사님은 순수하신 분이셨음을 새삼 깨닫게 되었다. 가끔씩 만나 식사도 대접하면서 나의 미안한 마음을 털어놓았고, 따님이 사는 미국에 가실 때 여비도 두어 번 도와 드린 적이 있었다. 연부역강 건강한 체질이셨지만 나이는 어쩔 수 없으신 듯, 숙환으로 몇 년 전 타계하셨다.

세상엔 피할 수 없는 일이 있다. 공의와 사랑, 때론 선택의 고통이 따른다. 결과를 뻔히 알면서도 그렇게 하지 않으면 안 되는…. 그래서 희생이 필요한 것인지도 모른다. 노 목사님과 나의 관계다. 숭신교회에서의 작은 경험, 그것은 그저 약소한 실험에 불과한 것이었다. 내가 크리스천으로서의 순수성을 잃지 않는 한, 이는 쇠락해 가는 한국 교회에서 더 험한 일들과 부딪쳐야 하는 평생의 과제 앞에 겪은 간단한 리허설이요 시작일 뿐이었다.

익산(이리) 남중교회(1977~1985년) - 건축하다 파산한 교회

1977년 고려무역의 전북 익산(이리) 귀금속 보석 수출 공업단지 파견 초대 사무소장으로 부임하면서 인연을 맺게 된, 사택 부근의 남중교회는 건물은 작지만 약 250여 성도들이 열심히 섬기는 장로교회로 담임은 권상철 목사님이셨는데, 체격이 거구이신 데다 목소리도 커 남자다운 우람함이 목회자론 어울리지 않는 분 같았지만, 생각 외로 설교나 포용력 등은 매력을 느낄 만한 분이었다.

집사람이 옆집에 사는 그 교회 집사님의 인도를 받고 등록을 하게 되었는데, 사모님이 아주 별난 분이었다. 여자 성도들을 몰고 다니는 듯한 탁 트인 성격에 우스갯소리도 잘해서 재미가 있었고, 젊은 나이라 그런지 가끔씩 좀 진한 농담도 해서 분위기를 바꾸는 재주가 있었다. 우리도 주일마다 이 교회를 섬기며 예배를 드렸고 어느새 정도 들어 교회 생활에 익숙해질 무렵인 1980년, 서울로 직장을 옮기게 되어 부득이 익산을 떠나는 바람에 아쉽게도 교회도 옮기게 되었으나, 이내 1년 만에 전술한 귀금속 공단에서 사업을 시작하게 됨에 따라 반가운 교우들과 다시 조우하며 교회 생활을 계속할 수 있었다.

잘나가는 듯한 교회가 삐걱거리기 시작한 것은 사모님이 1층 유치원 확장을 위해 교회 건물을 증개축하면서부터였다. 슬하에 무려 8남매나 두신 까닭에 지방 교회 재정상 아무래도 생활이 힘드셨을 것인데, 교회 재정도 늘릴 겸 시작한 건축 공사가 자금난으로 심각한 어려움에 봉착하게 되었고, 급기야 교인들에게 헌금을 강요하다시피 하는 일이 벌어졌으며, 이미 여기저기 비싼 이자로 사채를 빌려 써 형편이 말이 아니었음을 나중에 알게 되었다.

사업가가 되었으니 큰맘 먹고 당시로선 그래도 거금이랄 수 있는 2백만 원을 헌금했고, 교회 증축에 일익을 하고 싶었다. 잘되어 가는 줄만 알았으나, 얼마 못 가 부흥사를 데려다 부흥회를 하면서 개별적으로 헌금 약속을 하라는 것이었다. 나도 사업을 한답시고 통 크게 천만 원을 약속했지만 이는 부흥사가 하도 집요하게 강요를 해서 어쩔 수 없이 한 약속이었는데, 확인된 것은 아니지만 그 후 들리는 소문엔 헌금 약정액 중 얼마를 그 부흥사에게 주기로 했다는 것인데…, 생각해 보겠다는데도 굳이 이 자리에서 당장 정해야 한다며 끈질기게 요구했던 것이 이상하긴 했었다(그때 생각으론 그 자리를 떠나면 맘이 변할까 봐 그러는 것으로 알았지만).

이런 가운데 장로를 뽑는 공동의회가 열렸는데, 뜻밖에 내가 후보자가 되어 있었고 이례적으로 세 차례에 걸친 투표 끝에 내가 36세의 젊은 나이로 피택이 되었다. 당시 나는 믿음도 적고 사업으로 바쁜 데다 사실 외지인이라 교인들과의 교제도 적었는데 목사님의 특별한 소개와 광고 덕분에 장로 피택이 된 것이었다. 목사님이 사업을 하는 나를 장로로 뽑고 싶었던 게 아닌가 한다. 그래서 난 일찍이 팔자(?)에 없는 장로가 될 뻔했는데….

준비가 안 되었음은 물론 새파랗게 젊은 나이에 장로란 말을 듣는 것이 사실 싫었고 부담이 되었다. 하여간 이렇게 해서 피택은 되었지만 고시를 거쳐 안수를 받자면 몇 달 걸릴 수밖에 없었고, 그러나 사단은 그 이전에 발생하고 말았다. 사채를 빌려준 교인들 중 몇몇이 사모님을 고소한 것이었다. 이것을 빌미로 교회는 걷잡을 수 없는 회오리에 휩쓸리게 되었는데, 워낙 많은 사채 때문에 웬만한 헌금으론 회복이 불가능한 상태였다. 결과적으로 교회는 파산했고 목사님은 경찰에 불려다니다가 잘 기억은 나지 않지만 얼마간 영어의 몸으로 고생하신 걸로 알고 있다. 이로써 교회는 무주 공산이 되었고 수습은 잘 이루어지지 않아 많은 우여곡절을 겪었다. 나로서는 메이저리티(majority)에 속한 교회 생활이었지만, 참 억수로 교회 운이 없었다.

나중에 들은 얘기지만, 익산에서 가장 크다는 신광교회의 도움으로 교회는 간신히 회생케 되었으나, 권상철 목사님은 교회를 떠났고, 새로 나이 드신 목사님이 부임하게 되었다. 고무신을 신고 심방을 다니시는 바람에 인기가 높았고 많은 교인들이 순식간에 모였다. 우리 회사에도 한 차례 심방을 오셨는데, 그 자리에서 나는 피택은 되었지만 사실 자격도 없고 나이도 너무 젊어 맞지 않는다며 장로직은 사양했고, 그 후 얼마 뒤엔 집도 서울로 이사하게 되어 자연히 남중교회와는 멀어지게 되었다. 이렇게 해서 내 생애 최초로 장로가 될 기회는 지나갔다.

얼마 후 그래도 고생하실 전임 권상철 목사님을 댁으로 찾아가 위로를 드렸더니, 대뜸 하시는 말씀이 요즘 기도하고 있는데 하나님께서 사람을 보내 주셨다며 도와 달라는 바람에 혼이 났다. 그분은 나중 우리가 제2공단에 새 공장을 짓고 난 1990년경에 총회 총무로 섬기시면서 몇 분 목사님들과 함께 방문했었는데, 그때 교회를 잘 운영하셨다면 목사님의 자질로 보아 아마 지금의 남중교회 못지 않게 성장했을 것으로 본다. 참으로 아쉬운 일이 아닐 수 없다. 그때가 한국 교회의 부흥기이기도 했지만 남중교회는 그 고무신 목사님의 열정과 헌신에 힘입어 크게 성장하였으며 오히려 과거 도움을 받았던 신광교회 건물을 매입하고 대형 교회가 되었다고 한다.

권상철 목사님과의 일화 가운데 **빼놓을** 수 없는 것이 있는데,

그것은 우리 집 5대 독자인 영찬이와 관련된 것이다. 그분은 우리를 볼 때마다 영찬이는 자기가 기도를 해 얻은 아들이라는 것인데…. 어이가 없는 것이 이미 서울서 임신해 부임한 이후 그 교회에 등록했을 때는 벌써 5~6개월은 되었을 즈음이라. 몇 번이고 아니라 정정을 해도 볼 때마다 무슨 착각이 그리 심하신지 같은 이야기의 반복이다. 이런 것이 그분의 특성이라고도 볼 수 있는데… 다소 엉뚱한 면이 있었다.

세습으로 얼룩진 강남의 K교회(1994~2000년) – 원수는 외나무다리에서

다양한 악기로 구성된 오케스트라의 은은한 연주에 내 가슴은 설레이고…, 드넓은 예배당 내로 울려 퍼지는 찬송가의 아름다운 화음은 나도 모르게 내 눈가를 적신다. 담임 목사님의 감동 넘치는 설교, 진지한 성도들의 눈빛, 엄숙한 예배 분위기, 이 모든 것이 내게는 은혜의 도가니였다. 이것이 숭신교회를 나와 대형 교회인 강남의 K교회로 옮긴 예배 첫날 느낀 흥분, 그 이상의 감격이었다. 아, 역시 큰 교회는 다르구나. 그냥 큰 것이 아니구나. 이것이 K교회에 대한 내 첫인상이자 기쁨이었다.

기왕 놀려면 큰 물에서 놀라는 말이 있지만 정말 잘 옮겼다고 생각되었다. 커서만이 아니라 크게 된 동기가 더욱 마음을 끌었다. 분명 그냥 큰 것이 아니었을 것이기에…. 작은 교회에서 그리도 갈망하던 교회 부흥과 성장의 진면목을 이젠 내 눈으로 똑똑히 보며 은혜받을 생각에 마음은 부풀고….

등록한 지 얼마 안 되어 담당 여 전도사에게서 전화가 왔다. 담임 목사님을 뵙게 해 주겠다는 것이다. 얼마 안 되어 약속이 잡히고, 우리 부부는 평소 존경해 마지않던 목사님을 모시는지라 특별히 맘먹고 호텔신라 23층 콘티넨탈 프랑스 식당에 예약을 하고 점심을 모시게 되었는데 P 사모님도 동석하게 되었다. 전도사가 간단한 선물을 준비하는 것이 좋겠다 해서 우리 회사에서 만든 예쁜 진주 브로치를 사모님에게 선물하였다. 담임 목사님과의 첫 대면에서 느낀 인상은 여느 목사님과 다르지 않게 겸손하고 소박하시다는 것이었다. 이렇게 해 담임 목사님과 일면식도 트게 되었다.

당시 나는 장로교회 안수 집사 신분이었으므로 감리교회로 보면 권사 직분을 받아야 했으나 쑥스러워 이를 얘기하지 않았고, 그대로 서리 집사로 임명을 받고 교회에 나가게 되었다. 매년 정초면 광주에 있는 수도원에 가 일박하며 드리는 신년 금식기도회, 40일간 온갖 정성을 다 쏟아 드리는 새벽기도회, 매 수요일마다 하는 성경 공부와 요절 외우기, 속회 모임 등 다양한 프로그램을 통해 성도 훈련을 계속하며 숭신교회 때와는 전혀 다른 역동적인 분위기 속에서 제법 교회 생활에 익숙해져 갔다.

등록한 지 한 일 년쯤 지났을까? 1990년대 중반쯤으로 기억하는데, 담임 목사님으로부터 우리 교회가 혜화동 서울대병원 부지에 20억 원을 들여 병원 교회를 짓는다는 광고를 듣게 되었다. 집사람과 상의한 결과, 마침 집사람이 십 년 가까이 불입한 적금 천만 원을 곧 타는데 이를 드리자고 하는 것이 아닌가. 그 긴 세월 집사람에겐 정말 정성이 깃든 소중한 돈인데… 회사에 어려움이 계속되던 힘든 상황이었지만 나는 거기에 천만 원을 더 보태 2천만 원을 드리기로 하고 목사님께 간단히 편지를 써서 함께 봉헌하였다. 20억 원의 100분지 1일이라도 감당하게 해 주신 하나님께 감사드린다는 내용으로. 그런데 뜻밖에 다음 주 1부 예배 시간에 목사님께서 그 편지를 읽어 주셨다고 장인께서 전해 주시는 것이다. 나는 그저 서울대병원에 교회를 짓는 일은 참으로 의미가 깊어 이 기회를 놓치고 싶지 않은 것이 전부였는데 …. 그런 뜻을 담아 편지를 드렸지만 공 예배에서 읽으시리라곤 전혀 생각지 못했기에 참으로 쑥스럽기도 하고 난처하였었다.

어느 정도 자리가 잡혀 갈 무렵, 같은 구역 S 장로님의 소개로 테이프 복음 선교회에도 가입하게 되었는데, 이는 담임 목사님의 설교를 카세트테이프로 만들어 주로 종합병원을 돌며 병상의 환우들에게 나눠 주면서 전도하는 일이었다.

어느덧 4년이 지나가고, 테이프 복음 선교회장이었던 L 권사님이 무슨 생각에서인지 얼마 안 된 나를 회장으로 밀어주었고, 나는 책임을 맡아 성실하게 임무를 수행하게 되었다. 회원들과 나누어 여러 병원을 돌며 환우들을 위로하고 목사님의 설교 테이프를 전하는 일은 보람도 있었고 기쁨도 있었다. 한번은 당시 교회 신문 편집을 맡고 계시던 S 장로님이 교회 신문에 선교회장으로서의 내 신년사도 실어 주셨고, 실업인 선교회도 가입하게 되어 얼마 후엔 부서기 일도 보았으며, 얼마 되지 않은 이적 신자로서 구역장도 맡아 이젠 제법 교회 생활에 익숙해져 가고 있었다.

그렇게 교회 생활에 재미(?)가 붙어 가던 어느 날, 그러니까 내가 K교회로 이적한 지 만 6년이 지난 때이고 밀레니엄 2000년이 막 시작된 지 얼마 안 된 어느 주일날이다. 내 귀를 의심케 하는 담임 목사님의 광고를 듣게 되었는데…. 그것은 자신의 아들 K 목사가 자신의 뒤를 이어 담임 목사로서 목회를 승계하게 되었다는 것이었다. 약간 상기된 표정이셨지만 역시 노련한 설교자답게 차분한 목소리로 구역 인사위원회의 결정이라며… 자신은 원치 않았지만 여러분의 권유와 결정으로 어쩔 수 없었다는 듯, 목소리는 낮았지만 참으로, 뜻밖에, 도저히 믿기지 않는 이야기를 하고 계셨다.

어처구니가 없었고, 정말 꿈에도 생각지 못한 일이었다. 이름 꽤나 있다는 사회 명사들이 즐비한 큰 교회에서 대낮에 이런 일이 어떻게 가능한 것인지 도무지 이해가 안 되었다. 멀쩡한 이성을 가지고서는 납득할 수 없는 일이었다. 원수를 외나무다리에서 만난 격이다. 숭신교회에서는 막연하나마 약식으로 겪지 않았던가. 피해 나온 길에 이런 맹수가 기다리고 있었다니…. 암담함을 느꼈다. 지난 7년간의 신앙생활이 주마등처럼 스쳐갔다. 내가 믿었던 것이 한꺼번에 무너지는 순간이었다.

교회 세습이 불가한 이유는 이미 내 머릿속에 못이 박혀 있었고 그랬기에 지난 숭신교회에서도 이를 미리 염려해 너무 일찍 서두르는 바람에 어려움을 겪지 않았던가? 교회 생활에 기쁨이 있고 보람도 느끼며 자리를 잡아 가던 그 즈음에 하필 이런 문제와 부딪치다니….

일단 지켜보기로 하였다.

교회 측에서도 너무 갑작스런 일이라 그냥 넘어갈 수는 없었던지 남 선교회 전체 모임을 갖고 이에 대한 설명회를 갖는다는 것이었다. 참석했다. 다른 안건을 심의하느라 상당한 시간을 보낸 뒤에야 이 문제에 대한 설명이 시작되었고, 이어 질문이 있었는데, 사실 난 질문 기회를 놓칠 뻔했었다. 왜냐하면 당시 나는 이에 대한 회원들의 반론이 없다면 굳이 내가 먼저 나서지는 않겠다는 생각을 먹고 있었기 때문이었다. 거의 회의가 끝나 갈 파장 무렵까지 이에 반대하는 목소리는 나오지 않았다. 그래서 나는 사실 포기할 생각을 갖게 되었다. 그런데 회의가 거의 끝났다고 생각할 즈음, 체격이 좋은 한 젊은 집사가 벌떡 일어나 용기 있게 세습에 대한 반대 의견을 말하면서 질문을 던지는 것이었다. 내가 보기에 질문 내용이 핵심을 꿰뚫고 있지는 못했지만 일순간 분위기는 바뀌었고 주제를 피해 가려 한 지도부가 긴장하는 듯 보였다. 이어 또 다른 사람이 일어나 간단하지만 역시 비슷한 얘기를 하였다. 이제 제법 이 문제를 다룰 만한 상황으로 반전이 되고 있었다.

사실상 이같이 큰 교회에서 내가 얘기할 형편도 안 되는 것 같아 포기하려 했던 내 마음은 순간 이제 내가 나설 차례가 되었다고 생각했고 이는 하나님께서 내게 말씀하시는 것 같았다. 이어 발언권을 얻은 나는 평소 갖고 있던 세습의 부당성에 대한 내 생각을 거침없이 그리고 단호하게 피력할 수 있었다. 분위기가 변하는 듯했고, 제법 반대 여론이 생긴 것 같았지만 회의는 결론 없이 끝났다.

그로부터 며칠 후, 뜻밖에 P 사모님에게서 회사로 전화가 왔다. 만나자는 것이었다. 사모님이 대단한 분이라는 것은 소문을 들어 익히 알고 있었지만 만나자는 제의는 뜻밖이었다. 당시 회사 사무실이 잠실에 있었는데, 삼성동 인터컨티넨탈 호텔 라운지에서 뵈었다. 약속 시간에 가 보니 무려 한 시간이나 먼저 나와 나를 기다리셨다는 것이 아닌가. 아마 내 얘기가 사모님께 들어간 모양인데 자칫하다간 세습 분위기가 크게 도전을 받을지 모른다는 염려 때문이었을 것이다. 그때까지만 해도 P 사모님이나 나도 아마 같은 생각이었을지 모른다. 교인들의 정서는 세습을 용인하지 않을 수 있다는…. 그렇기에 사모님이 직접 나서 초장에 불을 끄려는 시도였다고 본다.

대화에서 사모님의 주장을 요약해 보면,

첫째, 담임 목사님 초임 시절은 너무 가난해 자식들에게 뭐 하나 해 준 것이 없어 마음 아픈데, 특히 당시 유명한 모 장로 자식들과 너무 비교가 되었었다(동정과 공감을 통해 감성을 유도하려는 인상을 받았다).

둘째, 세습이라고 하지만, 부목사들과 크게 역할을 나누어 공동 목회를 통해 사실상 민주적으로 교회가 운영될 것이라는 점(세습에 대한 비난을 의식하신 듯).

셋째, 그동안 타인에게 교회를 이양하고 은퇴한 목사님들의 경우, 대우는커녕 천대를 받는 것을 많이 봐 왔다며, 담임 목사님이 그동안 고생을 많이 해 교회를 키웠는데 그런 꼴을 당해서야 되겠냐는 것과 이양 이후 교회가 안정되지 못하고 혼란에 빠지는 것을 많이 봐 왔다는 것이 골자다(존경받는 목사님에 대한 예우와 교회 혼란을 막기 위해).

내 대답의 요점은,

첫째, 교회는 개인의 것이 아니므로 담임 목사님이라 해서 자기 뜻대로 세습을 하는 것은 하나님의 주권에 대한 도전이다. 로드십을 침범한 것이다.

둘째, 사회 정서도 용납 못하는 세습은 전도의 문을 막는 것이고, 이는 교회에 대한 신뢰를 저버리는 것으로 신앙인에게는 물론 일반인에게도 상처와 실망을 주는 일이다. 우리 교회가 갖는 교계 및 사회적 영향력에 비추어 한국 교회의 장래를 생각해 보셨는가?

셋째, 세습 이후의 혼란과 고생하신 목사님의 예우를 걱정하는 것에 이해가 안 되는 것은 아니지만, 내가 아니면 안 된다는 생각은 버려야 한다. 이는 하나님의 예비하심을 믿지 못하는 불신앙으로 미리 준비하셨어야 하며 지금도 늦지 않았다.

넷째, 공동 목회라지만 이는 반대를 무마하기 위한 것에 불과할 뿐, 나중엔 결국 폐기될 것이므로 나는 이에 하등 의의를 두지 않으며, 세습은 그렇지 않은 목회자들에게 심한 상실감과 박탈감을 주는 불공정한 행위다.

다섯째, 세습의 교회 의사 결정 과정을 보더라도 그 정당성을 인정할 수 없다.

마지막으로, 그런 갖가지 어려움을 극복하고 초대형 교회를 이루신 담임 목사님의 그동안의 노고는 치하 드려 마땅하지만, 그것이 세습을 위한 이유는 되지 못한다. 왜냐하면 이는 결국 하나님께서 하신 일이다. 일반적으로 교회가 안정되지 못하는 가장 큰 이유는 은퇴 목사가 사실상 영향력을 놓지 않고 갈등을 유발하는 것이 대부분이므로 은퇴와 동시 교회를 떠나는 것이 교회 평화를 위해 은퇴 목사가 할 일이다. 또 그렇지 않도록 미리 준비를 했어야 한다는 취지로 말씀을 드렸다.

이후 우리 테이프 선교회는 따로 모임을 갖고 이에 대한 의견을 정리하기로 하였다. 우선 나는 회장으로서 40일 동안 아침 금식을 하며 기도하면서 각자 하나님의 응답을 받아 보자고 제안하였고, 미국 출장으로 바쁜 중에도 오전 12시까지는 식사를 하지 않는 등 경건 생활을 하면서 기도와 묵상으로 40일 동안을 보냈다.

결과적으로 전임 L 회장님과 J 권사는 반대에 적극적, S 집사를 비롯한 일부는 반대에 소극적인 동조 의사를 갖고 있었으나 나머지는 큰 동요가 없었다. 사실상 묵인으로 봐야 했다.

교회 세습의 부당성과 반대 운동

이어 나는 세습 반대 비상 대책위를 만들기로 하고, 교회 연륜이 상대적으로 짧은 나는 세습 반대에 확고한 신념을 갖고 있는 전임 L 회장이 위원장을 맡을 것을 희망하였지만, 부인이 장로인 관계로 나서기가 곤란하다 고사해 남선교회에서 활동이 많은 J 권사를 위원장으로 하고, 나는 대변인을 맡아 여론 조성 등 책임을 맡기로 하였다. 극히 소수의 인원이었다. 우선 교회 홈페이지를 통해 필명으로 반대 글을 올리기 시작했는데… 생각보다 반응이 좋아 동조자를 얻을 수 있었다. 이에 적극적으로 동참하게 된 C 집사를 비롯 몇몇 젊은 집사들에 의해 본격적으로 인터넷 여론 조성을 할 수 있었으며, 나중엔 비상 대책위 이름으로 반대 성명을 내기에 이르렀다.

이때 발표한 성명의 기본은 위에 언급한 내용들로서 이를 대량으로 프린트해 다수의 교인들에게 우송하였는데, 이때 C 집사

등이 교인들의 주소 입수 등 수고를 아끼지 않고 적극 동역하였으며, 나는 힘을 얻어 세습 반대 이론 확립과 인쇄물 기안 및 프린트, 그리고 우송 등을 맡아 열심히 뛰었다. 나는 이 성명을 통해 세습 반대의 이유들을 요약해 적시했을 뿐만 아니라, 교회 지도부의 독선을 지적했으며, 특히 1998년 IMF 외환 위기의 고통과 아픔 속에 온 나라가 금 모으기 등 위기 극복에 안간힘을 쓰고 있던 그때 스테인드 글라스 등 교회 치장에 열을 올리며 막대한 비용을 아끼지 않던 교회 처사는 잘못된 것임을 지적하였고, 그런 사고방식을 가졌기에 세습에 대한 두려움이나 사회적 비난도 아랑곳하지 않는 것 아니냐고 따져 물었다.

교회는 마침내 교회 홈페이지를 폐쇄하며 여론 조성을 막았다. 이에 따라 몇몇 젊은 집사들이 비상 대책위 자체 홈페이지를 만들어 대응하였다. 동시에 프린트물을 상당수 교인들에게 배포하였다. 이는 적지 않은 파장을 교회에 가져오게 되었고, 드디어 교계 일각에서 우리교회 세습 문제에 적극적으로 개입하기에 이르렀다. 우선 기윤실(기독교 윤리 실천 운동)과 젊은 개혁파 목회자들의 반응은 고무적이었다. 교회 내부에서의 반대는 외부 운동가들에게는 큰 힘이 되는 것으로 보였고, 이는 우리에게도 마찬가지였다.

교회가 대형화의 길을 걸으며 돈이 쌓이고 권력이 집중되면 목회자의 전횡은 일상화된다. 어느새 영적 권위는 세속화되고 정체성을 잃고 자기 의를 고집하는 가운데 하나님의 주권은 훼손된다. 세습조차도 정당화할 논리를 찾아 사이비적 말로를 걷게 되는 것이다. 인생은 천국을 잇는 다리에 불과하다면서도 정작 자신들은 그 다리에서 떠날 줄을 모른다.

세습도 교회 다양성의 하나라고 주장하는 옹호론자들도 있다. 또한 개교회가 자체적으로 결정한 만큼 존중해야 한다는 것이다. 하지만 목회자가 절대적 권위를 누리는 대형 교회의 의사 결정에 그 정당성을 부여하기 어렵고 사회 정서가 용납하지 않는 세습은 교회에 대한 신뢰를 추락시키고 전도의 문을 막는다. 세습은 누가 뭐라 해도 공로 사상에 기초하며 하나님의 예비하심을 믿지 못하는 불신앙이다. 보다 부정적으로 보자면 이는 하나님의 거룩한 공교회를 사적 소유로 전락시키는 것이며 자신이 주인이 되고자 함과 다름이 없다. 또한 특정 지파에 한정되었던 구약시대의 제사장 직과 달리 목회자는 하나님의 부르심을 받고 일정 자격을 갖춘 자는 누구든지 목회자가 될 수 있다는 점에서도 세습의 정당성을 찾을 수 없다. 세습은 교회 타락의 대표적 유형으로 이것이 문제가 된 것은 옛날 가톨릭에서부터다. 하지만 지금의 가톨릭은 사제의 결혼을 금지함으로써 이 문제를 해결한 것으로 알고 있다.

담임 목사님은 설교 역량이 뛰어나시고 인품도 좋으셔서 세습만 아니었다면 크게 존경받아 마땅한 분으로, 오늘의 K교회 성장은 그분의 헌신과 열정의 결과라 해도 틀린 말은 아니다. 그러나 그 가운데는 빛도 이름도 없이 헌신한 수많은 성도들의 땀과 노고가 서려 있다는 사실 또한 잊어서는 안 될 것이며 무엇보다도 그 배경엔 하나님이 계시다는 것이다. 그렇기에 목회자에 대한 상은 따로 준비되어 있는 줄로 믿는다. 어떤 이유로든 세습을 정당화할 수는 없다. 왜냐하면 교회의 주인은 주님이시고 목회자들 스스로 주의 종이라 하지 않는가? 주인에게 누가 되는 일은 하지 않는 것 그것이 종의 책무이다.

소수에 불과한 세습 반대 운동, 이것은 계란으로 바위치기였다. 그 많은 교인들 가운데 이에 적극적으로 동조하는 교인은 극히 소수였고 주변이야기를 들어 보면 상당수 교인들이 세습에 부정적인 것은 맞는데 나서는 사람은 거의 없다는 것…, 정말 놀라운 사실이다. 교회란 무엇인지 절망감마저 들었다. 갑작스러워 그런지 교회는 아직 평온을 유지하였다. 물론 교회 지도부를 비롯 이해관계자들 사이에선 한바탕 소동이 일었지만. 교회 측에서는 세습을 정당화하는 내용의 글을 올리기도 하고 대응을 해 왔으나 사실 논리가 궁색한 것은 교회였다. 시간이 흐르며 주변 여론이 불리하게 돌아가자 마침내 교회가 홈페이지를 내려 우리가 글 올리는 것을 방해하였고, 할 수 없이 몇몇 젊은 동역자들이 별도로 자체 사이트를 개설하고 계속 반대 글을 올리게 되었다. 외부에서는 기윤실이 중심이 되어 우리의 행동을 지켜보고 있었고…. 얼마 후 기윤실 쪽에서 반대 성명이 나왔다.

세습 반대 운동은 처음에는 익명으로 교회 홈페이지를 통해 시작하였으나, 몇몇 교회 장로님들을 만나 의견을 나누던 중, 공개적으로 여론을 조성할 필요를 느꼈고, 당시 기획 목사였던 P 목사를 통해 공식적으로 세습 반대 입장을 밝혔다. 우리의 신분이 노출되자 본격적으로 교회의 박해가 시작되었는데, 담임 목사님이 만나 얘기를 나누고 싶다고 전해 와 자리를 같이하게 되었고, 그 자리에서 나는 만일 이번 세습 결의에 하자가 있다면 이를 하나님의 뜻으로 받아들이고 세습을 철회할 용의가 있으시냐고 물었다. 그동안 얻은 정보에서 세습을 의결한 구역인사위원회의 결의에 하자가 있었다는 사실을 듣게 되었고 이를 말씀드리며 목사님의 표정을 살폈다. 잠시 머뭇거리던 목사님이 그럼 얘기를 해 보라 하시기에 교단 헌법상, 자신의 인사 문제를 결의하는 자리에 본인이나 당사자가 참여할 경우 의결 제척 사유에 해당되어 결의 자체가 원인 무효가 되는데, 그 자리에 담임 목사님은 물론 세습 당사자인 K 목사가 같이 있어 사실상 영향력을 행사했기 때문에 이 결의가 법적으로도 효력이 없지 않느냐는 주장을 폈다. 대체 이런 이야기는 어디서 들었냐는 표정으로 잠시 말씀이 없으셨고, 우리는 따라서 현재의 세습 결의를 취소하시고 공개적인 정식 토론을 거쳐 전체 교인들이 다시 결의토록 하시면 어떻겠냐는 의견을 제시했는데…, 목사님께서 그간의 반대 주장을 홈페이지를 통해 철회할 수 있겠냐는 말씀을 하시기에, 우리는 이를 묵시적으로 받아들이신 것으로 이해하고 그리하겠노라 답하고 그 자리를 나왔다.

다음 날, 약속대로 우리는 목사님과의 면담 사실을 알리면서 목사님께서 재고하겠노라 하셨다는 내용과 함께 이제는 더이상 반대 운동은 의미가 없겠다는 취지의 글을 올렸다. 그러나 교회 측의 반응은 전혀 뜻밖이었는데, 첫째는 우리가 목사님을 만나 의견을 나누었다는 사실 자체를 인정하고 싶지 않은 태도였고, 둘째는 그런 식의 의사 표명은 우리를 정당화하는 것인 만큼 그게 아니라 아예 우리의 세습 반대가 잘못되었던 것임을 다시 천명하라는 것이 아닌가? 실상인즉, 이는 담임 목사님이 반대 측과 면담을 나누었다는 사실이 알려지자 그 자체를 인정하기 싫으셨던 것이고, 또한 운동을 그만하겠다는 정도론 만족 못하니 우리가 스스로를 부정해 교회 내에서는 적어도 반대가 없다는 사실을 대내외적으로 알리라는 뜻으로 오히려 우리를 이용하려는 측면이 있어 보였다.

이후부터는 교회 측으로부터 더욱 강한 핍박이 시작되었는데, K 권사가 남선교회 측에서 들으니 담임 목사님이 우리가 예배 시간에 앉아 있으면 설교가 안 된다고도 공공연히 말씀하셨다는 것이며, 그전 어느 주일인가에는 설교 중 우리 이름을 부르며 '정체불명'의 두 사람이 유인물을 뿌리며 교인들을 미혹하니 유인물을 받으면 읽지 말고 교회로 가져오라고 하시는 것이 아닌가? 내가 교회를 등록해 다닌 지도 만 6년이 넘었고, 이미 목사님과는 식사 대접을 통해 면식을 튼 바도 있으며, 실업인 선교회에서는 부서기로 활동하고 있는 위에, 목사님의 설교 테이프를 가지고 큰 병원들을 돌며 열심히 전도하는 테이프 복음 선교회 회장이요 또한 구역장이었음에도 말이다. 나는 관두더라도, 나보다 교회를 훨씬 더 오래 섬겼으며 교회에 잘 알려진 J 권사까지 정체불명이라고 하시는 데는 어이가 없었다.

자연히 테이프 복음 선교회는 해체 수순을 밟게 되었고, 함께 반대하던 L 권사님이나 그 부인인 K 장로님은 당장 담임 목사님 눈 밖에 나 교회를 쫓겨나는 신세가 되었으며, 내가 구역 모임을 할 때는 감시자를 세워 사실상 구역장 일을 못하게 해 그만두게 되었음은 물론, 내가 예배석에 앉아 있으면 어떤 자가 옆에 와 말을 걸고 핀잔을 주며 졸졸 따라다니는 바람에 예배도 못 드릴 처지가 되었다. 한번은 집사람이 예배를 드리러 올라가려는데 여자 전도사 10여 명이 앞길을 가로막고 뼁 둘러서서 위협하며, 왜 그러는지 아느냐며 협박을 하는 봉변도 당했고, 내게도 마침내 여러 명이 두 차례나 공공연히 길을 막고 교회당에 못 들어가게 하는 바람에 예배도 못 드리는 지경에 이르렀다.

심지어는 여자 전도사들이 강원도 우리 처갓집에까지 찾아오는 일도 있었고, 먼저 다니던 숭신교회는 어떻게 알고 찾아갔는지 왜 교회를 그만두었냐며 내 뒷조사와 정보를 캐기에 분주하였다. 세습 반대 여론이 확산될 것을 염려한 교회가 나의 약점을 잡아 어떻게든 깎아내려 보자는 생각이었을 것이다. 한번은 새벽에 집사람이 교회에서 기도를 드리고 있는데 아는 분이 빨리 2층으로 올라가 보라 해 가 보았더니 P 사모님이 내 이름을 부르며 차마 입에 담기 민망한 기도를 하고 있는 것을 목격했다.

교회에서 K 담임 목사님의 카리스마는 절대적이라 해도 과언이 아니다. "K ○○ 목사님 성역 40주년 찬하 예배" 어디서 들어 봄직한 말이다. 성역이란 표현은 그렇다 쳐도 대체 찬하는 무엇인가? 흘려 본다면 뭐가 문제냐고도 할 수 있겠지만, 이 표현 속에선 하나님의 영광을 찾아볼 수 없다.

교회의 재산은 사회법적으로도 총유의 개념이다. 개인 것이 아니란 뜻이다. 사유의 자유가 용인되지 않는 공적 재산이고 이를 운영하는 주체도 총유이다. 대형 교회의 특성인지는 몰라도 나는 단 한 번도 우리 교회 재정 운용 내역을 문서로 받아 본 적이 없고 중요 줄거리만 대충 영상을 띄워 설명을 듣는 것이 전부였다. 이유는 밖으로 정보가 유출될까 염려해서란다. 무슨 문제가 있어서라고는 생각지 않지만, 그러나 재정 운영의 투명성은 그 어떤 것과도 바꿀 수 없는 것이고 헌금의 주체인 일반 신도들, 적어도 제직들에게 이를 낱낱이 보고하는 것은 의무이자 예의라 생각한다. 이는 헌금의 주체인 교인들을 존중하는 것이다.

여기서 내세우는 교회 안정이란 명분도 사실 세습을 합리화하기 위한 구실에 지나지 않는다. 얼마든지 미리 준비해 혼란을 막을 방안이 충분하기 때문이다. 다시 말하지만, 나는 교회의 머리 되시는 주님의 섭리를 믿는다. 이는 불신앙이다. 왜 그분의 예비하심을 믿지 못하는가! 이 같은 나의 생각이 물정을 모르는 순진함에서만은 아닐 것이다.

나는 여기서 교인들의 이해하기 힘든 행태를 보았다. 청담동에 모 중직자 한 사람이 세습을 강력히 반대한다는 소문을 듣고 직접 찾아가 만나보았는데, 뜻밖에도 그가 말하는 반대 요지는 자기 같은 사람을 장로로 세워 주지 않아 불만이라는 것이 아닌가. 자기 형제들은 다른 교회에서 다 장로가 되었는데, 자기는 교회 중심부가 아닌 외곽에서 활동해 그렇다면서…. 어이가 없었다.

또 한 사람은 현직 장로인데 자기가 과거 담임 목사의 오른팔이었다며 교회 비리를 알고 있다면서 자기도 세습 반대에 도움을 주고 싶어 전화한 것이라 얘기하기에, 어떤 비리인지는 몰라도 본질과 관련 없는 얘기엔 흥미도 없지만 개인적 불만을 가지고 무슨 얘기를 한들 어떻게 믿을 수 있겠느냐며 또 함정일지도 몰라 거절하였다.

또 어떤 이는, 자기가 우리나라 스포츠 대표급 선수라 소개하며 세습을 발표하던 날 자기도 화가 나 벌떡 일어나 교회 밖으로 나오다가 그만 이마를 벽에 부딪쳐 상처를 입었노라며 이것이 자기가 화를 낸 것에 대한 하나님의 응답이라고 생각되어 선뜻 세습 반대에 나서지 못하겠다는 것이다.

반대 운동을 본격적으로 시작하기 전에 교회 내 영향력이 큰 장로 몇 분도 만나보았지만 반대 논지를 펴는 우리 앞이라 그런지 다들 소극적이고 찬성도 반대도 아닌 모호한 태도였고, 누구도 적극적으로 반대 의사를 가지고 나서려는 사람은 없었다. 그분들 중에 한 분만이라도 앞장서 주었다면 반대 운동은 더 탄력을 받을 수도 있었건만 아쉬운 대목이다.

그렇게 소수가 모여 반대 운동을 펼치고 제법 여론 조성도 되어 가던 무렵 문제가 발생했는데, 그것은 우리가 올린 글에 있었다. 글을 올릴 때는 철저히 정도를 걸을 것이지 거칠거나 또는 감정적인 언사 등은 쓰지 말 것을 강력히 주문하였지만 몇몇 젊은 집사들은 그것만 가지고는 안 된다며 책잡힐 만한 글을 임의로 올려 그 당사자가 명예 훼손으로 검찰에 고소를 당하게 되었고, 결국 합의를 본 끝에 자체 홈페이지를 내리기로 하고 덮을 수가 있었다. 이미 예견된 일이었고, 그것이 조직력이 부족한 반대쪽의 한계였다.

다만, 덕분에 사회 여론 조성에는 성공하였고, 사회적 비난 속에 교회가 자성하고 돌아오기를 바랐으나, 역시 헛된 꿈에 지나지 않았다. 갑자기 나는 잠시 유명(?) 인사가 되어 개신교 반대쪽 세미나에서 현황 설명과 함께 반대 주제도 발표하였는데, 그래서인지 공영 TV 기자로부터 교회 세습 관련 특집 방송에 익명으로라도 출연해 줄 것을 제의받았고 고민 끝에 이를 수락하고, 방송에 임해 내가 교회 출석을 방해받는 장면을 촬영하게 되었다. 물론 얼굴이나 목소리는 나타내지 않기로 하고. 사실 이것이 잘한 것인지 아닌지… 당시엔 드러난 우군이 적다 보니 부득이한 상황이었지만 어떻게 보면 누워서 제 얼굴에 침 뱉는 격이 될 수도 있었기에, 지금 생각해 보아도 그분께서 좋아하셨을지 사실 염려가 되는 부분이다.

나는 이것이 사회적 이슈로 부각됨으로써 잠자는 교인들을 깨워 세습을 되돌릴 수만 있다면, 이제 앞으로 이를 기화로 들불처럼 번질 한국 교회들의 세습에 경종을 울릴 수 있고 또한 막을 수 있으리라는 기대가 더 컸었다.

사실 이때도 이미 교회들 사이에 은근히 세습이 이루어지고 있던 때로 K교회와 같이 교계에 막대한 영향력을 갖는 교회의 세습은 이에 불을 지르는, 정말 있어서는 안 될 교회의 총체적 부패요 타락으로 가는 중대한 기로에 서 있다고 보았기 때문에, 이 같은 공개적이고 적극적인 사회적 반대 분위기 조성을 통해 이를 막을 수도 있겠다는 불타는 사명감 하나로 체면을 무릅쓰고 응한 것이었고, 비록 계란으로 바위를 칠지언정 K교회와 같이 수만 명이 모이는 대형 교회에서 세습 반대의 목소리조차 없다면 한국 교회는 이미 죽은 것이나 다름없다는 강한 신념을 갖고 있었다. 결코 세습은 쉽지 않다는 인식을 한국 교회들에 보여주고 싶었다. 그리고 적극적인 반대 논리 전개를 통해 교인들을 깨우고 싶었다.

결과적으로, 몇 달간에 걸친 반대 운동이 막을 내리게 된 것은 전술한 고소 문제 때문에, 우리 쪽 인사의 구명을 조건으로 부득이 자체 사이트를 내리게 되면서부터이다. 참으로 아쉽고 어쩔 수 없는 일이었으나, 그 젊고 충성스런 교우들 덕분에 우리가 맨손으로 할 수 있는, 외치는 자로서의 사명은, 그래도 하느라고 했다고 본다. 그분들의 노고에 감사한다. 그렇지 않았다면 돌이라도 일어나 외치지 않았을까?

그 옛날, 외국 선교사들이 온갖 고난과 핍박을 무릅쓰고 척박한 이 땅에 피를 뿌려 전한 결코 싸지 않은, 그 값비싼 복음이 이렇게 변질돼 가는 것을 그저 바라만 보고 있을 수는 없었기에, 나는 지금도 우리에게 부여하신 사명, 곧 경고음을 울리는 파수꾼의 역할을 과연 최선을 다해 수행했는지에 대해 죄송한 마음을 금할 수 없다.

교회 세습의 폐단과 목회자의 길

결론적으로, 세습은 교회의 총체적 부패이자 타락의 상징이며 그 근저에는 탐심이 자리잡고 있다고 본다. 이미 제시한 문제점들 외에도 공정성을 해쳐 신학도들의 앞길을 막는다. 종국에는 후진 양성에도 걸림돌이 될 것이고 세습은 더욱 고착화될 것이며, 결과적으로 교회는 돌이킬 수 없는 쇠락의 길을 걷게 될 것이다. 더욱 안타까운 것은 신실하게 목회하는 많은 목회자들의 얼굴에 먹칠을 한 것이다.

평생을 바쳐 헌신한 교회에 대한 애착과 염려, 그리고 은퇴

후의 예견되는 문제들을 이해할 수는 있다. 그렇다 해도 얼마든지 미리 준비하고 대응할 방안은 충분하다. 그러기에 목회자가 받을 상과 면류관은 천국에 특별히 따로 준비되는 것이 아니겠는가?

알다시피 목회자의 길은 십자가를 지는 삶이다. 주님께서 지신 그 험한 십자가는 아니더라도 그들은 평생 경건의 삶, 구별된 삶을 통해 24시간 오직 주님만 바라보는 삶이다. 어지간한 용기와 결단 없이는 갈 수 없는 길이고 가서도 안 된다. 그런 면에서 젊은 아들을 목회자로 세우는 일은 내가 아버지라도 쉽게 결정할 수 있는 일이 아니다. 자신이 걸어온 길이 꽃길이 아니었듯 앞으로도 사명감 하나로 버텨야 하는 길이라면 그 삶은 결코 녹록한 것이 아니다. 그런 면에서 인간적인 연민도 생긴다. 그러나 그렇다고 굳이 사회의 이목과 비난을 무릅쓰면서까지 꼭 후계자로 세워야겠는가? 이해될 수 있는 범위 내에서 그 길을 따로 열어 줄 수는 없었단 말인가.

물론 목회자의 자녀가 목회자가 되지 말란 법은 없다. 오히려 칭찬을 들을 수 있는 일이나 하필 왜 성공한 자기 아버지의 교회를 세습받아야 한단 말인지. 얼마든지 길은 있다. 개척을 한다면 하나님께서 기뻐하실 일이고 많은 이들의 공감을 얻을 것이며 자기 희생이 따르는 길이라면 세상의 칭송을 들을 것이고 하나님께서 영광을 받으실 일이다. 자식이 목사가 된다는 것은 분명 가정의 경사일진대 이런 경우 축하할 수 없다는 것은 매우 유감이다.

봉황의 깊은 뜻을 참새가 어찌 알겠는가. 그러나 문제는 그 참새들이 전도의 대상이란 사실이다. 가정은 무의미하겠지만, 만일 그와 같이 평생을 헌신한 목회자가 조용히 물러나 평범한 일상으로 돌아갔더라면…, 교회의 위상은 말할 것도 없고 하나님께서 얼마나 영광을 받으셨겠는가? 한국 교회사에 새 이정표를 찍었을 것임은 물론 전례가 되어 후배 목회자들에게 큰 희망과 비전을 주었을 것이련만, 참으로 아쉽다. 옥에 티다. 평생을 바쳐 쌓아올린 탑을 한순간에 수포로 돌리다니. 어찌하여 개인적 비난은 물론 한국 교회를 쇠퇴하게 만드는가. 탑을 쌓기는 어려워도 무너지는 것은 순식간이다.

하나님께 누를 끼치고 교회를 세상의 조롱거리로 만든 소위 성공한 목회자들의 목회 세습. 남에게 전파한 후에 도리어 버림을 받을까 두려워한 사도 바울의 그 정신, 그 겸손이 아쉽다. 대형 교회, 그에 걸맞은 선한 영향력을 갖추면 얼마나 좋겠는가? 한 달 살이도 힘겨운 미자립 교회들이 즐비한 실정에서 계속해 부동산을 사들이고 아트 홀 따위를 세우며 아무리 잎을 무성하게 한들, 대체 거기에 무슨 열매가 맺히겠는가?

H교회 이야기(2000년 가을~2018년 9월) – 소위, 건강한 교회!

우리는 누구나 독선과 위선의 속성을 갖고 있고 나 자신 또한 예외가 아니다. 따라서 특별히 누구를 비난할 생각은 없다. 하지만 그것이 목회자의 공적 언행이거나 교회 정체성과 깊은 관련을 갖는 것이라면 그냥 지나갈 수는 없다. 부질없는 질문이겠지만 독선과 위선 중 굳이 어느 것이 더 나쁘냐고 묻는다면 아마 후자일 것이다.

"건강한 교회"라는 그 말 한마디에 꽂혀 온갖 열정을 쏟고 신념을 태운 17년간의 스토리를 여기 적는다.

그러니까 강남의 K교회를 나와 2001년 초, 경기도 용인 수지로 삶터를 옮기고 섬길 교회를 찾던 중 눈에 띈 것이 집 앞에 배달된 한 장의 지라시였다. "건강한 교회", "건강한 성도", "건강한 사회" 멋지고 감명 깊은 구호였고, 잠실에서 잘나가던 교회에서 기득권을 포기하고 과감히 분립 개척에 나선 어떤 담임 목사님의 이야기, 정말 손색이 없었다. 세상에 이런 교회가 다 있다니…. 이제야 제대로 교회를 찾은 것 같았다(여담이지만, 만일 이 같은 구호를 내걸지 않았다면 H교회를 가 볼 일도 없었을 것이고, 이 같은 소회를 적을 일도 없었을 것이다).

드디어 구성에 있다는 H교회를 찾았다. 용인시 구성에 대지 1,138평이나 되는 비교적 넓은 부지에 건물은 1층으로 580평의 가건물 형태로 과거 무슨 체육관 비슷한 용도였다고 하는데 쓸 만했다. 크기 또한 작은 편은 아니었고 내부 인테리어를 거쳐 그런대로 쓸 만하고 소박한 모습이었다. 더욱 담임 목사님의 첫인상은 키도 작고 왜소한 체격에 유약해 보이시는 모습이 좋게(?) 말해 시골뜨기를 연상하게 했고 연민마저 갖게 했다. 그렇지만 한편 깐깐해 보이는 인상이 만만치는 않아 보였다. 나이는 나보다 1년 위로 동년배나 같았다. 목회자로선 오히려 점수를 딸 만했다. 몇 주 출석한 끝에 등록을 하였고 신입 교육도 몇 주간 새로 받았다. 목사님의 첫 번째 심방이 이루어졌고, 드디어 건강한 교회의 일원이 된 것이다.

K교회의 악몽을 벗고 이제 새 출발하기로 결심하였다. 우리 온 가족은 나름대로 열심히 출석하였고 등록한 지 불과 1년 후 장학부장을 맡아 봉사도 하게 되었다. 소위 메이저리티(majority)에 속하게 되었다.

좋은 소문은 계속 퍼져 잠실 J교회에서 분립해 나올 때 성인 236명(어린이 포함 총 402명)에 불과하던 성도 수가 불과 2~3년 만에 예배 공간 문제를 걱정할 수준에 이르렀고 공교롭게도 아직 개척한 지 얼마 안 되지만 주차장 문제를 포함 증축을 고민하지 않으면 안 될 상황이 되어 가고 있었다. 좋은 소문 덕분이다. K교회 세습 문제로 한창 떠들썩하던 분위기 속에 소위 기득권을 포기하고 담임 목사가 소수를 이끌고 엑소더스(exodus)하였다는 소문은 꼬리에 꼬리를 물고 퍼져 나갔고, 소위 건강한 교회를 표방한 교회 광고 전단이 인근 곳곳에 뿌려진 덕에 반사 이익을 얻어 나 같은 생각을 가진 성도들이 많이 모여들었던 것이다.

그러나 이것은 H교회도 예외가 아니라는 사실을 여과 없이 드러낸 문제의 시작이었고, 건강한 교회의 개념조차 불확실했던 사람들의 말잔치에 불과했음이 얼마 지나지 않아 여실히 드러나게 되었다.

과대 평가와 자화자찬

여기서 먼저 집고 가야 할 부분이 있다. J 목사님과 약 230여 성도들이 서울 잠실에 있는 J교회를 나와 용인 마북동으로 분립한 것이 담임 목회자가 기득권을 포기한 대단한 결단인 양 언론에 소개되었고, 이로 인해 '건강한 교회'라는 캐치프레이즈가 더욱 빛난 것은 사실이었지만, 과연 이것이 기득권을 포기한 것인지에 대해 내 소견을 잠시 적고자 한다. 이유는 그 후 건축 문제를 둘러싸고 벌어진 일련의 과정에서 과연 이분들이 건강한 교회에 대한 개념을 알고나 있었는지 강한 의심이 들기 때문이다.

왜냐하면, 당시 K교회 세습 파동으로 언론이 바른 교회의 예로서 분당 샘물교회를 조명하는 등, 어느 때보다 건강한 교회에 대한 갈망이 높았던 때로, 우리 H교회가 어부지리를 얻은 것이 아닌가 하는 생각에서다.

언젠가 잠실 J교회를 가 본 나는 매우 놀랐다. 우선 규모에서인데, 생각보다 대지나 건물이 너무 비좁고 작은 교회였으며, 내부 설비도 리모델링은 했지만 낡은 것이 오래된 것임을 한 눈에 알 수 있었다. 무엇보다 장로님들이 대체적으로 젊고 활기차 보이는 것이 당회 구성 또한 만만치가 않을 것 같았다.

나중에 알게 된 것이지만, 그 교회 담임 목회자였던 J 목사님이 교회 전도사이던 때, 큰 시험이 들어 교인들이 두 파로 나뉘어 맹렬히 다툰 끝에 그 당사자들을 포함 상당수 교인들은 교회를 떠나고, 그 분쟁의 틈바구니에서 절충적으로 J 전도사님이 젊은 나이에 담임이 된 까닭으로, 개연성으로 봐, 당회 내에서 담임 목사의 영향력이 강할 수는 없는 구조였고, 상대적으로 장로들의 영향력이 클 수밖에 없어 역할 분담이 자연스레 이루어졌을 것으로 보인다. 교회 건물을 키우지 않고 2천 명이 되면 분립한다는 원칙하에 이를 실천한 것이었는데, 그런 점에서 J교회는 건강한 교회다. 정봉준 장로님이 책임자가 되어 분립을 추진한 결과 기존 교인 230여 명과 더불어 용인 마북동 구 부지 1,138

평에 건물 580평을 매입하고 리모델링을 거쳐 이전케 된 바, 내가 알기론 본 교회에서 23억 원을 지원하고 약 9억 원의 부채를 얻어 모두 32억 원이 든 것으로 알고 있다.

이 같은 정황으로 볼 때, 과연 담임 목회자가 기득권을 포기했다고 볼 수 있을지, 오히려 신흥 개발 지역에 이만한 여건이라면 혜택을 봤다고 해야 하는 것은 아닌지… 이것이 당시 건강한 교회의 아름다운 스토리로 많은 사람들에게 회자된 만큼, 이를 먼저 살펴보고 소위 건강한 교회치곤 이해할 수 없는 건축과 관련된 이야기를 적고자 하는 것이다. 건물에 매몰된 한국 교회의 또 한 번의 모습이다.

중요한 줄거리만 적고자 하지만, 교회 개혁과 관련해서는 기록을 위해 부득이 디테일한 부분도 이에 첨가코자 한다.

증개축을 둘러싼 욕심과 부채 – 재정 건전성의 상실

여기서 중요한 것은 교회 사이즈보다 그 교회가 추구하는 정신이다. 크면 큰 대로 작으면 작은 대로 본질에서 벗어나지 않고 각기 특성을 따라 주어진 사명을 감당하면 되는데, 대체적으로 교회가 커지면 건강성을 상실할 우려가 커 당초 H교회는 중소교회를 추구한다는 목표를 가지고 출발하였다 한다. 그렇더라도 좋은 소문을 듣고 몰려오는 교인들을 받지 않는다면 그것도 문제이기에 교회 사이즈보다는 그 내용에 초점을 두고 나는 증개축에 동의하면서 적어도 건강한 교회로서의 본질과 원칙만은 반드시 지킬 것으로 믿었다. 그만한 상식과 개념은 기본적인 것이기에 사실 나는 J 담임 목사님을 철석같이 믿었다.

교회 증축 문제로 당회 의견이 엇갈리는 가운데, 상당한 시간에 걸쳐 제직회를 중심으로 숱한 토론이 있었고 문제점이 있는 증축보다는 기존 부지를 팔고 근처 새 부지로 아예 교회를 이전하는 대안이 결과적으로 설득력을 얻게 되었고 이에 의견이 모아졌다. 사실 이는 담임 목회자와 몇몇 장로들 간의 의견 대립 때문에 나온 차선책이었지만 그동안 교회 부지의 땅값이 많이 올라 이를 팔고 옮기면 재정적으로 전혀 문제가 없다는 생각 때문이었다.

성공한 교회에서, 그리고 자신을 따라 나온 교인들이 중심인 교회에서 담임 목회자의 의중은 자연 상당한 영향력을 가지게 되었다. 증축 논의가 시작되었을 때, 아직은 시기 상조인 만큼 적당히 늘릴 일이 아니라 나중에 주차장 등을 완비해 제대로 하자는 의견이 꽤 있었으나 담임 목회자의 주장에 따라 증축 논의가 본격적으로 진행되었고, 이는 중소 교회를 지향한다는 우리 교회의 당초 기본 취지에 맞지 않는다는 젊은 교인들의 반발도 상당수 있었지만, 전술한 바와 같이 나는 교회 사이즈가 커진다

해서 건강성을 잃는다는 것은 기우에 불과하다며 담임 목사님을 믿고 일조하게 되었다.

작은 교회는 작은 교회대로 큰 교회는 큰 교회대로 각기 주어진 역할과 사명이 있을 것이다. 따라서 사이즈는 특성이지 건강한 교회의 척도는 되지 못한다. 다만, 그 같은 개념을 제대로 이해하고 실천하느냐에 따라 얘기는 달라질 수 있다.

이제 건축 얘기로 돌아와, 기존 부지 값이 많이 올라 있으므로 이를 팔아 그 돈으로 짓는다면 재정 문제는 걱정할 것이 없다는 전제를 깔고, 당시 시장 분위기로 보아 부지는 꽤 높은 값을 받을 수 있어 오히려 구입 가격 대비 남는 돈은 사회에 환원하자는 데 이르기까지…, 일련의 논의와 설득 과정을 거쳐 현 부지에의 증개축보다 이 부지를 팔고 인근에 새 부지로 이전하는 것이 여러모로 현실적이라는 결론을 모으게 되었다. 가능해 보이긴 했지만 너무 쉽게 판단한 측면이 있었다. 결과적으로 새 부지 매입 및 건축 등 이전에 필요한 재정은 기존 부지를 팔아 충당할 수 있다는 데 이견이 없었으므로, 이를 전제 조건으로 무리 없이 공동의회의 결의를 얻게 되었다.

마침내 2003년 여름, 드디어 교회 인근 어정 지구에 공장으로 쓰던 약 3,000평 대지 위에 오래되었지만 리모델링해 쓰면

괜찮아 보이는 건물 3개 동이 있는 새 부지를 매입하기에 이르렀다. 당시 예상된 구 부지 매도 가격은 바로 옆 대로변 코너 주유소 부지의 수용 가격으로 볼 때 최고 150억 원, 최저 130억 원이라는 매우 낙관적인 분위기였다. 전문가들도 아니면서 말이다.

그러나 문제는 당초 예상과는 달리 새 교회당을 짓고 이전한 후까지도 구 부지가 팔리지 않는 데서 발생하였고, 그 이유는 역시 가격 문제였다. 무리하게 목표가를 높게 책정한 것이 화근이었다.

여기서 먼저, 새 교회 이전 과정을 재정리해 보기로 한다.

첫째, 구 부지의 증축보다는 새 부지를 찾아 교회를 짓고 이전한다.
둘째, 구 부지는 팔아 원가 90억 원을 제외한 나머지는 사회에 환원한다.
셋째, 새 교회 건물은 구 부지를 매도한 자금으로 충분해 전혀 문제가 없다.

이대로라면 사실 건강한 교회 이미지로서도 손색이 없었고 아무 걱정할 것이 없었다.

그러나 새 장소를 물색해 먼저 융자를 얻어 새 부지 및 공장으로 쓰던 건물들을 매입하고 보니 문제가 보이기 시작했다. 우선 구 부지의 예상 매도 가격이 기대에 많이 못 미치는 것이었고 우리가 목표하는 가격선에서는 가망이 없어 보였다. 구 부지의 매각이 지연되면 될수록 불어나는 이자 때문에 당초 예산보다 훨씬 많은 자금이 필요할 터라 가격도 문제지만 속히 매각을 하지 않으면 안 되는 상황이 되고 있었고 좌고우면하다가는 큰 차질을 빚을 위험이 있었다. 이는 당초 취지와 결의에 반해 자칫 무리수를 둘 수 있는 문제였다.

원래 구 부지 매입 시 기존 부채가 약 30억 원 정도 있었고 2003년 8월 새 부지 구입비로 68억 원의 융자를 또 얻은 만큼, 총부채가 약 98억 원에 이르렀고, 이에 본당 증개축 자금으로 추가 소요액이 35억 원은 더 필요했기 때문에 이렇게 되면 1년 이자액만도 약 8억 원을 지출하게 되므로, 이는 교회 재정 운영에 있어 결코 바람직한 상황이 아니었기에 시급히 대책을 마련하지 않으면 안 되었던 것이다. 다시 말해, 이는 한국 교회들이 건축을 하면서 늘 범해 온 병폐가 이젠 우리 교회에도 나타날 조짐을 보이고 있었기 때문에, 이는 건강한 교회 정체성과 크게 배치되는 것이었고 당면한 시험이자 일대 도전이 아닐 수 없었다. 단호한 결단이 필요한 순간이었다.

아차 싶었다. 나중에 건축 위원에 조인했던 나는 이렇게 되면 막대한 이자 부담 때문에 교회 재정 운용에 미칠 악영향이 적지 않을 것이라는 점을 들어, 원점에서 다시 고민해야 한다고 주장하였다. 때가 늦은 감은 있지만 다시 생각해야 한다는 것이었다. 즉, 새 부지로의 이전은 구 부지 매각을 전제로 한 것이었으므로, 구 부지의 선매각 후 새 부지의 건축을 압박한 것이었다. 즉, 때를 놓치지 말고 구 부지 매각부터 서둘러 재정 부담을 줄여 차근차근 진행하라는 취지였다.

이미 새 부지에 기대를 잔뜩 걸고 있던 담임 목사님을 비롯한 교회 지도부에게는 다소 무리한 이야기로 들렸겠지만, 구 부지에 대한 기대 가격과 이미 선언한 사회 환원 약속 때문에라도 목표가를 낮추지 못하는 우를 범해 매각이 지연될 가능성을 미리 차단코자 한 것이었다. 사실 새로 이전할 부지엔 이미 공장으로 쓰던 건물 3개 동이 있어 한 개 동만 리모델링해 쓰면서 구 부지가 팔리면 본격적으로 건축을 해도 늦지 않을 일이었다. 거대 부동산의 매각은 운이 따라야 한다. 그리고 이자 등 기회비용을 고려해 결단을 내려야지 자칫 잘못하면 소탐대실할 우려가 크기 때문에, 이미 적지 않은 이자 부담이 생긴 이상 주저할 일이 아니었고 구 부지는 시장 가격을 따라 매각하는 것이 현명한 일이었다.

더 중요한 것은 교회 재정 운용의 목적이 훼손되어서는 안 되기 때문이었다. '교회 재정 운용의 건전성!!' 이는 교회의 정체성 확립이란 명제 앞에 결코 양보할 수 없는 대전제였다. 흔히 교회 건축을 둘러싸고 벌어지는 한국 교회의 병폐, 즉 욕심이 앞서 무리해 건축부터 하고 이에 따른 막대한 재정 부담 때문에 교회가 엉망이 되는 현상을 주변에서 쉽게 보아 왔기 때문에, 무엇보다도 교회의 목적이 무엇인지, 무엇을 위해 교회 건물이 필요한지를 한시도 잊지 않고 교회 정체성을 지키기 위해서는 이런 결단이 요구되었던 것이고, 그 같은 불상사가 소위 건강한 교회라는 우리 교회에서만큼은 재연되는 것을 막고자 한 것이었다.

당초 기대가에는 못 미치더라도 구 부지를 시장 가격에 파는 것이 순리라, 이를 조속히 매듭짓지 못한다면, 새 부지로의 이전은 다시 생각해 봐야 한다고 주장하였고 이를 각 위원들에게 서신 형식으로 피력하였다. 왜냐하면 이대로 가다간 걷잡을 수 없이 부채가 늘어나게 생겼기 때문이다. 그런데 뜻밖에 담임 목사님으로부터 전화가 왔다. 서신을 받은 건축 위원들 중에 반발이 있는데 그중 모 여자 권사님이 그런 의견을 개인이 맘대로 건축 위원들에게 보내면 되느냐며 항의를 했다는 것이다. 건축 반대 내용이 담임 목사님의 맘에 들지 않았던 것으로 보이는데 내가 보기엔 건축 위원 중에 그렇게 애기할 여자 권사는 없었다.

어쨌든 이미 들뜬 분위기 속에 이전을 준비하고 있던 교회 지도부는 이를 받아들이지 않았고 구 부지 매각에 대한 현실적 대안 없이 공사는 진행되었다. 나는 건축 위원직을 사퇴하였다. 비록 아쉽지만 멈추는 것이 순리였다. 그러나 어느새 대형 교회의 환상에 사로잡힌 지도부의 욕심으로 인해 결국 그 후 상당 기간(약 10년간) 엄청난 헌금이 이자로 낭비되는 어처구니없는 결과를 낳게 되었고 후유증 또한 상당하였다.

당시 나는 특별히 공을 들여 쓴 장문의 에세이("敎會의 健康性과 聖經的 財政運用에 대한 小考")를 발표하고 교회 건축의 부당함과 예상되는 문제점들을 역설하였다. 교회 재정 운영을 보면 그 교회의 건강성을 한눈에 파악할 수가 있다. 그러한 점에서 우리 교회가 진정 건강한 교회라면 병든 한국 교회의 고질적 문제인 건물에 매몰되어서는 안 된다는 것이었다. 구 부지를 먼저 매각하고 임시 예배 처소를 정한 후 새 부지로의 이전을 물색함이 좋았겠으나, 선후가 바뀌는 바람에 새 부지를 먼저 구입하고 구 부지를 나중에 팔게끔 된 것인데, 그나마 지나친 기대에 들떠 목표가를 비현실적으로 높게 설정한 까닭에 구 부지를 매도할 기회를 번번이 놓치면서 이자 부담만 눈덩이처럼 커져 결국 재정 운용에 적지 않은 무리를 빚게 되었다.

교회 지도부의 늑장 대응과 소극적인 매각 의지 때문에 장기간 교인들의 막대한 헌금이 처음 우려했던 대로 다년간 은행의 이자 통 속으로 계속 쏟아져 들어가게 되었다.

2003년 8월 1일에 어정에 새 부지를 70억 원에 매입하면서 가중된 부채액은 2004년 93.54억 원, 2005년 123.99억 원, 2006년 129.86억 원, 2007년 109.36억 원, 2008년 117.13억 원, 2009년 115.59억 원, 2010년 98.53억 원, 2011년 111.03억 원, 2012년 104.58억 원, 2013년 35.0억 원(구 부지 매각)으로 이 기간 동안의 이자 지출액은 모두 65.08억 원(이 중 처음 개척 시 빌린 9억 원에 대한 이자를 제외하더라도 50억 원을 넘는)이었다.

이는 두 차례에 걸쳐 어렵게 모은 성도들의 건축 헌금과 맞먹는 수준으로 덕분에 부채 규모가 조금 줄기는 했지만 계속되는 이자 부담으로 별다른 개선이 없는 가운데, 그 막대한 건축 헌금이 대부분 이자로 지출된 어처구니없는 사태를 빚은 것이다.

이렇게 하여 2005년 4월 새 부지 건축 자금으로 35억 원을 더 대출받아 건물은 완공되었고, 2005년 11월 입당하게 된 것인데, 결과적으로 부채는 2005년 말 124억 원, 2006년 말엔 사상 최고 수준인 약 130억 원(정확히는 129억 8천6백만 원), 연간 이자 지출액은 2006년도에 8억 원을 상회하게 되었다.

참고(*2011년엔, 교인들의 헌신이 필요하다며 당초 약속을 깨고 건축 헌금을 따로 걷어 약 25억 원을 투입했음에도 부채는 여전히 110억 원대에 있었다).

이때 이자 부담은 교회 총 예산액의 약 30%나 차지하는 것이었다. 그럼에도 교회 지도부 일원 중 어떤 사람은 말하기를 이 정도는 우리의 수입 규모가 감당할 수 있다는 것이다. 나는 크게 실망하지 않을 수 없었다. 이는 감당할 수 있느냐 없느냐의 문제가 아니고, 설혹 감당할 수 있다 해도 재정 운용의 건전성 차원에서 어떻게 손실을 줄여 교회 고유 목적에 부합한 재정 운용을 할 것이냐의 문제로, 교회 정체성과 밀접한 관련을 갖는, 결코 공공연히 할 수 있는 말이 아니었다. 소위 건강한 교회 지도부라는 사람들의 생각을 읽을 수 있는 대목이다.

구성으로 분립한 지 몇 년도 되지 않아 건강한 교회라는 소문을 듣고 수평 이동해 온 성도들 덕분에 부흥한 것까지는 좋았는데, 이로 인해 이제 교회 정체성이 송두리째 도전을 받게 된 것이다. 많은 성도들의 기대를 단번에 깨는 허망한 행위였고, H교회도 예외가 아니라는 사실을 드러낸 것이었다.

구 부지 매각의 실패와 독수리학교에 대한 특혜 시도, 그리고 집착

구 부지 매각이 지지부진한 가운데, 4년이 지난 2007년 봄 다행히 작자가 나선 것이다. 기대가엔 못 미쳤지만 태경이란 의약품 물류회사가 그래도 113억 원에 계약을 하면서 12억 원의 계약금을 건넨 것이다. 이제 걱정했던 모든 문제가 일순간 해소되는 듯 보였다. 그러나 유감스럽게도 몇 달 후인 2007년 4월 10일 태경 측이 무슨 사정 때문인지 그만 계약을 파기하기에 이르렀고, 매각은 무위로 돌아가게 되었다. 참으로 양쪽 모두에게 안타까운 일이었다. 계약금 12억 원은 몰수되었고(이것 때문에 나중에 또 한차례 교회는 시험을 치르게 되지만)….

문제는 그 후였다. 상당한 시행착오를 겪게 되었는데, 시장에서 계속 매입자를 물색하였지만 무슨 생각에서인지 시장 가격을 외면한 높은 목표가를 내세운 까닭에 매각은 순조롭지 않았다. 시장가는 입지 조건과 주변 시세, 그리고 매수 의향자들이 제시하는 가격 등을 종합해 판단할 수 있는데, 당시 매각을 담당하던 실무팀에 따르면 태경이 파기한 113억 원은커녕 시장가는 80~90억 원대로 보인다는 것이다.

그런데 그로부터 약 1년이 지난 2008년 중반, 담임 목사님의 주장으로 느닷 없이 대안 학교라는 독수리학교에 대한 매각안이 발표되었다. 그러나 그 제안은 그동안 주장해 온 목표가에는 물론 당시 시장가에 비추어도 턱없이 낮고 불리한 조건의 갑작스런 제안이었기에 교인들 입장에선 쉽게 받아들일 수 없는 것이었다. 불과 1년 전 113억 원에 매각되었던 사실에 비추어도 그 매각 조건은 수용하기 어려운 특혜나 다름없었다. 매각 조건을 요약하면 이러했다.

1) 55억 원에 매각한다.
2) 학교 건물 건축 후, 한 개 층을 우리 교회가 개척교회 몫으로 10년 동안 사용하고 10년 후 교회가 독립할 시 15억 원을 추가로 받기로 한다.

말하자면 교회가 부지를 싸게 주어 독수리학교의 기독교 교육을 돕고, 독수리학교는 건축 후 한 개 층을 교회에 빌려주어 개척교회로 사용케 하는 것으로 소위 협력사업이라는 주장인데, 소위 누이 좋고 매부 좋은 것 아니냐는 것이나, 그러나 이는 눈가림에 불과했다.

문제는 이 안이 결코 순수해 보이지 않는 데 있었다. 사실 이것은 독수리학교의 재정 형편을 고려한 것이었는데, 이는 부지를 총 70억 원에 매각하고 부족액 15억 원은 10년 후에 받는다는 것으로, 건축 후 한 개 층을 10년간 교회가 의무적으로 임차해야 하는, 즉 15억 원은 강제적 전세 보증금인 셈이다. 말이 협력 사업이지, 이는 교회가 학교 측에 70억 원이란 당시로서는 턱없는 가격에 매각하면서 그것도 모자라 그중 15억 원은 10년 후에나 받기로 한 일방적이고 불평등한 계약일 뿐, 굳이 가까운 그곳에 교회를 개척할 일도 아니고, 교회 개척이 그저 공간만 있으면 하는 그런 인본주의의 산물도 아니기 때문에 이는 명백한 특혜로밖에 볼 수 없었다.

문제는 매각 대상인 독수리학교의 정체성이었다.

어느 날 평소 가깝게 지내던 젊은 집사 한 분이 내게 귀띔을 해 주었다. 지금 교회가 구 부지를 헐값에 독수리학교에 주려고 한다는 것이다. 그런데 그 학교는 학비가 비싸 소위 대안 학교라는 이름으로 사실상 부자들만 갈 수 있는 귀족 학교라는 것이다.

자세히 알아보니 담임 목사님과, 또 우리 교회 장로 한 분이 그 학교의 이사로 되어 있었고, 소위 기독교 분위기가 특징인 학교로 사교육을 대체한 학교였다. 기성 학교에서 적응 못하는 학생들을 위한 대안 학교의 취지는 찾아볼 수 없었다. 문제는 높은 학비였다. 막대한 후원금과 학비 등 일반 학생들은 꿈도 꾸지 못할 거금이었다. 기독교 교육이란 말 자체가 무색하였다. 차별화된 학생들, 사회 위화감을 조성하는 기독교 교육이라니…. 아이러니가 아닐 수 없었다. 그렇다 해도 굳이 그런 학교에 교회가 헐값에 부지를 매각하려는 의도가 무엇인지 궁금했다. 그것도 서민 신자들의 헌금으로 운영되는 우리 교회가… 결국은 그만큼 교회에 손해를 끼치는 행위인데 하필이면 귀족 학교라 평판을 듣는 학교라니, 사리에 맞지 않는다고 생각되었다.

글쎄 내가 잘 몰라 하는 얘기인지는 모르겠지만, 독수리학교가 대체 어떤 학교인가? 대안 학교의 취지와 맞지 않을 뿐 아니라, 인가도 받지 않은 사설 학원이나 다름없고 그래서 학교를 졸업해도 검정고시를 봐야 진학할 수 있는 학교요, 사교육을 배척한다 하지만 그 자체가 사교육이고 학비가 비싸 아무나 들어갈 수 없어 계층 간 위화감을 조성하는 학교를 과연 기독교적이라 할 수 있는가? 성경이 말하는 기독교 정신에 부합한가?

예수님을 소외된 사람들만의 친구라고 할 수는 없겠지만, 그분은 비천한 말 구유에서 탄생하시어 온갖 병자 등 가난하고 소외된 사람들과 함께하셨으며, 성경 교육을 누구보다 잘 받은 바리새인으로부터는 배척을 받으셨다. 실천적 사랑은 가슴과 발에서 나오는 것이지 머리에서 나오는 것이 아니다. 기독교 교육이 세상 속에서 녹아지며 경험되어져야 하는 이유다. 그런 의미에서 독수리학교가 귀족 학교란 평판을 듣는다면 이미 기독교 교육은 실패했다고 봐도 무방할 것이다. 인가를 받지 않아 정부의 도움을 받지 못하는데도 재정적으로 번성하는 것을 보면 학비 등 학생 부담이 상당한가 보다.

그러나 그들을 비난할 생각은 없다. 서민의 입장에선 받아들이기 힘든 부분이 있지만 그들만의 리그인들 안 될 것도 없는 일이다. 그러나 중요한 것은 서민 교회가 이들에게 특혜를 줄 이유는 없다는 것이다.

왜 하필 독수리학교란 말인가? 그동안 시장 가격보다 높은 가격을 마지노선으로 깔고 매입자를 찾다 말고 갑자기 학교의 편의를 봐주며 15억 원은 10년 후에나 받는다니…. 차라리 장애인 학교나 방과후 학교 같은 사회적 약자들을 돕는 학교라면 70억 원이 아니라 50억 원이었다 해도 긍정적으로 생각해 볼 수가 있었을 것이다. 불과 1년 전에 113억 원에 매각되었던 사실에 비추어 이는 상당한 헐값이었으므로 교인들이 쉽게 납득할 리 없었다. 더욱 독수리학교가 대상이라는 것은 그 어떤 명분으로도 받아들일 수 없는 것이었다.

문제는 대안이었다. 당장 다른 매입자도 없는데 이렇게라도 속히 구 부지 문제를 해결할 수 있어 다행이라며 밀어붙이는 담임 목사님의 억지를 꺾기에는 대안 없이는 불가능하였다. 헐값이라는 비판이 거세지자 태경으로부터 받은 위약금 12억 원도 있지 않느냐고 하는데는 더 할말이 없었다. 워낙 집착이 강하다 보니 이런 말실수까지 하게 된 것이다.

어떻든 이는 자가당착이 아닐 수 없었는데, 당초 130~150억 원에도 문제없다며 새 부지에의 건축을 당차게 밀어붙이던 교회 지도부의 주장이 이제 그 실체를 드러낸 셈이기 때문이다. 그것이 터무니없는 허구였음을 스스로 인정한 것이었고, 현실적으로 낮춰 매각해야 하는데 그마저 쉽지 않다며 이제 와 말을 바꾼 것이다. 그럼 대체 과거 그 꿈 같은 이야기의 책임은 누가 질 것이며 당장 매월 부담해야 하는 막대한 이자 비용은 어떻게 할 것인가?

돌이켜보면 당초 들떴던 분위기 속에 너무 쉽게 이전을 결정했던 지도부가 이제야 현실을 인정한 셈이긴 하지만, 그러나 이것도 내가 보기엔 사실 독수리학교에 헐값에 매각키 위한 변명에 불과하였다. 그저 경우에 따라 이래저래 말을 바꾸며 어떻게든 자신들의 목표를 이루기 위해 또 한 번 교인들을 현혹시키는 것으로, 이는 공정성과 합리성을 모두 결여한 것이었다.

공은 제직회로 넘어갔다. 나는 베트남 출장 때문에 토론에 참여하지 않았다. 갑론을박 끝에 열린 제직회의 의결 결과는 '딱 한 표 차의 부결'이었다. 당시 교회 정관에 따르면 교회의 기본 재산을 매각하기 위해서는 두 가지 절차가 필요하였는데, 첫째는 제직회 의결에 앞서 제직회 각 부서장이 위원인 운영위원회의 의결을 먼저 거치게 되어 있었고, 최종 의결은 공동의회에서 하게 되어 있었지만, 제직회의 의결이 없으면 공동의회로의 부의 자체가 불가능하도록 되어 있었으므로, 제직회에서 부결되었다는 것은 이 사안은 폐기된 것이나 마찬가지였다. 아예 운영위원회에는 회부조차 되지 않았었다.

나는 베트남에 체류하면서 투표 결과를 분석하여 교단 헌법에 근거해 한 표 차로 부결되었다는 사실을 "하나님의 한 표"라는 제목으로 교회 홈페이지에 올렸다. 운영위원회를 거치지 않아 절차상 불법적 요소가 있는 사안이 이제 제직회에서조차 부결되었다면 물러섰어야 마땅한데 무슨 이유인지 담임 목사님은 억지를 쓰며 전혀 꺾일 줄을 몰랐다. 나는 그분이 정말 건강한 교회의 책임자인지 의심스러웠다. 무엇 때문에 교인들의 적지 않은 반대를 무릅쓰고까지 그리 독수리학교에 집착하는지…. 이해가 되지 않았다. 그동안 소위 건강한 교회 목회자라 한껏 자랑하던 분이 이렇게 절차와 의결 결과도 무시한 채 옹고집을 부릴 줄이야.

정관은 교회 기본법으로서, 말하자면 교회 헌법과 같은 것으로, 이에 정한 내용은 신자들의 공동 의지이자 하나님께 대한 약속이다. 부동산 처분 관련 규정을 이처럼 까다롭게 정한 이유는 그만큼 신중을 기해야 한다는 것으로 건물에 집착하는 한국 교회의 병폐를 막기 위한 조치였다. 또한 이에 정한 절차를 지키지 않거나 위반하는 것은 로드십의 침해를 의미하는 것으로, 중대한 문제인데, 지금 담임 목사는 자신의 권위를 앞세워 이를 무시하며 어떻게든 자신의 의지를 관철하려 한다.

나는 절차 위반과 제직회 부결을 이유로 이 안은 폐기됨이 마땅하다 주장했으나, 목사님이 끝까지 물러서지 않자 교회 화평을 위해 다른 분의 중재가 있었는데, 이는 비록 제직회에서 부결되었다곤 하나 공동의회에서 최종 결정을 보자는 것이었다. 나는 내키지 않았으나 이를 받아들여 공동의회에 부치기로 최종 합의를 보게 되었다. 담임 목사님의 의견을 존중하여 공동의회에서 최종 결론을 내도록 한 것이었는데, 이는 담임 목사에게 절대적으로 유리한 공동의회의 특성상 사실 담임 목사님의 뜻을 받아들이는 것이나 마찬가지였지만, 그래도 공동의회에까지 가는 것만도 성과라는 동료의 이야기도 무시할 수 없어, 부득이 양보키로 하였다.

그래도 최선을 다하기로 하고, 공동의회에서 반대 발언을 통해 이를 저지하기 위한 노력을 하였는데, 뜻밖에도 발언 도중 교회 측이 마이크를 끄는 이해할 수 없는 일이 발생하였다. 그것도 가장 중요한, 대안을 제시하려는 순간에….

잠시 여기서 담임 목사님이 독수리학교 안을 주장하면서 내게 보낸 이메일을 살펴볼 필요가 있는데 "자기가 독수리학교로 밀어붙인다고들 하지만 사실 그동안 마땅한 매입자가 없었으며 '지금이라도 90억 원 이상에 누가 나선다면 이를 고집하지 않겠다.'" 는 것이었다.

그럴 즈음에 같은 구역의 P 집사님이 이런 헐값에 팔 거라면 태경이 전에 위약금까지 부담하며 억울한 처지가 되었는데, 담임 목사님이 제시한 90억 원이라면 그쪽도 다시 관심을 가질 수 있고 또 그에게 우선권을 주는 것이 도리이지 않겠냐는 것이다. 지금 형편이 어떤가 알아보고 가능하다면 담임 목사님 제안대로 90억 원 이상에 가능할지를 검토해 보면 어떻겠냐는 것이다. 그래서 나와 P 집사님 둘이서 태경을 방문하고 그간의 사정과 방문한 취지를 설명한 결과, 며칠 후 회답이 왔는데 몰수당한 위약금 12억 원을 포함해 90억 원이면 다시 하겠다는 것이었다.

93억 원으로 일단 잠정적 합의를 본 후, 바로 담임 목사님에게 전화로 이 같은 사실을 보고하면서 태경이 이 같은 조건으로 매수 의향서를 준비한다니 만나보시는 것이 좋겠다 했더니, 대뜸 무슨 말을 하냐는 것이었다. 아직 공동의회 공고가 나가려면 시간이 남아 있고 잠깐 만나 얘기를 들어보고 해도 늦지 않겠냐 했더니 거기는 부도설이 나돌 만큼 경영이 어려운데 어떻게 다시 매입하겠다는 말이냐며 대체 어디서 들었는지 밑도 끝도 없는 얘기를 하며 단번에 거부하는 것이 아닌가?

아니 무슨 말씀을 그렇게 하시냐며 그런 근거 없는 루머를 가지고 얘기하시면 어떻게 하냐, 그렇지 않아도 한번 실수를 했기 때문에 매수 의향서와 함께 아예 예치금 5억 원을 먼저 맡긴다고까지 하니 그만하면 믿을 수 있는 것 아니냐, 과거 위약금을 일부라도 돌려 달라는 요청도 받고 있는 줄 아는데 그렇다면 어차피 교회가 이를 다 몰수하는 것도 모양새가 좋지 않은 마당에, 그냥 돌려주느니 93억 원이면 위약금 12억 원을 돌려줘도 81억 원에 매각하는 것이라 독수리학교 조건보다 월등 좋지 않느냐며 여러모로 설득했지만 전혀 불통이었다.

지금도 이해가 안 되지만, 구 부지 매각을 담임 목회자가 주도하고 있으면서 왜 독수리학교 외 다른 매수자의 의향은 전혀 들어 보지도 않으려 한 것인지 납득할 수가 없었다. 이런 경우, 사회에서도 이해 관계인에게 먼저 기회를 주는 것이 상식이다. 그것은 바로 그런 손해를 만회할 수 있도록 배려하는 것이 아니겠는가? 교회가 어차피 위약금 전액을 다 몰수할 심산이 아니라면 이는 바람직한 것으로 우선적으로 고려할 만한 사안이었다. 그런데… 교회는 이런 구체적 제안을 공동의회 공고 10여 일 전에 받았음에도 불구하고, 아예 만나 주지도 받아 주지도 않고 독수리학교 매각안만 밀어붙인 것이다. 그런 까닭에 오죽하면 태경이 결국 전 교인을 상대로 그 같은 취지의 매입 의향을 담아 호소문을 보내기까지 했겠는가. 이것은 결국 태경에 미운털이 박힌 계기가 되었는데, 담임 목회자의 의중에 반하여 훼방을 놓은 결과를 가져왔기 때문이리라.

(기록과 상황 설명을 위해 당시 태경이 교인들에게 우송한 호소문을 이에 소개한다. 교인 주소록은 태경이 다른 교인을 통해서 입수한 것으로 알고 있다. 편의상 교회명의 표기는 영어 첫 자만 쓰기로 한다.)

우리의 입장

수신 : 경기도 용인시 기흥구 상하동 509번지 대한예수교장로회
       H교회

발신 : 경기도 용인시 수지구 동천동 851번지 주식회사 태경메디칼

　H교회 마북부지 매각과 관련하여 독수리학교에 매각하기로 최종 결론 지어졌다는 소식을 접하고 당사는 실망스러운 마음 금할 길이 없습니다.

　당사는 최근에 다른 곳에 매각이 진행되고 있다는 소식을 늦게 접하고 그동안 교회가 항상 말씀하신 매각 시 당사에 최우선권을 주시겠다는 말씀과 당사와 계약한 금액과 같거나 이상으로 매각 시 계약금에 상당하는 금액을 돌려주시겠다는 말씀만 믿고 기다려 왔으며 독수리학교에 매각하는 금액보다 훨씬 많은 액수로 당사가 매수하겠다는 매수 의향서도 공식적으로 전달하였으며 확실한 매수의지를 보이기 위하여 교회 측의 집사님과 공동명의로 계약금 명목으로 5억 원을 예치하였으며 여러 경로를 통하여 공식적인 당사의 입장을 전달하고자 하였으나 아무도 저희에게 기회를 한 번도 주시지 않았으며 또한 같은 지역에 위치하며 이 세상에 빛과 소금의 역할을 감당하는 교회라는 특수성 때문에 교회 측의 말씀을 전적으로 신뢰하고 개인이나 교회를 상대로 비방을 하거나 무례한 행동을 한 번도 한 적이 없음에도 불구하고 금번 매각을 진행하면서 교회를 대표하고 매각 위원이신 장로님들이 있지도 않은 허위 사실을 모든 사람이 볼 수 있는 인터넷 게시판을 통하여 글을 올릴 수 있는지 무척 당황스럽고 걱정스럽습니

다. 사업을 하시고 기업에 몸을 담고 계시는 분이 기업으로서는 치명적인 문제를 언급하였다는 사실은 도저히 이해할 수도 없고 묵과할 수 없는 일이라 생각됩니다. 또한 당사에 어떠한 영향이 있을지 두려운 심정입니다. 처음부터 교회를 신뢰하고 믿어 왔던 저희들을 끝까지 믿고 기다릴 수 있도록 교회의 입장을 수일 내로 밝혀 주시길 간곡히 부탁드립니다.

2008. 10. 13.
(주)태경메디칼
임·직원 일동

사실 여기에는 태경회사 내부에서 사장 박정관 씨의 개인적인 난처한 입장이 있었다. 그는 그 이전에 담임 목사님을 면담하고 위약금 12억 원 중 8억 원은 돌려줄 수 없겠냐고 선처를 부탁한 것이었다. 어차피 이는 교회 고유의 종교적 수입이 아닌 만큼 (세무적으로는 기타 소득이므로) 그에 따른 소득세를 부담해야 한다면, 교회에도 크게 손해될 것이 없지 않느냐는 생각에서였다. 교회에 대한 기대가 있다 보니 법을 떠나 그래도 선처가 가능할 것이란 믿음이 있었다.

당시 박 사장님의 말에 따르면, 개인 사정으로 조만간 회사 지분 중 51%를 타인에게 양도할 계획인데, 그 위약금 12억 원에 대한 손해를 개인이 떠맡을 수밖에 없어 지분 양도 시 불리하므로, 그 정도의 가격이라면 차제에 이를 다시 매입해 문제를 미리 해결하고자 한다는 것이었다.

그러나…, 이 같은 바람이나 노력도 무시된 채 결국엔 독수리학교 매각안을 위한 공동의회가 진행되었는데, 다음은 당시 내 반대 발언 내용이다. 요약하면,

1) 귀족 학교라 불리는 독수리학교에 서민 교회인 우리가 금전적 특혜를 주면서까지 매각하려는 것은 부당하다.

2) 말이 협력 사업이지 이는 매각과 임대 외에 다른 아무것도 아니다.

3) 이는 단순히 경제적 논리가 아니라 교회 정체성을 가늠하는 중요한 사안으로, 매각 대상이 만일 사회의 도움을 필요로 하는 곳이라면 설혹 그 이하의 가격이라도 용인할 수 있다.

4) 과거 1차 매입에 실패한 태경이 93억 원에 재매입 의사를 이미 밝혀 왔고, 이를 확실히 하기 위해 계약 이전에 5억 원을 미리 예치하기도 한바, 이는 신뢰할 만한 의지가 있으므로, 이해관계인으로서 우선매수권을 인정해야 한다.

5) 담임 목사님이 지금이라도 90억 원 이상의 매입자가 나선

다면, 독수리학교 매각안을 고집하지 않겠다고 말한 약속을 지키기 바란다.

였으나, 후반절 4, 5항을 얘기하려는 순간 두 차례나 마이크를 꺼 아예 대안 제시를 못하게 한 것이다. 타락한 정치판에서나 할 수 있는 짓이 교회에서 대낮에 벌어진 것이다. 대안 없이 반대하는 것은 무리이기에 나는 논리를 떠나 대안을 마련한 것이었다. 그것도 담임 목사님의 제안을 따라서….

그런데 이것이 있을 수 있는 일인가? 정당한 토론을 저지하기 위해 마이크까지 끄며 방해를 하다니. 어처구니가 없었다. 이것이 소위 건강한 교회에서 벌어진 일이다. 5항까지를 다 듣고 판단해야 할 교인들의 권리를 박탈하고 정당한 투표권 행사를 방해한 것이다.

담임 목회자를 마치 신의 대리인인 양 착각하고 담임 목회자의 생각이라면 양심도 이성도 버린 채 앞뒤 가릴 것도 없이 무조건 순종하며, 대립하다간 벌을 받을지 모른다는 은연중의 공포 속에 자신의 안위만을 챙기는 한국 교인들의 토양 덕분에 담임 목회자는 곧잘 전횡의 유혹에 빠지게 된다. 이것은 한국 교회의 성장이 샤머니즘에 기반해 있음을 말해 주는 것이라 생각되며, 이는 지식인들까지를 포함, 특히 여성 신자들 가운데 폭넓게 퍼져 있는 현상이다. 따라서 일반 사회에서는 도저히 용납될 수 없는 독선과 세습 등도 교회에서는 비일비재하게 일어나는 것이다.

결국 독수리학교에 대한 매각안은 우여곡절 끝에 담임 목사님의 의지대로 공동의회에서 70%를 조금 넘는 지지를 얻어 통과되었다. 청년부 학생들까지 다 동원한 덕분이다. 그래도 30% 가까운 반대가 있었다는 것만도 수확이라면 수확이었다.

독수리학교의 계약 불이행과 매각 실패

그런데 최종 결과는 어찌 되었을까?

당초 독수리학교의 재정과 매입 능력을 불신한 반대 측의 주장도 만만치 않아 만일 계약 이행이 늦어질 경우, 하루 얼마씩의 페널티를 부과키로 약정했던바, 독수리학교 또한 잔금일을 몇 달 넘긴 나머지 그 벌금으로 약 8천6백만 원이나 물게 되었고, 급기야 계약한 지 몇 달 만인 2009년 초 매입을 포기하고 말았다. 여러 제직들이 독수리학교의 자금 능력에 의심을 품고 누누이 이 문제를 거론하였지만, 담임 목사님을 비롯한 교회 지도부는 태경이 곧 부도가 닐 것이라는 등 멀쩡한 회사를 깎아 내리는 데만 정신을 팔았지, 이 같은 경고를 간과하고 있다 그만 뒤통수를 맞은 것이었다.

결국 독수리학교도 계약금 5억 원과 벌금 8,600만 원을 합해 5억 8천6백만 원을 몰수당한 것이다. 이로써 구 부지 매각은 다시 원점으로 회귀하게 되었다. 참으로 어처구니가 없었고 허무한 일이었다. 적지 않은 반대를 무릅쓰고 특혜까지 주었건만 교회 혼란만 야기한 채 끝이 났다. 이유는 예기치 않은 취득세 5억 원이 문제라는 것이었다. 이를 면제받기 위해서는 학교법인이어야 하지만 자신들은 학교법인도 아니고 이를 설립할 형편도 못되어 취득세를 납부해야 하는데 그렇게는 못하겠다는 것이었다. 사전에 그것도 파악하지 못했다는 것인지… 어쨌든 그들은 매입을 포기하였다. 이것이 하나님의 뜻이라며 독수리학교 편에 서서 담임 목사 용비어천가를 부르던 사람들의 입은 다 어디로 갔는지…. 참으로 딱한 일이었다.

구 부지 대책위 구성과 매각 보류 결정

2008년 10월 우여곡절 끝에 공동의회를 통과한 독수리학교 매각 건이 2009년 초 수포로 돌아간 후, 담임 목사님이 자기 책임이라며 사과까지 한 마당이지만 실제 무슨 책임을 졌는지는 모른다…. 이런 가운데, 시간은 지나갔고 태경은 박 사장이 상당 지분을 동업자에게 넘기며 재매입의 기회는 사라지고 말았다.

몰수된 12억 원의 위약금은 결국 박 사장님이 개인적으로 떠안을 수밖에 없었을 것으로 본다.

그런데 2009년 4월 만들었다는 소위 구 부지 처리 대책위는 더 어이가 없었다. 우선 그동안 반대했던 분들이 모두 망라되었지만, 결과적으로 중심에 있었다 해도 과언이 아닌 나는 이상하게도 빠져 있었다. 나는 구 부지 매각을 주장하는 매각파이고 매각 여론을 주도할 우려가 있어 뺐다며, 나중에 나와 단둘이 점심 식사를 같이한 자리에서 담임 목사님이 내게 직접한 말이었다.

대책위 주도로 몇 번의 모임과 여론 조사 등을 실시하면서 읽은 교인들의 생각도 역시 매각이었다. 그러나 제법 납득할 만한 대안을 내놓을 줄 알았던 대책위가 발표한 내용은 실로 황당한 것이었다. 즉, 앞으로 1년간 이 논의 자체를 아예 유보하되 매수자가 나선다 해도 110억 원 이하에서는 매각하지 않는다는 것으로, 단서를 달기론 그렇다고 팔지 않겠다는 것은 아니고 110억 원 이상이면 매각할 수 있다는 것이며 이는 목표가부터 낮게 책정하면 처음부터 협상이 어렵기 때문이라는 것인데, 종래의 주장을 되풀이한 이해할 수 없는 애매모호한 결정이었다. 왜냐하면 예상한 대로 그 후 사실상 논의를 중단했음은 물론 매각을 위한 아무런 조치도 진행도 전혀 없었기 때문이다. 110억 원이란 숫자는 불과 몇 달 전 밀어붙이던 독수리학교 매각안과 엄청난 괴리가 있는 것이고 역시 시장가와는 동떨어진 일방적인 금액이었다.

나는 당시 대책위의 결정을 논의하는 제직회에서, 시장 가격을 무시한 목표가의 설정은 팔지 않겠다는 뜻으로 밖에 달리 생각할 수 없으며, 누가 시장 가격이 있는데 매도자가 달라는 터무니없는 가격을 주고 살 사람이 있단 말이냐고 대책위를 강하게 압박했다. 이는 아직도 유효한 당초 공동의회의 매각 결의를 위배하는 것일 뿐 아니라, 연간 7억 원 이상의 이자를 지불해야 하는 입장에서 지나치게 안이한 발상으로 이자액만 눈덩이처럼 불어나 종국에는 설령 고가에 매각된다 하더라도 막대한 손실을 면치 못할 것이기 때문에 이것이야말로 교회 재정 운용의 건전성을 심히 위태롭게 하는 앞뒤가 맞지 않는 결정으로 보는바, 이것이 매각 자체를 부정하는 것이 아니라면 실무 소위를 구성해 합리적 가격의 책정 및 매각 방안 등을 다시 논의해야 한다는 내용이었다.

결국, 느긋하게도 1년에서도 2개월을 더 넘긴 끝에 은행 이자로 약 8억 원을 속절없이 날려 보낸 후, 2010년 8월에 들어서야 재논의가 시작된 바 있다.

나는 이 대목에서 교회지도자들의 위선을 본다. 그들은 강단에서 끊임없이 선교를 외치고 가난한 이들을 도와야 한다며 사자후를 토한다. 하지만 행태는 정반대였다. 팔려고 해도 안 되는 것은 어쩔 수 없다. 하지만 노력 자체를 포기하는 것은 하나님 앞에 죄를 범하는 것이다. 많을 때는 1년에만도 8억 원이 넘는 엄청난 금액이 몇 년째 은행 이자로 사라지고 있는데도 그들에게는 안타까운 마음이 전혀 없어 보였다. 그것이 어떻게 모여지는 헌금임을 아는지 모르는지…. 사용하지도, 더는 필요치도 않은 구 부지와 낡은 건물 때문에 말이다.

한번은 웃지 못할 일도 있었다. 구 부지 건물을 쓰지 않고 장기간 내버려두면 종교 목적 외 자산이 되어 세금이 부과될 수 있는 위험이 있다고 누가 담임 목사님에게 얘기를 한 모양인데, 전기료가 그 증거가 될 수 있으므로 사역을 일부 나누어서라도 구 부지를 활용해야 한다는 것이다. 말하자면 면세를 위해 하지 않아도 될 일을 그곳에서 하자는 것이었고, 전기를 사용해 그 증거를 만들어 두자는 것이었는데, 그 후 실제로 그렇게 했다. 교회란 무엇인가를 새삼 떠오르게 하는 대목이다.

안타까운 마음이 조금이라도 있었다면 그렇게까지 놔두지도 않았을 것이고, 그렇게 기회가 있을 때마다 공적이나 사적으로 귀에 젖도록 이야기를 하지 않아도 되었을 것이다. 그들 생각엔 교인들이 불어나 재정이 감당할 만한데 서둘 것 없지 않느냐는 것인데(실제로 제직회에서 이 같은 발언을 한 장로가 있었다. 나는 이는 감당할 수 있느냐 없느냐의 문제가 아니라며 그를 질책했었지만). 이 대목에서 나는 이것이 단순히 경제적 문제가 아니라 교회 정체성과 관련해 심각한 한국 교회의 병든 구석을 소위 건강한 교회로 자부하는 우리 교회 안에서도 보았던 것이다.

그것은 소위 대안 학교로 불리는 독수리학교에 대한 헐값 매각 시도 사건을 계기로 담임 목회자의 독수리학교에 대한 지나치리만치 강한 집착을 통해서, 그리고 기회 있을 때마다 매각보다는 활용 쪽에 무게를 두는 듯한 발언들로 보아서, 1년 2개월간의 논의 자체를 보류한 기간이 끝나 다시 이 문제를 전체적으로 토론하는 과정에서 담임 목회자가 가이드라인처럼 제시한 세 가지 안 모두가 다른 목적으로 활용하자는 등 당초 공동의회 결의인 매각 원칙과는 거리가 있는 내용들이었다. 몇 년이 지난 후 들은 얘기까지를 종합해 볼 때 담임 목회자의 매각에 대한 소극적 의지와 이에 동조하는 핵심 중직자들로 인해 결과적으로 교회가 적지 않은 손실을 보았다는 점에서, 한국 교회에서 담임 목회자가 갖는 영향력이 얼마나 막대한지를 다시 한 번 경험한 것이었다. 그것도 건강한 교회라고 그토록 내외에 자랑하는 교회에서 말이다.

지금 우리나라 교계 현실은 참혹하리만치 심각하다. 전국 5

만여 교회 중 70%가 미자립 교회라 하고 상가의 좁은 공간에 세를 얻어 목회를 하는 작은 교회가 부지기수다. 잠시 잠깐이라도 이런 쓰지도 않는 교회 공간을 내버려 둘 수 있겠는가? 하나님께서 이미 부근 어정 땅에 3천 평이 넘는 새 부지와 건물 증개축까지 결코 적지 않은 공간을 주셨는데, 또 무엇을 하겠다고 당초 결의도 무시한 채 그 비싼 이자를 물어 가며 차일피일 시간을 끈단 말인가? 더 심각한 것은 일반 교인들은 물론 당회원 그 누구도 이에 대한 문제 의식이 결여되어 있다는 사실이다.

2011년 8월 25일 담임 목사님이 내게 보내온 이메일 내용을 보더라도 매각보다는 구 부지 활용에 얼마나 집착했는지를 알 수 있다.

"…저가 지난번에 처음으로 – 정말 생전 처음으로 – 상당히 강한 주장으로 구 부지를 교육과 교회 개척에 이를 활용해 보려 했지만 하나님께서 기뻐하지 않으셨는지 무산되고 말았지요. 사실 저가 무슨 일을 그때만큼 강하게 주장해 본 일이 없습니다…."

물론 경제적 논리로 이 문제를 보자는 것은 아니다. 구 부지를 매각하는 것이 당초 결의이자 원칙인 것은 다름 아닌 재정 운용의 건전성 유지 때문이었고, 만일 담임 목사님의 생각처럼 두 마리의 토끼를 다 잡기 위해서라면 교인들은 지난 두 차례의 헌금과 더불어 그 이상의 희생과 헌신이 더 필요할 터였다. 그러나 독수리학교에의 매각안 반대 이유에서도 보았듯이 독수리학교의 정체성에 대한 인식엔 너무 괴리가 컸으며, 만일 당초 공동의회 결의를 바꿔 구 부지를 매각하지 않고 활용한다면 다른 대안도 마땅히 고려했어야 할 것으로 이미 막대한 부채를 짊어지고 있는 교회 형편에서는 고민해 봐야 할 일이 적지 않았다. 하여간 욕심이 점점 커져 사리 분별력을 잃었다고나 할까. 이 같은 담임 목회자의 옹고집 때문에 교회는 적지 않은 혼란을 겪어야 했다. 아무리 자기 의견이 옳고 사심이 없었다 해도 적어도 정관에 정한 절차나 의결은 존중되었어야 했는데….

하나님께서 부여하신 목회자의 영적 권위를 자신의 의지나 욕심을 위해 사용한 것 외에는 달리 볼 수가 없었다.

내 개인적 추측으론 아마도 담임 목사님이 구 부지에 독수리학교와 비슷한 대안 학교를 고려하고 있었지 않나 생각되지만, 독수리학교가 기독교 교육을 표방하면서도 귀족 학교라는 평판을 벗으려면, 관건은 과도한 학비의 문턱을 낮춰 누구든지 쉽게 입학할 수 있도록 개방해야 한다. 등록금, 수업료 및 그 외 부대 비용 등 적지 않은 부담 때문에 가난한 학생들은 들어가고 싶어도 넘볼 수 없는 영역이다 보니 귀족 학교란 평판을 듣는 것이다.

그러자면 여러 교회들이 힘을 모아서라도 학교 운영비를 분담하든지 해야 하는데, 현실적으로 불가능하다. 설혹 가능하다 하더라도 우수 교사의 확보, 가정 형편이 따르지 못하는 학생들을 위한 지원책 등, 따지고 보면 이에는 상당한 자금이 소요되므로 여간해서는 목표하는 양질의 교육이 어려워 과연 그것만이 교회가 택할 최선의 기독교 교육인지 많은 고민이 필요하다. 나는 당시 현실적 방안으로 그만한 특혜라면 차라리 교회가 주일학교 교육에 더 많은 투자를 하고 알맞은 방안을 찾으라고 권면했다.

자신의 이상을 실현하는 것도 좋다. 그러나 중요한 것은 교회는 공동체란 사실이고 목회자라 해서 자기 주장만을 해서는 안 된다는 것이다. 특히 서민신자들의 땀방울 맺힌 헌금으로 운영되는 교회에서는 말이다.

그럼에도 불구하고 재차 논의 결과, 매각하자는 의견이 절대다수를 차지함으로 인해 누구도 더는 미룰 수 없는 과제로 다시 부각되었고, 이런 우여곡절 끝에, 마침내 매각안이 물살을 타게 되었지만, 그 후에도 매각 진행은 더디기만 했다.

또 한 번의 실망 – 위약금 반환과 교회의 정체성

태경이 계약 불이행에 따른 위약금으로 약정에 따라 12억 원을 몰수당하였다는 것은 전술한 바와 같다.

태경의 사장 박정관 씨는 설마 교회가 전액을 몰수하고 한 푼도 돌려주지 않으리라고는 전혀 생각지 못한 것 같다. 계약이 파기된 지 얼마 안 되어 박 사장은 교회로 담임 목사를 찾아가 위약할 수밖에 없었던 사정을 설명하고 선처해 줄 것을 부탁하면서, 12억 원 중 8억 원은 돌려주면 어떻겠냐고 요청을 한 것인데 (8억 원이란 수치는 박 사장 생각으론 위약금 12억 원은 교회 고유 수입이 아니기 때문에 어차피 소득세를 물어야 하고, 그러니 8억 원을 돌려주면 4억 원은 헌금한 셈 치겠다며 나름대로 계산을 한 모양인데) 담임 목사님이 가타부타 즉답을 피하고 나중에 보자며 달래 돌려보냈던 모양이다. 그 후에도 찾아가서 부탁을 했었다지만….

박 사장님 생각으론 법을 떠나 교회이고 목사님이니까 이런 청을 들어줄 수도 있을 것이라는 기대가 있었던 것 같다. 문제는 이미 그 위약금 중 5억 원은 담임 목사님이 신대원에 임의로 헌금을 한 후였고, 설혹 일부라도 돌려주겠다는 생각을 가졌다 해도 구 부지가 매각되지 않은 상황에서는 이를 선뜻 돌려주기는 어려웠을 것이다. 그런 사정을 아는 박 사장님도 당장 돌려 받는

다기보다는 언질이라도 받았으면 한 것이 아닐까 싶다.

그런데 여기서 한 가지 짚고 넘어가야 할 부분이 있다. 우여곡절 끝에 공동의회까지 거쳐 매각키로 계약한 독수리학교도 결국 계약을 이행치 못해 계약금 5억 원을 몰수당하였고, 더욱 잔금을 지연할 경우 이에 따른 벌과금을 징구키로 한 약정에 따라 지연에 따른 8,600만 원도 벌금으로 물은 터였는데, 독수리학교 매각이 물건너간 지 불과 두 달도 안 돼 교회에 이상한 소문이 번지고 있었다. 그것은 독수리학교로부터 벌금으로 받은 8,600만 원을 제직회 보고나 결의도 없이 벌써 돌려주었다는 것이다.

확인한 결과 사실이었고, 이 문제 때문에 열린 제직회에서 재정부는 이것이 중도금 성격일 수 있다는 어느 법무사 의견을 들어 만의 하나 발생할지도 모를 법적 분쟁을 막기 위해 서둘러 돌려주느라 미처 제직회에 보고할 틈이 없었다는 것이다. 참으로 황당한 변명이었다. 그것이 왜 중도금이란 말인가. 계약서에 엄연히 잔금을 지연할 경우 이를 일일 이자로 계산해 지연 벌금을 물기로 되어 있어 이를 중도금 성격으로 볼 근거는 전혀 없었다.

이것은 어느 측근이 제대로 알아보지도 않고 담임 목사님에게 이야기하자 담임 목사님이 마침 잘됐다 싶어 확인도 안 해 보고 돌려주라 한 것이었다. 다시 말해 이 계약이 깨짐으로 인해 대외적으로 난처한 입장에 처한 담임 목사님을 돕기 위한 것이 었다고밖에 볼 수 없는 것이다. 왜냐하면 독수리 기독학교의 이 사를 지냈고 교계에 매각 소문이 파다하게 난 상황에서 벌금과 위약금 문제는 담임 목사님에게 큰 부담이었을 것이기 때문이 다. 그런 관계로 우선 벌금부터 돌려준 것이었다. 적지 않은 돈 인데 당회나 제직회에 전혀 상의도 없이 제멋대로 말이다. 명백 한 배임 행위였다.

이 일이 있은 후 상당한 기간이 지나 2011년쯤에, 먼저 위약 경험이 있는 태경 사장 박정관 씨가 인편에 나를 한번 만나고 싶 다는 전언이 왔다. 독수리학교 매각안 때 태경을 대안으로 제시 했던 것은 이미 기술한 바와 같다. 그런 죄값(?)에 나는 어쩔 수 없이 그를 만나 자초지종을 듣게 되었는데, 사실 과거 위약 직후 에 자기들도 교회의 매각을 돕기 위해 제3자 매각 알선 등 많이 노력하였지만 교회가 요구하는 높은 가격으론 불가능했었다는 것인데, 그 위약금 때문에 회사에서 지금 자기가 매우 어려운 처 지라며 도움을 청하는 것이다.

사정은 딱하지만, 나로서도 매각이 안 되고 있는 지금 위약금 반환 얘기는 시기 상조가 아니겠냐며 이는 목사님도 마찬가지일 것이라고 설득해 일단 매각부터 되어야 반환을 하든 안 하든 가 부간 결정을 볼 수 있지 않겠냐며, 지금 교회도 구 부지를 팔지 못해 매년 막대한 이자 부담을 지고 있는 형편이니 기다려야 하지 않겠냐고 하였다.

그렇게 적지 않은 시간이 흘렀고 간간히 태경 측으로부터 진전이 없느냐는 문의가 있었지만 나는 같은 대답으로 일관하였다. 사실 이런 나의 태도가 결과적으로 태경 측에 돌이킬 수 없는 손해를 끼친 것은 아닌지…. 즉, 내가 잘못된 시그널을 주어 그들로 하여금 무작정 기다리도록 만든 것은 아닌지.

이는 2013년 중반 그 말썽 많던 구 부지가 팔리고 난 후 태경에 대한 위약금 반환 문제가 결국 무위로 끝나고서야 아차 싶은 생각이 들었기 때문이다. 왜냐하면 내 얘기에 일리가 있었으므로 그들도 그동안 구 부지가 팔리지도 않은 마당에 교회에 위약금 반환 문제를 적극 꺼낼 수는 없었던 것이다. 당초 태경이 담임 목사님에게 이 같은 요청을 했을 때 확실하게 된다 또는 안 된다는 답을 듣는 대신 팔리면 보자는 정도의 이야기를 묵시적 동의로 해석하고 있었기에. 그들은 이를 믿고 구 부지가 팔리기까지 기다렸다고 보는 것이 맞을 것이다. 거기에 나도 그런 식으로 거들었으니, 일이 꼬인 것이다. 문제는 계약이 파기되어 위약금 문제가 발생한 지 5년이 더 지난 시점에 구 부지가 팔렸다는 사실이다. 결국엔 태경이 소송을 제기했고 일부 주장에 일리가 있었으나 소멸 시효에 걸려 제대로 다퉈 보지도 못한 채 패소하고 말았다.

여기서 반드시 짚고 가야 할 것이 있다. 두 번째로 위약금 문제가 생긴 독수리 기독학교의 경우와는 사뭇 달랐다는 사실이다. 이미 기술한 바와 같이 지연 벌금 8,600만 원을 그 즉시 반환했음은 물론, 얼마 지나지 않아 위약금 5억 원도 분할로 반환한다는 의안이 제직 운영위원회에 올라왔다는 것이었고, 운영위원 중 한 분이었던 어느 여 집사님 덕분에 이 사실이 알려지면서, 적지 않은 교인들의 반발로 일단 무산되긴 했는데, 내용은 위약금 반환이 아니라 독수리학교에 대한 후원금으로 5억 원을 지원하되 분할로 하고 그해에 5,000만 원을 먼저 지급한다는 것이었다. 이것은 그야말로 꼼수에 불과한 것이었다. 위약금 반환도 아니고 뜬금없이 후원금이라니? 대체 우리 같은 서민 교회가 왜 독수리학교 같은 귀족 학교에 까닭 없이 후원금을 준단 말인가. 그것도 5억 원씩이나. 빚쟁이도 아닌데 5년간 분할 지급한다니….

이유는 그 학교가 위약금으로 우리 교회에 5억 원을 손해 봤으니 후원금을 그만큼 주어야 한다는 논리다. 한마디로 어이가 없는 억지 주장이었다. 즉 위약금 반환금으로 주자면 태경에 대한 위약금 12억 원도 돌려줘야 하는 문제가 생기니 뜬금없이 후원금이란 명목으로 이를 피하기 위한 꼼수로밖엔 볼 수 없는 것이다. 정말 교회로서는 해서는 안 될 정직하지 못한 것이었다. 어쨌든 그때는 그 안이 운영위에서 부결되어 제직회에 상정되지 못했다. 그러나 이듬해 같은 의안이 결국 제직회로 다시 올라왔다. 나는 반대하고 싶었지만, 위약금 발생의 원인이 매수자의 귀책사유이긴 하나, 사실 위약자 입장에선 억울한 일이고 불가피한 사정이 담긴 일이기 때문에, 비록 그것이 위약금이 아닌 후원금 형식을 빌려 돌려준다손 치더라도 교회가 남의 억울한 돈을 받아 어디다 쓰겠냐 싶어, 아직 구 부지가 팔리진 않았지만 교계에서의 담임 목사님 체면도 있고 해 못 이기는 체하고 이번에는 작년과는 달리 반대하지 않았고, 결과는 5억 원을 분할로 지급하는 것으로 의결이 되었으며 그중 5천만 원이 1차로 지급되었다. 여기서, 나는 형식은 어떻든 간에 독수리 학교부터 반환하면 태경에도 기회가 있을 것으로 보았다.

그 다음 해에 드디어 구 부지가 팔렸다. 팔리긴 했는데 기대에 훨씬 못 미친 62억 원이었다. 당초 새 부지로 이전할 시 아무 염려 말라며 130억 원은 무난하다던 교회 지도부는 유구무언이었다. 전술한 바와 같이 좌고우면하며 타이밍을 놓치고 시장 가격을 외면한 채 안일하게 버티다가 마지못해 매각에 나서다 보니 좋은 기회는 다 놓치고, 그 사이 새로 생긴 고가도로가 앞쪽 통로를 가리면서 구 부지의 입지 조건도 나빠져 당시 상황으로는 어쩔 수 없는 선택이었다.

교회란 무엇인가?

그해는 공교롭게도 담임 목사님이 정년으로 은퇴가 있던 해이다. "담임 목사의 65세 정년"은 우리 교회가 그 건강성을 담보하기 위해 정관에 정한 것으로 교회 리더십의 조기 교체를 통해 교회 갱신을 이루려는 노력의 일환이다.

그동안, 독수리학교에 대한 위약금 반환 문제는 은퇴를 앞둔 담임 목사로서는 발등의 불이 아닐 수 없었다. 이제 첫걸음을 뗀 상태였으므로 남은 돈을 어떻게든 자기 퇴임 전에 해결하고 싶었을 것이다. 역시 이를 눈치 빠르게 알아차린 몇몇 중직자들의 주장으로 남은 전액을 일시불로 돌려주자는 것이었다. 그런데 문제는 위약금 반환이 아니고 후원금으로 준다는 것이다.

이를 위한 제직회가 열렸다. 사회를 보는 재정부장에게 나는 물었다. 왜 독수리학교에 거액의 후원금을 주어야 하는 것이냐고…. 머뭇거리는 사회자를 대신해 이 모 장로가 배턴을 이어받아 설명을 하였지만, 결국은 위약금 반환의 다른 형식이라는 데는 불문가지였기에 궁색한 답을 들을 뿐이었다. 나는 다시 물었다. 그렇다면 정직하게 위약금 반환조로 돌려주는 것이 교회가 취할 마땅한 태도가 아니냐고. 또한 위약금 반환이라면 당연히 태경에도 독수리학교처럼 전액은 아니더라도 다만 얼마라도 돌려주어야 하지 않겠냐고. 장내는 일순간 침묵이 흘렀고…. 그러는 사이 어떤 집사님이 용기를 내어 이 자리에서 태경에 대한 위약금 반환건을 표결에 붙이자고 제안했다. 나는 반대하고 싶었지만 혹시나 하는 생각으로 지켜보기로 했다.

한두 푼도 아니고 몇 억짜리 안을 즉흥적으로 표결에 붙이자는 것은 분명 무리가 있었지만 갑자기 벙어리들이 되어 가타부타 아무 말도 안 하는 것이었다. 담임 목사가 태경을 피해 독수리학교에 반환금이 아닌 후원금으로 위장까지 해 돌려주는 것을 뻔히 알고 있던 제직들이 갑작스런 태경 반환건을 그 자리에서 쉽게 용인하리라고는 생각하지 않았지만… 그래도 무슨 의견 표명이라도 있어야 하는데 다들 묵묵부답이었다. 양심이 아예 무뎌져 그런지 전혀 찔림이 없다. 절망감 같은 것을 느꼈다.

이것으로서 독수리학교에 대한 위약금을 후원금 형식으로 돌려주자는 안에 면죄부만 준 꼴이 되었지만, 하나님의 거룩한 교회를 섬기는 제직들이 공평과 정직을 버리고 이 같은 처사에 꿀 먹은 벙어리들이 되었다는 사실은 우리 교회의 정체성에 심각한 의문을 던진 것이었으며, 건강한 교회라는 말을 입에 달고 사는 사람들이 그것도 중직자로서 취할 바른 태도가 아니었기에, 사실 내 마음속에 커다란 분노가 일었다. 다음은 당시 상황과 내 심경을 교회 홈페이지에 올렸던 글이다.

> **H교회의 높은 수준과 빵점 –**
> **위약금 반환과 교회 정체성에 대한 소회**
>
> 2013-10-11 12:32:03
>
> (전략)
>
> 지난 제직회를 되짚어 교회란 무엇인가에 대해 심각하게 고민을 하지 않을 수 없게 되었다. 누가 보아도 위약금 반환금이 명백한 것을, 아니라고 주장하며, 소위 지원금이란 명목을 붙여 독수리학교에만 5억 원을 돌려준다니…, 이는 단순히 경제적 차원의 문제를 넘어 교회 정체성을 흔드는 위험하고 반 교회적인 행태라는 것을 본인은 분명히 짚고자 한다.
>
> 왜냐하면 교회가 정직하지 못하고 거짓을 말하고 있기 때문이다. 지금이라도 교회 지도부는 반성하고 위약금 반환이란 정직함을 통해 하나님 앞에 회개해야 한다.
>
> 교회 재정의 발목을 잡고 있던 구 부지가 우여곡절 끝에 마침내 매각된 것은 만시지탄이나마 다행으로 여겨진다. 시장가를 도외시한 무리한 기대와 함께, 우왕좌왕하며 한때는 1년 이상 매각 자체를 보류키로 하는 등 이해할 수 없는 조치를 포함, 그동안 교회가 입은 이자 손실만 60억 원에 이른다니, 당초 매입가 35억 원에 그 이자를 합

하면 원가는 95억 원에 이르고, 금번 매각가 62억 원을 빼면 33억 원의 손실을 입은 셈이니 손익 계산서로만 보면 낙제점이 아닐 수 없다.

과도한 욕심으로 더 좋았던 매각 기회를 놓쳐 재정에 적지 않은 손실을 안겨 준 것도 문제려니와, 더 중요한 것은 재정 건전성을 해쳐 교회의 본질적 사역에 막대한 지장을 주었고, 이는 장기간에 걸쳐 지각 있는 교인들에게 헌금에 대한 상실감과 함께 교회 정체성에 대해 실망감을 안겨 준 것으로서, 한국 교회들이 건축을 둘러싸고 흔히 겪는 병든 모습을 그대로 우리 교회가 재연했다는 사실이다.

그러나 그동안 손실만 본 것은 아니었다. 왜냐하면 과거 두 차례에 걸친 매각 실패로 17억 8천만 원의 위약금 수입(?)을 올린(?) 바 있으니 말이다. 하나는 태경으로부터 12억 원, 또 하나는 독수리학교로 부터 약 5억 8천만 원이 그것이다. 이는 독수리학교에 대한 매각 금액이 당시로는 헐값이라는 비판이 들끓자, 반드시 그런 것도 아니라면서, 담임 목사님이 직접 인터넷에 글을 올려 태경으로부터 받은 12억 원의 위약금 수입도 있다고 한 데서 볼 수 있듯이 말이다. 우리 교회가 언제부터 이렇게 계산에 능했는지, 그렇다면 독수리학교도 계약대로 돌려주지 말아야 계산이 맞는다.

그런데 놀라운 사실은, 무슨 까닭인지 독수리학교로부터 받은 지연이자 약 8천만 원은 위약 후 즉시, 그리고 위약금 5억 원 중 1억 원은 이미 돌려주었고 이제 남은 4억 원도 순차적으로 돌려주기로 했던 과거 결정을 깨고, 아예 일시불로 모두 돌려주기로 당회가 결정, 제직회에서 통과를 보았다. 그때 지연이자 8천만 원은 제직회 동의도 없이 재정부가 월권을 해 미리 돌려주는 바람에 배임 문제가 발생하니까 제직회에서 추인을 받는 어처구니없는 해프닝도 있었다.

다시 말하지만, 본 계약의 본질은 양쪽 모두 구 부지의 물건 매매 계약이었고, 위약 시 계약금은 몰수키로 규정하는 등, 그 외 다른 어느 것도 아니었으므로, 따라서 위약 시 법적으로는 양쪽 다 돌려주어야 할 아무런 이유도 책임도 없는 것이었다. 원칙적으로 공평하게 처리되어야 할 문제이다.

그런데 왜? 독수리학교는 서둘러 돌려주면서, 그것도 지연이자는 물론 순차 분할 반환을 하면 절약될 이자마저 교회가 손실로 떠안으면서까지, 일시불로 몽땅(?) 주기로 하는 것인지…, 그런데 같은 입장에 처한 태경엔 왜? 아무런 이야기도 없는 것일까. 교회의 선량함을 보여 하나님의 영광을 드러내려 했다면 오히려 태경이 먼저이었음에도, 왜냐하면 위약의 순서가 먼저였으므로.

더 놀라운 사실은, 제직회에서 이 부분에 대한 본인의 질문에 대해, 답변에 나선 당회원 이병웅 장로님이 위약금은 계약대로 몰수하는 것이고, 5억 원은 위약금 반환이 아닌 독수리학교에 대한 지원금이라고 주장하고 있는 것이다. 이는 과거 1억 원을 먼저 내줄 때부터 당회의 일관된 설명으로서, 계속해서 말하기를 동 계약은 독수리학교와 우리 교회 간에 소위 협력 사업이었기 때문에, 지원금으로 위약금과 동일한 금액인 5억 원을 주어야 한다는 것이다.

먼저, 이것이 얼마나 허구인지 짧은 지면에서는 다 설명할 수 없지만, 그가 예로 든 몇 가지만 간략히 살펴본다면, 계약상에 소위 협력 사업이라고 주장하는 것들이 독수리학교의 고유 사업인 교육과 관련하여 본질상 협력이라 할 아무런 근거가 없다는 사실이다. 교회가 독수리학교 사업 운영에 직간접으로 협력하는 것이 아무것도 없기 때문이고, 따로 지원을 해야 할 만큼의 의미가 있는 것도 아니기 때문이다.

한 예를 보면, 독수리학교가 건물을 지은 후 한 층을 교회가 임대키로 한 내용이 있었는데, 이는 매각 금액이 헐값이었음에도 불구하고 독수리학교가 돈이 부족하므로 그 차액만큼을 전세 보증금으로 해, 교회가 임차 사용키로 한 것으로, 이는 매매계약에 부수된 건물 임대차 계약 조건일 뿐, 독수리학교의 본래 고유 사업인 교육 사업과는 아무 상관도 없는 것이므로, 사업이란 말 자체가 성립하는 것이 아니다.

또 한 가지 주장을 보면, 임차 교회가 공간이 부족할 시 때때로 이를 빌려 사용키로 했다며, 이를 협력 사업의 한 예로 주장했는데, 이 또한 어처구니가 없는 것이다. 그렇다면 비슷한 예로, 교회가 주차 공간이 부족해 인근 학교의 운동장을 주일날 빌려 사용키로 했을 경우 이것이 그 학교의 고유 사업과 무슨 관계가 있단 말인가? 편의를 제공하는 일에 지나지 않는 것을 마치 학교 사업의 본질인 교육에 관여해 무슨 협력이라도 하는 것처럼 오도하고, 나아가 그러니까 5억 원을 지원해야 한다고 주장한다면, 기가 찰 일이 아닌가?

또 하나의 논리적 모순은 이에서 끝나는 것이 아니고, 소위 협력 사업을 주장하는 것도 모자라, 이미 오래전에 종료 폐기된 계약을 지금 내세워 지원금을 줘야 한다니 이것이 무슨 말인지…? 현재로서는 소위 협력이란 것이 전혀 없는 마당에, 종료된 계약이 무슨 의미가 있다고 이를 근거로 지원할 수 있는가? 아니면, 지금 와서 무엇을 지원하겠다고 자그만치 5억 원이나 주겠다는 것인지, 그 구체적인 지원 내역과 사유를 교회는 밝혀야 할 것이다. 법은 잘 모르겠지만, 만일 그렇지 않다면 이는 교인들을 속이고 교회에 손실을 끼치는 배임 행위는 아닌지 검토해 볼 문제이다.

묻고자 한다. 위약금 반환금으로 하면 독수리학교만 줄 수 없으니까 엉뚱하게 지원금이란 명목을 붙인, 이른바 꼼수는 아니냐고?

어떤 사안이든, 그것이 하나님을 기쁘시게 하고 영광을 돌리는 일인지, 아니면 오히려 교회가 세상의 조롱을 받고 욕을 당하는 일은 아닌지, 곰곰이 생각해 보고, 성경에 비추어 정직하고 바르게 행동하는 것이, 가르칠 뿐 아니라 가르쳐 지키게 하라는 예수님의 말씀을 따르는 제자가 할 일이라 생각한다.

강단에서 외치는 소리와 실제에서 취하는 태도가 다르다면 그것이 위선이 아니고 무엇인가? 예수님께서 말씀하시기를 열매로 나무를 안다고 하셨는데, 대체 우리는 무슨 열매를 맺고 있는가?

…중간 생략

이제, 이 결정을 그대로 고수한다면 초록은 동색이라는 세상의 비판을 피할 수 없을 것이고, 그 책임은 교회는 물론 우리 모두에게 돌아올 것이다.

성경에 말씀하시기를, 같은 믿는 자에게 먼저 하라 하였으니, 비록 귀족 학교란 평판을 듣는 독수리학교라도 먼저 주는 것에 반대하지 않는다. 기꺼이 돌려주라. 중요한 것은, 돌려주려면 교회답게, 정직하게, 위약금 반환금으로 돌려주고, 태경에도 같은 맥락에서 다만 절반이라도 돌려주란 말이다.

그것이 소위 건강한 교회라고 말끝마다 외쳐대는 우리 교회가 취할 바른 태도라 믿기 때문이고, 그것이 교회의 유익이 되기 때문이고, 전도의 문을 여는 길이기 때문이고, 나아가 교회가 우리가 그렇게 염려하는 세상의 조롱을 받지 않는 길이기 때문이다.

가슴 아픈 사연이 있는 그런 돈을 가지고 교회가 과연 무슨 사업을 하겠는가. 구제? 선교? 아이들 교육? 이제 주차장에 내려놓은 양심과 이성을 되찾고 신앙인답게 처신하자.

그래서, 이 문제는 교회 정체성을 가늠하는 시험대란 말이고, 따라서 법적인 의무 여하에 불구하고, 이는 해도 좋고 안 해도 좋은 선택 사항이 아니라, 비록 재정적으로 힘들더라도 반드시 해야만 하는, 정직과 선행이라고 하는, 교회 윤리의 문제인 것이다.

우리가 교회니까, 우리가 예수님의 제자들이니까.

세상은 교회를 통해 하나님 나라를 본다

사실 이는 기독교의 덕목인 "인애와 공평과 정직" 그 어디에도 맞지 않는 것이었고, 교회를 욕되게 한 것이었다. 위약금을 몰수당한 이방인을 모른 체했으니 인애롭지 못한 것이요, 독수리학교엔 위약금을 다 돌려주면서 태경엔 한 푼도 주지 않았으니 공평치 못한 것이고, 그것도 위약금 반환금이 아닌 후원금 형식을 빌려 돌려주었으니 정직하지 못한 것이 아니겠는가.

굳이 경제적 측면에서 본다 해도 태경의 경우는 몰수금 12억 원에 대한 그동안의 이자 수입만도 당시 기준으로 5억 원(대출금에 대한 지급 이자 감소효과)은 족히 되었으므로 교회가 5억 원만 돌려줘도 크게 이득을 본 셈인데…. 인색한 건지, 생각이 부족한 건지? 답답한 일이었다.

결국 이렇게 하여 태경에 대한 위약금 반환 건은 물건너갔지만, 이를 뒤에서 지지하는 분들조차 대체적인 여론이 돌려주자는 것에는 부정적이라는 것이다. 법적으론 몰수에 문제가 없는데 왜 굳이 돌려줘야 하냐며. 교인들의 야박함을 잘 드러내고 있는 대목이다.

그렇다면 독수리학교는 뭔가? 거기는 그래도 학교니까 그만큼 후원금을 줘도 문제가 없다는 발상은 어디서 나온 것인가. 담임 목회자가 적극 추진했던 사안이니만치 교계에 미칠 목회자의 체면을 보아 돌려주는 데 반대하지 않는 것 외엔 달리 설명할 수가 없다. 한 번의 실수로 막대한 손해를 감수해야 하기는 둘 다 마찬가지다. 그나마 독수리학교는 귀족 학교라 평판을 듣는…. 해결의 열쇠는 담임 목사가 갖고 있었지만, 그가 입을 다문 마당에 더는 기댈 곳은 없었다.

"독수리학교에도 돌려주지 않았다면 몰라도 어떻게 목회자가 또 교회가 이럴 수가 있는가?" 함께 태경을 방문했던 P집사님의 한탄이다. 그들에게는 담임 목사만 있고 거기에 하나님은 아니 계시는 것 같았다. 세상은 교회를 통해 하나님을 본다.

담임 목사님의 눈에 아무리 태경이 마음에 들지 않았다 해도 (아마도 지난 독수리학교 매각 논의 시 태경이 기회를 달라고 전체 교인들에게 서신을 보내 읍소한 것이 자신의 일을 방해한 것이라고 생각한 것은 아닌지…) 독수리학교엔 전액 돌려주면서 같은 입장의 태경, 그것도 교회 밖의 일반인에 대한 교회의 이중적 태도는 결국 교회에 대해 반감을 갖게 하는 것이고, 실족시키는 일이고, 결과적으로 하나님의 영광을 가리우는 일이었기에, 가벼운 문제로 치부할 수 없다. 더욱 그 한 맺힌 돈을 가지고 교회가 과연 무슨 사업을 한다는 말인지…? 말로만 사랑을 외칠 것이 아니라 일말의 측은지심이라도 가져야 할 것 아닌가.

"… 이 세 사람 중 누가 네 이웃이 되겠느냐."고 물으신 예수님의 말씀을 새삼 생각나게 하는 대목이다. 마태복음 5장 16절의 말씀 또한 무색하다.

교회 아니 목사는 자신의 이해나 감정에 앞서 하나님의 심정으로 세상을 품었어야 했는데…, 매우 실망스러운 일이었다. 기독교적 가치관이 사라진 곳엔 이중 잣대만이 놓여 있었다.

강단에서 외치는 소리와 그 아래서의 행동이 다르다면 그것이 위선이 아니고 무엇이겠는가? 심령 골수를 쪼개기까지 하는 하나님의 말씀이 설교자를 통해 전달될 때에는 왜 이리 무기력해지는가? 대언하는 설교자의 언행이 일치하지 않기 때문이다. "성직자의 언행은 성도들에 있어서는 복음이다."란 말도 있지만 주님께서 오죽하면 그들의 말은 받되 행위는 따르지 말라 하셨겠는가. 그렇기에 신자들에 있어서 목회자는 예수 그리스도, 주님의 표상이 되어야 한다.

위선과 더불어 목회자에 있어 가장 조심해야 할 대목이 바로 자신의 명리보다 하나님의 이해와 영광을 먼저 구해야 한다는 것이다. 흔히, 목회자들은 자기 의가 너무 강한 나머지 자신의 생각이 곧 하나님의 뜻이라 오인해 자신을 변호하며 호불호 또는 유불리를 따라 행하기 십상이다. 교만이 문제다. 바울은 말하기를 그럼에도 남에게 전파한 후에 도리어 자신이 버림을 받을까 두려워한다고 했는데, 이는 특히 목회자들이 가슴 깊이 새겨야 할 대목이다.

예수를 믿는다는 것이 무엇일까 그 의미를 되새기게 하는 다른 사람도 아닌 목회자의 일탈을 어떻게 해석해야 할지, 입맛이 씁스름하다.

그러나 담임 목사님은 여전히 교회엔 희망이 있다고 설교한다. 왜냐하니 교회의 주인은 주님이시므로 그분이 계시는 한 교회는 망하지 않는다는 것이다. 말은 맞다. 하지만 주님을 주인으로 섬기지 않는다면, 그 교회에 무슨 희망이 있단 말인가?

건강한 교회를 향한 열심과
교회 정관 개정 작업에 얽힌 이야기

앞서 정관 얘기가 잠깐 나왔으니 이에 대한 일화를 잠시 적고 가고자 한다. H교회는 소위 건강한 교회로서 이미 어느 정도 개혁된 정관을 갖고 있었다. 그것을 좀 더 전향적으로 개혁키로 하고 교회 비전을 수립하는 시점에 행정위원회를 구성해 기존 정관을 재검토키로 하였고, 이에 송택근 장로님이 위원장이 되고 정봉준 장로님이 사실상 중심이 되어 나도 참여한 가운데, 몇 가지 현안을 다루게 되었다.

"핵심은, 담임 목회자에 집중된 교회의 폐쇄적 운영 구조를 개선해 목회자 리스크(risk)를 최소화하고, 복음적 분업을 통해 공동체 참여자 모두가 동역자(co-worker)로서 주체적 그리고 적극적으로 역할을 하게 하며, 의사 결정 체계를 혁신해 막힘 없는 소통으로 교회가 본질에서 일탈하지 않고, 역동적이고도 효과적으로 그 사명을 달성"하는 데 있다. 이는 바른 교회 아카데미가 추구하는 바이기도 하다.

첫째는 담임 목사의 전횡을 견제할 정치제도의 개혁이 필요했다.

우리는 몇 가지 측면에서 이를 개혁할 필요를 느꼈는데, 그중 하나는 공동의회(전 교인 의사공동체로 최고 의결기구), 당회(대의 정치기구), 제직회(제직들로 구성된 집행기구)의 삼직의 장을 모두 담임 목사가 맡고 있는 현행 제도는 위임 목사 제도와 함께 개혁되어야 할 최우선 과제로 보았다. 그러나 지역 교회 입장에서 교회 단독으로 위임 목사 제도를 개혁하는 것은 엄청난 부담이 따르는 관계로, 담임 목회자가 모두 겸임하고 있는 위의 주요 삼직 중 적어도 집행부 성격의 제직회 회장만은 평신도(장로)가 맡는 것으로 정관을 개정코자 하였다. 행정위의 가장 어르신이신 정봉준 장로님이 발의한 이 과제는 평신도와 목회자 간에 균형을 이루는 가장 최적의 개혁 방안이었지만 담임 목사님의 강력한 반대로 무산되고 말았다. 리더십의 분산으로 교회가 혼란에 빠질 수 있다는 흔히 기득권층의 방패막이 변론 때문이다. 대신 제직회의 때 의장을 운영위 위원장인 부목사가 맡는 것으로 일단락되었다(별 의미 없는 절충안이었지만). 이 안이 자칫 목사와 장로 간의 주도권 다툼으로 번질 위험이 있긴 하지만 그보다는 견제와 균형 측면에서 교회의 건강성을 담보하기 위한 조치라는 데 더 의의가 있다.

다음은 제직회에 부의할 중요 안건의 사전 심의를 통해 제직회의 원활한 운영을 뒷받침할 운영위원회를 제직회 내에 따로 두는 것이었다. 위원은 제직회 각 부서장으로 구성해 각 부서 간 소통엔 도움이 되는 것이었지만 제직회장직을 담임 목회자로부터 분리하지 않는 한 각 부서장 임명권은 계속 담임 목회자에게 귀속되므로 이는 본질적 개혁과는 거리가 있는 것이었다.

둘째는 교회 재정운용의 건전성 확보를 위해 혁신이 필요했다.

즉, 전도(선교), 구제, 교육 세 부문에 재정의 우선순위를 두는 것이었고 목표는 재정의 적어도 1/3을 이에 의무적으로 우선 배정하는 것으로 이는 그대로 규정이 되었다. 다만 장기간 제대로 실천은 되지 못했는데 이는 교회가 건축 자금으로 인해 막대한 부채를 지고 있었기 때문이다. 무리한 교회 건축이 빚은 부작용이었다. 여기서 중요한 것은 교회 기본 재산인 부동산(교회 부지 및 건물 등)의 매입, 매각 등 처분은 그 폐단을 막기 위해 절차를 매우 신중히 하도록 규정하였는데, 먼저 운영위원회의 심의를 거쳐 제직회의 의결을 받아야 하며 그렇더라도 공동의회에서 최종 승인을 받도록 엄격히 규정한 것이다(의결 정족수는 당연히 2/3 이상의 찬성이다).

셋째는 당원회인 장로가 제직회 부서장을 겸임치 못하게 하는 것이었다.

이는 사도행전의 역할 분담을 따른 것으로 안수 집사들에게 기회를 주고자 한 것이었으나, 결과부터 이야기한다면 실패했다. 이는 한국 교회의 현실에서 그나마 힘(?)이 있는 장로들의 권한을 무력화시키고 오히려 담임 목사의 인사 전횡을 도와주는 셈이 되어 제직회 부서장들을 담임 목회자가 자기 코드에 맞는 사람들로 임명하는 개선이 아닌 개악을 가져왔으니, 너무 순진 무구한 발상이었음이 드러났다(이런 부작용 때문에 본 규정은 나중에 다시 개정되었다).

넷째는 담임 목사 및 장로로 구성하는 당회원의 임기를 다시 정

하는 것이다.

이는 이미 장로는 9년 담임제를 실시하고 있었던 만큼 별 다른 의견은 없는 것이었으나, 담임 목사의 경우엔 7년씩 두 번 연임 후 남은 정년에 불구하고 사임토록 한 규정은, 아직 젊은 목회자 입장에선 현실적으로 조기 은퇴나 다름없는 것이고 또한 이로 인해 장차 교회 분란을 부를 위험도 있기에, 이를 매 6년마다 안식년을 갖고 신임 투표를 통해 정년 65세까지는 할 수 있도록 개정하는 것이었다. 어떻게 보면 비개혁적이라 볼 여지가 있었지만 사실 이는 이념을 떠나 현실적인 측면을 고려한 것이었다. 왜냐하면 기존 규정대로라면 담임 목회자가 45세쯤에 취임한다고 볼 때 2회 연임이 끝나는 시기는 대략 60세 전후가 되는데, 불과 5년을 남겨두고 은퇴를 해야 하므로 현실적으로 어려움과 분란의 소지가 있기 때문이었다.

전술했지만, 제직회장을 평신도(장로)가 맡는 문제는 리더십의 분열로 인한 분란을 막을 수 없다는 담임 목사님의 강력한 반대에 부딪쳐 성사되지 못해 아쉬움을 남겼고, 결국 타협안으로서 새로 설치되는 운영위원회의 장을 부목사가 맡아 제직회 회의 시 그 의장을 담임 목사가 아닌 그 부목사가 겸하도록 하는 것으로 조정되면서 무산되고 말았다. 부목사의 신분이란 것이 담임 목사에 예속되어 있다 해도 과언이 아닌 교회 현실에서 이는 별 의미가 없는 것이었다.

다섯째는 당회원(장로) 피택 제도의 개혁이다.

교회에서 가장 영향력이 크다 할 수 있는 당회의 개혁이야말로 가장 현실적인 대안으로서 목회자의 전횡을 견제할 수 있는 효과적인 길이라 생각한다.

당회가 목회를 돕는 것이야 당연하지만, 그렇더라도 당회에는 거룩한 긴장이랄까 적당한 긴장이 있어야 교회가 옳은 방향으로 갈 수 있는데, 한국의 중대형 교회들 대부분은 당회가 그 구실을 다하지 못하고 있다 생각한다. 가장 큰 이유가 바로 당회 구성원의 문제이다. 당회 구성원 곧 장로를 선출하는 방식을 개혁하지 아니하고는 당회가 제 기능을 하기 어렵다고 본다. 이유는 현 제도하에서는 목회자가 의도하는 사람이 장로로 피택될 가능성이 농후하기 때문에 견제는커녕 우호 세력으로서 전횡을 도와주는 결과를 가져오기 때문이다.

교인 수가 적은 교회는 문제가 적겠지만, 300명만 넘어가도 사실 장로 후보자들의 면면에 대해 알기 어렵다. 그럼에도 교회에서의 선거 운동(소견 발표회 등)은 그 폐해를 고려해 금기시되어 있다. 따라서 후보자들에 대해 잘 모르는 상태에서 투표를 할 수밖에 없고 암암리에 담임 목사의 의중이 반영되는 것이 일반

적이다.

그런 까닭에 30명 또는 50명 정도로 교구를 세분화해 거기서 선출하는 방식으로 가야만 한다. 같은 교구 내에서 평소의 삶에 대한 관찰과 교제를 통해 교인들에 인식된 가장 적합한 사람을 뽑을 수 있기 때문이다. 이것이 담임 목회자의 영향력을 그나마 최소화할 수 있는 방안이며 합리적일 뿐 아니라 성경적이다.

그리고 장로가 되려는 사람은 성경 지식은 물론 적어도 기독교 강요 한 권쯤은 숙독해 알고 있어야 하고, 기독교 교리와 종교 개혁에 대한 이해가 있어야 한다고 생각한다. 그래야 목회자와 토론이라도 하면서 "하나님의 교회로서 그 정체성"을 지켜 나갈 수 있기 때문이다.

그러나 유감스럽게도 이 다섯 번째 안은 다른 문제들에 부딪쳐 제안도 못한 채 마음속에만 담아 두고 있다 포기하였다. 민감한 사안이고 오랜 전통을 깨는 어찌 보면 파격적인 일인 데다 정치 분위기 조성이란 반론을 해소해야 하는 과제가 있어 신중을 기할 수밖에 없었다. 좀 더 밀고 나갔어야 했는데 아쉬운 부분이다.

이 일련의 과정에서 개혁위의 일원으로 이 제안을 적극 관철시키려 했던 J 장로님과 나는 난처한 입장에 처하게 되었는데,

특히 집사인 내가 더했다. 아무리 바른 소리라도 자신과의 이해에 비추어 마땅치 않은 것이 있을 수밖에 없고 따라서 여간한 목회자가 아니고서는 받아들이기 어려웠을 것이다.

더욱 공청회에서 교회 비전수립 행정위를 대표해 내가 발표한 개혁안은 결정적이었다. 이로써 담임 목사님과는 상당한 거리감이 생겼고 교회 내의 입지가 매우 곤란하게 되었다. 그렇다고 양심상 타협할 일도 아니었다. 이와 같이 지극히 당연하고 보편적인 제안들이 목회자의 지지를 얻기는커녕 오히려 왜 대립하듯 비추어지는 것인지 납득하기 어렵다.

그 후, 장로 피택을 앞두고 노인 권사님들 간에 나에 대한 이상한 소문이 퍼져 있다면서 어느 친한 집사님이 귀띔해 준다. 김 모 장로는 장로 후보 추천을 위한 당회가 끝난 후, 내게 기도를 많이 해야겠다고 한다. 아마 당회에서 나의 장로 후보 추천을 두고 논란이 있었던 모양인데, 어쨌든 후보로 추천은 받았다. 이런 사정하에서 반수라면 혹 몰라도 2/3를 득표하기는 사실 어려운 것이기에 사퇴코자 하였으나, 행정위에서 주도적 역할을 담당하셨던 정 장로님은 이번에 내가 장로가 될 것이라고 한다. 결과는 물론 낙방이었다.

민감한 사안들을 놓고 장로도 되기 전에 목회자와 대립각을 세웠으니 어느 목회자가 좋아하겠는가. 그러나 교회를 다니는 목적이 장로가 되기 위함도 아니요 사실 이 같은 한국 교회의 현실에서 장로가 된다는 것은 여간 부담스러운 일이 아니다.

기록을 위해, 당시 행정위에서 세미나를 통해 발표한 개혁안을 이에 소개한다. 여담이지만, 이 발표가 끝난 직후 자리에 참석했던 고신대 신대원 교수 한 분으로부터 내용이 상당히 좋고 고무적이란 칭찬을 들었는데, 정작 당사자인 목회자에게는 오히려 이것이 위협적으로 들렸다면 그 입장 차는 무엇을 의미하는지…. 하나님은 한 분이신데 말이다.

정관 개정의 의의와 개선점 검토

1 문제 인식

교회 기본법으로서, 개혁주의 교회의 정체성(identity)과 깊은 관련이 있는 정관을 개정함에는, 다음과 같은 문제 인식이 중요하다.

(1) 문제 인식 :
- 교회 본질을 망각, "교회를 위한 교회"로 전락
- 정체성 상실-사회 변화의 주도적 위치 상실
- 재정적 부패 및 세습 등 교회 사유화로 지탄의 대상

(2) 문제 인식 :
- 한국 교회는 "SYSTEM" 의존 조직이 아닌 "BOSS" 중심 조직 (=LORDSHIP을 심각하게 위협 : 특정 조직이나 특정인에게 권한이 과도히 집중, 가부장적 권위주의와 우상화)
- 합리적 의사 결정이 불가능한 "폐쇄적 조직"
- 정책의 평가와 그에 따른 개선이 없는 "죽은 조직"(feed back이 없다)

② 개선 방향 및 목표

- 생존을 위한 조직에서 MISSION 지향적 조직 전환
- FEEDBACK을 통해 비건강적 요소를 지속적으로 개선

③ 건강한 교회의 3대 요소
- 첫째, 그리스도의 주권(LORDSHIP)과 교회 민주화
- 둘째, 역할 분담(=복음적 분업)과 의사 전달 체계
- 셋째, 재정 운용의 투명성, 적정성, 실효성

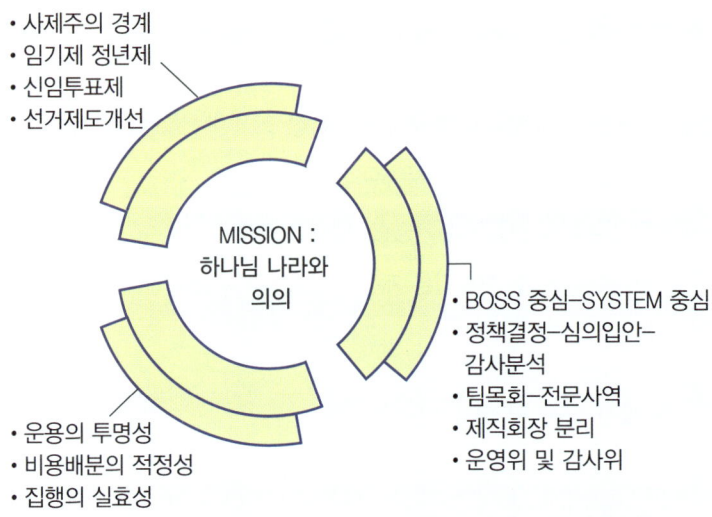

(1) 첫째, 그리스도의 주권(LORDSHIP)과 교회 민주화

   1) 중보자는 오직 예수 그리스도 한 분뿐 : 그 누구든 하나님을 대신하는 죄를 엄히 경계

구별된 신분으로서의 특별한 의미가 목사에게 부여되거나(예 : 주의 종, 신의 대리인), 과도한 권한이 담임 목사 또는 당회에 집중되면, 교인들의 맹종과 함께 담임 목회자 또는 당회가 어떤 형태로든 전횡하게 되어, 결국 그리스도의 주권이 흔들리게 됨.

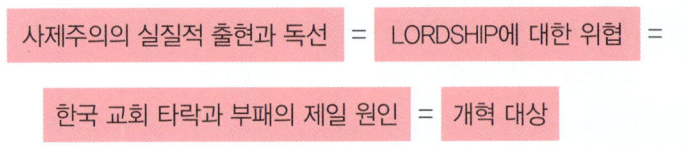

이는, 견제와 균형을 축으로 하는 당회 중심의 장로교 정치 체제를 무력화시킴. – 탈법, 변칙, 선동 정치로 교회 시스템은 형식화되고 반대자는 고립.

2) 그리스도 주권의 실천 주체로서 교인의 의의와 역할 증대

정관 개정의 취지로 보아 주권 선언은 필수. 교회의 민주적 운영을 비난할 이론적 근거 없음 – 만인 사제론의 정신(루터 : 모든 크리스천은 참으로 영적 계급으로 직무상 구분 외에 어떤 차별도 없다. 칼빈 : 나도 양 떼 중 한 마리에 불과)

3) 교회 의사 결정이 반드시 민주적이어야 하는 이유

① 성령께서 임재한 모든 성도는 민주적 의사를 통해 하나님의 뜻을 반영하므로, 이는 LORDSHIP의 구현이다.
② 모든 인간은 다 부족하며 부패한 본성을 가지고 있으므로 공화적으로 지혜를 모을 필요가 있고, 회중의 영적 수준이 크게 향상되었으므로, 과거처럼 특정 지도자가 다 관장할 필요가 없다.
③ 다양한 사회 변화 속에서 모든 부문에 통달한 지도자를 찾을 수 없고, 역할 분담과 전문화의 필요성이 크게 증가하였으며, 민주화할수록 교인들의 자발적 헌신과 참여가 높다.
④ 견제와 균형을 통해 오류를 사전에 차단할 수 있다.

(2) 둘째, 역할 분담(=복음적 분업)과 의사 전달 체계의 확립

1) 교회는 기본적으로 은사 공동체

각양의 전문적 능력대로 함께 교회를 이루어야. 성직자 우위의 직분관은 성경의 교훈이 아니며 교회사적으로 부패와 무력화의 원인(유해무).

2) 사도행전 6장의 말씀을 따라야

사도들은 그들이 전력할 일은 기도하는 것과 말씀 전하는 것이라 지적하였다. 이것은 후대 교역자들의 할일을 표본으로 보여 주기도 한다. 교회가 왕성한 것은 사도들이 말씀과 기도에 전념하는 데 있다(박윤선).

3) 보스(boss) 중심의 운영이 시스템(system) 중심으로 바뀌어야(바른교회 아카데미의 핵심 주제)

4) 교직의 독점 현상이 초래하는 구조적 악(아담 스미스)을 제거

목사직에 과도하게 집중된 권한 및 존경을 표하는 경향은 목사의 공급을 지속적으로 늘리는 유인이 되고 있으나, 이로 말미암아 발생하는 낮은 평균 소득은 불가피하게 다수의 목사들을 생활고에 허덕이게 만든다(신분상 불이익 초래).

5) 역할 분담 원칙

① 담임 목사와 부목사의 역할 분담 및 부목사의 신분 보장(팀 목회 추구, 공동 목회와 구분, 사역을 분담)
② 담임 목사(교회 대표)와 장로(평신도 대표)의 직무 분담
③ 제직의 사역에 대한 제도적 참여 확대

④ 상응하는 시스템의 구성 및 견제와 균형

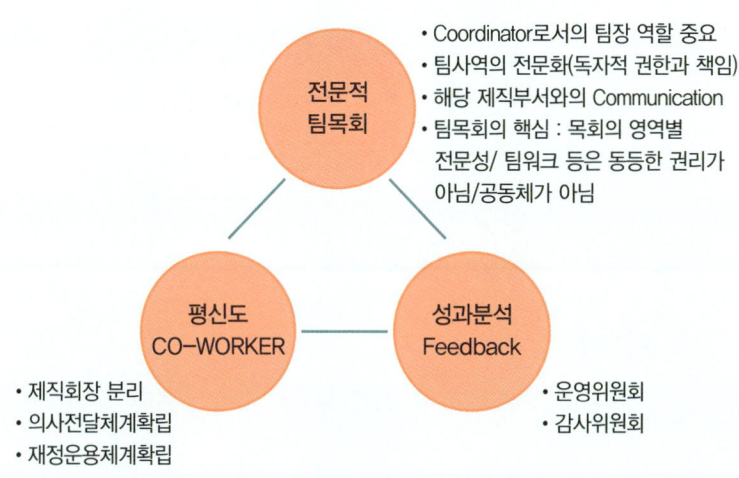

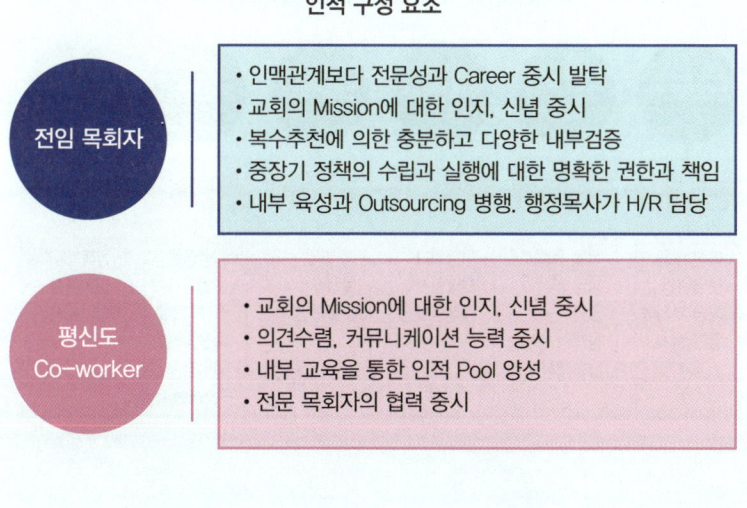

(3) 셋째, 재정 운영의 투명성, 적정성, 실효성
- 투명성은 물론, 사역과 재정의 균형적 비용 배분이 중요(본질적 교회 기능에 재정을 우선 배분).
- 투명성과 적정성의 과제는, 단순히 집행 내역을 공개하고 배분 비율을 적정히 유지하는 데서 나아가, 그 실효성에 지혜를 모으는 시스템이 확립되어야 비로소 바른 재정 운용이라 할 것임.

MISSION － 정 책 － 재 정(예 산)

④ 실천방안

(1) 조직 구성

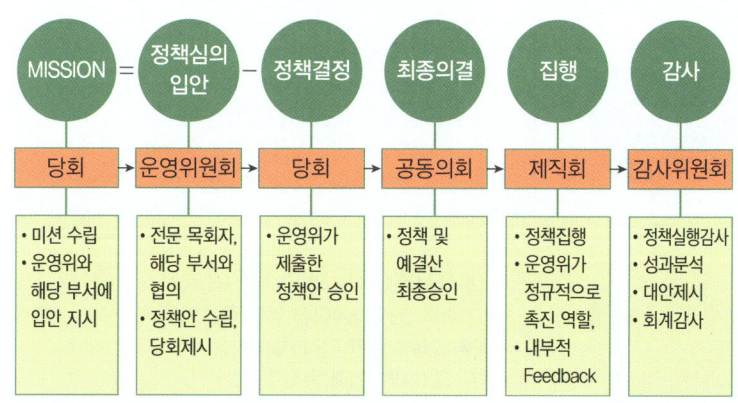

조직별 의사전달체계
(COMMUNICATION AND ORGANIZATION)

(2) 담임 목사와 당회의 역할 조정

담임목사의 역할조정

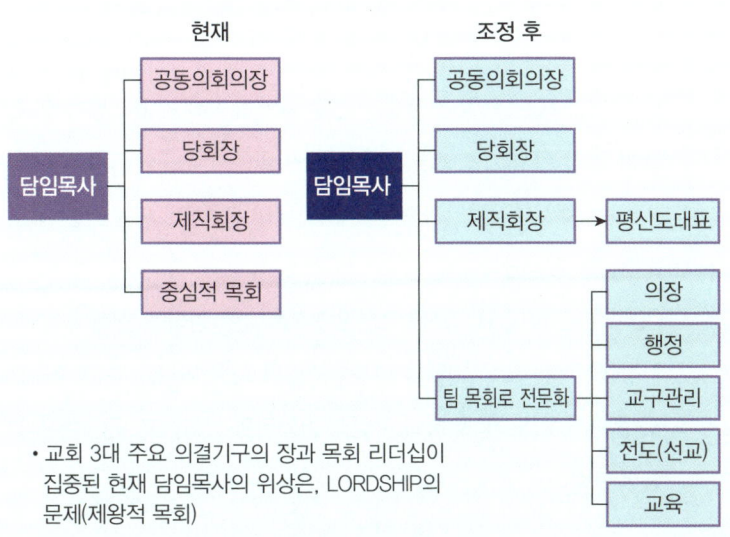

- 교회 3대 주요 의결기구의 장과 목회 리더십이 집중된 현재 담임목사의 위상은, LORDSHIP의 문제(제왕적 목회)

당회의 역할 조정

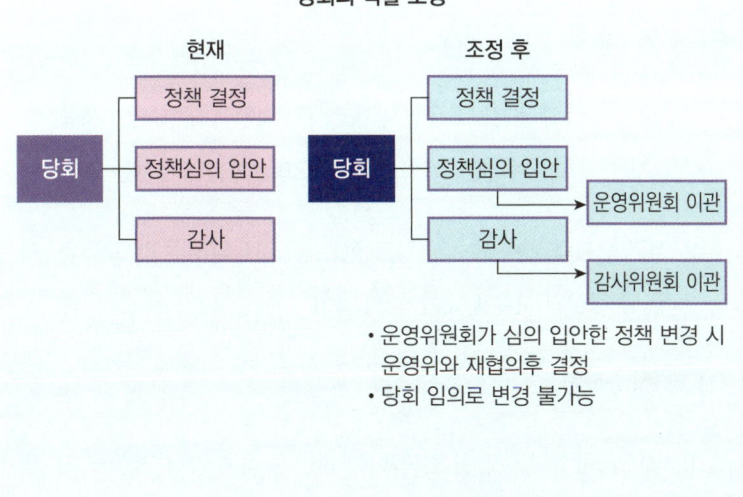

- 운영위원회가 심의 입안한 정책 변경 시 운영위와 재협의후 결정
- 당회 임의로 변경 불가능

(3) 목표

- 당회의 주요 기능인 견제와 균형을 통해 담임 목사를 바로 조력하고, 당회의 권한과 직무를 존중하되, 의사 전달 체계를 개선해 대의성을 증진한다.
- 팀 목회를 통한 역할 분담으로 전문 사역의 시너지 효과를 높이고, 특히 담임 목사로 하여금 고유 직무인 말씀과 기도에 더욱 전념할 수 있는 체계를 확립, 과중한 부담을 덜어 드림으로써 진정한 목회 리더십을 고양한다.
- CO-WORKER로서 평신도 MISSION에 대한 인식을 갱신해, 교회 안팎에서 평신도의 역할을 고취함으로써 사회 변화를 이끌 주역으로 훈련해, 성도 및 교회의 사회적 영향력을 강화하고, 건강한 사회를 주도한다.

5 본 정관 안의 개선점

(1) 제1장 : 총칙

1) 그리스도의 주권 및 그 운영 주체로서의 교인에 대한 선언 생략.
   요지 : "교회의 주권은 그리스도께 있으며, 그 운영 주체는 교인"

2) 정관 구성의 필수 요소인 기본 정신, 즉 교직의 평등과, 교회의 자유 및 양심의 자유에 대한 선언(생략)

(2) 제3장 : 직원

1) 제9조 3항 : 부목사 및 팀 목회에 관한 규정은 아직 미흡(모호). 전

문 사역자로서 교구, 행정, 교육, 선교(전도) 등, 그 분담이 명백해야 하고 담임 목사를 조력하되 그 범위가 명문화돼야.

현재 헌법상 "1년직 임시 목사"에 불과한 부목사의 법적 지위를 크게 개선하여, 예 : " 임시 목사가 아닌 목사로 임기는 3년으로 하되, 6개월의 시무(試務) 기간을 거쳐 당회의 결의로 청빙하며, 연임할 수 있고, 행정, 교구 관리, 교육, 선교에 관한 사역을 분리 담당한다. 담임 목사를 조력하며 명칭은 전임 목사라 한다."

2) 제10조 6항 : 사역 장로 제도는 곤란.

임기 만료는 곧 장로직 은퇴와 다름없어(정년과 임기), 장로로 사역(시무)치 않는 장로를 굳이 사역 장로라 칭할 이유 없음. 임기제의 취지에 반함. 시무 장로와의 관계 등 질서 문제로 혼란 야기. 정년제의 정관 규정과 논리적 불일치 : 제직회원은 70세, 장로는 65세가 정년-그 사이의 장로는 어떤 신급? 원로 장로 제도의 폐지는 명예직을 두지 않는다는 원칙과 이의 세력화로 교회 공식 조직이 무력화되는 것을 방지하기 위함인바, 이 정신에 위배됨. 임기가 끝난 장로는 제직회원으로 봉사하되 교인들을 돌아보는 일에 전념해야.

더욱 제직회 부서장 취임은 안 됨 : LORDSHIP을 무시-시무 장로는 하나님이 선택해 동역케 함-장로로 임명하는 제직회부서장직(특별목적위원회의 장에 국한)이 제한돼 있어 시무 장로만으로도 부족 : 효율적인 정책 수행상 당회원 겸직 부서(위원회)의 필요성과 취지를 훼손.

(3) 제15조 2항 2호 : 제직회장

1) 제직회장을 담임 목사가 겸하는 것은 역할 분담의 정신 위배. 어떤 이유로든, 교회 3대 의결기구의 장(당회장, 공동의회장, 제직회장)을 한 사람이 독점하고도 민주적 운영이라 함은 있을 수 없는 일.

2) 교단 헌법상으로도, 제직회는 치리회가 아닌 집행 기구에 불과. 정책기구도 아닌 집행기구의 장까지 담임 목사가 도맡는 것은 지나친 염려 – 사제주의적 측면이 강함.

3) 담임 목사는 기도와 말씀 전하는 것에 전념하기도 바쁜 분(영적 파워 향상으로 목회 리더십은 오히려 강화될 것이 확실). 교회 행정(교회 안에서의 세상일)은 아무리 잘해도 불만이 있을 수 있기 때문에 설교자가 원망을 들을 경우 교회에 덕이 되지 못함.

4) 사회만을 위임한다는 규정은 사문(死文)에 불과.

5) 평신도를 인정하고 신뢰해야 함. 제직회 사역의 특성상 평신도들의 자발적 역량을 고취함이 교회에 유익하고, 잘할 수 있다는 믿음이 중요. 현실적으로 자유로운 의사 개진에 도움.

6) 목사가 교회 안에서 유일한 봉사자로 등장하는 곳에선 교인들은 단지 침묵하는 청중일 뿐, 모든 일을 목사에게 미루게 됨. 이런 교회를 산 교회라 할 수 없음 (허순길).

7) 제직회 활성화는 현대 교회의 주요 과제. 단순히 직책만을 맡는다

면 무의미. 당회장만으로도 벅찬 일, 하물며 세 가지 직책을 제대로 모두 수행하려면 과중한 부담. 영적 사역 전념은 사실상 불가능. 담임 목사와 교회 모두에 유익 없음. 과중한 부담은 더는 것이 마땅.

따라서, 이는 당연히 "제직 중에서 맡아야"- 당초안 : 시무 장로 중에서 순번제로 6개월씩 집무.

대안 : 운영위원회 위원장인 행정 담당 전임목사가, 제직회장을 겸하는 것도 효과적 대안의 하나.

(4) 제16조 2항 : 운영위원회

운영위 취지상, 직무 조항 중 "예산이 수반되는 모든 정책의 심의"가 포함되어야 함.

(5) 제5장 : 본 교회 재정 운용의 과제

부채 상환이 급선무. 재정 균형을 심각히 훼손. 현 부지 매각이 관건.

재정 운용의 건전성 회복-시급한 과제. 어떤 교회든지 재정 운용 상태를 보면 그 교회의 정체성을 한 눈에 파악(재정 운용은 사역의 살아 있는 거울). 항상 교회가 병든 교회의 전형적 모습을 보이고 있음에도 건강하다는 착각 속에 자신을 망각하는 오류를 범함.

"이상과 현실엔 괴리가 있다. 아무리 정관을 잘 만들었고 그 취지가 훌륭하다 해도 교권을 가진 사람이 우호 세력의 옹호를 받으며 지키지 않거나 이를 악용하려 한다면 도리가 없다. 특히, 은혜를 부르짖는 교회에선 이를 견제하기가 쉽지 않다. 결론은 사람이라 생각한다. 딱한 현실이지만, 그 교회의 목회자가 어떤 사람이냐, 당회 구성원이 어떤 사람들인가에 따라 교회의 건강성이 좌우되는 것이 오늘날 한국 교회의 형편이다. 정관이 있다 해도 이를 견제하기란 결코 쉽지 않다." 참으로 딱한 일이다.

담임 목사의 은퇴와 원로 목사 제도

그리고 한 가지 교회에 대해 더 말하지 않을 수 없는 것은 가정 교회에 대한 전임 담임 목사님의 집착이다. 이것이 옳든 그르든 집착은 곤란하다. 독수리학교의 전철을 밟을 수 있다. 일단 은퇴를 했으면 깨끗이 물러나고 후임 목회자가 스스로 판단해 목회할 수 있도록 배려해야 함에도, 아예 부목사 중에서 가정 교회를 조건으로 후임 목사를 선임하고 은퇴 이후 지금까지도 교회에 출석하며, 사실상 지속적인 영향력을 갖고 있는 것은 바람직하지 못하다.

또한 실망스러웠던 것 중엔, 소위 개혁 교회 목회자답지 않게 은퇴식에 수많은 교계 인사들을 초청, 격려사에 축사에 음악회까지 열면서 떠들썩하게 준비했다는 사실이다. 마치 개혁 정관에 따라 정년을 5년이나 일찍 은퇴한다는 사실을 만방에 알리기로 작정한 듯. 물론 이는 충성스런 교인들이 은퇴 목사님께 대한 예우로 준비하였다는 점을 모르는 바는 아니지만 장로들의 은퇴는 소박해야 한다며 예배시간 말미에 꽃다발 하나가 전부였던 것에 비하면 이는 사제주의적 권위를 과시한 이중적 행태라 아니할 수 없다. 당시 어떤 집사님이 남긴 글 중 "…하나님이 은퇴하시는 줄 알았다."는 말로 대신하며, 처음 만나 느꼈던 소박한 첫인상과는 많이 달라진 담임 목사님에 대해 적지 않은 실망과 아쉬움이 남는다. 특히 웬만한 교회 목사들이라면 다 출연하는 기독교 TV에 단 한 번도 얼굴을 드러내지 않은 겸손한 분이었는데 말이다.

은퇴 사례비나 조건이 특별히 과다했다고는 생각지 않는다. 또한 이 같은 경제적 대우가 현실적으로 불가피한 면이 있다는 것을 모르는 바 아니지만, 매월 일정액의 은급을 평생 제공받고 소정의 퇴직금 및 거주할 아파트 그리고 은퇴 후 5년간의 대외활동비를 교회가 부담하는 등, 그만한 조건이면 은퇴 목사님께 대한 예우는 충분했다고 보며, 이 같은 대우는 우리 교회뿐 아니라 대부분의 한국 교회에서 찾아볼 수 있는 것으로 물론 이는 좋은 관행으로 볼 수 있지만, 사실 이는 교회에서나 찾아볼 수 있는 유일한 것으로 사회와의 형평성에 비추어 보면 특혜라 해도 할말은 없을 것이다.

또한, 여기서 우리가 살펴볼 부분은 원로 목사 제도이다.

정관이 원로 목사 제도를 폐지했음에도 실질적으론 그와 다를 것 없는 대우를 제공받는다면, 이의 폐지가 무슨 의미를 갖는지 모르겠다. 2014년 원로 목사 제도가 꼭 필요한가를 주제로 한 담임 목사님의 인터뷰를 보면, 원로 목사 제도는 은퇴 후 목회자가 교회에서 생활비를 받을 수 있도록 한 것이라면서도 이를 폐지해야 한다는 주장을 펴고 있다. 이는 교회 현실에 비추어 대단히 개혁적인 것으로 비쳐졌는데, 즉 공로 사상에 기초한 반성경적이라는 의미다. 또한 이는 교계 일각에서 일고 있는 자기 책임론과도 궤를 같이한다고 볼 수 있는데, 즉, 목사도 일반 사회인들과 동일하게 자기 생활은 자기가 책임진다는 사상으로 평소 소득세를 납부하고 연금제도를 통해 노후를 보장받는 방법이다. 이는 중대형 교회에서는 충분히 가능한 이야기이겠지만 교계의 전반적인 실정에 비추어 보면 아직은 무리한 점이 있다 생각되며 점진적으로 개선이 필요한 부분일진데, 그래서인지 인터뷰 후반엔 은퇴 후의 처우는 교회가 따로 방안을 마련해야 한다는 주장을 하고 있다.

원로 목사제 폐지를 소위 건강한 교회의 또 하나의 증표로 인식한 나머지 이는 이미 그전 정관에서 규정했던 것으로, 이에 대한 의문은 바로 원로 목사가 받을 경제적 처우도 포기하는지의 여부였는데, 다시 논의할 때 이에 대한 구체적 토론은 없었다.

굳이 정관에 원로 목사를 두지 않는다고 한 까닭은 개혁을 표방하기 위함이었겠지만 정작 중요한 것은 놓치고 있었다. 이는 은퇴 후 원로 목사의 영향력을 배제하기 위함도 그 중요한 목적 중의 하나일진데, 은퇴 목사가 교회를 떠나지 않고 계속 출석하고 있다면 이는 공식 직함을 떠나 그 존재만으로도 후임 목사에게 부담을 주는 행위이다. 왜냐하면 원로 목사든 은퇴 목사든 호칭에 불구하고 장기간 한 교회에서 시무한 목사의 경우 그가 갖는 교회의 영향력은 무시할 수 없기 때문이다. 좋게 보아 이는 교회에 대한 걱정 또는 책임감일 수도 있겠지만 최선을 다했다면 내려놓는 것이 믿음이다(힘들겠지만 교회를 위해선 대승적 결단이 필요하다).

결과적으로 무늬만 폐지이지 실질적 혜택과 영향력은 그대로 다 누리는 것으로 보아 이는 무의미 할 뿐더러 바람직하지 못한 것으로 본다. 비승비속(非僧非俗)이라고나 할까.

또한, 부연하여 한 가지 짚고 넘어갈 부분은 담임 목회자가 교인으로부터 개인적으로 자동차를 선물로 받는 경우이다. 선물을 주고받는 것은 동서고금을 막론하고 서로의 정을 나누는 훈훈하고 아름다운 예절이다. 그리고 목회자를 스승의 한 분으로 인식해 선물을 드리는 것도 이해할 만하다. 다만 선물은 선물로 그쳐야지 이것이 도를 넘어 자동차 그것도 고급 승용차라면 이야기는 다르다. 혹자는 교회에서 무슨 대가를 바라거나 이해가 있어 그런 것은 아니라 할지 모르겠지만 목회자로서는 깊이 생각해 볼 점이다. 자동차와 같이 거액을 선물한 교인이 다르게 보이지 않겠는가. 자동차는 당연히 교회가 목회자를 위해 교회 예산을 통해 제공하는 것이 맞고 그 수준도 여러 가지 형편을 고려해 결정해야 할 것이다. 이는 개인적으로 선물할 일이 아니고 받을 일도 아니다. 정 하고 싶다면 교회에 그만큼 헌금하는 것이 맞고 당회가 결정토록 함이 옳다. 그럼에도 이를 마지못해 받는다며 겸양스레 말하는 것은 목회자로서의 바른 태도가 아니다. 그래서는 아니겠지만 그 사람이 장차 장로 피택을 앞둔 경우라면 오해의 소지는 있는 것이다.

물론 이는 작은 일일 수 있고 이해할 수도 있는 일이지만 전체 성도들을 품어야 하는 담임 목회자 입장에선 신중해야 할 일이다. 작은 일도 작은 일 나름이고 이를 용인해 버릇하면 습관이 되어 결국엔 큰 일도 그르치게 된다.

H교회의 경우, "건강한 교회"를 향한 바람과 현실엔 괴리가 컸고 그 중심엔 담임 목회자가 있었다. 초심은 분명 그렇지 않았을 것이기에 많은 아쉬움이 남는다.

이상에서 담임 목회자가 권위를 남용할 때 발생할 수 있는 폐단과 담임 목회자가 갖는 영향력(교회 규모나 사정에 따라 다르겠지만 이는 비단 담임 목회자에 국한된 것은 아니고, 특히 작은 교회에서는 당회원들도 마찬가지일 것이다)을 살펴보면서 과연 건강한 교회는 어떤 교회이며, 그 구성원으로서 교인(성도)과 교회의 정체성은 무엇인지 살펴보았다. 이것이 타산지석이 되어 교회가 신앙 공동체로서의 본질에 충실하고 사회에 선한 영향력을 끼치며 그 본래적 사명을 다할 수 있었으면 좋겠다.

지극히 당연한 것이 요즘엔 그렇지 못한 세상이 되고 보니 이런 소회까지 적게 되어 매우 유감이다. 그러나 H교회가 공동체로서 모두 건강치 못하다는 말은 아니고, 비록 목회자의 처신이나 재정 운영엔 적지 않은 문제가 있었지만 그래도 그 재정 자체는 투명했고, 사랑부의 장애자들을 위한 섬김 및 먼거리까지의 버스 운행을 자제하고 교인수 2,000명을 넘기지 않겠다는 의지 등 칭찬을 들을 만한 부분도 적지 않았다는 사실을 아울러 이에 적는다. 특히 이 같은 토론이 적극적으로 이루어질 수 있었다는 것만도 다른 교회와는 다른 점이다.

특히, 구 부지 매각과 더불어 재정이 안정되고 새 담임 목사님이 승계한 이후 타 교회에서 실시하고 있는 SOS뱅크를 H 교회도 개설하고 교회 주변의 불우한 이웃들을 찾아 구제하는 아름다운 모습은 고무적이라 아니할 수 없다. 교회가 지역사회를 돕는 것, 그것은 세상 속에서 그리스도의 사랑을 실천하는 것이기도 하지만 더 중요한 것은 교회의 존재 가치를 실현하는 복음의 통로가 될 수 있다는 점이다. 그 재정 또한 늘 넉넉한 것을 보면 교회를 어떻게 운영하는가에 따라 재정은 걱정할 것이 없다고 생각한다.

> "흩어 구제하여도 더욱 부하게 되는 일이 있나니 과도히 아껴도 가난하게 될 뿐이니라. 구제를 좋아하는 자는 풍족하여질 것이요 남을 윤택하게 하는 자는 윤택하여지리라(잠언 11장 24-25절)."

다만, 건강한 교회가 전부인 양 부르짖는 교회치고 그 기대와는 동떨어진 이 같은 결과는, 말과 달리 건강한 교회의 개념이 확실히 정립되지 못해 겪은 과오였음을 뼈아프게 인식하고, 진정한 회개를 통해 정녕 건강하고 바른 교회로 거듭나기를 소망하는 것이다.

기회가 된다면 전임 담임 목사님께 다음 다섯 가지는 꼭 질문하고 싶고, 아울러 내가 혹 오해하고 있는 점은 없었는지 흉금을 터놓고 얘기하고 싶다.

(1) 구 부지 매각엔 왜 그리 소극적이었는지? (2) 쓰지도 않는 구 건물로 인해 지출한 막대한 이자 부담은 어떻게 생각하는지? (3) 왜 그리도 독수리학교에 집착했는지? (4) 왜 독수리학교엔 위약금에 벌금까지 돌려주면서 태경엔 한 푼도 돌려주지 않았는지? (5) 은퇴를 했으면 개혁 교회 목회자답게 물러가야 하지 않겠는지?

만일은 없겠지만, 담임 목사님이 구 부지 매각을 서둘렀더라면, 그 많은 헌금의 낭비도 없었을 것이고 일찍이 더 좋은 가격에 구 부지는 매각되었을 것이며, 고집을 부리지 않고 제직회 의결대로 독수리학교 매각안을 포기했더라면, 그 같은 혼란과 위약금 문제도 발생치 않았을 것이고, 비록 그리 되었을지라도 독수리학교처럼 위약금 전액은 아니더라도 태경에 얼마라도 돌려주었더라면, 교회를 보는 세상의 눈이 달라졌을 것이니, 쇠퇴해 가는 한국 교회에 그래도 청량제로 남을 뻔했는데….

이렇게 대비를 하고 보면 그 차이가 얼마나 큰 것인지…. 처음 대면했을 때 가졌던 그 좋은 인상이 아직도 뇌리에 남아 있고 점심 시간엔 담임 목사임에도 보기 드물게 여느 성도들과 함께

긴 줄을 서며 기다려 배식을 받던 소박하고 겸손해 보이던 분이었는데 말이다.

욕심의 유혹을 끊지 못하고 실수를 다반사로 하는 인간에 대한 연민, 責人則明이랄까 더하면 더했지 결코 덜하지 않을 내 자신을 돌아보며 여러모로 부족한 내가 이 글을 쓰기엔 마음 또한 많이 불편했던 것도 사실이다. 누구를 특별히 비난하고자 함이 아님에도 이 같은 사실들을 기록으로 남겨야 하는 회고록의 특성상 부득이하고 안타까운 심정이다.

공의와 사랑, 개혁의 갈림길에서 늘 부딪치는 숙명과 같은 과제이다. 우리 모두 반성과 회개의 자리로 나아가야 할 줄로 믿는다.

H교회의 새 담임 목사의 취임과 기대, 그리고 또 한차례의 실망

K 부목사가 40세의 젊은 나이에 후임 담임 목사님이 되었다. 조건이라면 가정 교회를 전승한다는 것이다. 이는 전임 목사님이 은퇴를 앞두고 몇 년 전부터 강력하게 추진해 온 사역이다. 가정 교회에 대한 공과는 지금 언급할 것이 못 된다. 다만, 내 개인적 생각으론 우리 교회와 같이 이미 대형화된 교회에는 맞

지 않는 것으로 본다. 한국에 교회가 많다고는 하나 대형 교회는 5% 내에 불과한 형편에서 그 같이 큰 교회들은 시야를 크게 넓혀 세계 선교나 긍휼 사역 등, 인적 물적 자원을 많이 필요로 하는 일에 힘을 모으는 것이 더 효과적이라 보기 때문이다. 또한 다른 한편에선 이는 결과적으로 후임 목사에게 짐을 지운 것이고 은퇴 목사가 교회를 떠나지 않고 계속 교회에 출석하는 한 부담이 될 수밖에 없는 것이다.

그럼에도 불구하고 취임 후 새 담임 목사님의 초기 설교는 대체적으로 개혁적이었고, 특히 영혼의 십일조 운동 추진은 상당히 공감할 부분이 있었다. 그것은 대형 교회의 출현으로 부근 소규모 교회들이 어려움을 겪고 있는 교계 현실을 감안해 그 같은 미자립 교회에 일정 기간 우리 교인들을 파견해 예배와 재정을 돕는 사역으로 신선감과 더불어 보편적인 하나의 교회로서 연약한 교회들과 공존하려는 고무적인 것이었으므로. 그러나 이 또한 오래가지 못했다. 취임 5년차에 갑자기 분립 개척 논의가 시작된 것이다. 이유는 정관에 2,000명이 넘으면 분립한다는 규정이 있고 이는 2,000명이 건강한 교회의 임계점이란 이유 외에도 내 교회만 키우는 것에 대한 반성으로서 특별히 정한 것이었는데, 그러기에는 우리 교회의 건물 규모가 너무 큰 것이 모순이라면 모순이다.

출석 교인은 약 2,200명이었다. 즉, 200명 남짓을 분립해 내 보내야 한다는 것이다. 가정 교회 사역을 통해 새 신자가 조금씩 늘고는 있었지만 들이는 노력에 비해 성과는 미미한 상태였고, 원칙적으론 수평 이동해 오는 타 교인은 받지 않는 것으로 되어 있었지만, 한편에선 가정 교회에 동의하면 받아 주는 등, 결국 교인 증가 원인은 타 교회로부터의 수평 이동 때문이었다. 따라서 당초 취지대로 이를 막고 자연 감소를 감안하면 200명을 줄이는 것은 식은 죽 먹기였으나, 담임 목사님의 의지와 일부 장로들의 주장을 따라 분립하기로 결정을 하였는데….

그래도 분립 내용은 처음엔 고무적이어서 건물 없이 강당을 빌린다는 것이었지만…, 나가려는 교인이 극소수에 불과하자 방향을 틀어 건물과 주차장을 갖춘 교회 분립으로 결론이 났다(이미 예상했었지만…).

당초 발표대로 성의를 다한 분립이라면 하나님께서 크게 기뻐하셨으련만, 결국 30억 원의 예산으로 교회가 25억 원, 분립 교인들이 5억 원을 분담하는 방식으로 교회당을 짓고 분립하였는데, 사실 이는 영혼의 십일조 운동과는 배치된 기성 교회의 모습 그대로였고 건물에 매몰된 한국 교회 자화상에 하나를 더한 것에 불과했다. 여기서 과연 30억 원이나 들여 안 해도 되는 분립을 굳이 할 필요가 있었는지… 동남아 등 선교지에선 1억 원만 들여도 번듯한 교회를 세울 수 있고 이미 주변엔 상가 교회를 포함 크고 작은 교회가 수없이 많은 데 말이다. 그것도 교회 건물과 주차장이 없으면 3년 내에 교회가 망해 어쩔 수 없다니… 딱한 일이다.

사실 이는 정확히는 분립도 아니다. 말이 좋아 분립이지 이미 본 교회가 건물이나 규모에서 대형 교회가 되어 있는데 분립이라니? 우선 물리적으로 말이 안 되는 것이고, 그럴 생각이었다면 교회를 키우지 말았거나 적어도 건물 등 부동산을 소유하지 말았어야 말이 된다. 교회 개척이란 말보다 분립이란 말이 좋아서인지는 모르지만 정확히 이는 분립이라 할 수 없다. 왜냐하면 본 교회가 다시 빚을 얻어 몇 명 되지도 않는 교인들을 내보내기 위해 또 건물을 새로 지어야 하니 말이다. 교회 규모가 작은 것이 좋아 스스로 나가는 것이라면 자력을 원칙으로 교회가 일부만 보태도 충분한 것을 본 교회에 막대한 재정 부담을 지우면서까지 할 일은 아니라 생각한다. 결국은 빚을 얻어야 하니 말이다. 이것을 어찌 분립이라 할 수 있겠는가.

일반적으론 교회 건물을 키워 부피를 늘리는 것보단 쪼개 분립하는 것이 낫고 그런 의미에서 분립의 가치가 있다. 그러나 우리같이 이미 대형화된 교회에서는 우선순위를 먼저 생각해야 한다. 나는 여기서 교회의 목적이 영혼을 구원해 제자 삼는 일이라면 기성 교인들을 데리고 교회를 또 하나 세울 일이 아니고, 외국인 근로자를 비롯 황금어장이나 다름없는 곳에 교회를 개척하라 권면했다. 이는 급격히 증가한 외국인 거주자들과의 갈등을 해소하고 그들의 정착을 도와 사회적 통합과 안정을 이루어야 하는 시대적 이슈 외에 복음의 불모지나 다름없는 그들에게 복음을 전함으로써 한국서 심고 본국에서 거두는 간접 선교의 차원에서 일석 삼조라 해도 과언이 아니다. 이런 일은 우리처럼 여러 자원을 다 갖춘 교회나 할 수 있는 일인 만큼 큰 교회의 사명이라 생각하고 좀 더 시야를 넓힐 것을 주문하였지만, 그러나 소위 분립이 무슨 대단한 일이라도 되는 양 이미 교회의 들뜬 분위기를 잠재우기에는 역부족이었다.

교회도 혁신을 거듭해야 한다. 원가가 없다 보니 안일함에 빠져 현상 유지에 머무르기 십상이다. 사회는 하루가 다르게 변하는데 대응하는 교회의 속도가 느리다면 교회 또한 역사의 뒤안길로 사라질 것이다. 복음의 시급성은 열 번을 강조해도 부족하다. 어망을 어디에 던질 것인지 언제 어떻게 던질 것인지, 신중히 고려할 일이다.

선교지처럼 교회가 절대 부족한 경우라면 교회 개척은 많을수록 좋다. 하지만 한국 교계는 상가 곳곳마다 미자립 교회가 넘쳐나고 한편으론 크고 호화로운 건물의 대형 교회들이 여기저기

블랙홀처럼 버티고 있지 않은가. 그러다 보니 각자도생을 위해 너도나도 경쟁적으로 건물을 짓느라 엄청난 부채에 허덕이는 교회가 부지기수다. 교인들은 화려한 교회 건물과 이에도 만족 못 하는 각종 부동산 등 비본질적인 부역에 평생 허리가 휜다.

사실 오늘날 미자립 교회가 자립하지 못하는 데에는 기성 교회의 책임이 크다. 왜냐하면 이제 교인들도 숱하게 경험을 한 나머지 학습 효과가 생겨 미자립 교회를 가지 않으려는 경향이 강하고, 이에 더해 큰 교회들이 시스템을 구축하고 세속적인 커뮤니티를 형성해 젊은이들을 빨아들이고 있어 하는 말이다. 평생 헌신하며 건물을 세우면 무엇하겠는가. 성장한 후엔 헌신한 교인들을 귀찮아하기 일쑤이고 목회자들의 전횡에 당하기 일쑤인데…. 혹자는 너무 부정적으로 보는 게 아니냐고도 할 수 있겠지만 이는 부인할 수 없는 엄연한 현실이다.

결국, 난 더는 본 교회를 섬기는 것이 의미가 없다 생각이 되고 또 나이도 칠십이 되다 보니 집 가까운 곳에 교회를 정하기로 하고, 만 17년간의 결코 짧지 않은 H교회 생활을 접기로 하였다. 2018년 10월의 일이다.

건강한 교회라는 아름다운 이름에 매료되어 지속적으로 교회 정체성의 과제를 다투며 정성과 애정을 쏟았고, 내 개인적 체면이나 명예엔 아랑곳하지 않고 오직 하나님의 의 하나만 바라보며 나름대로 최선을 다했던 결코 짧지 않은 세월이었다. 비록 아웃사이더, 마이너리티에 속할 수밖에 없었지만 그 존재감을 통해 하나님께서 나에게 부여하신 소명을 그래도 성심껏 감당했기에… 결코 후회는 없다.

회자정리(會者定離) – 교회를 떠나며

우리 인생 도정엔 숱한 만남과 헤어짐이 있고 선연이 있는가 하면 악연도 있어 이 모든 것엔 필연적이고 운명적인 불가피성이 있지 않나 생각되지만, 결과적으론 더 좋은 것으로 주시고자 하신 하나님의 긍휼하신 섭리가 계셨음을 깨닫고 자책하게 됩니다.

짧지 않은 지난 17년 동안, "건강한 교회"라는 그 말 한마디에 꽂혀, 악목도천(惡木盜泉)의 각오로 남다른 열정과 신념(신앙에 기초한)을 쏟아 왔던 교회 생활이었지만…, 이젠 떠날 때가 되었다고 생각합니다. 오히려 너무 늦지 않았나 하는 감이 듭니다만, 좋은 분들과 맺은 인연도 있기에 후회는 없습니다.

"교회 정체성의 확립"이란 명제 앞에 부끄러움 없는 긴 여정이었습니다. 분립이란 아름다운 이름 속에 가리워진 인간의 헛된 욕망과, 달라지지 않은 모습을 바라보면서 그간 참았던 결심을 굳히게 되었지만, 한편으론, 아직도 기회를 주실 때에 작은 교회에서 봉사하는 것이 더 좋겠다는 생각에서입니다.

안타까운 현실은, 개교회, 교파주의가 갖는 장점에도 불구, 분별력을 잃고 우후죽순 도처에 세워지는 교회들 속에 한몸으로서의 보편적 교회는 사라져 가고, 이미 전술한 대로 본말이 전도된 문제점들이 허다하게 노출되고 있다는 사실입니다.

분립해 나가는 목적이 작은 공동체에 있다면 굳이 큰 건물이 필요 없을 것이고, 당초 취지대로(이것도, 먼저 수평 이동 문제를 고민해 봐야) 모교회의 규모를 줄이는 데 있었다면 이는 원점에서 다시 검토해야 마땅할 일입니다. 당초의 분립 조건을 바꾸어야 할 만큼 건물의 필요성이 생긴 이유가 무엇인지는 모르겠지만… 2,000평 대지에 건립 자금이 적어도 20억 원은 족히 넘을 건물이나 찾아다니는(당장은 좌절되긴 했습니다만) 이런 행태가 이른바 건강한 교회, 건강한 성도가 취할 태도인지 묻지 않을 수 없습니다.

재산의 물리적 분립(분할)은 사실 불가능하기에 이는 결국 모교회에 부담을 줄 수밖에 없는 과제인바, 분립 인원이 어차피 소수라면, 분수에 맞게 시작하고, 스스로의 헌신과 희생적 결단을 통해 교회를 키워 나갈 생각을 가져야 하지 않겠습니까?

벌써 1년 가까이 그동안의 과정을 지켜보며 당초 예견했던 바와 다르지 않다는 점에서 실망을 금할 수 없습니다. 생각 자체를 바꾸어야 할 것입니다. 교회 헌금이 어떻게 모여지는가를 생각할 때 낭비는 결코 용납될 수 없습니다. 막대한 부채로 인해 우리가 겪었던 과거의 뼈아픈 잘못을 되새겨야 할 것이며, "교회 재정 운용의 건전성"이야말로 "건강한 교회의 척도" 란 사실을 잊어선 안 될 것입니다.

이제 교회를 떠나면서, 다시 한 번, 건강한 교회란 어떤 교회여야 하는지, 그 발상부터 어떻게 달라야 하는지에 대해 작금의 과제인 분립의 예를 들어 말씀드렸습니다만, 이런 일련의 권면이 교회 유익과 발전에 조금이라도 보탬이 되었으면 하며, 진실로 "언행이 일치되고 명실이 상부한, 건강한 교회"를 세워 가는 교회가 되었으면 하는 바람입니다.

그동안 특별히 어려웠던 점이 있었다면, 일종의 샤머니즘에 기반한 교회 내부의 정서였습니다. 그럼에도, 연약한 종의 건강을 지켜 주시고 가정과 기업에도 과분한 은혜로 함께해 주신, 하나님께 무한한 감사와 영광을 돌립니다.

끝으로 교우님 여러분들의 건강과 평안을 기원하면서, 감사를 드립니다.

정든 교회를 떠나며 홈페이지에 올린 글이다.

교회를 옮기다 – 그리고 인근 교회들의 실태에 놀라다

교회를 옮기기에 앞서 거주지 주변의 새로 섬길 교회를 물색하기 위해 상당 기간 수지 성복동을 비롯 수지 인근의 광교, 판교 일대 교회들의 실태를 파악해 보았다. 그리고 깜짝 놀랐다. 오래되고 작은 교회일수록 노령화가 심각하다는 것이 우선 문제였고(교인들도 많지 않은데 머리가 희끗희끗한 노인들이 대부분이었다), 더 큰 문제는 자가 건물을 소유한 교회들의 부채 규모가 가히 상상을 초월한다는 사실이었다.

이른바 2,000~8,000명의 대형 교회를 포함해 100~300여 명 규모의 소형 교회에 이르기까지, 임의 무작위로 조사된 자가 건물 소유 17개 교회의 총 부채 규모는 무려 8백억 원을 넘는 것으로 추산된다(근저당 설정액104,896,200,000원의 80%). 이를 계산 근거로 본 개체 교회당 평균 부채액은 약 47억 원이다. 오직 2개 교회만이 부채가 전혀 없었고 판교 소재 H교회는 150억 원이 넘는 것으로 추정되며, 역시 판교 소재 S교회는 이미 경매 절차를 밟고 있었다. 교인 수에 비추어 감당키 어려운 수준이다. 아니 부채 때문에 아무것도 할 수 없는 지경이다. 이유는 모두가 교회 건물 때문인데, 교인 수가 턱없이 적어도 건물만은 아주 좋은 교회도 있다. 이유는 간단한데, 그렇게라도 하지 않으면 그나마 젊은 사람이 안 오니까…. 부익부빈익빈 현상은 교회도 예외가 아니다. 경쟁도 좋지만 전전긍긍하는 주변의 작은 교회들 또한 덩달아 무리수를 두기 십상이다.

이것이 비단 수지 인근만의 현상이겠는가? 실로 위기가 아닐 수 없다. 재정적 차원으로 끝날 문제가 아니고 이는 교회 정체성을 심각히 훼손하고 있는 결코 간과해서는 안 될 현상이다. 문제는 건물이 없어 부흥이 안 되는 것이 아니요, 교회가 없어 전도가 안 되는 것도 아니다. 잣대가 부정적이어서가 아니다. 이것은 엄중한 현실이고 절망감마저 든다.

교회 지도자들의 거짓 경건과 위선으로 한국 교회가 영적 분별력을 잃고 사회적 신뢰도가 땅에 떨어진 마당에 막대한 빚을 지면서까지 건물에 매몰되어 가는 오늘의 현실은 우리의 미래인 차세대를 크게 실망시키고 그들로 하여금 교회를 떠나게 만든다. 결과, 교회는 점점 쇠락해 가고 수많은 미자립 교회 목회자들은 생계를 위해 세상으로 내몰리는 현상을 마주하고 있다. 반세기 후의 교회 모습을 벌써 보는 것 같다.

집에서 가장 가까운 교회 – 수지 선민교회 등록

나이도 있고 해 집에서 가까운 교회를 나가기로 하고 일단 상가 임대 교회를 제외한 자가 건물 교회 가운데 비교적 규모가 작은 교회들을 찾아 예배를 드리면서 분위기를 파악했다. 굳이 이상적인 좋은 목회자가 아니더라도 난 마음에 타협할 준비를 가지고 인근에서 마땅한 교회를 찾기로 했지만, 마음에 와 닿는 교회는 없었다. 그나마 우리 엘지빌리지 1차 아파트 단지 내에 있는 수지 선민교회가 적절했는데, 다행인 것은 원로 목사님이 사재를 털어 세운 교회였다는 소문에도 일단의 퇴직금과 연금만 받기로 하고 별 잡음 없이 은퇴했다는 소문으로 봐 무난하다는 생각이 들었고 걸어서 5분밖에 안 되는 이점이 있어 편리하였다. 은행 부채도 비교적 적어 그 정도라면 교인 수(성인 약 200명)로 보아 그리 문제될 것이 없어 보였다.

작은 교회치고는 젊은 층의 분포도 비교적 나쁘지 않았고 우리 동네의 특성이기도 하지만 나이 든 분들이 많아 노년의 교회 생활엔 도움이 될 것 같았다. 담임 목회자가 5년 전에 성결 교단에서 이적해 새로 부임한 장로교회로, 문제는 담임 목사가 일년 내내 매주 2~3일씩 외부 부흥 강사로 나가 있어 목회에만 충실할 수는 없는 구조였다(사실 이 문제 때문에 많이 망설였었다). 설교는 부흥 강사의 특성이랄지 희화적인 측면이 있었지만 역시 좌중을 휘어 잡는 능력이 있었고 다만 평소엔 준비가 미흡한 탓인지 아쉬운 면이 있었다. 하지만 가까운 작은 교회로서는 그래도 인연이 있는 이 교회가 나은 편이었다. 이미 집사람이 이사

올 때부터 18년간이나 새벽 기도를 다니고 있던 교회라 친숙한 면도 있었고, 나 또한 이따금씩 새벽 기도를 나가던 교회로 2년 전엔 노트북 컴퓨터를 기증한 인연도 있어 이곳에 등록하기로 하였는데…. 다시 말하면, 원하는 이상적인 교회를 찾기 위해서는 지역적으로 한정해서는 안 되는 일이었다. 따라서 이를 포기하고 가까운 교회를 택하기로 한 이상 다른 대안은 없었다.

소명으로 볼 때 기업인으로서 회사를 잘 경영하는 것 외에 교회에서 이제 내가 몸으로 할 수 있는 일은 거의 없었고, 한다면 내게 주신 달란트로서 재정적 헌신이라고나 할까. 등록 후 얼마 되지 않아 이미 안면이 있던 담임 목사 부부가 회사 서울 사무실로 심방을 왔다. 점심 대접을 하며 여러 얘기가 오가는 가운데 교회 형편을 듣게 되었고, 마침 새 음향기기가 필요하다는 말을 듣고 심방 선물로 이를 헌증키로 하였다.

집사람은 원래 일년 365일 비가 오나 눈이 오나 쉬지 않고 새벽 기도를 드리는 독실한 신자였으니 말할 것도 없지만, 나는 아침잠이 많아 특새 외에는 교회로 나가 드리는 새벽 기도와는 거리가 있었는데, 등록 후 때마침 특새가 있어 40일 동안 나가며 히브리서 강해를 들었다. 강남의 K교회 때의 40일 기도회 이후 H교회는 그렇게 긴 특새는 없었기에 오래간만에 40일을 채웠다. 이 교회의 특징은 중직자들이 열심히 새벽 기도에 참여하는 것이었는데, 기도회에 참여하는 것만도 대견한 일이라 할 수 있지만 대부분 참여자의 실제 기도시간은 수분에 불과해 기도회라기보다는 새벽 예배로 봄이 더 타당할 것이다. 특별한 것은 일요일인 주일도 쉬지 않고 담임 목사가 새벽 기도회를 주관했는데 매우 부지런한 분이라 생각한다.

그 이후 일주일에 한두 번씩은 교회로 나가 새벽 기도회에 참여하였으나, 사실 난 매일 아침저녁으로 집에서 드리는 기도는 쉬지 않았다. 내가 기도를 이렇게 계속해서 규칙적으로 열심히 해 오는 것은 그리 오래되지는 않았다. 대신 집사람이 거의 하루도 쉬지 않고 열심히 새벽 기도를 섬겼으니 덕분에 우리집의 기도 점수는 과락은 면하지 않았을까 싶다.

요즘은 잠의 패턴이 달라져 새벽에 꼭 한 번씩 일찍 깬다. 너무 일찍 깨다 보니 시간이 애매해 비몽사몽간에 다시 잠이 들고, 일주일에 한두 번이라도 교회 새벽 기도를 다녀오면 매우 피곤하다. 숙달이 안 되어서도 그렇겠지만 나는 아침 체질은 아니다. 그래서 주로 아침 7시 반 전후로 집에서 20~30분씩 매일 기도하는 것으로 하루 일과를 시작한다. 새벽 기도로 본다면 목사님들은 정말 대단하다는 생각이 든다. 한평생 새벽 기도를 쉬지 않으니 말이다. 물론 전임 사역자로서 당연하다 할 수도 있지만 무엇보다 새벽 기도는 경건의 훈련이다.

이럭저럭 대과 없이 3년이 흘러갔다. 그런 가운데 교회는 부족한 교육 공간을 위해 3개 층 약 60평 정도의 건물 일부를 증축한 일이 있었는데, 담임 목사가 돈이 좀 있어 보이는 다섯 사람의 모임을 청하고 도움을 요청해 왔기에, 이것이 이전에 섬기던 H교회에서 의견이 달라 하지 않았던 건축 헌금을 할 좋은 기회라 생각하고 성의껏 헌금하였다. 이를 비롯해 지난 3년 동안 나는 성심을 다해 새 교회를 섬겼고 목회자를 도왔다. 미자립 교회를 세우는 강소형 교회 훈련 프로그램을 비롯, 노숙자 전도 등 단기간이지만 성심껏 섬겼다.

그럼에도, 문제는 담임 목사가 공공연히 돈 얘기를 너무 많이 하는 것이었는데, 이를테면 어느 장로가 무엇을 해 놨다, 새벽기도회에 만근하면 금반지를 준다는 등 민망스러울 때가 한두 번이 아니었다. 한번은 중보기도팀 20명에게 줄 금 십자가가 필요하다 해 내가 회사에서 직접 제작해 기증하기도 하였는데, 처음에는 교회 재정 때문인가 싶어 이해를 하였으나, 이는 분명 문제가 있었고 그러다 보니 여기저기서 교인들의 불평하는 소리가 들려왔다. 심지어는 구역 모임에 예배도 드리지 않으면서 구역장이 구역 헌금부터 하라고 강요했다는 것이 아닌가. 헌금의 많고 적음을 떠나 이런 일이 있어선 결코 안 될 일이다. 어쩌다가 교회 분위기가 이렇게 되었는지, 남은 부채를 3년 내 상환하고 헌당 예배를 드려야 한다는 목표는 좋지만 이를 위해 전교인 일천번제 헌금 운동 등 너무 돈돈 하는 분위기 때문에 교회에 덕이 되지 못했다. 도대체 당회는 무엇을 하고 있는지…. 어느 교회든 문제는 조금씩 있기 마련이지만 좀 과한 편이었다.

가끔씩 담임 목회자에게 식사를 대접하곤 했는데, 한번은 자기는 미자립 교회들을 섬기고 세우는 것이 사명이라며 강소형 교회 훈련 학교를 운영하면서 협의회를 만들었는데 이것도 교계에서 하나의 세력이 될 수 있다 한다(무슨 세력을 의미하는 것인지는 모르겠지만). 그래서 전국의 작은 미자립 교회들을 우선해 부흥회를 다닌다고 하는데, 이해가 되지 않는 것은 그럼에도 연 수입이 교회 사례비 말고도 2억이 넘어 자기가 헌금도 많이 한다는 것이다. 어떻게 작은 교회 부흥회를 우선한다며 그 많은 수입을 올린다는 것인지, 아마도 큰 교회에서는 사례비가 상당한 것 같은데, 중요한 것은 목사의 역할은 헌금이 아니라 목양이라는 점에서 이는 잘못된 것일 뿐 아니라, 결국엔 교회의 부담으로 돌아와 목사가 교회를 옮길 경우나 은퇴 시 다시 돌려줄 수밖에 없다는 문제도 있다. 어느 교회든 문제는 조금씩 있고 좀 다른 점이 있다면 특성으로 이해하면 되겠지만 부흥사 특유의 현실을 조금은 알 것 같았다. 무슨 개인 사정이 있는지… 본인도 힘들겠지만, 어쩌다 한두 번도 아니고 매주 2~3일씩 빠짐없이 전국으로 부흥회를 나가니 목회가 제대로 될 수 있겠는가. 부흥회 기간 중에 애경사라도 나면 담임 목회자가 급히 짬을 내거나 아니면 아예 참석할 수 없는 상황이고 보니, 굳이 왜 담임을 맡고 있는지. 예상은 했었지만 정도가 심했다.

미자립 교회 말이 나왔으니 내 생각을 잠시 적고자 한다. 대부분 교회들의 주보를 보면 미자립 교회나 해외 선교 후원 난에 즐비하게 교회 이름들이 적힌 것을 쉽게 볼 수 있다. 그러나 그 내용은 정말 부끄러울 정도로 빈약하다. 한 달에 겨우 5만 원 정도로 생색내기에 불과하단 생각이 들어 그렇다. 그것도 심지어 교회 예산이 아닌 각 구역들이 분담해 별도로 후원하는 교회들도 많다. 내 생각엔 후원 교회 수를 줄이더라도 도와주려면 확실하게 도움이 될 만한 금액을 주어야 한다 생각한다. 즉, 미자립을 탈피할 만큼 계획적이고 장기적으로 책임 있는 후원이 되어야 한다는 것이다. 실질적인 도움 없이 과연 미래가 있겠는가? 선택과 집중을 통해 분명한 결실을 보아야 할 것이다.

장로직을 사양하다

3년이 다 되어 가던 어느 날. 담임 목사 부부와 저녁을 같이 하게 되었다. 여러 번 식사를 같이한 적도 있어 의례적인 만남이었다. 그런데 그날따라 넥타이를 선물로 주며 조만간 장로 피택을 해야 하는데, 후보자로 생각하고 있다는 것이다. 이미 시뮬레이션도 해 봤는데 내가 피택 가능성이 제일 높게 나왔다고 한다. 이 교회가 속한 피어선 총회는 장로 연령 제한이 없는 만큼 나이에 구애받지 말고 같이 교회를 세워 갔으면 한다면서 이미 지난 피택 때 선례도 있다는 것이다.

나이가 있는 위에 보아하니 교회에 열심인데도 아직 장로가 아닌 것이 담임 목회자 눈엔 안돼 보였던지 장로를 시켜 주겠다는 것이다. 헌금이든 뭐든 하지 않고 가만히 있었으면 이런 얘기도 안 나왔을 것을… 그때 내 나이가 만으로도 일흔둘인데 이 무슨 뜻밖의 제안인지. 그러나 이는 안 될 말이었다. 왜냐하면 모든 것은 다 때가 있는 것이고 그전 교회 같으면 은퇴를 해도 벌써 했을 나이에 능력도 안 되는 장로직을 맡는다는 것은 내겐 체면치레에 불과할 뿐 교회에 폐만 끼칠 일이었다. 나는 지난 교회에서 목사, 장로의 임기 제한과 조기 은퇴 등 정치 제도의 혁신에도 앞장서 왔는데 이제 와 장로라니 이는 내 평소 신념으로 봐서도 안 될 일이었다. 특히 리더십의 조기 교체를 통해 교회의 노령화를 막고 생산적 활성화를 도모해야 한다는 주장을 해 온 입장에서 이는 받아들이기 곤란한 제안이었다.

본 교회가 이미 노령화하여 평균 연령이 높고 수명도 늘어 노인이라도 기회를 주어야 한다는 주장에 일리가 없는 것은 아니지만 교회 미래를 위해 이는 바람직하지 못한 것이다. 더욱이 교회에는 나이도 나보다 젊고 오랫동안 헌신해 온 분들도 있는 데 말이다. 담임 목사가 말하기를 장로는 교회가 어려울 때 재정적으로 기여할 수 있는 사람이어야 한다는 것인데, 전적으로 틀렸다곤 할 수 없지만 오해의 소지가 있다.

장로가 계급은 아니라지만 체면을 생각한다면 장로가 아닌 것이 때론 곤란한 경우도 있었다. 왜냐하면 우리 동네에는 나이 든 사람들이 많아서인지 다른 교회를 섬기다 온 내 나이 또래의 은퇴 장로들이 많은 편이었고, 특히 한 달에 한 번씩 장로 친교 모임을 갖곤 했는데 담임 목사가 우정 나를 초청해 참석시키는 통에 입장이 난처하곤 하였다(나중엔 사양하고 가지 않았지만). 담임 목사는 내가 새벽 기도를 이유로 망설이는 줄 알고 내 경우 장로가 되더라도 새벽 기도는 지금처럼 일주일에 한두 번으로 족하다면서 그저 옆에만 있어 줘도 든든하다고 한다. 내가 곧 고기동에 집을 지을 것인데 이사 가면 본 교회 출석도 어렵지 않겠냐 했더니 이젠 나이도 있는데 본 교회에 정착해야 하지 않겠냐고… 나름대로 나를 배려해 주는 눈치였다.

전술했듯, 나는 그동안 교회 직분이나 체면 따윈 아랑곳하지 않고 오직 하나님의 의 하나만 바라보며 많은 어려움을 이기고 달려왔다. 이제 원기 왕성한 때도 아니고 더욱 교회엔 전술한 60

대 선임 집사들이 당연히 후보가 되어야 하는 마당에 그들은 제쳐놓고 벌써 은퇴했을 나이에 장로라니 가당치 않은 일이었다. 그래서 간략히 내 과거 교회 생활을 설명하는 한편, "…따라서 장로가 되지 않는 것이 되는 것보다 훨씬 힘들었다."는 말로 끝을 맺었다. 세습 반대를 비롯해 교회 개혁의 과제를 두고 목회자와 대립할 수밖에 없었던 이야기들, 그것은 웬만큼 통큰 목회자가 아니고는 적지않은 부담이 되었을 것이다.

그런데 피택일을 두 달쯤 남겨 놓은 7월경, 올해로 회갑을 맞는 담임 목사를 축하하는 자리를 어느 여 권사님이 마련하였는데, 공교롭게도 나와 또 한 사람의 집사만이 초청을 받았다. 이번에 장로로 피택받을 두 분만 초청했다며 사모가 초청 이유를 묻는 집사람에게 뜻밖에 이 같은 문자를 보내왔다. 나와 같이 초청받은 이는 역시 60대 후반의 사업하는 분으로 등록한 지 아직 3년이 채 안 된 사람이었다. 부흥사라 그런 건지 아니면 꺼낸 말을 되돌릴 수 없어 그런건지… 얼마 전, 성공한 사람을 장로로 세워 교회가 혼란을 겪는 경우를 봤다던 발언으로 보아 이해가 되지 않았다. 하여간 그와 상의해 양복 한 벌을 선물하였다.

당회엔 세 분의 시무 장로가 있는데 두 분은 이미 70대 중반이고 한 분만 60대 중반으로 당회가 이미 노령화되어 있어 젊은 리더십이 필요한 시기로 내가 보기엔 60대 중반의 오래되고 괜찮아 보이는 선임 집사들이 있었다. 그런데 그들은 아예 목사의 의중에 없었다. 아무래도 안 되겠다 싶어 우리 구역장이자 당회원인 박 모 장로에게 자격이 있어 보이는 몇몇 젊은 분들을 후보로 세워야 하지 않겠냐는 뜻을 전하고, 내가 피택이라도 된다면 나는 교회를 옮기겠다고 단호히 얘기하였는데, 그 자리엔 같이 후보 물망에 오른 그 이 모 집사도 있었다.

굳이 이런 일에 내가 이래라저래라 나설 입장은 아니지만, 내 생각을 분명히 할 필요도 있고 처음부터 이는 내겐 맞지 않는 제안이었는 데다 아무래도 내 과거 교회 생활을 듣고 마음이 불편했을 목사의 부담도 덜어줄 겸, "…내 나이와 능력 그리고 교회 전후 사정 등을 감안해 볼 때 부담이 커 만약 피택이라도 된다면 교회를 다시 생각하겠다(옮기겠다)."는 내용으로 문자를 보내 다시 한 번 강력히 사양하였던 바(사실 담임 목사가 사흘이 멀다 하고 매주 부흥회를 나가는 현실에서 장로가 된다면 말을 안 할 수도 없을 것이고…), 목사로부터 내 뜻이 그렇다면 받아들이겠다는 취지의 답을 들을 수 있었다.

막상 그런 답을 받고 보니 한편으론 섭섭한 마음도 들었으나, 그러나 이는 역시 옳은 결정이었고, 이로써 30대 중반 이른 나이에 익산 남중교회에서 장로 피택을 받고 취임하지 않은 이래 다시 한 번 장로직을 사양한 셈이 되었다.

물론 하나님 보시기에 내가 턱없이 부족한 것이 사실이지만 어쩌면 쇠락해 가는 한국 교회에서 장로가 되지 않은 것이 다행한 일일지도 모르겠다. 이 모든 것이 다 나를 향하신 하나님의 뜻으로 알고 위안을 삼는다.

에필로그

이상으로 교회 이야기를 마치고자 한다.

이런 얘기를 쓰는 것 자체가 불행한 일이지만, 좋은 교회, 신뢰할 만한 목회자를 만난다는 것이 왜 이리 어려운지 딱한 일이다. 좋은 교회를 만난다는 것은 좋은 목회자를 만난다는 말과 다르지 않다. 유감스럽게도 이것이 현실이 되었다. 물론 영적 영역은 궁극적으로 성령님의 역사이고 따라서 이를 목회자 중심에서 말하는 것은 부적절하다. 하지만 열매로 나무를 안다는 말씀처럼 결과적으로 어떤 열매를 맺느냐가 중요하며 그 중심에 목회자가 있다면 결코 그 책임이 적다 하지 못할 것이다.

좋다는 말의 의미는 그 교회가 얼마나 교회의 본질에 부합하느냐의 말이고, 개교회주의를 취해 각자도생해야 하는 개신교의 특성상 목회자가 중심일 수밖에 없는 개신교는 목회자가 거의 절대적 권위를 누릴 수밖에 없는 구조인 까닭에 목회자가 어떤 사람이냐 또는 그가 어떤 태도를 취하느냐에 따라 크게 잘될 수도 있지만, 반면 교회의 정체성마저 흔들 위험을 늘 안고 있다. 이는 인격의 문제이기도 하지만 통제력의 문제이다.

따라서 개신교의 목회자들에겐 보편적 신뢰를 주기 어렵다. 결과, 한국 교회는 지금 그 주인이 누구인지 분간하기 어려울 지경이다. 촘촘히 짜여진 수많은 법의 통제하에 있는 사회에서조차 문제가 완전히 사라지지 않는데, 하물며, 소위 고상한 인격과 오로지 사명감 하나에 기댈 수밖에 없는 목회자들에게 과연 무엇을 바랄 수 있겠는가? 반복되는 실망감, 이젠 이상하지도 않다.

목회자의 덕목으로 가장 중요한 것을 들라면 단연 인격이라 생각하며 적어도 상식이 통하고 언행이 일치해야 한다. 내가 본 교회의 문제 중심엔 늘 담임 목사가 있었다. 개교회 주의와 담임 목회자에 집중된 교회 운영 구조의 개선이 중요하다.

평신도들이 깨어야 한다. 왕 같은 제사장이요 택한 백성으로서의 자존감을 잃지 말아야 한다. 신앙의 본질을 깨닫고 하나님의 의를 다투는 일엔 소홀함이 없어야 한다. 흔히 교회를 은혜

공동체라 하지만 이것이 면죄부가 되어서는 안 된다. 당회뿐 아니라 제직들 간에도 적절한 긴장을 잃지 말아야 하며 목회자를 돕되 잘못은 바로잡아야 한다. 그러기 위해선 끊임없는 자기성찰이 필요하며 예수 그리스도 중심의 교회가 되어야 한다. 목회자를 신앙의 스승이요 길잡이로서 충분히 존중하고 존경하는 것은 마땅하나 과도한 존경을 보내는 것은 곤란하다. 목회자들은 주의 종으로 불리우는 것에 특히 유의해야 한다. 자칫 교만해질 수 있어서다.

전술했지만, 오랜 교회 생활을 통해 내가 확실히 깨달은 것은 개신교는 자정 능력이 없다는 것이다. 잘하면 다행이지만 그렇지 않을 경우 바로잡을 아무런 대책이 없다. 내가 경험한 교회나 목회자들이 공교롭게도 한국 교회의 어두운 그림자였는지는 몰라도, 외적 통제력이 부재한 가운데 끊임없이 자신을 성찰하며 목회자로서의 정체성을 지킬 사람이 얼마나 되겠는가? 더 큰 문제는 옛날 목회자들에겐 그래도 일말의 순수성이라도 찾아볼 수 있었는데, 요즘 목회자들은 어떻게 된 일인지 양심의 가책이나 부끄러움이 없어 보인다는 것이고, 나아가 두려움조차 없다는 것이다.

개교회 주의의 장점도 물론 적지 않지만 이는 개신교의 특성상 피할 수 없는 문제라 생각되며 풀 수 없는 숙제가 아닐까 한다. 성공한 목회자들 가운데 간간이 좋은 평판이 들려오기도 하지만, 좋은 목회자에 대한 목마름, 그 갈증은 여전하다.

하나님께선 더하지 않으실지?

소회

회고록을 쓰며 그동안의 짧지 않은 나의 삶을 되돌아보았다.

인생의 짐이 아무리 무거워도 내려놓을 수 없었고 걱정 근심 또한 떨쳐 버릴 수 없는 고단한 삶이었다. 누군가 인생은 한바탕 펼치다 가는 드라마라고 했다지만 결코 쉽지 않은 것이 인생이다.

혹자는 우리 인생을 한낱 헛된 꿈이라고 할지 모른다. 그러나 꿈이라 치부하기엔 너무나 생생한 실존의 궤적이 있고 숱한 희로애락과 우여곡절의 삶을 살았다. 그때마다 주신 하나님의 은혜가 너무 많았고 그분의 인도하심 또한 분명히 체험했으니 죽는다 해도 결코 헛된 것이 아니다. 우리가 우리의 삶을 부정한다면 그것은 하나님을 부정하는 것이고 우리의 믿음도 헛것이며 예수 그리스도께서 헛되이 죽으신 것이다.

우리에겐 부활의 소망이 있고 자녀손들이 있으며 또 그들의 꿈이 있다. 우리의 삶은 끊어지는 것이 아니고 계속되는 것이다. 그러기에 더 좋은 세상 더 나은 세상을 만들 책임이 우리에게 있다.

나의 삶은 역전의 몸부림이었지만 좌절을 뒤로 한 불굴의 투쟁이었으며 절망의 끝에서 하나님의 기회를 맛본 승리의 삶이었다. 결코 나를 놓지 않으신 하나님의 은혜다. 바쁜 삶 속에 내 몸은 지치고 힘들었지만 거기엔 끊임없는 열정과 치열함이 있었다.

참으로 우리 인생 도정엔 기복이 많다. 굴곡 없는 삶이 얼마나 되겠는가. 징검다리를 건너듯 아슬아슬한 삶 속에 여러 위기와 고난이 있었지만 다행히도 나는 하나님의 각별하신 은혜 덕분에 기쁨과 보람도 있었다. 온 세계를 누비며 세상의 풍물을 즐겼고 삶의 즐거움도 맛보았다. 때론 꽃길을 걷기도 했고 실로 전화위복, 새옹지마의 삶을 누렸으니 그 은혜가 백골난망이다.

그러나 어찌 회한이 없을 수 있겠는가?

첫 번째로 후회가 되는 것은 첫 직장을 헌신짝처럼 버리고 병든 몸으로 고생을 자초한 일이었다. 멍청이가 따로 없었다. 그로 인해 겪은 육신의 고통은 말할 것도 없고 내 영혼은 피폐하고 삶은 허물어졌다. 지금도 이해할 수 없는 수수께끼요 만시지탄이다.

가장 후회가 되는 것은 어머니 말년의 그 안타까운 2년이었다. 병마의 족쇄가 풀린 지도 얼마 안 되어 어머니를 여의었다. 정성껏 모셨으면 얼마나 좋았겠는가만… 분명 할 수 있었음에도 못했으니… 후회 막급이다. 어머니의 사랑보다 더 찐한 것이 이 세상 어디에 있겠는가. 그 사랑에 보답은커녕 나는 어머니를 그렇게 보내 드렸으니 이 비통하고 안타까운 마음을 무엇으로 표현할 수 있으랴.

내게 있어 최대의 행운을 꼽는다면 아름답고 착한 지금의 아내를 만난 것이다. 실로 내 인생에 큰 힘이 되었으니 희로애락을 같이하며 한평생 내게 헌신한 연인이자 은인이다. 그녀의 아낌없는 도움 덕분에 용기를 내어 새 인생을 개척할 수 있었다. 또한 자식들이 제 몫을 다하고 노년에 할 일이 있으니 이 얼마나 감사한 일인가(시 118:17).

많은 분들로부터 도움과 사랑도 받았고 실로 적지 않은 신세를 졌다. 우리가 사는 이 세상은 각박한 가운데서도 따듯함이 있었고 인정이 있었다. 그것은 내겐 큰 위로와 힘이 되었기에 이 지면을 빌려 깊은 감사를 드린다.

참회록이 되기를 바랐다.

그러나 당초 생각과 달리 용기가 나지 않아 애매한 기록으로 남게 되었다. 나의 외적인 삶이 하나님의 의와 사랑을 향한 끊임없는 도전이었다면 내적으론 숱한 죄와 과오로 얼룩진 이중적 삶이었다. 코람데오의 삶은커녕 이에 다 적을 수 없는 죄들이 즐비하다. 예수님과 친구로 살면서도 죄는 늘 내 곁에 있었고 동전의 양면 같아서 내 육신은 죄성의 호기심에서 자유로울 수 없었다. 사탄의 달콤한 유혹 속에 죄를 즐겼으며 두 마음을 품고 살았다. 죄를 피하기는커녕 죄를 쫓아다니기까지 했다. 경건과 절제 늘 그것이 부족했다.

인생의 출구에 들어선 지금에서야 심한 죄책을 느낀다. 죄와 더불어 산 나의 삶, 주홍같이 붉은 죄, 과연 용서받을 수 있겠는가? 주님의 보혈, 그 십자가의 공로가 아니면 어디서 씻을 수 있으랴. 예수 그리스도 우리 주님은 구원을 주시는 하나님의 능력이요 사랑이시니 세상 어디에도 이보다 더 귀한 복음은 없다.

"오라. 우리가 서로 변론하자. 너희 죄가 주홍같을지라도 눈과 같이 희어질 것이요. 진홍같이 붉을지라도 양털같이 희게 되리라 (사 1:18)."

이 글을 통해 나의 삶을 조명할 시간과 회개의 기회를 주신 하나님께 감사하며, 거짓과 위선, 불경건과 무절제 그리고 과욕을 비롯한 나의 모든 죄와 과오를 주님의 자비하심에 맡기고, 진실로 그 분의 은혜를 간구한다.

"허물의 사함을 얻고 그 죄의 가리움을 받은 자는 복이 있도다(시 32:1)" 하신 말씀을 의지하여 이제도 기도하오니, 종의 회개를 받아 주시옵고, 종에게 긍휼을 베푸사 종이 평생에 지은 숱한 죄와 허물을 주님의 보혈로 씻어 사해 주옵소서. 또한, 종이 주님의 일을 한다 하면서도 혹 실수한 것이나 과한 것이 있었다면 너그럽게 용서하여 주시옵고, 종의 남은 생애에 기회를 주사 주님의 은혜에 조금이라도 보답하게 하옵소서(시 116 : 12-14)."

"내 영혼이 은총 입어 중한 죄짐 벗고 보니 슬픔 많은 이 세상도 천국으로 화하도다. 할렐루야 찬양하세 내 모든 죄 사함 받고 주 예수와 동행하니 그 어디나 하늘 나라…"

내 인생의 2막을 내 자녀들에게 맡기며.

– 나와 내 집은 오직 여호와 하나님만을 섬기겠노라. –

아버지의 젊은시절

어머니

어머니, 누이, 아저씨

누이와 나

어머니와 나

어머니와 동네 친구분들

어머니와 숭신교회 권사님들

임대득 아저씨와 나

민정 가족

민혜 가족

영찬 가족

영찬 가족

막내 딸 민혜와

며느리 나혜와

첫째 딸 민정이와

어느날 일식집에서

베트남 휴양지에서

베트남 르메르디앙

베트남 리베라

나의 40대

아내의 젊은시절

손주들

손주들

다인이

윤혁이 기도

찬혁이 기도

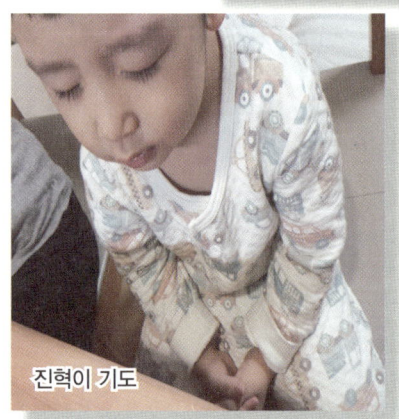
진혁이 기도

하율이 기도

스마일

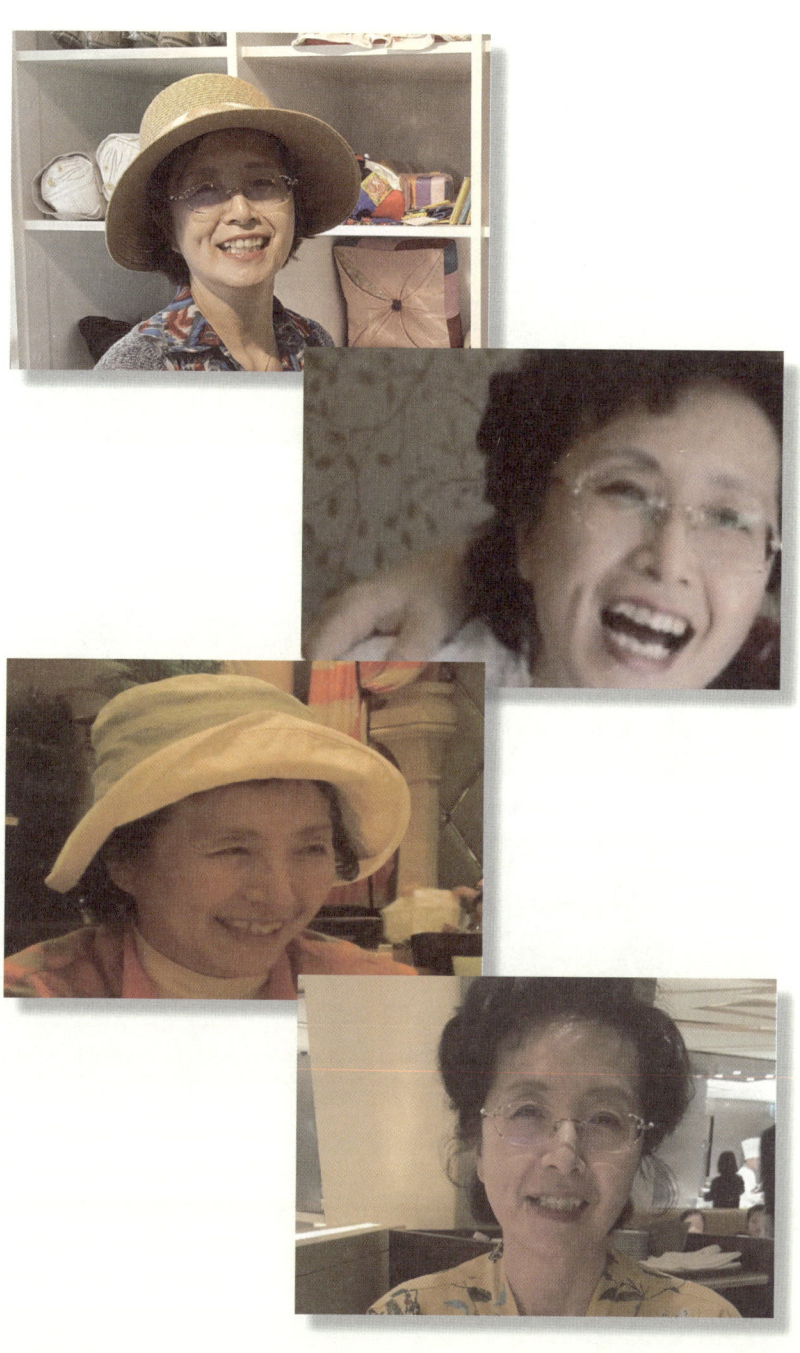

스마일

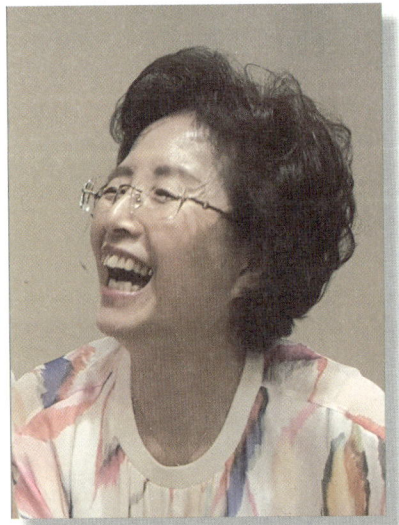

베트남 방문

베트남 방문

일육회 등 친구들

덕송회 300회 골프기념

선교여행 중

Inbum여사와

네오 이효승 회장 부부

교단장 로한 목사님과

네오 미션 일행과

인한준 선교사님과

베트남 공장 직원들(구정축제)

베트남 공장 직원들(구정축제)

청개구리와 멍청이 – 어느 바보의 이야기 –

초판 1쇄 발행 | 2023년 12월 5일
초판 2쇄 발행 | 2024년 5월 10일

지은이 | 오경승
발행인 | 강희일 · 박은자
발행처 | 다산출판사

주소 | 서울시 마포구 대흥로 6길 8 다산빌딩 402호
전화 | (02)717-3661
팩스 | (02)716-9945
이메일 | dasanpub@hanmail.net
홈페이지 | www.dasanbooks.co.kr
등록일 | 1979년 6월 5일
등록번호 | 제3-86호(윤)

이 책의 판권은 저자에게 있습니다.
이 책의 저작권에 관한 모든 책임은 저자에게 있습니다.
잘못된 책은 구입하신 서점에서 바꾸어 드립니다.

ISBN 978-89-7110-652-5 03990

정가 20,000원